Symmetrie und Symbol.
Die Industriearchitektur von Fritz Schupp und Martin Kremmer

Symmetrie und Symbol.

Die Industriearchitektur von Fritz Schupp und Martin Kremmer

herausgegeben
von Wilhelm Busch und Thorsten Scheer
im Auftrag der Stiftung Zollverein

mit Beiträgen von
Wilhelm Busch
Cengiz Dicleli
Axel Föhl
Georg Holländer
Hans Kania
Ingrid Krau
Ulrike Laufer
Andrea Mesecke
Petra Reski
Reinhard Roseneck
Rolf Sachsse
Thorsten Scheer
Gabriele Schickel
Rainer Schlautmann
Rainer Slotta
Christian Welzbacher
Karin Wilhelm

Verlag der Buchhandlung Walther König

Katalog

Symmetrie und Symbol.
Die Industriearchitektur von Fritz Schupp und Martin Kremmer

Herausgeber:
Wilhelm Busch und Thorsten Scheer
im Auftrag der Stiftung Zollverein

Redaktion:
Wilhelm Busch und Thorsten Scheer
mit Ulrike Laufer und Kirsten Müller

Bildredaktion:
Rainer Schlautmann

Gestaltung und Satz:
Axel Schuch mit Christine Zeeh

Umschlaggestaltung:
Axel Schuch unter Verwendung einer Fotografie von Anton Meinholz

Herstellung: Druckerei Uhl, Radolfzell

ISBN
3-88375-616-4

Die Deutsche Bibliothek – CIP-Einheitsaufnahme
Ein Titeldatensatz für diese Publikation ist bei
Der Deutschen Bibliothek erhältlich

© 2002 Stiftung Zollverein, Essen und Verlag der Buchhandlung Walther König, Köln

Printed in Germany
Alle Rechte vorbehalten.

Ausstellung

Symmetrie und Symbol.
Die Industriearchitektur von Fritz Schupp und Martin Kremmer
31. August 2002 bis 03. November 2002
Zeche Zollverein XII, Halle 8, Essen

Konzeption: Wilhelm Busch und Thorsten Scheer
Wissenschaftliche Leitung: Thorsten Scheer

Wissenschaftliche und organisatorische Mitarbeiter: Rainer Schlautmann, Ulrike Laufer, Anna-Inés Hennet, Christine August
Studentische Mitarbeiter: Tobias Heusner, Timo Saalmann, Niels Schnoor, Boris Soyka, Julia Wagner-Emden, Susann Winkler
Organisation, Presse- und Öffentlichkeitsarbeit: Kirsten Müller
Ausstellungsarchitektur: Axel Schuch
Realisation: Böll und Krabel Architekten, Essen, Projektleiter Frank Günther
Lichtplanung: Licht im Raum/Dinnebier GmbH, Düsseldorf
Versicherung: Gothaer Versicherungen/Gerhard Wagner-Emden, Essen
Rahmenherstellung: GA-Rahmen, Düsseldorf
Rahmung: Heidi Jahrmarkt und Siegrid Othmer
Modellbau: Tobias Heusner, Markus Mecking und Eggers Architekturmodellbau GmbH, Aachen
Internetprogrammierung: Markus Wunram
Architekturzeichnungen: Sabine Fröbel
Fotoarbeiten: Axel Schuch und Vincent Podborsky
Konservatorische Beratung: Christiane König/ Museum Folkwang, Essen

Das Ausstellungsprojekt wurde ermöglicht durch:

RAG Aktiengesellschaft, Essen
Alfred und Cläre Pott-Stiftung, Essen
Entwicklungs-Gesellschaft Zollverein, Essen
Gesellschaft der Freunde und Förderer der Stiftung Zollverein e.V., Essen
Landschaftsverband Rheinland
WAZ Mediengruppe, Essen

Die Ausstellung wurde weiterhin unterstützt durch:

Allbau AG, Essen · Architekten Böll und Krabel, Essen · Bolte & Lohmann Bau GmbH, Ascheberg · Licht im Raum/Dinnebier GmbH, Düsseldorf · Elektro Decker, Essen · Gerhard Wagner-Emden/Gothaer-Versicherungen, Essen · Großfoto Stühler, Bochum · Hefer GmbH, Essen · Herbert Gunia, Dipl.-Ing. Architekt BDA, Essen · Köster AG & Co., Osnabrück · Kommunalverband Ruhrgebiet, Essen · Kreishandwerkerschaft, Essen · Neschen AG, Bückeburg · Sprenker + Gravius GmbH & Co. KG, Essen · THS, TreuHandStelle GmbH, Essen · Ziegelei G. A. Bertram, Lippetal

Inhaltsverzeichnis

Vorwort 7
Petra Reski

Symmetrie und Symbol 9
Wilhelm Busch und Thorsten Scheer

Die Architekten
Fritz Schupp und Martin Kremmer 15
Ulrike Laufer

Bergbauarchitektur. Funktion, Repräsentation
und das Bild der Arbeit in der Architektur 31
Wilhelm Busch

Die Anfänge der Bergbauarchitektur von
Fritz Schupp und Martin Kremmer 43
Hans Kania

Siedlungsbauten im Ruhrgebiet 55
Rainer Schlautmann

Der Sakralbau im Zeitalter seiner technischen
Reproduzierbarkeit 63
Christian Welzbacher

Die Schattenseite der Moderne.
Die Begründung des Monuments aus der
Autonomie des Kunstwerks 73
Thorsten Scheer

Die städtebauliche Dimension der Zentral-
schachtanlage Zollverein 12 81
Ingrid Krau

Zur Einordnung der Stahlkonstruktionen
von Schupp und Kremmer 91
Cengiz Dicleli

„Ein Bergwerk muß fördern". Die betrieb-
lichen Voraussetzungen für die Tagesanlagen 103
Rainer Slotta

Kontinuitäten und Brüche im Werk der
Architekten 119
Wilhelm Busch

Landschaftsgebundener Industriebau.
Das Erzbergwerk Rammelsberg in Goslar 131
Reinhard Roseneck

Bauten im Bild 141

Bauvolumina und Schlagschatten. Moderne
Industriearchitektur und Photographie 195
Rolf Sachsse

Die technische Landschaft.
Industriearchitektur und Industriebild im
Umkreis der Zeche Zollverein 205
Georg Holländer

Das Industriedenkmal als Dokument 209
Axel Föhl

Die Architekturschulen 1900 bis 1920 215
Gabriele Schickel

Industrialisierung und Industriearchitektur
im 19. Jahrhundert 225
Andrea Mesecke

Behrens und Gropius. Industriebaudiskussion
und Moderne 235
Karin Wilhelm

Anhang

Biographische Übersicht
Fritz Schupp und Martin Kremmer 250

Werkverzeichnis 252

Primärliteratur 257

Sekundärliteratur 259

Die Autoren 268

Verzeichnis der Leihgeber 270

Register 272

Abbildungsverzeichnis 280

Petra Reski

Mein Großvater bekam im Schwarzwald immer Erstickungsanfälle. Wenn er keine Zeche mehr sah, blieb ihm die Luft weg. Im Schwarzwald wohnte seine Tochter Renate, die meine Großeltern jeden Sommer besuchten. Allerdings erwies sich die reine, staatlich geprüfte Luftkurort-Luft für die Staublunge meines Großvater als derart unbekömmlich, daß meine Großeltern immer früher als beabsichtigt ins Ruhrgebiet zurückkehren mußten. Erst wenn mein Großvater den Förderturm sah und jene Luft atmen konnte, die nach Höllenfeuer roch und an manchen Tagen rußgesprenkelt war, kam Leben in ihn. Dann stand er wieder am Heidekrug an der Theke, trank ein Bier, vielleicht auch zwei, mit den Kumpeln, die von der Arbeit kamen und die ihn damit aufzogen, daß er als Frührentner ja das Geld von der Post bekommen würde. Wenn er sah, daß ich mit dem Fahrrad vorbeifuhr, winkte er mich herein und stellte mich den Männern vor. Das ist meine älteste Enkelin. Die Tochter vom Heine, sagte er.

Im Heidekrug roch es nach abgestandenem Bier und Rauch, und die Männer guckten mich etwas bedrückt an. Sie kauften mir Erdnüsse, als könnten sie damit jenen Moment der Verlegenheit überbrücken, den mein Anblick bei ihnen auslöste. Sie servierten mir die Erdnüsse in einem Bierdeckel, dessen Ecken hochgebogen waren und schwiegen. Eine Weile hörte man nichts anderes als das Surren des Kühlschranks.

Ach, der Heine, sagte schließlich einer in die Stille. Ja, sagte mein Großvater gedehnt. Dann räusperte er sich und erkundigte sich nach einem Skatbruder, einem ehemaligen Kumpel, der, wie mein Großvater fand, in seinem Leben noch nie richtig gearbeitet habe – eine Ansicht, welche die Runde sofort belebte: Der arbeitet doch jetzt über Tage, der hat sich doch noch nie kaputtgemacht!, und sie mich vorübergehend vergessen ließ.

Sie sprachen von Strebmeistern, von Rutschenbären, vom Alten Mann, von Reviersteigern, von Vorfällen – damals, als der alte Kokoschinski unter den Bruch kam und dann ein Vierteljahr lang im Bergmannskrankenhaus auf einem Brett liegen mußte. Damals in der Weißkaue, in der Schwarzkaue, im Wetterschacht, und mir schien, als wären sie Außerirdische, die über ihr Leben auf einem anderen Planeten redeten. Auf Monopol. Auf Grillo. Auf Saturn.

Ich saß mit baumelnden Beinen auf einem Hocker, aß die leicht muffig schmeckenden Erdnüsse aus meinem Bierdeckel und forschte in den Gesichtern der Männer nach ihrem Geheimnis. Auf den ersten Blick sahen alle frischgewaschen und unschuldig aus. Die obersten Hemdknöpfe trugen sie geschlossen. Die Haare waren naßglänzend zurückgekämmt, ihre Gesichter blaß, mit kleinen, bläulichen Narben. Manche hatten noch schwarze Ringe aus Kohlenstaub in dem Wimperkranz um die Augen, was ihrem Blick eine eigentümliche Tiefe gab. Alle hatten Aktentaschen bei sich, die sie auf dem Boden abgestellt hatten, Aktentaschen, in denen sich jedoch keine Akten befanden, sondern Henkelmänner und Thermoskannen. Sie kamen nicht von der Arbeit, sondern aus einem Universum mit eigener Zeitrechnung. Wo ein Tag in Frühschichten, Mittagsschichten und Nachtschichten gemessen wurde.

Unter Tage. Es klang, als lebten sie dort ihr wahres Leben. In jener fernen Galaxis, zu der sie der Bus morgens von der Fritz-Erler-Straße aus brachte. Auf Planeten, zu den Frauen keinen Zugang hatten. So sehr ich mich auch anstrengte, ich bekam davon nicht mehr zu Gesicht, als die Steinhalde und das sich drehende Förderrad unserer Zeche, das nachts leuchtete wie ein Stern. Ab und zu sah ich die Klöcknerbahn vorbeifahren, mit Kohle beladene Waggons, stählerne Gürteltiere, die über die Trasse krochen, und wenn ich mit meiner Mutter, meiner Tante Ruth und meinem Onkel Heinz zum Einkaufen fuhr, sah ich in der Ferne qualmende, abgestürzte Zeppeline, ich sah mitten in Dortmund gigantische, gestrandete U-Boote am Stadtrand liegen, ich sah kurz vor Hamm die Panzer von Urzeitungeheuern glühen, die ein Vulkan ausgespuckt hatte. Alles war groß, riesig, endlos – höher und größer als die Herz-Jesu-Kirche, in der ich mich schon ganz verloren gefühlt hatte und wo mir immer schwindlig wurde, wenn ich versuchte, an die Decke zu gucken.

Ich saß im Fond von Onkel Heinz' VW und sah, wie all diese Fabelwesen den Himmel dazu brachten, sich zu verfärben, wie er nachts rosa wurde und tagsüber manchmal gelb. An manchen Tagen schafften sie es sogar, die Sonne zu verdüstern, und ich wunderte mich, wie gleichmütig, ja gedankenverloren die Erwachsenen sich dieser Macht beugten.

Menschen sah ich nie in der Nähe dieser Ungeheuer. Jedes Zechengelände war weitläufig umzäunt und von hohen Mauern geschützt, so daß ich mir nur auf Sichtweite ein Urteil machen konnte, alles endete vor dem Zechentor. Und dort hatte ich mit eigenen Augen gesehen, wie alle meine Onkel, auch die angeheirateten, dazu sämtliche Männer unserer Siedlung, darunter der Vater und die Onkel meiner Freundin Gabi Evers, der Vater von Martina Josuweit und selbst der taubstumme Herr Patschkowski aus der Wohnung über uns jeden Tag hinter diesem Zechentor verschwanden.

Ich erklärte mir ihr unaufgeregtes Verschwinden damit, daß die Männer unter Tage einen geheimen, unterirdischen Krieg führten. Einen Krieg gegen die brüllenden, fauchenden, glühenden Ungeheuer. Einen Krieg, über den sie nicht sprechen konnten, weil sie sonst den Sieg leichtfertig aufs Spiel gesetzt hätten, und über dessen Fortgang sie sich mit Codewörtern verständigen mußten: Die Richtstrecke. Der Querschlag. Der Hobelstreb. Deshalb verhielten sie sich auch so gleichmütig, ja vertraut gegenüber den Urzeitungeheuern. Sie fühlten sich ihnen überlegen. Der Sieg war nah.

Die Männer hatten meine Anwesenheit fast vergessen. Sie waren in alten Zeiten versunken. Einer erzählte von seiner Arbeit als Stahlkocher auf Hoesch und sagte: Als ich noch auf ,Oma Hoesch' war – eine Vertraulichkeit, die ich trotz aller Siegesgewißheit als leichtsinnig empfand und die mich zusammenzucken ließ. Selbstvergessen kicherten sie, weiße noch, Alfred Czichon, Heinz Kaminski, Willi Pollakowski?, schon die alleinige Nennung der Namen brachte sie zum Lachen wie ein guter Witz. Sie erinnerten meinen Großvater daran, daß er seine Arbeit immer verflucht habe, auf dem Weg zur Zeche habe er geflucht, auf dem Weg nach Hause habe er geflucht, unter Tage habe er geflucht, und das, obwohl er sich keineswegs kaputtgemacht habe, weil er auf dem obersten Knapp gearbeitet habe, da, wo sie die Halbtoten hinstellten. Sie sprachen von Kriegshelden, von eingeschlossenen Kumpeln, die nach zehn Tagen in der Finsternis wie durch ein Wunder gerettet wurden, sie sprachen über schlagendes Wetter und darüber, auf welchem Streb sie gerade arbeiteten, als damals der Heine verunglückt ist. Wie ein Lauffeuer war das, sagte einer. Wie eine Lähmung, sagte ein anderer.

Ich rutschte langsam von meinem Barhocker herunter. Ich wischte meine Finger, an denen noch etwas Salz von den Erdnüssen klebte, an meinem Rock ab und sagte meinem Großvater, daß ich jetzt nach Hause gehen müsse. Überrascht bemerkten die Männer, daß ich noch da war. Sie blickten sich an, als würden sie sich schämen. Willst Du noch ein Eis, fragte einer. Und ich sagte: Nein, Danke.

Wilhelm Busch und Thorsten Scheer

Symmetrie und Symbol.
Eine Ausstellung über die Architekten Fritz Schupp und Martin Kremmer

Die ehrenvolle Würdigung, die dem Ensemble der Zeche und Kokerei Zollverein im Dezember 2001 durch die Erklärung zum Weltkulturerbe der UNESCO zuteil wurde, darf nicht mit einem Architekturpreis verwechselt werden. Dennoch ist der emblematische Charakter, den die Zentralschachtanlage erlangt hat, von ihrer Architektur nicht zu trennen. Es wurde mit Zollverein nicht wie etwa bei der Völklinger Hütte das technische Denkmal oder wie bei der Parklandschaft in Wörlitz die Kulturlandschaft gewürdigt, sondern ein Komplex, der seine Wirkung gerade aus der Überführung technischer Anforderungen in eine Reihe suggestiver Bilder gewonnen hat. Zu verdanken sind diese Bilder Fritz Schupp und Martin Kremmer, zwei Architekten, die trotz ihrer überragenden Leistungen auf dem Feld der Industriearchitektur bis dato über den Kreis eines versierten Fachpublikums hinaus kaum Bekanntheit erlangt haben. Nachdem das technische Interesse der Zeitgenossen nachgelassen hatte, gab es im Zuge der zaghaften Entwicklung zur Industriedenkmalpflege vor über 20 Jahren zwar eine erste wissenschaftliche Rezeption, eine kontinuierliche Fortführung blieb jedoch aus. Dies mag seine Ursachen auch darin haben, daß der Industriebau – trotz seiner wichtigen Funktion im historischen Prozeß der Selbstkonstitution der Moderne – nur im Ausnahmefall hinter prominenteren Bauaufgaben aus seinem Schattendasein getreten ist.

Vor diesem Hintergrund stellt die Ausstellung der Stiftung Zollverein, die durch den vorliegenden Katalog begleitet wird, einen längst fälligen Schritt dar. Ermöglicht wurde dieser Schritt auch, weil sich mit der Öffnung des Nachlasses von Fritz Schupp zu diesem Anlaß die seltene Gelegenheit bot, Archivalien für eine Ausstellung zu nutzen, die zum Teil seit über 50 Jahren völlig unberührt waren. Deren Sichtung und Aufbereitung für diese Ausstellung stellt – so ist zu wünschen – dabei lediglich die erste Etappe für weitere Annäherungen dar.

Gegen die übliche Reduktion des Werks von Schupp und Kremmer auf die Zentralschachtanlage Zollverein 12 machen Katalog und Ausstellung zugleich darauf aufmerksam, daß Zollverein 12 zwar das Hauptwerk der Architekten ist, daß es aber im Kontext einer vielfältigen und komplexen Entwicklung steht. So haben sich Schupp und Kremmer in ihrem Frühwerk durchaus in verschiedenen Bauaufgaben erprobt und neben Industriebauten Kirchen und, wie die Recherchen der Ausstellungen gezeigt haben, in weit größerem Maße als bisher bekannt, Siedlungen erbaut. Neben einer allgemeinen Einführung in

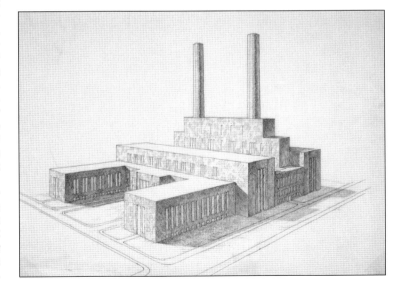

Fritz Schupp, Perspektivzeichnung, Kraftwerk Gelsenkirchen-Horst, 2. Hälfte 1930er Jahre, Bleistift auf Transparent (Nachlaß Fritz Schupp)

Fritz Schupp, Vergleichende Entwurfsskizze für die Hauptfassade der Waschkaue auf der Zeche Grimberg 3/4, 1930er Jahre, Bleistift und Farbstift auf Transparent (Nachlaß Fritz Schupp)

die Bergbauarchitektur von Wilhelm Busch finden sich zur Veranschaulichung dieses Zusammenhangs der Beitrag von Hans Kania zu den Anfängen der Bergbauarchitektur von Schupp und Kremmer sowie die Darstellung der Siedlungsbauten durch Rainer Schlautmann und die Betrachtung der Kirchenbauten durch Christian Welzbacher.

Für die Bergbauarchitektur hat die Entwicklung der Architekten konsequent zu einer neuen Architektursprache geführt und zahlreiche bemerkenswerte Bauten hervorgebracht. Vor allen Dingen zeigt sich dort, daß die architektonische Beschränkung auf wenige gestalterische Mittel, die schließlich auch auf Zollverein vorherrschen, jenen Aspekt in den Vordergrund treten lassen, der womöglich den bedeutendsten architekturhistorischen Beitrag von Fritz Schupp und Martin Kremmer darstellt. Die Rede ist von der Zusammenfügung von Bauvolumen zu einem kompositorischen Ganzen, das modellhaft auf andere Bauaufgaben übertragbar ist, und dort auch seine Traditionen hat, wie im Beitrag von Thorsten Scheer dargestellt wird. Daß dies in den gigantischen Dimensionen von Zechenanlagen und unter Verzicht auf differenzierte Details demonstriert wird, stellt den besonderen Charakter der Architektur von Fritz Schupp und Martin Kremmer dar. Der Text von Ingrid Krau geht an dieser Stelle der Determination von

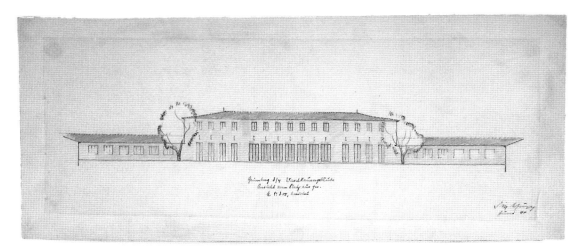

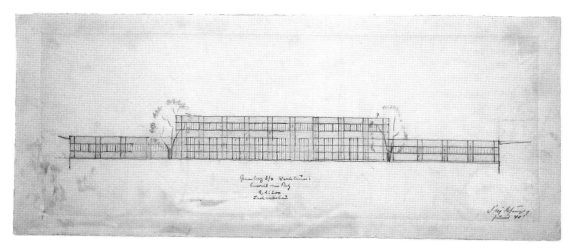

Zollverein durch den bergbaulichen Produktionsvorgang nach.

Die Aufsätze des vorliegenden Bandes folgen der Chronologie des Werks von Schupp und Kremmer, ergänzt um systematisch orientierte Beiträge zu wesentlichen Aspekten. So findet sich hier der Text von Cengiz Dicleli zu den konstruktiven Hintergründen des Stahlfachwerkbaus anhand der Bauten von Schupp und Kremmer. Daß darüber hinaus zur Darstellung einer Bauaufgabe wie der Bergbauarchitektur, deren funktionaler Ursprung – „unter Tage" – dem Blick des Betrachters entzogen ist, eine zumindest einführende Betrachtung nicht außer Acht gelassen werden darf, findet im Beitrag von Rainer Slotta über die betrieblichen Voraussetzungen des Bergbaus seinen Widerhall. Die Fähigkeit von Schupp und Kremmer schließlich, einprägsame Bilder zu schaffen, hat zu der einzigartigen Situation geführt, daß neben Zollverein mit dem Erzbergwerk Rammelsberg bei Goslar ein zweiter von ihnen erbauter Komplex auf der Liste der UNESCO-Weltkulturerbe zu finden ist. Diesen stellt Reinhard Roseneck in seinem Text vor.

Die Architektur von Schupp und Kremmer hat in der Wahrnehmung häufig disparate Einschätzungen hervorgebracht. Die bildliche Darstellung der Zeche Zollverein in der propagandistischen Veröffentlichung von Gerdy Troost über das „Bauen im Neuen Reich" hat den Mißverständnissen ebenso Vorschub geleistet wie die gewagte, weil textlich unkommentierte Abbildung der bekanntlich von 1927 bis 1932 erbauten Zeche Zollverein 12 in der Nachbarschaft zu einem HJ-Musterheim und einer NS-Schulungsburg in Werner Durths Aufarbeitung der NS-Vergangenheit deutscher Architekten von 1986. Wilhelm Busch geht in seinem Text über die Bauten und Entwürfe, die nach Zollverein bis zum Tod Martin Kremmers, also zwischen 1932 und 1945, entstanden sind, auf die Tätigkeit des Büros in der Zeit des Nationalsozialismus ein.

Schupp und Kremmer haben die Photographie von Beginn an in ihre Darstellungsmittel einbezogen und die Zusammenarbeit mit Photographen der Neuen Sachlichkeit gesucht. Neben der weithin bekannten Tätigkeit von Albert Renger-Patzsch für die Architekten sind vor allem Anton Meinholz, von dem ebenfalls zahlreiche eindrucksvolle Photographien zu den Bauten der 1920er und 1930er Jahre existieren, und Hans Grempel, der seit den 1950er Jahren für Schupp photographierte, hervorzuheben. Rolf Sachsse stellt diese – für die Rezeption zentralen – Wechselbeziehungen in seinem Aufsatz dar. Die Bildtraditionen der Malerei, die als repräsentativer Ausdruck eines prosperierenden Industriezweigs Bedeutung erlangten, sind das Thema von Georg Holländer.

Axel Föhl stellt die Bedeutung von Industriedenkmälern im allgemeinen in den Zusammenhang mit den Arbeiten von Schupp und Kremmer. Wichtige Beiträge zum Ver-

Fritz Schupp, Perspektive Westfalenhütte, Breitbandwalzwerk, Bleistift auf Transparent (Nachlaß Fritz Schupp)

ständnis der historischen Situation, in der Fritz Schupp und Martin Kremmer gearbeitet haben, stellen der Text von Gabriele Schickel über die Ausbildung zu Beginn des 20. Jahrhunderts, Andrea Meseckes Darstellung der Tradition des Industriebaus im 19. Jahrhunderts und Karin Wilhelms Darstellung der Rolle des Industriebaus für die Entfaltung der Moderne dar.

Die Initiative zu einer Würdigung der Architekten in einer umfangreichen Ausstellung kam überraschenderweise – trotz der dort immer wieder erhobenen Klage über die mangelnde Bekanntheit von Schupp und Kremmer – nicht aus der Fachwelt, sondern von Kirsten Müller, der Pressereferentin der Stiftung Zollverein, der dafür ganz nachdrücklich Dank gebührt. Aus der Koinzidenz der zu erwartenden Ereignisse, nämlich des 70. Jahrestages der Inbetriebnahme von Zollverein Schacht 12 und dem Jubiläum der Stadt Essen „1150 Jahre Stift und Stadt Essen" hatte sie die Idee zu einer Ausstellung über Fritz Schupp und Martin Kremmer entwickelt, die dann durch die Ernennung der Zeche und der Kokerei Zollverein zum Weltkulturerbe im Dezember 2001 zusätzliche Aktualität erhielt. Die Stiftung Zollverein hat diesen Vorschlag mit größtem Engagement unterstützt. Ihrer Geschäftsführerin, Frau Jolanta Nölle, ist dabei nicht nur für das in uns gesetzte Vertrauen zu danken – durch ihren Einsatz bei der Sponsorensuche hat Frau Nölle überhaupt erst die Voraussetzung dafür geschaffen, daß die Ausstellung realisiert werden konnte.

Finanziell ermöglicht wurde die Ausstellung in erster Linie durch die RAG Aktiengesellschaft. Ganz besonders möchten wir uns bei ihrem Vorstandsvorsitzenden Karl Starzacher für die großartige Unterstützung

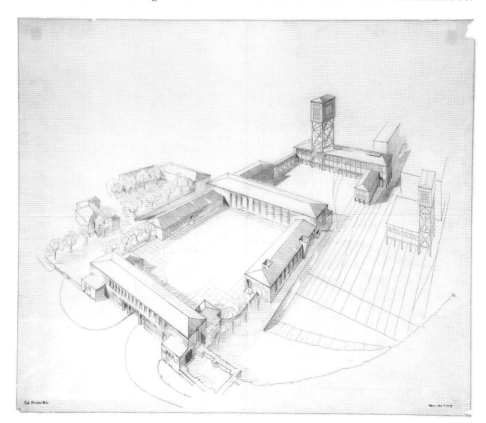

Fritz Schupp, Perspektivzeichnung einer Entwurfsvariante für die Waschkaue, sowie die Tor- und Verwaltungsbauten der Zeche Minister Stein, Dortmund, 1937, Bleistift auf Transparent (Nachlaß Fritz Schupp)

bedanken, außerdem bei seinen Mitarbeitern für die gute Zusammenarbeit. Unser Dank für das großzügige Engagement sowie das in uns gesetzte Vertrauen gebührt ebenso der Alfred und Cläre Pott-Stiftung in Person ihres Vorstandsvorsitzenden Dr. Klaus Liesen sowie der Fürsprache durch Dr. Ulrich Unger. Ohne die Gesellschaft der Freunde und Förderer der Stiftung Zollverein e.V. (GFF) schließlich hätte der vorliegende Katalog nicht realisiert werden können. Ebenso hätten Durchführung und Umsetzung der Ausstellung ohne die WAZ Mediengruppe, den Landschaftsverband Rheinland, die Entwicklungs-Gesellschaft Zollverein mbH und all die anderen Unternehmen, die sich zum Teil mit umfangreichen Sachleistungen beteiligt haben, nicht gelingen können.

Unter den zahlreichen Firmen und Privatpersonen, die unser Vorhaben rückhaltlos unterstützt haben, ist besonders Herr Herbert Gunia zu nennen, der uns erlaubt hat, das Archiv von Fritz Schupp für die Zwecke der Ausstellung zu nutzen. Ebenso dankbar sind wir den Familien Schupp und Kremmer, die in großem Umfang ihre Erinnerungen, ihre Zeit und zahlreiche Leihgaben zur Verfügung gestellt haben.

Den Hinweis auf die bis dato noch unsanierte Halle 8 und den dadurch vermittelten architektonischen Reiz verdanken wir Herrn Dr. Wolfgang Roters, Geschäftsführer der Entwicklungs-Gesellschaft Zollverein mbH. Der Landesentwicklungsgesellschaft NRW GmbH als Eigentümerin der Halle 8 sowie der Projekt Ruhr GmbH sei für ihre großzügige Unterstützung und Kooperation an dieser Stelle ebenso nachdrücklich gedankt.

Den neben Herbert Gunia wichtigsten Leihgebern, die durch wertvolle Hinweise und Ratschläge zum Gelingen der Ausstellung beigetragen haben, sind wir ebenfalls zu großem Dank verpflichtet: der Bibliothek des Ruhrgebiets, der Galerie Architektur und Arbeit Gelsenkirchen, der Martin-Luther-Gemeinde in Berlin-Lichterfelde und ihrem Archivar Herrn Grimm. Für die unbürokratische Hilfe und großzügige Bewilligung von Leihgaben sei dem Nordrhein-Westfälischen Hauptstaatsarchiv, Düsseldorf, dem Rheinischen Industriemuseum, Oberhausen, dem Ruhrlandmuseum, Essen, dem Westfälischen Industriemuseum, Dortmund, dem Bergbau-Archiv Bochum, dem Westfälischen Wirtschaftsarchiv, Dortmund, der Stiftung Industriedenkmalpflege und Geschichtskultur, Dortmund, den Bauordnungsämtern der Städte Bergkamen, Duisburg, Essen, Gladbeck, Oberhausen, Sprockhövel, dem Institut für Stadtgeschichte Gelsenkirchen, dem Gemeindearchiv Bönen und den Kreisarchiven Coesfeld und Unna, sowie den Archiven der Firmen ISPAT Stahlwerk Ruhrort GmbH, Duisburg, Thyssen-Krupp AG, Duisburg, Vodafone AG Düsseldorf gedankt. Verpflichtet sind wir außerdem dem Haniel-Archiv, Duisburg, dem Mannesmann-Archiv, Mülheim an der Ruhr sowie Herrn Christoph Heinen, Herrn Herbert Jansen und Frau Dr. Birgit Siekmann für ihren Rat und ihre Unterstützung.

Die Organisation der Ausstellung konnte nur durch die Mithilfe eines stets motivierten Teams gelingen. Besonders hervorzuheben sind der Einsatz, die Begeisterung und unermüdliche Energie von Rainer Schlautmann, Kirsten Müller, Dr. Ulrike Laufer, Christine

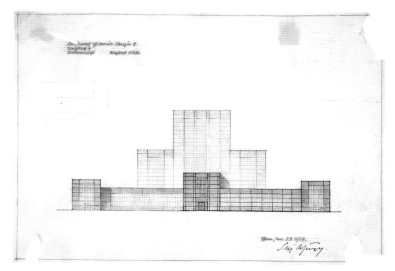

Fritz Schupp, Entwurf einer Krack-Anlage, 1939, Tusche und Lasurfarbe auf Transparent (Nachlaß Fritz Schupp)

August und Anna-Inès Hennet sowie Sabine Fröbel, Tobias Heusner, Timo Saalmann, Niels Schnoor, Julia Wagner-Emden und Susann Winkler, schließlich von Heidi Jahrmarkt und Siegrid Othmer. Axel Schuch hat nicht nur unter erheblichem Zeitdruck das Wunder bewerkstelligt, die vorliegende Publikation rechtzeitig zum Ausstellungsbeginn fertigzustellen, sondern die Ausstellung durch ihre gelungene

Fritz Schupp, Perspektivzeichnung Kraftwerk einer Hydrieranlage, 1939, kolorierte Lichtpause, (Nachlaß Fritz Schupp)

Gestaltung in das rechte Bild gesetzt. Für den unverzichtbaren Rat sind wir den Autoren, den ehemaligen Mitgliedern der Belegschaft von Zollverein, der Geschichtswerkstatt Zeche Zollverein e.V. und ihrem Archivar Dr. Holger Ehlert in besonderer Weise verpflichtet.

Wir danken schließlich den Architekten Böll und Krabel, die ihre Arbeit gespendet haben, sowie dem Leiter unserer „Baustelle", Frank Günther, die die Herrichtung der Ausstellungshalle mit großem Einsatz und absoluter Zuverlässigkeit begleitet haben sowie diesbezüglich den Firmen der Kreishandwerkerschaft Essen, ohne deren Sach- und Dienstleistungen die Sanierungsarbeiten nicht hätten bewerkstelligt werden können. Weiterhin danken wir Christiane König, Restauratorin am Museum Folkwang, für ihren Rat und ihre Unterstützung. Schließlich war der Fachbereich Architektur der Fachhochschule Düsseldorf so freundlich und großzügig, unserem Modellbauer Tobias Heusner die Modellbauwerkstatt zur Verfügung zu stellen.

Ganz besonders danken wir auch unserem Verleger Walther König, der neben dieser Tätigkeit in der gewohnt produktiven und kritischen Weise als Gesprächspartner zur Verfügung stand und das Vorhaben durch zahlreiche Anregungen gefördert hat.

Daß uns die Stiftung Zollverein mit der Konzeption und Durchführung der Ausstellung beauftragt hat, war uns eine große Freude und Ehre. Daß uns darüber hinaus ihr offenes, unkompliziertes Team derart selbstverständlich aufgenommen und unsere Arbeit mit außerordentlichem Einsatz unterstützt hat, war ein seltener Glücksfall – dafür möchten wir uns herzlichst bei allen Mitarbeitern der Stiftung Zollverein bedanken.

Angesichts einer noch im Wandel befindlichen Funktion steht Zollverein heute abermals an der Schwelle einer Neudefinition, über deren Gelingen auf der Basis des von Rem Koolhaas entworfenen Masterplans in den nächsten Jahren entschieden werden wird. Mag die Qualität und Würde der von Fritz Schupp und Martin Kremmer geschaffenen Architektur als Herausforderung des noch zu Leistenden gelten.

Ulrike Laufer

Die Architekten Fritz Schupp und Martin Kremmer

„Manche schlaflose Nacht ließ uns fast verzweifeln, bis schließlich die Idee zu einer Gestaltung erwuchs, die uns zufriedenstellte. Ich sage ‚uns', weil wir selbst unsere unerbittlichsten Kritiker waren."
Fritz Schupp, Goslarsche Zeitung, 7. 6. 1968

Am 22. 12 1896 wird Fritz Schupp als drittes Kind des Prokuristen Mathias Peter Schupp und seiner Frau Elise in Uerdingen/Krefeld geboren. Seit 1907 lebt die Familie in Essen-Rüttenscheid, dem gerade erst entstehenden Viertel des gehobenen Bildungsbürgertums in der Bergbaumetropole. Die älteren Schwestern besuchen hier das Rüttenscheider Reformgymnasium, der jüngere Bruder setzt seine schon in Köln begonnene Gymnasialbildung auf dem traditionellen althumanistischen Königlichen Gymnasium in der Burgstraße fort, wo er 1914 mit 17 Jahren ein kriegsbedingt vorgezogenes Abitur ablegt. Die meisten seiner Mitschüler drängen in den Militärdienst, Schupp wird jedoch aufgrund einer schwachen Konstitution und geringer Sehkraft freigestellt. Als Berufswunsch gibt er im Jahrbuch des Burggymnasiums Architekt an. Schupp wird später, wenn er nach seiner Schulbildung befragt wird, immer stolz darauf verweisen, daß er ein humanistisches Abitur abgelegt habe. 1917 muß er sein Studium unterbrechen und ein Jahr Kriegsersatzdienst leisten. Von April 1917 bis April 1918 arbeitet er als Techniker im Baubüro I der Firma Krupp.[1]

Schon kurz nach Beendigung des Studiums 1918 kommt es zum ersten Kontakt zu dem Mann, der Zeit seines Lebens für Schupp ein bedeutender Mentor und Förderer sein wird: Friedrich Wilhelm Schulze Buxloh (1877-1959), seit Anfang des Jahres 1919 Bergwerksdirektor auf der Zeche Holland in Wattenscheid und stellvertretender Leiter aller Phönix-Zechen, lernt den jungen Mann wohl auf Vermittlung seiner beiden Adoptivtöchter aus erster Ehe kennen. Der gestandene, etwa vierzigjährige Pragmatiker mit einem eigenen ausgeprägten Interesse für Architektur erkennt in dem schmächtigen zweiundzwanzigjährigen Architekten „seinen" Mann. Doch auch Schupp scheint sich nach anfänglichen Schwierigkeiten gut auf Schulze Buxloh eingestellt zu haben. Etwa 50 Jahre später schreibt der Essener Architekturprofessor J.W. Hollatz in seinem Gutachten zur Verleihung der Ehrenpromotion an Fritz Schupp: „Er besitzt nicht so sehr die Gabe, seine Gestaltungsabsichten mitreißend und überzeugend vorzutragen als vielmehr die Fähigkeit zum klärenden und zähen Dialog, mit dem er auch robustere In-

Abb 1: Studentenausflug: Schupp und Kremmer zusammen mit einem Freund 1915, (Photograph unbekannt)

1 Historisches Archiv Krupp, WA 168/332.

2 Universitätsarchiv der TU Braunschweig, B 2: 201, Gutachten vom 15.1.1967

3 Universitätsarchiv der TU Braunschweig, B2: 201, Lebenslauf von 1966, vgl. dazu den Beitrag von Hans Kania

Abb. 2: Martin Kremmer, um 1942, (Photograph unbekannt)

4 Freundlicher Hinweis von Hans Kania, vgl. dazu den Beitrag von Rainer Schlautmann

dustriebauherren schließlich von der Richtigkeit und Notwendigkeit seiner Vorschläge zu überzeugen weiß."[2]

Schupp erhält den Auftrag, Nebengebäude für die Zeche Holland zu entwerfen, dies ist sein erster Auftrag im Bereich des Industriebaus.[3]

Schulze Buxloh und Schupp entwickeln ein gutes Vertrauensverhältnis zueinander. Ohne Hang zu großen Worten oder gesellschaftlicher Attitüde legen beide großen Wert auf Unabhängigkeit und Verläßlichkeit. Umständlicher Schriftverkehr wird vermieden: die Auftragsvergabe erfolgt per Handschlag, die Rechnungslegung durch eine wie beiläufig auf Waschzetteln notierte Summe, die meist kommentarlos abgenickt wird. Dieses Verfahren behält man auch noch bei, als Wilhelm Schulze Buxloh zum Direktor der Bergbaugruppe Gelsenkirchen innerhalb der 1926 gegründeten Vereinigten Stahlwerke ernannt worden ist: Um sich das umständliche Antrags- und Genehmigungswesen in diesem großen Konzern zu ersparen, deklariert Schulze Buxloh nämlich die Neubauten auf ‚seinen' Zechen kurzerhand als Reparaturen oder Anbauten. Damit erspart er dem Architekten etliche „Präsentations"-Zeichnungen oder gar die Teilnahme an Wettbewerben. Etwa Ende der 1930er Jahre wird sich die Konzernleitung aber doch bemüßigt fühlen, von Schulze Buxloh eine ordentliche Verfahrensweise bei Neubauvorhaben zu verlangen: Schulze Buxloh lenkt ein – seine gehobene Stellung im Konzern ist eine wichtige Lebensversicherung für seine halbjüdischen Adoptivtöchter, die er mit großer Sorge und Mühe aber erfolgreich bis zum Ende des Dritten Reiches auf seinem Gut Schwickering in Rorup Buldern vor dem Zugriff der Nazi-Schergen schützt.

Fritz Schupp hält sich öfter in der Dienstvilla seines Mentors in Gelsenkirchen-Ückendorf und auch auf Gut Schwickering auf, an entsprechende Kontakte mit dem Sozius Martin Kremmer kann man sich dagegen in der Familie nicht erinnern.

Noch möchte sich der eigenwillige junge Architekt allerdings nicht auf den Industriebau festlegen lassen. Zumal auch die wirtschaftliche Situation des Ruhrbergbaus in dieser Zeit der französischen Besetzung und der Inflation keine gesicherten Berufsaussichten garantieren. Ein zweites wichtiges Interessengebiet Fritz Schupps ist der Siedlungsbau. Nach einer Rechnung des Essener Architekten Heinrich Emschermann vom Februar 1919 hat Schupp bereits in den ersten Monaten seiner Berufstätigkeit Sozial- und Siedlungsbauten für die Zeche Graf Moltke in Gladbeck entworfen.[4]

Die Suche nach weiteren Herausforderungen wird unterstützt von seinem Freund und Sozius Martin Kremmer. Beide lernen sich 1916 in Karlsruhe kennen. Der ein Jahr ältere Kremmer (geb. am 7.8.1895 in Posen) ist der älteste von vier Kindern, sein jüngerer Bruder Siegfried wird später ebenfalls Architektur studieren. Der Vater ist der Gründungsdirektor des Arndt-Gymnasiums in Berlin-Dahlem, an dem Kremmer 1915 sein Abitur ablegt. Es ist ein humanistisches Gymnasium mit reformpädagogischen Ansätzen, hier erhält Kremmer auch Schwimm- und Segelunterricht sowie eine handwerkliche Ausbildung, zu der u.a. photographische Arbeiten gehören.

Wie Fritz Schupp verfolgt auch Martin Kremmer seine Ausbildung zum Architekten mit großer Konsequenz und Hingabe. Parallel zu seinen Studien absolviert er Praktika bei Berliner Architekten und dem Berliner Schloßhofbauamt. Bei dieser Gelegenheit schließt er wichtige Kontakte zu den Architekten Paul Mebes (1872-1938) und Hermann Muthesius (1861-1927). Im Oktober 1916 meldet sich Kremmer jedoch freiwillig zum Militärdienst, am Ende des Ersten Weltkriegs ist er Leutnant der Reserve. Im Herbst 1919 absolviert er ein Praktikum im Berliner Architekturbüro Salvisberg und Schmitthenner, die u.a. im Siedlungs- und Landhausbau tätig sind. An seinen Freund Gustav Schmidt-Ott schreibt er in dieser Zeit: „Es ist mir soviel wert, jetzt eine solche Bürozeit einzulegen, damit ich das Handwerksmäßige schon vor dem Abschluss des Studiums lerne. Auf meinem jetzigen Büro aber lerne ich weit mehr als das. Du weißt wohl, dass ich den Sommer in Stuttgart studiert habe. Schmitthenner, der dort einen Lehrstuhl bekommen hat, hat mich hierher gewiesen. – Es war ein schönes Semester im Schwabenland und zum Schluss habe ich noch mit einer langen Wanderung von Süddeutschland Abschied genommen." [5] Während Fritz Schupp versucht, sich in Essen eine Existenz aufzubauen, lebt Kremmer, dem kostbare Studienjahre durch seine Militärzeit verlorengingen, seine Studienzeit noch in vollen Zügen aus. Erst 1921 schließt er sein Studium „mit Auszeichnung" in Berlin-Charlottenburg ab.

Offiziell wird das Gründungsjahr der Arbeitsgemeinschaft von beiden Architekten mit 1922 angegeben, in seinen Bewerbungen um eine Mitgliedschaft im BDA gibt Martin Kremmer später jedoch an, er habe bereits kurz nach dem Examen, von August bis Dezember 1921, im Büro Fritz Schupp mitgearbeitet. [6]

Martin Kremmer hält es nicht lange im Revier an der Ruhr. Die beiden Freunde einigen sich darauf, in einer Sozietät mit zwei Standorten zusammenzuarbeiten. Kremmer führt das Büro in Berlin zunächst unter der Dahlemer Adresse, Königin Luisenstraße 85. 1923 bis 1925 geht er eine Ateliergemeinschaft mit dem Architekten Wockersin ein unter der Adresse Konstanzer Straße 1. Das Büro wirbt hauptsächlich um Aufträge für Landhäuser und Villen. [7] Die Auftragslage scheint jedoch nicht gut zu sein, 1924/25 übernimmt Kremmer nebenher einen Lehrauftrag an einer privaten Baugewerbeschule in Berlin. Im Architekturwettbewerb um das Rathaus Zehlendorf erhält er eine lobende Anerkennung und stellt seinen Entwurf 1925 in der „Bauwelt" vor (Heft 20, S. 1–8). Im gleichen Jahr am gleichen Ort erscheint auch ein Essay über „Zechenbauten im Ruhrgebiet", den er zusammen mit Fritz Schupp verfaßt (Heft 27, 1-5).

Nach den Essener Adreßbüchern wohnt und arbeitet Fritz Schupp derweil noch immer unter der väterlichen Adresse, Ortrudstraße 18

Abb. 3: Fritz Schupp, um 1938, (Photograph unbekannt)

in Rüttenscheid. Der junge Architekt hat aber immerhin eine eigene Telefonnummer. Die „Neue Illustrierte", ein populäres politisch-gesellschaftliches Magazin, preist ihn in ihrer Neujahrsnummer zum Jahresanfang 1925 als „ausgezeichneten Architekten", dem die Aufwärtsentwicklung der „baulichen Entwicklung des Ruhrgebiets" entscheidend zu verdanken sei. Dazu werden Fotos der von Schupp entworfenen Gebäude auf Zeche Holland in Wattenscheid gezeigt.

Im Juli 1926 heiratet der dreißigjährige Schupp die sechs Jahre jüngere Ingrid Brandi, eine Tochter aus gutem Hause: der Vater Paul Brandi führt seit 1911 die Disconto-Bank in Essen, 1929 wird er Direktor der

5 Rainer Schmidt-Ott, Bonn, Schreiben vom 15. 10. 1919

6 Bundesarchiv Berlin, Document Center, RKK 24000, Kremmer, Martin, 18023

7 Freundlicher Hinweis von Anna-Inès Hennet nach Recherchen in Berliner Adressbüchern, Branchendatei Fiche 39/301

8 Brandi, Paul, Essener Arbeitsjahre, Erinnerungen des Ersten Beigeordneten Paul Brandi, Beiträge zur Geschichte von Stadt und Stift Essen, hg. v. d. Historischen Verein für Stadt und Stift Essen, 75. Heft, Essen 1959, S. 54

9 Brandi, Paul, 1959, S. 18

10 Bundesarchiv Berlin, Document Center, RKK 24000, Schupp, Fritz 33303; Berliner Adressbücher, Branchendatei Fiche 41/490.

11 Bundesarchiv Berlin, Document Center, RKK 24000, Schupp, Fritz 33303, Schreiben vom Januar 1926, 1. 4. 1925, 13. 2.1923

Abb. 4: Martin und Hildegard Kremmer in Berlin-Dahlem, um 1935, (Photograph unbekannt)

ersten Essener Filiale der Deutschen Bank. Der Onkel, Bergwerksdirektor Ernst Brandi, ist eine einflußreiche Persönlichkeit im Ruhrbergbau und später Mitglied im Aufsichtsrat der Ruhrgas AG. Die Großmutter, Antonie Brandi, entstammt der Familie Russell, die von großer Bedeutung für die Montanindustrie an der Ruhr aber auch für die Entwicklung der Stadt Essen ist. Paul Brandi ist zugleich ein wesentlicher Mentor des Essener Kulturlebens als Vorsitzender des Essener Musikvereins und als Mitglied des Folkwang-Museumvereins, der 1922 die Übersiedlung des Museum Folkwang von Hagen nach Essen fördert. Paul Brandis „persönliche Freude am Bauen" äußert sich in seinem Engagement im Bürgerbauverein (Wohnungen am Bernewäldchen), im Bauverein „Eigenheim" und in der Margarethe Krupp-Stiftung. Mit Georg Metzendorf pflegt er eine jahrzehntelange Freundschaft. 8

Fritz und Ingrid Schupp legen offenbar wenig Wert auf das kulturelle Leben oder den gesellschaftlichen Umgang im Revier – die Übersiedlung nach Berlin ist schon vor der Heirat beschlossene Sache. Essen ist zwar eine aufstrebende Industriestadt, doch die tragende Schicht für „bürgerliche Kultur" ist dünn. Auch Paul Brandi bescheinigt in seinen Lebenserinnerungen der Essener „Industrieschicht", wenig kulturell interessiert, nämlich „amusisch", gewesen zu sein. 9

Im März 1926 wendet sich Fritz Schupp an den Landesbezirk Brandenburg des Bundes Deutscher Architekten und meldet sich von der Essener Ortsgruppe des BDA ab, der er bereits seit sechs Jahren angehört: „Ich habe meinen Arbeitsplatz nach Berlin verlegt, wo ich mit Herrn Dipl. Ing. Martin Kremmer, Dahlem zusammenarbeite." Der Briefkopf gibt die neue Büroadresse Berlin W9, Potsdamer Straße 134 A an. 10 Am 1. April erfolgt die Aufnahme in den BDA/Landesbezirk Brandenburg. Mit großem Eifer betreibt Schupp auch die Aufnahme seines „Mitarbeiters" Martin Kremmer in den BDA: „Nach all seinen bisherigen beruflichen Leistungen und seiner Stellung in der Berliner Gesellschaft scheint mir die Aufnahme des Herrn Kremmer auch für den Bund ein Gewinn zu sein." Die Angelegenheit schleppt sich schon seit vier Jahren dahin, auch aus Verschulden Kremmers, der wegen seiner „längeren Abwesenheit von Berlin", wichtige Unterlagen nicht eingereicht hat. Mehrere renommierte Architekten, unter ihnen auch Hermann Muthesius – zu dessen Hausmusikkreis Kremmer inzwischen gehört – setzen sich nun nachdrücklich für Kremmers Mitgliedschaft im BDA ein. Die „längere Abwesenheit" Kremmers aus Berlin resultiert nicht nur aus den Aufenthalten bei seinem Sozius Fritz Schupp in Essen, sondern auch aus einem Studienaufenthalt in Schweden 1923/24, der Praktika in Architekturbüros in Göteborg und Stockholm mit sich brachte. Im für die Aufnahme beim BDA 1926 ausgefüllten Fragebogen gibt Martin Kremmer auf die Frage nach eigenen Entwürfen u.a. an, daß er ein Wohnhaus für Dr. Wissinger in Carolinenhof/Grünau gebaut habe. 11 Dr. Julius Wissinger ist der Ehemann von Helene, der älteren Schwester Schupps.

Fritz Schupp ist ein großer Verehrer der lyrischen Grotesken Christian Morgensterns, die in seiner Schulzeit erstmalig erscheinen. Er rezitiert auch noch in hohem Alter den Professor „Palmström", der mit seinem Freund „von Korf" die Herausforderungen des Alltags philosophisch bezwingt. Wie „Korf in Berlin" beschließt Schupp „einem Zug der Zeit sich fügend" den Aufbruch nach Berlin – entgegen aller ökonomischen Vernunft, denn den potentiell wichtigen Auftraggebern für Industriebauten kehrt er damit den Rücken.

Abb. 5: *Fritz und Ingrid Schupp an der Rheinpromenade in Düsseldorf, um 1955, (Photograph unbekannt)*

Von der grotesk-hintersinnigen Lyrik eines Christian Morgensterns ist es nicht weit zur Ideenwelt der Dadaisten, für die viele avantgardistische Architekten Interesse zeigen. Die Bewegung entsteht während der Studienzeit Schupps und Kremmers, ihre Zentren sind Zürich und Berlin. Der Berliner Dadaist Viking Eggeling ist ein Bruder von Vera Brandi, der Mutter Ingrid Schupps. Er macht das junge Paar mit seinem Freund Hans Richter bekannt.

Im Berlin der 1920er Jahre versammelt sich auch die Avantgarde der modernen Photographie. Das Organ des Berliner Club Dada „Der Dada" zeichnet sich durch ebenso provokante wie kunstvolle Photomontagen aus. Am Ende dieser Epoche, 1929, entstehen bedeutende Photoausstellungen, an denen auch das Museum Folkwang in Essen beteiligt ist. Werner Gräff und Hans Richter geben das Buch „Es kommt der neue Fotograf" heraus. Hans Richter dreht in dieser Zeit seine berühmten Filme „Der Vormittagsspuk" und natürlich „Berlin, Symphonie einer Großstadt". Nach Überlieferung in der Familie Schupp hat Fritz Schupp an einem dieser Filme mitgearbeitet.

Schupp ist inzwischen auch mit dem Essener Stadtbildphotographen Anton Meinholz bekannt geworden, der 1930 die Familie in Berlin besucht und die Bauobjekte der Sozietät in Berlin photographiert. In dieser Zeit entsteht auch die Freundschaft mit dem Photographen, Gestalter, Maler und späteren Direktor der Folkwang Werkschule in Essen Max Burchartz (1887-1961), die zur Zusammenarbeit bei der Gestaltung der Innenräume der Direktionsetage der GBAG in Essen führt. Burchartz wird später unter den ersten Photographen sein, denen spektakuläre Aufnahmen von der Großschachtanlage Zollverein in Essen gelingen.

Im ersten Berliner Jahr scheint die Auftragslage für die Sozietät nicht gerade gut zu sein. Noch ist man mit Entwürfen für ein Landhaus des Berliner Bankiers und Getreidehändlers Johannes Tiemann beschäftigt. Die große Villa im Wert von fast 150.000 Mark entsteht in Zeuthen in der Mark mit etlichen Nebengebäuden – das Honorar für die beiden Architekten beträgt daraus 5.800 Mark.[12] Schupp und Kremmer unterschreiben abwechselnd die zum Bauschein gehörenden Lagepläne, die den Stempel der Sozietät mit der Berliner Adresse Rheingaustraße tragen. Die Architekten reichen einen Wettbewerbsentwurf für die Martin-Luther-Kirche in Erfurt ein, entwerfen ein Schulwochendhaus, das „Heidehaus" in Holzfachwerk für das ehemalige Gymnasium Martin Kremmers,[13] und zwei kleinere Werkstätten auf der Zeche Nordstern/Gelsenkirchen. 1927 ist der Architekt Fritz Schupp im Essener Adreßbuch nicht zu finden.

Doch 1926, im Jahr des vermeintlich endgültigen Wechsels der Sozietät Schupp und Kremmer nach Berlin wird an der Ruhr die Vereinigte Stahlwerke AG gegründet, ein Zusammenschluß von Rheinstahl, Phoenix, Stinnes (mit dem alten Deutsch-Luxemburg-Konzern) und Thyssen. Schulze Buxloh, der große Mentor Fritz Schupps, leitet nun die Bergbaugruppe Gelsenkirchen, einen der vier Zechenbezirke innerhalb des neuen Montankonzerns. Ein Jahr später erhält die Sozietät Schupp und Kremmer den wichtigsten Auftrag ihrer gesamten Schaffensperiode: die Vereinigte Stahlwerke AG beschließt eine grundlegende Sanierung der Zeche Zollverein durch den Bau der zentralen Großschachtanlage 12. Nach Überlieferungen aus den Familien Gustav Kneppers, des

12 Schreiben Tiemanns an den Landrat des Kreises Teltow, Preisüberwachungsstelle, 8. 3. 1941, freundlicher Hinweis von Anna-Inès Hennet nach Recherchen im Bauarchiv Treptow, Berlin

13 Martin Kremmer, Das Heidehaus des Dahlemer Arndt-Gymnasiums, in: Die Leibesübungen 46, 1927, S. 577

14 Berliner Adressbücher, Branchendatei Fiche 42/564 und wie Anm. 12

15 Dahlemer Nachrichten 7. 1. 1928, in der Ausgabe vom 14. 1. 1928 wird allerdings nur Martin Kremmer genannt

Abb. 6, Fritz Schupp, Perspektivzeichnung Kesselhaus auf Zollverein 12, späte 1920er Jahre

16 Nachlaß Fritz Schupp, Entwürfe für Minister Stein, Ansicht der Hofsitiation mit dem Ehrenmal in der Mitte und Entwürfe für die Zeche Hansa, Ehrenmal der Verunglückten, 25.2.1941

Leiters der Bergbaugruppen innerhalb der Vereinigte Stahlwerke AG, und Friedrich Wilhelm Schulze Buxlohs hat es in den Vorstandsetagen der Abteilung Bergbau der Vereinigten Stahlwerke keinerlei Diskussionen darüber gegeben, dass niemand anderes als die Architekten Schupp und Kremmer in Berlin die Entwürfe für die Großschachtanlage liefern sollen. Noch 1927 entstehen die ersten Entwurfszeichnungen für Zollverein Schacht 12. Für die nächsten drei Jahre, der intensiven Planungsphase für die Zeche Zollverein, leisten sich Fritz Schupp und Martin Kremmer ein weiteres Büro in Essen (Waldblick 27, Essen-Stadtwald). Man teilt sich

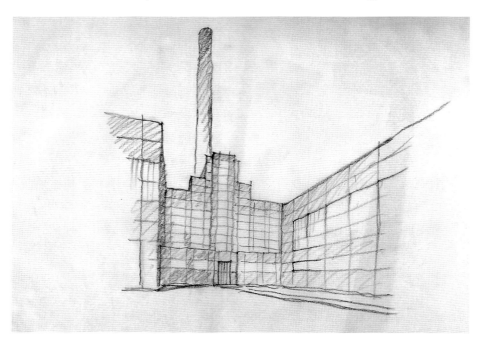

allerdings das Büro mit dem Architekten Schwartzlose. Gleichzeitig arbeiten Schupp und Kremmer in Berlin an Entwürfen für Kirchenbauten in Dahlem und Niederschöneweide. Auf dem Briefkopf des Schreibens, mit dem sie am 11.11.1928 der Bezirksbaupolizei in Treptow die Grundsteinlegung des Kirchenbaus in Niederschöneweide anzeigen, sind zwei Adressen der Sozietät angegeben: Berlin-Friedenau, Rheingaustraße 22 und Essen-Stadtwald, Waldblick 27. Das Schreiben trägt den Stempel des Berliner Büros aber die Unterschrift von Fritz Schupp - ein Zeichen dafür, dass es trotz des doppelten Standorts und der intensiven Planungen für die Zechen und Kokereien im Ruhrgebiet keine Unterscheidung der bausachlichen Zuständigkeiten oder gar der Büroführungen zwischen den beiden Kompagnons gibt.[14] Dies gilt anscheinend auch für die kleineren Bauobjekte aus dem Dahlemer „Familienumfeld", wie das bereits erwähnte Schullandhaus oder ein Ehrenmal für die im Ersten Weltkrieg gefallenen Lehrer und Schüler des Arndt-Gymnasiums.[15] Das Denkmal entspricht in seiner schlichten Formgebung in etwa den Ehrenmalen, die Schupp und Kremmer in den 1940er Jahren für die Zechen Minister Stein und Hansa entwerfen.[16]

Obwohl jetzt große und bedeutende Aufträge im Ruhrgebiet abgewickelt werden, bleibt die Familie Schupp noch in Berlin. 1929 wird hier das einzige Kind Dieter geboren. Auch nach der Geburt des Sohnes nimmt Schupp die häufigen Reisen zwischen Essen und Berlin in Kauf. 1929 erscheint auch die grundlegende programmatische Schrift Fritz Schupps und Martin Kremmers zum Thema Industriebau: „Architekt gegen oder und

Ingenieur", auf die sie sich auch in späteren Veröffentlichungen immer wieder berufen werden. Martin Kremmer heiratet 1930 die Modedirektrice Hildegard Kremmer, geb. Droste, aus dem Bekanntenkreis von Paul Mebes.

In der Reihe „Neue Werkkunst" werden 1930 die Werke der beiden Architekten vorgestellt. Doch trotz des wachsenden Ruhmes kommen in dieser wirtschaftlich schwierigen Zeit nur spärlich neue Aufträge herein, das Büro muß verkleinert werden. Es befindet sich jetzt in Berlin-Lichterfelde, Hindenburgdamm 133. 1931 vereinbaren Martin Kremmer und seine in der Modebranche tätige Ehefrau notariell die gesetzliche Gütertrennung, möglicherweise eine Vorsichtsmaßnahme, um die Ehe wirtschaftlich abzusichern. Die Arbeiten für Schacht 12 der Zeche Zollverein sind fast abgeschlossen. Doch mit dem Auftrag der Gräflich Schaffgotsch'schen Werke für die Odertalkokerei in Deschowitz, Oberschlesien, entsteht vielleicht die Hoffnung, endlich auch außerhalb des Ruhrreviers Aufträge für Industriebauten zu erhalten.[17] Jedenfalls gibt es schon 1932, dem Jahr der Inbetriebnahme von Schacht 12 der Zeche Zollverein, keine Essener Filiale der Sozietät Schupp und Kremmer mehr. Von Berlin aus arbeiten die Architekten an kleineren Aufträgen wie Neubauten für die Zechen Hansa in Dortmund-Huckarde oder Fritz 1/2 in Essen-Altenessen. Allerdings ist der Umfang der Entwurfstätigkeiten nur schwer einzuschätzen. Fritz Schupp hat zwar immer seine Tätigkeit in der Industriearchitektur in den Vordergrund gestellt, ist aber zu keiner Zeit seines Schaffens ausschließlich mit reinen Industriebauten beschäftigt gewesen.[18] So betreut er z.B. jahrzehntelang die Erweiterungen und Umbauten des Wohn- und Verwaltungsgebäudes der Firma Carl Still, die von Recklinghausen aus fast alle technischen Anlagen der Kokereien liefert.[19] Die Liste der Veröffentlichungen wächst in dieser Zeit beachtlich, in der Fachpublizistik (Neubau, Baugilde, Bauwelt, Baukunst) und in Tagesjournalen setzen sich Schupp und Kremmer hauptsächlich mit Industriearchitektur auseinander, nur ein Aufsatz beschäftigt sich mit sozialem Bauen: „Bau und Einrichtung von Kindertagesheimen" ist das Thema der beiden Architekten in „Die christliche Kinderpflege" Nr. 38 von 1930.

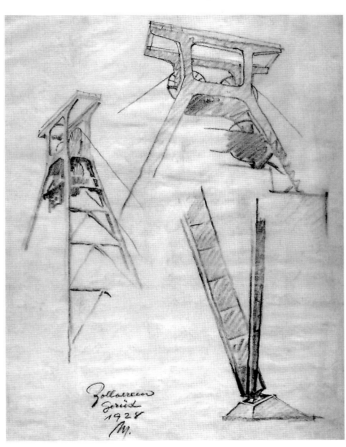

17 Busch, Wilhelm, F. Schupp, M. Kremmer, Bergbauarchitektur 1919 – 1974, Arbeitsheft 13, hg. v. Landeskonservator Rheinland, Köln 1980, S. 111

Abb. 7, Fritz Schupp, Skizzen zum Fördergerüst auf Zollverein 12, späte 1920er Jahr

18 Busch, 1980, S. 139 und 148

19 Nachlaß Fritz Schupp, Ansichten und Grundrisse für die Firma „Carl Still, Bau und Betrieb von Kokerei und Nebengewinnungsanlagen, Recklinghausen in Westfalen" 1929ff, darunter auch persönliche Schreiben

20. Bundesarchiv Berlin, Document Center, RKK 24000, Schupp, Fritz 33303, 30.12.1933

Abb. 8: *Fritz Schupp am Schreibtisch in seinem Büro Am Ruhrstein 15, Essen-Bredeney, ca. 1950, (Photograph unbekannt)*

„Mit deutschem Gruß!" unterschreibt Martin Kremmer Ende Dezember 1933 ein Schreiben an den BDA Berlin-Brandenburg. Die Sozietät ist aufgefordert worden, einen detaillierten Bericht über ihre bisherigen Arbeiten zu liefern – die Welle der Gleichschaltung und totalen Kontrolle unter dem neuen Regime setzt sich in Gang. Auch die Architekten Schupp und Kremmer müssen sich der Reichskammer der bildenden Künste einordnen, der Bund Deutscher Architekten wird aufgelöst. [20]

Wirtschaftlich zeichnet sich schon vor der Machtergreifung Hitlers ein Aufwärtstrend ab, wovon auch die Sozietät Schupp und Kremmer profitieren kann: „Im Anfang der 1930er Jahre erhielten mein Sozius Martin Kremmer und ich – wir waren zu dieser Zeit in Berlin ansässig – vom Vorstand des „Unterharz", Herrn Bergrat Dr. Ing. E. Hast, einen Brief, der uns in freudige Erregung und Hochstimmung versetzte: Es war die Aufforderung, bei den Bauvorhaben in Harlingerode und Rammelsberg mitzuwirken."

An diesem Projekt entwickeln Schupp und Kremmer „in freundschaftlichem Zusammenwirken" ihre Grundsätze für eine „sorgsame Einfügung der Industriebauwerke in den Stadtbereich." [21]

Im November 1934 sichert Adolf Hitler mit der „Sonderaufgabe Deutsche Rohstoffe" die Basis seines Rüstungsprogramms. Ein halbes Jahr später verlegt Fritz Schupp seinen festen Wohnsitz von Berlin zurück nach Essen-Rüttenscheid (Schinkelstraße 39). Die wirtschaftliche Belebung erfordert seine Anwesenheit im Ruhrgebiet und ermöglicht die Wiedereröffnung eines Ateliers in Essen, was insbesondere für die Fortsetzung der Planungen an der Schachtanlage Gustav der Zeche Adolph von Hansemann in Dortmund Mengede und die Entwürfe der neuen Großzechenanlage Hansa in Dortmund vorteilhaft ist.

Am 13.12.1935 wird das neue Energiewirtschaftsgesetz mit seinem absoluten Versorgungsprinzip erlassen. Gas- und Elektrizitätswirtschaft befinden sich im Aufschwung, Kraftwerke, Gasstationen und Kokereien müssen gebaut werden. Das Reichswirtschaftsministerium zwingt die Braun- und Steinkohlengesellschaften zu Investitionen in der Kohleverflüssigung, das entsprechende Projekt der Vereinigte Stahlwerke AG wird die Großhydrieranlage Gelsenberg Benzin AG. Schupps Mentor Schulze Buxloh erhält im August 1936 von Gustav Knepper und Albert Vögler den Auftrag, den Aufbau der Hydrieranlage am Rhein-Herne Kanal in Gelsenkirchen zu übernehmen. Damit ist zugleich beschlossen, daß die Sozietät Schupp und Kremmer die Entwürfe für die riesige neue Industrieanlage liefern wird.

Im Oktober 1936 wird Hermann Göring Beauftragter für den Vierjahresplan und zweitmächtigster Parteiführer. Seine vordringlichen Ziele sind restlose Kohleverflüssigung und Roheisenerzeugung aus inländischen Erzen. Zu diesem Zweck werden im Juli 1937 die Reichswerke Hermann Göring AG für Erzbergbau und Eisenhütten gegründet. Nur einmal ließ sich jedoch bisher der Schriftzug der Reichswerke Hermann Göring auf einer Zeichnung der Sozietät Schupp und Kremmer finden. [22] Laut einer Überlieferung der Familie Schulze Buxloh ist Fritz Schupp damals von Friedrich Wilhelm Schulze Buxloh vor die Wahl gestellt worden, weiterhin beratender Architekt der Bergbaugruppe Gelsenkirchen zu bleiben oder Aufträge für die Reichswerke anzunehmen. Dahinter stand mit Sicherheit nicht nur die Abneigung der Familie Schulze Buxloh gegen die Nationalsozialisten, sondern auch die scharfe wirtschaftliche Konkurrenz zwischen der Vereinigte Stahlwerke AG und dem reichseigenen Konzern des damals scheinbar omnipotenten Hermann Göring.

Es ist nicht sicher, ob die Sozietät von Berlin aus Aufträge für die Reichswerke angenommen hat. Der einzige Fund im Nachlaß von Fritz Schupp deutet daraufhin, daß man dem Ultimatum Schulze Buxlohs nur bedingt hat nachkommen wollen oder können. Da der Nachlaß Martin Kremmers bzw. der Nachlaß der Berliner Filiale, verschollen ist, läßt sich deren Tätigkeit nur schwer beschreiben. So findet sich z.B. in Schupps Entwürfen eine kleine Lichtpause mit einem Entwurf für eine Kokerei in Zwickau 1937, ohne daß sich Näheres über diesen Auftrag sagen läßt. [23] Auch der Auftrag für das Volkswagenwerk in Fallersleben ist damals von der Berliner Filiale und somit in erster Linie von Kremmer abgewickelt worden, allerdings begannen die Verhandlungen über eine Beteiligung der Sozietät an diesem riesigen Baukomplex schon 1934, also zu einer Zeit, in der die Arbeitsgemeinschaft nur in Berlin vertreten war.

Der wirtschaftliche Aufschwung der Sozietät zeigt sich auch daran, daß Fritz Schupp 1937 zu einer deutlichen Nachzahlung seines Jahresbeitrags für die Reichsarchitektenkammer aufgefordert wird, die errechnet hat, dass sein Einkommen seit zwei Jahren deutlich gestiegen ist. [24] Außerdem erwerben die beiden Kompagnons nun eigene Häuser: Kremmer baut in Berlin, Schupp bezieht mit Familie und Büro ein schmales Reihenhaus in Essen-Bredeney, Brachtstraße 7. Unter dieser Adresse arbeitet auch der Architekt Sunder-Plaßmann. Seine Wohnung und sein Büro in Berlin-Lichterfelde hat Schupp aufgegeben. Wenn er jetzt nach Berlin kommt, wohnt und arbeitet er im Haus Martin Kremmers in der Leichhardtstraße 1, Berlin-Dahlem. [25] Dies ist jetzt die Adresse der Sozietät Schupp und Kremmer in Berlin, während die Essener Filiale ausschließlich von Schupp geführt wird. Wohl aus Platzmangel zieht Schupp

21 Fritz Schupp, in: Goslarsche Zeitung 7. 6. 1968

22 Nachlaß Fritz Schupp, Stickstoffwerke Hibernia, Wanne-Eickel, Neubau Hassel. Die Signatur der Reichswerke AG für Erzbergbau und Eisenhütten Hermann Göring befindet sich auf einem Gebäudeschnitt von 1938

23 Wie Anm. 20

24 Bundesarchiv Berlin, Document Center, RKK 24000, Schupp, Fritz 33303, 10. 2. 1937

25 Berliner Adressbücher, Branchendatei Fiche 58/116, 26/116, 45/116, 63/123, 61/123, 48/123

Abb. 9: Blick vom Fördergerüst Schacht 12 nach Norden auf die alte Schachtanlage 1/2, Photographie von Max Burchartz, Umschlagbild zu: Kohle an der Ruhr, Eine Bildfolge mit erzählendem Text, Essen 1932

26 Busch, 1980, S. 124. Fritz Schupp äußert sich zu diesem Projekt in der Zeitschrift Bauwelt 25, 1934, Heft 4, S. 77f. Auch Kremmer publiziert zu diesem Thema und zwar in der Zeitschrift Baugilde 16, 1934, S. 163f

27 Bundesarchiv Berlin, Document Center, RKK 24000, Schupp, Fritz 33303, 21. 7. 1938

mit seinem Architekturbüro und seiner Familie schon zwei Jahre später in eine weiß verputzte Villa in Bredeney, Am Ruhrstein 15. Das Haus wird mehrmals umgebaut und im Hanggarten entsteht ein Atelierhaus für die keramischen Arbeiten seiner Frau.

Weder von Fritz Schupp noch von Martin Kremmer sind jemals Zeugnisse politischen Interesses bekannt geworden. Fritz Schupp ist schon 1934 für kurze Zeit bei der Deutschen Arbeitsfront als Preisrichter für einen Wettbewerb im Gespräch. Es soll die Entstehung von „Häusern der Arbeit" in Dörfern und Werkssiedlungen gefördert und damit eine Idee der 1920er Jahre umgesetzt werden. Das Projekt scheitert allerdings noch im gleichen Jahr. [26]

Die ablehnende Haltung Martin Kremmers gegenüber den Nationalsozialisten wird allein schon durch seine Treue zur Bekennenden Kirche deutlich. Auch seine Tätigkeit als Vertrauensarchitekt des Amtes „Schönheit der Arbeit" der Deutschen Arbeitsfront, für die er mehrmals auch publizistisch tätig wird, ist wohl weniger auf eine ideologische Übereinstimmung mit den Nationalsozialisten zurückzuführen, als vielmehr auf ein schon vor der sogenannten Machtergreifung entstandenes Interesse an der Verbesserung der Wohn- und Arbeitsverhältnisse in den Industriezentren.

Politischer Pomp und Bürokratismus sind beiden zuwider. Wegen der von der Reichskammer geforderten „Abstammungsnachweise" gibt es fast Ärger, da Schupp und Kremmer eine ordentliche Dokumentation, wie sie der zuständige „Landeskulturverwalter" verlangt, lange vernachlässigen und sich schließlich darauf verlegen, entscheidende Urkunden schon 1934 an die Reichskammer geschickt zu haben. Nachforschungen der zuständigen Ämter bleiben jedoch erfolglos. Im Juli 1938 geben Schupp und Kremmer dann nach und übersenden umfangreiche Unterlagen verbunden mit dem jetzt wohl opportunen „Heil Hitler!" auf dem Anschreiben. [27]

Der spätere Essener Stadtarchitekt Gottfried Stroscher, dessen Mutter Jüdin war, ist seit 1938 Schupps Mitarbeiter in der Brachtstraße. In seinen unveröffentlichten Memoiren aus dem Jahr 1990 schildert er die Atmosphäre des Hauses: „Der Architekt Fritz Schupp besaß in der Brachtstraße 7 in Essen Bredeney ein dreigeschossiges Reihenhaus. Im Obergeschoß befand sich das Entwurfsatelier, aus wenigen Zimmern bestehend. Von Anfang an hatte ich mit Herrn und Frau Schupp ein sehr freundschaftliches Verhältnis. Frau Schupp, eine geborene Brandi, war sehr musikalisch und spielte hervorragend Klavier. Bald wurde gemeinsam musiziert, hauptsächlich Barockmusik. Herr Schupp hatte Industrieaufträge und war als Künstler und Architekt sehr angesehen.... Liebevoll wurde jedes Detail geplant. Wir waren nur wenige Mitarbeiter, die meisten von besonderer Qualität, die sich ausschließlich mit Planung befaßten, währen die Zechen selbst die Ausführung mit den zecheneigenen Baufachleuten vornahmen. Herr Schupp war sehr feinsinnig und großzügig. Er konnte hervorragend mit den Zechenbossen umgehen, die manchmal einen Standesdünkel und Herrscherton hervorkehrten. Ich hatte großes Glück mit diesem Chef, der in meinem Leben auch später ‚Schicksal' spielte. Wenn Vorträge auswärts gehalten werden mußten, wurde ich vorausgeschickt, um nachzusehen, ob alles richtig vorbereitet war, und während des Vortrages die Dias an der richtigen Stelle durchzuschieben. Unter anderem kam ich dabei nach Augsburg und anläßlich eines ‚Betriebsausfluges', der mit einem Vortrag verbunden war, auch nach Wien, wo das ganze Büro drei herrliche Ferientage auf Kosten des Chefs machen durfte ... Anläßlich eines Mussolini- und Hitlerbesuches in Essen hatten alle Schulen und Büros frei, um den ‚Führern' zuzujubeln. Unser Büro zog es vor, den freien Tag gemeinsam in einer Kneipe bei angeregter Unterhaltung zu verbringen ... Herrn Schupp war meine Abstammung ja auch nicht bekannt, und ich konnte mich nicht offenbaren, um ihm nicht Schwierigkeiten zu bereiten." [28]

Stroscher geht später nach Brandenburg, um sich zu verstecken, wird entdeckt und als Zwangsarbeiter in die Normandie verschleppt. Nach dem Krieg kommt er zurück nach Essen, findet bei Schupps Aufnahme, Unterstützung und Freundschaft und ist von 1947 bis 1972 zuletzt als städtischer Oberbaurat im Hochbauamt der Stadt Essen beschäftigt.

Martin Kremmer bekennt am Ende der 1930er Jahre einem Freund, daß er in Berlin selbst seit Jahren keine Aufträge mehr erhalten habe. Der Familienüberlieferung nach ist es wohl der unbedingte Wille der Ehefrau gewesen, der Kremmer in Berlin festgehalten hat. Doch Berlin ist auch der Sitz der Preußischen Bergwerks- und Hütten AG, für die die Sozietät bereits in Goslar und später auch in Hindenburg/Zabrze arbeitet, und anderer Konzerne, die wichtige Auftraggeber für die beiden Industriearchitekten werden. So wird das Berliner Büro Ende der 1930er Jahre zum Brückenkopf für die neuen Arbeitsbereiche

28 Das Manuskript wurde freundlicher Weise von der Familie zur Verfügung gestellt

Abb. 10: Blick vom Fördergerüst Schacht 2 auf die neue Übertageanlage der Zeche Zollverein, Schacht 12, Photographie von Max Burchartz, in: Kohle an der Ruhr, Eine Bildfolge mit erzählendem Text, Essen 1932

29 2/1937, Heft 1, S. 23 - 30

30 Freundlicher Hinweis von Frau Heinke Schupp

neuen Arbeitsbereiche im mittleren und östlichen „Deutschen Reich".

1937 beschreiben Schupp und Kremmer den „Umbau der Grube Hausham" im Organ der Deutschen Arbeitsfront „Schönheit der Arbeit."²⁹ Für den Förderturm dieses oberbayerischen Steinkohlenbergwerks haben sie eine neue Form gefunden, die exakt die Linienführung der dahinterliegenden Bergkuppe nachzeichnet.³⁰ Mit ähnlicher Rücksicht auf landschaftliche Gegebenheiten arbeiten sie seit 1937 an zahlreichen Aufträgen der Ruhrgas AG, die auf Initiative von Alfred Pott (1882–1951), Emil Kirdorf, Albert Vögler, Fritz Winkhaus, Fritz Baum

faßt ist, außerdem wird er Aufsichtsratsvorsitzender der Vereinigten Oberschlesischen Hüttenwerke AG, die den Ballestremschen Hüttenbesitz regiert. Gleichzeitig wird die Tochtergesellschaft der Ruhrgas AG, die „Ferngas Schlesien AG" gegründet, sie bringt Kokereigas aus dem oberschlesischen Steinkohlenrevier in das wenig industrialisierte Niederschlesien.³²

Am 31.8.1939 wird von deutscher Seite ein Überfall auf den damaligen Rundfunksender Gleiwitz inszeniert. Dies liefert den Vorwand für den Einmarsch der Deutschen Wehrmacht in die polnischen Gebiete in Oberschlesien. Einer der wichtigsten Köpfe des nun wieder unter gesamtdeutscher Verwaltung stehenden oberschlesischen Steinkohlenreviers ist Generaldirektor Alfred Pott. Er bekleidet zusätzlich Funktionen im Aufsichtsrat des Oberschlesischen Steinkohlensyndikats, im Vorstand der Gesellschaft für Bergmannssiedlungen mbH, er ist Aufsichtsratsvorsitzender der Kokerei Vereinigung GmbH und Vorsitzender des Aufsichtsrates der Oberschlesischen Hydrierwerke AG, deren Hauptaktionär die Reichswerke für Bergbau und Hüttenbetrieb „Hermann Göring" sind. Zwei Jahre nach dem Überfall der Deutschen auf Polen ist Pott, der trotz allem größtmögliche Distanz zu den Nationalsozialisten hält, Bezirksbeauftragter für Oberschlesien des Hauptausschusses Wehrmachts- und allgemeines Gerät beim Reichsministerium für Rüstung und Kriegsproduktion.

Die auf der ehemals polnischen Seite des oberschlesischen Reviers stehenden Zechen- und Kokereianlagen gelten als hoffnungslos veraltet und sollen in kürzester Zeit – Rüstung und Rohstoffautarkie bestimmen die Wirtschaftspolitik – modernisiert werden. Die

Abb. 11: Fördermaschinist auf der Zeche Zollverein12, in: Kohle an der Ruhr, Eine Bildfolge mit erzählendem Text, Essen 1932

31 Nachlaß Fritz Schupp, Ruhrgas Witten-Sieg 1938 teilweise im Fachwerkstil; Ruhrgas Kompressorenhalle Schudersbach Sieg 1937, Ruhrgas Lager Gütersloh, Stadthagen, Huckingen, Griesheim, Bezirksreglerhaus Frankfurt 1937, Ruhrgas Niederursel 1937, Ruhrgas Kompressorgebäude Mudersbach 1937, Ruhrgas Anlage Wissen 1938

32. 25 Jahre Ruhrgas Aktiengesellschaft Essen, 1926-1951, S. 38ff

u.a. 1926 zunächst als „Aktiengesellschaft für Kohleverwertung" gegründet worden ist. Die Sozietät Schupp und Kremmer liefert u.a. die Entwürfe für die Ruhrgas-Stationen in Schudersbach/Sieg, Gütersloh, Huckingen, Griesheim/Frankfurt, Niederursel, Mudersbach, Wissen und Witten.³¹

1938 wechselt Alfred Pott vom Vorstand in den Aufsichtsrat der Ruhrgas AG, um einen Ruf auf die Position eines Generaldirektors der Ballestremschen Güterverwaltung in Gleiwitz/Oberschlesien anzunehmen. Pott wird Vorstandsvorsitzender der Gewerkschaft Castellengo Abwehr, in der der Ballestremsche Steinkohlenbergwerksbesitz zusammenge-

Arbeitsgemeinschaft Schupp und Kremmer erhält zahlreiche Aufträge in Oberschlesien und beschließt die Gründung einer dritten Filiale in Gleiwitz. Leider wird hier ein Stempel benutzt, der nur die Namen der beiden Architekten und keine Adresse trägt. Ohnehin sind nur sehr wenige Entwürfe für das oberschlesische Revier erhalten geblieben. Schon 1939/40 beginnen die Bautätigkeiten für das Hydrierwerk in Blechhammer/Blachownia Slaska, für das Schupp und Kremmer die Planungen geliefert haben und in dem zu Potts großer Freude ein von ihm weiterentwickeltes IG-Hydrierverfahren erfolgreich eingesetzt wird.[33] Die Sozietät betreut auch den weiteren Ausbau des Werks, das nach Kriegsende von den Russen komplett demontiert und nach Sibirien gebracht wird. Ein anderes bekanntes Projekt im oberschlesischen Revier ist der Wiederaufbau der stillgelegten Schachtanlage Godulla, in deren Nähe zusätzlich ein Großkraftwerk entsteht, das am Ende des Zweiten Weltkrieges im Bau bereits weit fortgeschritten ist.[34]

Das Architekturbüro Schupp und Kremmer wird zum kriegswichtigen Betrieb erklärt und das bedeutet, daß weder Schupp und Kremmer noch ihre Mitarbeiter zum Kriegsdienst eingezogen werden dürfen und daß das Büro bei der Versorgung von Büromaterial bevorzugt behandelt wird.[35]

Bedingt durch ihre Aufträge reisen Fritz Schupp und Martin Kremmer nun immer öfter quer durch das Deutsche Reich. In einem Fragebogen von 1941 gibt Schupp als geographische Arbeitsbereiche „Rheinland-Westfalen, Mitteldeutschland, Oberschlesien" an, 1942 erwähnt Martin Kremmer darüber hinaus auch einen Auftrag für die Preußische Bergwerks- und Hütten AG in Bor/Serbien, der in der ersten Baustufe schon fast fertiggestellt sei.

Jeden Monat reist er ins neue „Großoberschlesien", wo zu diesem Zeitpunkt wohl die meisten Aufträge für die Sozietät vergeben werden. Einem Brief Martin Kremmers vom Februar 1944 an den Freund Gustav Schmidt-Ott ist zu entnehmen, daß sein Atelier trotz der heftigen Bombenangriffe auf Berlin unter Hochdruck weiter arbeitet. Kremmer beklagt sich zugleich auch über eine Forderung des Finanzamts, nach der er Gewerbesteuern in der Höhe eines Jahreseinkommens nachzahlen soll: „Nach meinem natürlichen Rechtsempfinden ohne jeden haltbaren Grund; denn die Gewerbesteuer haben sie sich nachträglich ausgedacht und behaupten nun aus der Fülle ihrer staatlichen Machtposition heraus, daß ich die für 5 Jahre nachzahlen soll. Und neben diesen Verhandlungen dann der Kampf, ob ich mein Geschäft weiterführen darf, ob meine Aufträge wehrwichtig genug sind, oder ob ich nicht lieber, wie die anderen – oft unbeschäftigen Architekten – gegen die Fliegerschäden eingesetzt werden soll. Meine Angestellten möchten sie mir bei der Gelegenheit auch wegnehmen und dem Militär in die Hände spielen. Diesen Kampf werde ich wohl siegreich bestehen, aber es kostet Verhandlungen, in der Stadt und bei mir, Aufstellungen, Statistiken und alle die Erschwernisse, die sich ein überzüchteter Bürokratismus ausdenken kann. – Wie soll die eigene Arbeit dabei gedeihen? Und die Leute wollen doch mit dem Bau ihrer verschiedenen Kraftwerke möglichst gestern beginnen."[36] Den Eintragungen auf den wenigen erhaltenen Entwürfen für die oberschlesischen Industriebauten zufolge scheint sich auch Fritz Schupp einige Male in Gleiwitz und Umgebung aufgehalten zu haben, in anderen Fällen brachte Kremmer die Pläne direkt von Oberschlesien nach Essen zur gemeinsamen Beratung mit dem Kompagnon. Unter diesen Bedingungen gelingt es den beiden Architekten in der ersten Hälfte der 1940er Jahre gerade ein Mal, sich mit einem Aufsatz der Fachwelt ins Gedächtnis zu bringen. In „Der Baumeister" erscheint 1943 eine Abhandlung über „Arbeiten der Architekten Dipl. Ing. Fritz Schupp und Dipl. Ing. Martin Kremmer".

Martin Kremmer ist inzwischen Familienvater – das kinderlos gebliebene Paar adoptiert 1941 die Tochter Monika und 1943 den Sohn Wolfgang. Für die Familie Kremmer wird die Situation in Berlin immer unangenehmer und bedrohlicher. Nicht nur die ständigen Fliegerangriffe sondern auch die knapper werdende Lebensmittelversorgung tragen dazu bei. Der Garten des Dahlemer Eigenheims verwandelt sich in einen Gemüseacker.[37] Anfang Mai 1945 kommt Kremmer beim Einmarsch der Russen in Berlin ums Leben.

Danach beschlagnahmen Amerikaner das Haus und damit das letzte Berliner Büro der

33 Weber, Wolfhard: Ingenieure im Ruhrgebiet, Bd. 17, Münster 1999, S. 312

34 Spruth, Fritz: Die betrieblichen Maßnahmen der Bergwerke zur Steigerung der Kohlenförderung in Oberschlesien 1939 bis 1944, Aachen 1947, S. 24

35 Bundesarchiv Berlin, Document Center, RKK 24000, Schupp, Fritz 33303, 25. 5. 1943

36 Rainer Schmidt-Ott, Bonn

37 Der Gartenplan wurde von Herrn Joachim Grimm, Archiv der Evangelischen Kirchengemeinde der Martin-Luther-Kirche, Berlin dankenswerter Weise zur Verfügung gestellt

38 Nachlaß Fritz Schupp. Zu Baum siehe: Ingenieure im Ruhrgebiet, hg.v. Wolfhard Weber, Bd. 17, Münster 1999, S. 299

39 Nachlaß Fritz Schupp, u.a. „Baracke Rüttelskamp" Grundrissskizze „Für Paul und Leni Mahnert" vom 1. Mai 1945; Vorlagen für Bauanträge Friedrich Hoffmann Straße Bochum August 1945; Werkstatt Rellinghauser Straße, Essen 1945

40 Nachlaß Fritz Schupp, 1940 und 1948 baut Fritz Schupp in Wetzlar ein Lager und eine kleine Doppelhaussiedlung; das Wohnhaus für Direktor Wunsch in Langenberg, Brinkerweg entsteht 1951. Außerdem ist er seit 1949 in Mülheim damit beschäftigt, der Villa Dr. Bremer einen Hühnerstall und einen Wintergarten anzufügen

Sozietät Schupp und Kremmer. Kremmers Bibliothek und einige Zeichnungen für das Volkswagenwerk in Wolfsburg werden von der Witwe später verkauft, um die Familie durchzubringen. Der freundschaftliche Kontakt zwischen den Familien ist nie abgerissen, aber Fritz Schupp hat in den ersten Nachkriegsjahren offenbar andere Sorgen, als sich um die Sicherstellung eventuell noch vorhandener Unterlagen des Berliner Büros zu kümmern – die Entwurfszeichnungen der Berliner Filiale sind bis auf wenige Ausnahmen verschollen.

Die Kapitulation des Ruhrgebiets ist bereits am 18. April 1945 erfolgt. Das Haus der Schupps in Essen ist zu dieser Zeit voller Menschen. Im letzten Kriegsjahr haben Fritz und Ingrid Schupp etliche Verwandte, insbesondere die Familie Dieter Russell mit ihren fünf Kindern aufgenommen. Schupps hausen vorübergehend im Souterrain, im Dachgeschoß wohnen die Gäste, dazwischen liegt das Atelier, in dem u.a. die Pläne für die Schachtanlage Germania in Dortmund Marten entstehen.

Fritz und Ingrid Schupp pflegen mit Hingabe und großer Gastfreundschaft Freundschaftsbeziehungen, am engsten ist wohl der Kontakt mit dem Photographen Albert Renger-Patzsch, mit Dr. Paul Mahnert und seiner Frau, geb. Lueg, mit Hermann Schardt, der seit 1948 die Folkwang Werkschulen führt und mit dem berühmten Essener Choreographen Kurt Jooss (1901-1977), der als Tanzpädagoge seit 1927 in Essen gewirkt und 1932 mit seiner Aufführung „Der grüne Tisch" Furore gemacht hat. Jooss ist 1933 emigriert, kehrt aber 1949 zurück und übernimmt für lange Zeit die Leitung der Tanzabteilung der Folkwangschule.

Wohl in erster Linie aus Freundschaft und Gefälligkeit überwindet Fritz Schupp in den ersten Nachkriegsjahren seine Abneigung gegen den Einfamilien- und Villenbau. Freunde und Bekannte, die ihre Häuser verloren haben, erhalten von ihm Vorschläge und Entwürfe für neue Eigenheime. So auch 1948 für Bergassessor a.D. Fritz Baum, der von 1927 bis 1945 im Vorstand der Ruhrgas gewirkt und hier in erster Linie die „Indugas" (Industrie- und Gasofenbaugesellschaft mbH, Krefeld-Linn) betreut hat. Schupp sendet ihm Grundrisse und Skizzen für den Bau einer „Wohn- oder Ruhrgasbaracke" (mit großem Flügel im Wohnzimmer) in Elfringhausen, verbunden mit persönlichen Grüßen „Ingrid und ich grüßen Sie herzlich", und ein paar idyllischen Skizzen, die eine Nachtigall auf einem Baum zeigen: „Der Baum kehrt heim zu seiner Nachtigall, sie hat indessen ihm das Hüttchen wohl bereitet", dichtet der ehemalige „Dada"- Jünger dazu. [38]

Besonders intensiv war sein Engagement für Dr. Paul Mahnert, den Geschäftsführer der Fahrzeugwerke Lueg AG Bochum-Essen, der 1945 vor der schweren Aufgabe stand, sowohl die Werke in Bochum als auch die Niederlassung in Essen an der Rellinghauser Straße völlig neu aufbauen zu müssen. Schupp steht ihm in den ersten Nachkriegsjahren mit zahlreichen Entwürfen für die Motorenwerke, Werkstätten und Büros als auch für den Bau eines neuen Hauses in Bredeney, der „Wohnbaracke" am Rüttelskamp/Bredeney, zur Seite. [39]

Einer der ersten Auftraggeber nach dem Krieg ist 1948 die Ruhrgas AG. 1951 entwirft Schupp die Villa des frisch in den Vorstand der Ruhrgas berufenen Walter Wunsch in Langenberg, am Rande hält er die unterzubringende „Belegschaft" fest: „Zwei Personen, Gästezimmer, ein Flügel, ein Pferd und ein Mädchen." Schupp nimmt dabei besondere Rücksicht auf die optimale Anpassung der Villa in die Hanglange. [40]

Diese Gefälligkeitsarbeiten liegen Schupp nicht. Schon 1949 meldet er sich in der „Bau Rundschau 38" als Fachmann für größere Projekte zurück und veröffentlicht die „Beiträge Essener Architekten BDA zum heutigen Bauen." 1950 wird Fritz Schupp Mitglied des Rotary-Clubs Essen-Mitte. Ein Jahr zuvor hat er eine Dozentur an der Technischen Hochschule in Hannover angenommen. 1951 folgt die Ernennung zum Honorarprofessor. Sein Fachgebiet ist der Industriebau, von 1956 bis 1965 bietet er seine Veranstaltungen allerdings nur im Sommersemester und „einstündig nach Vereinbarung" an, d.h. Schupp konzentriert seine Lehrtätigkeit auf wöchentliche Exkursionen im Ruhrgebiet. Nach Erinnerung von Peter Russell, der als junger Gymnasiast daran teilnehmen durfte, führt Professor Schupp seine Studenten nicht nur zu Industriebauten, sondern auch zu den neuen Brücken, die an Rhein und Ruhr entstehen.

In den Wiederaufbau der deutschen Industrie ist auch das Büro von Professor Schupp involviert. 1951/52 findet man Schupp des öfteren im Harz: in Goslar entsteht die neue Armerzaufbereitung. Im Ruhrgebiet entstehen die Zechenanlagen Grimberg 1/2 in Bergkamen (1949), Friedlicher Nachbar in Bochum (1950), Nordstern (1951), Ernst-Tengelmann in Essen-Kray, Germania bei Dortmund, Lohberg bei Dinslaken (1953), die Zeche Sophia Jacoba in Hückelhoven (1956) und natürlich nicht zuletzt die Großkokerei Zollverein (1957-1961) nach seinen Entwürfen.

1955 verleiht ihm das Land Nordrhein-Westfalen den Großen Kunstpreis. Der Vorschlag für die Ehrung kommt von dem Essener Professor J. W. Hollatz, der in seiner Stellungnahme Fritz Schupp als Vorkämpfer und Pionier des Industriebaus in Nordrhein-Westfalen feiert. Hollatz hat Fritz Schupp kurz nach dem Krieg kennengelernt und in den folgenden Jahren auch bei einigen Großbauten im Essener Raum mit ihm zusammengearbeitet. Die französische Fachpresse berichtet über den Industriearchitekten ebenso die italienische, während man in Amerika schon 1929 und 1933 in dem in New York herausgegebenen „The Architectural Forum" die Arbeitsgemeinschaft Schupp und Kremmer erwähnt findet. [41]

Die Technische Universität Hannover bedankt sich 1960 für sein Engagement in der Lehre durch eine ganz besondere Ehrung. Schupp erhält als erster Architekt die Karmarsch-Gedenkmünze, mit der die Universität an ihren großen Gründer, den vormärzlichen Polytechniker Karl Karmarsch erinnert.

Zu dieser Zeit arbeitet bereits der Sohn Dieter Schupp im Architekturbüro mit. Er hat seine Studien in Braunschweig abgeschlossen und wird nicht nur Kompagnon, sondern auch ein heftiger Kritiker seines Vaters. Gemeinsam sucht man nach neuen Ausdrucksformen, Materialien und Aufgaben. Dazu gehören Aufträge für Stahlwerke, die Goldschmidt AG in Essen und eine Erdölraffinerie in Neustadt. Doch 1963 verliert Fritz Schupp auf tragische Weise seinen einzigen Sohn und Sozius. Fritz Schupp betreut zu dieser Zeit u.a. den Umbau

Abb. 12: Fritz Schupp im Ruhestand, (Photo: Diether Kürschner)

41 Vogelsand, Shephard: Architect versus Engineer, in: The Architectural Forum. New York, September 1929, S. 373-386

42 Universitätsarchiv der TU Braunschweig B 2: 201, Entwurf der Promotionsurkunde vom 4.7.1967

43 Friedrich Wilhelm Kraemer, Ordnung und Gestalt, in: Zentralblatt für Industriebau, Hannover 13. Jg., 10/1967, S. 398 - 403

44 Universitätsarchiv der TU Braunschweig B 2:201, Prof. Dr. J. W. Hollatz, 15. 1. 1967

45 „Gehäuse der Großmaschinen", Eberhard Schulz, Frankfurter Allgemeine Zeitung, 12. 8. 1974, Nr. 184, S. 13

46 Die Gedichte von Berthold Brecht in einem Band Edition Suhrkamp, Frankfurt 1995, S. 1029

von Schacht 1 auf Zeche Zollverein in Essen. Gleichzeitig entsteht in Hückelhoven ein neues Meisterwerk des inzwischen fast siebzigjährigen Architekten: die eigenwillig gerundete Stahlbetonkonstruktion des Förderturms der Zeche Sophia Jacoba.

1965 verleiht Bundespräsident Heinrich Lübke Fritz Schupp das große Verdienstkreuz der Bundesrepublik Deutschland. Am 15.7.1967 erhält er von der Technischen Universität Braunschweig die Ehrendoktorwürde „in Würdigung der gültigen baukünstlerischen Prägungen, die ihm als Architekt auf dem Gebiete des Industriebaues gelungen sind." [42] Diese Ehrung geht auf Initiative des Braunschweiger Professors für Gebäudelehre Friedrich Wilhelm Kraemer zurück. [43] Wiederum verfaßt Hollatz ein Gutachten über Schupps Werk und schreibt darin: „Seine Bauten waren und sind Vorbilder für die junge Architektengeneration. Sie haben das Gesicht der Industrielandschaft an der Ruhr in ihren bedeutendsten Brennpunkten Essen, Duisburg, Gelsenkirchen und Dortmund, entscheidend mit geformt." [44]

Die letzte offizielle Ehrung, die Schupp zuteil wird, ist die Verleihung des Kulturpreises der Stadt Goslar aus Anlass des Stadtjubiläums „Tausend Jahre Goslarer Erzbergbau". Schupp erhält den Preis wegen „der Verdienste des bekannten Architekten um den modernen Industriebau, insbesondere in unserem Raum, wo er die Übertage-Anlagen des Rammelsberges und die Banderzaufbereitung am Bollrich baute", wie die Goslarsche Zeitung am 7. 6. 1968 schreibt.

1972 – in Duisburg-Hamborn entsteht mit dem Hochofen Schwelgern gerade das letzte Monument Schupp'scher Baukunst – ein „Wahrzeichen der Industriewelt des Niederrheins" [45] –, setzt sich Fritz Schupp endgültig zur Ruhe. Das Architekturbüro wird von seinen langjährigen Mitarbeitern Fritz Winkhaus und Günter Patschul und heute von Herbert Gunia weitergeführt.

Fritz Schupp stirbt am 1. August 1974. Er wird auf dem Bredeneyer Friedhof an der Meisenburgstraße beigesetzt. Fünf Jahre später folgt ihm seine Ehefrau Ingrid. Die gemeinsame Grabplatte ist ein Entwurf des langjährigen Freundes und Weggefährten Hermann Schardt, der zu dieser Zeit auch das Deutsche Plakatmuseum in Essen leitet. Auf der schlichten Platte sind nur die Namen eingraviert. Vielleicht hätte dem ebenso willensstarken wie feinsinnigen Schupp auch folgende Horaz-Variation von Bert Brecht gefallen:

„Ich benötige keinen Grabstein, aber
Wenn Ihr einen für mich benötigt
Wünschte ich, es stünde darauf:
Er hat Vorschläge gemacht. Wir
Haben Sie angenommen.
Durch eine solche Inschrift wären
Wir alle geehrt." [46]

Die Autorin dankt den Familienangehörigen und Zeitzeugen Heinke Schupp, Monika Welke, Günter Patschul, Professor Peter Russell, Oliver Schupp, Herbert Gunia, Dr. Lutz Heidemann, Wolfgang Schulze Buxloh und Bergwerksdirektor a.D. Karl-Hans Knepper für ihre geduldigen Auskünfte sowie Frau Ditscheid-Bartolosch, Hannover und Herrn Schmidt-Ott, Bonn für die Herausgabe wesentlicher Dokumentationen aus den Familienarchiven.

Wilhelm Busch

Bergbauarchitektur.
Funktion, Repräsentation und das Bild der Arbeit in der Architektur

„Bergkwergks Nutz und Förderung:
Bergkwergk gibt sich von den Zehenden gut/
dem gantzen Land handreichung thut:
Bergkwerk baut Städt/
Flecken und Dörfer viel/
Wo man inhelt das rechte Ziel: ..." [1]

Die einleitenden Zeilen aus der Bildlegende des Freiberger Holzschnitts von 1632 (Abb. 1) lesen sich aus heutiger Sicht wie die vorweggenommene Vision der Entwicklung im Revier an Rhein und Ruhr in den vergangenen 400 Jahren und enthalten gleichzeitig die Hinweise auf die wechselseitigen Abhängigkeiten. Die „Förderung" und „Handreichung" hat seit den Anfängen der Neuzeit diese Entwicklung stetig begleitet und läßt sich im historischen Rückblick ganz besonders an den baulichen Relikten der Bergbautätigkeit nachvollziehen. Dabei sind Begriffe wie Kargheit, Einfachheit und Sparsamkeit am Beginn vorherrschend, da Bergbauarchitektur, sofern überhaupt, nur in bescheidenen Unterständen und Schutzbauten zu finden war. Auf die segensreichen Begleiterscheinungen beim „Bau von Städten, Flecken und Dörfern und dem ganzen Land" sei hier nicht weiter eingegangen. Denn spätestens mit den Strukturkrisen der Bergbauregionen blieben sie aus. Letztlich ist hier der Anlaß für die Behandlung der aufgeworfenen Problemstellungen zu sehen.

Mit seiner bildlichen Darstellung aber belegt der Freiberger Holzschnitt die Anfänge der Bergbautätigkeit, so wie sie vergleichbar auch in anderen zeitgenössischen Darstellungen zu finden sind. Die handwerkliche Beschäftigung von Frauen und Männern, in den weiteren Phasen auch von Kindern, sowohl beim Abbau als auch bei der Förderung, dem Sieben, dem Reinigen und dem Transport des gewonnenen Materials, kennzeichneten den Abbau von Kohle und anderen Mineralien noch bis Ende des 17. Jahrhunderts. Bis zu diesem Zeitpunkt hatten die Gebäude im Bergbau einen unmittelbaren Bezug zur handwerklichen Arbeit der dort tätigen Bergarbeiter. Zur Unterbringung der

1 Winkelmann, Heinrich: Der Bergbau in der Kunst, Essen 1958, S. 194 / Abb. 136

Abb. 1 Holzschnitt Freiberg (1632)

Werkzeuge, Hilfsmittel und Arbeitskleidung dienten die ersten Bauten, die mit der jeweiligen landschaftstypischen Prägung auch hinsichtlich der Baumaterialien den bäuerlichen und handwerklichen Bauten nachempfunden waren. Solange der Stollenbau vorherrschte, gab es nur vereinzelt Kauengebäude für die Belegschaft sowie Versammlungs- und Bethäuser für die arbeitstechnische und geistliche Unterweisung. Dabei war die Kopfzahl der Belegschaft der Maßstab für die Größe der Gebäude, die Technik spielte noch weitgehend eine untergeordnete Rolle.

Die Hausbauweise bis cirka 1860

Erst die Einführung mechanischer Antriebe zu Beginn des 18. Jahrhunderts zunächst für die Zwecke der Wasserhaltung und gegen Ende auch für die Förderung führte zu der Notwendigkeit von baulichen Aktivitäten mit sich allmählich verändernden Schwerpunkten. Diese veränderten Antriebstechnologien nach der Industriellen Revolution hatten zunächst Auswirkung auf die Fördereinrichtung. Aus der Haspelvorrichtung im Holzschnitt von 1632 wurde das Fördergerüst, das mittels Seilumlenkscheiben und dem seitlich aufgestellten Antrieb die zunehmende Fördertiefe gewährleisten konnte. Zudem erlangte man Bewegungsspielraum mit dem Fördergestell. Auch hier herrschten zunächst handwerkliche Konstruktionen, d.h. die zimmermannsmäßig hergestellte hölzerne Fachwerkbauweise, vor. Gleichermaßen galt dies für die Krafterzeugung aus Kesselhaus mit Rauchabzug und der Dampfmaschine als dem eigentlichen Antriebsaggregat. Nahezu ausschließlich funktionale Gesichtspunkte waren maßgebend für Bau und Gestaltung der Anlagen, die häufig genug improvisierten Experimentiercharakter ausstrahlten.

Im Revier an Rhein und Ruhr hielt die Dampfmaschine zunächst für die Wasserhaltung, d.h. für das Abpumpen des Grubenwassers, Einzug und nachfolgend auch für die Förderung zu Beginn des 19. Jahrhunderts. Nach der Durchstoßung der Mergelschicht (1832-34) war der Aufschluß der Kohlenvorkommen in größeren Tiefen möglich. Der Bergbau wanderte allmählich aus der südlichen Ruhrzone in nördliche Richtung. Hinzu kamen steigende Anforderungen an das zu

Abb. 2 Ein Stollenmundloch am Ruhrtal bei Essen um 1800

veräußernde Endprodukt. Die im Holzschnitt durch Frauenarbeit illustrierte Sieberei wurde zu mechanischen Siebvorrichtungen weiterentwickelt und durch vorgeschaltete Leseeinrichtungen zum „Auslesen" des tauben Gesteins von Hand aus dem Fördergut (Separation) unterstützt. Zur besseren Aufbereitung und feineren Sortierung in bestimmte Stückgrößen und Qualitäten wurden die ersten Kohlenwäschen eingeführt.

Doch trotz der beginnenden Substitution des Menschen durch die Maschine blieb die handwerkliche Arbeit auch über Tage in allen Überlieferungen vom Beginn des vorletzten Jahrhunderts präsent (Abb. 2). Erst in der zweiten Hälfte verschwindet auch das Bild der menschlichen Arbeit aus den Darstellungen. Der Abbau der Kohle unter Tage, der erst nach 1945 mehr und mehr mechanisiert wurde, war ohnehin nach Aufgabe des Tagebaus und Beginn des Tiefbaus dem Betrachter entzogen. Er bedurfte zudem keinerlei herkömmlicher Gestaltung des Arbeitsplatzes. Damit zerfiel die Bergbauarchitektur in den hochbaulichen Teil über Tage und den bergmännischen Teil unter Tage.

Das System aus seiger- oder tonnenlägigen Schächten, Stollen und Strecken wurde durch Abteufen, Bohren, Sprengen oder Abbau von Hand aus dem vollen Gestein herausgearbeitet und unterlag ausschließlich bergbauli-

chen Anforderungen. Auf diese „Architektur" unter Tage muß hingewiesen werden, ohne hier näher darauf eingehen zu können. In Bezug auf die Größenordnung der Anlagen über Tage entsprachen die bergmännischen Bauwerke unter Tage den gleich gearteten Anforderungen. Analog zu den Ausbaukapazitäten der Schachtanlagen über Tage mußten die Bauten unter Tage die jeweilige Tonnage von den Abbaubetriebspunkten zusammenführen und am Füllort zur Förderung bereitstellen. Gleiches galt sinngemäß für die Seilfahrt, d.h. für die Anfahrt der Bergleute vom und zum Arbeitsplatz.

Bei der vorherrschenden Hausbauweise trat der Abgaskamin der Kesselanlage zur Dampferzeugung zunächst nicht nur wegen seiner Größenordnung in Erscheinung (Abb. 3). „In verschiedenen großen zeitlichen Abständen quillt der Rauch gleichmäßig strömend oder stoßweise aus den Schornsteinen als eine schwarz oder braun samtene Masse ..."[2] Als historisch modellierte Obelisken kündeten sie weithin von Arbeit, Fortschritt und Pros-

perität. Kennzeichen der Hausbauweise war das dichte Zusammendrängen der einzelnen funktionalen Bereiche, ohne daß sie, abgesehen vom Kamin, von außen ablesbar waren. Zwar war die Fördereinrichtung der höchste Gebäudeteil, aber alle zugehörigen Aggregate blieben unter den Dächern verborgen; so konnten Leitungswege kurz und Druckverluste gering gehalten werden. Die im Zuge der fortschreitenden Industrialisierung des 19. Jahrhunderts steigenden Fördermengen führten zu einem sich gegen- bzw. wechselseitig bedingenden stetigen Prozess von Neuentwicklungen, Vergrößerungen und Anpassungen auch der baulichen Anlagen.

Der repräsentative Historismus

Waren bis gegen 1850 konstruktiv-funktionale Aspekte maßgeblich für das Erscheinungsbild der baulichen Anlagen, so wurden in der 2. Hälfte jenes Jahrhunderts in zunehmendem Maße grundlegende, allgemein gültige, gestalterische Prinzipien ausprobiert; sie lassen sich mit Begriffen wie Addition, Illusion, Reihung, Symbol, Symmetrie, Typisierung, Vereinheitlichung, Wiedererkennung angeben. Die Verbesserung der oberirdischen Transportwege der Kohle und die Anfänge der Kohlenbehandlung auf diesem Weg führten zu einer Verlagerung, d.h. Anhebung des Abzugspunktes der Kohlenwagen aus dem Fördergestell. Aus der Rasenhängebank, dem Abzugspunkt auf Geländeniveau wurde die höher gelegene Hängebank. Die Unterbringung von mehreren Kohlenwagen übereinander im Fördergestell bedingte gleichzeitig eine höher gelegte Seilumlenkscheibe oberhalb des Schachtkopfes.

Die Höhendimension der Fördereinrichtung wuchs somit überproportional und sprengte als turmartiger Aufsatz die übliche additive Hausbauweise, die allerdings den Blick auf die integrierte Stützkonstruktion noch nicht freigab. Warum ausgerechnet dieser mit dem Zusatz „Malakowturm" in die Geschichte eingegangen ist, ist im Ursprung bis heute nicht zweifelsfrei belegt. Daß diese Türme zur Aufnahme der steigenden dynamischen Lasten aus dem zunächst noch integrierten Fördergerüst mit stetig steigenden und überdimensionierten Wandstärken ausgeführt wurden, entsprach den konstruktiven Erfordernissen. Die begriffliche Anlehnung an die Hauptbastion auf der Südseite von Sebastopol vor der erfolgreichen Erstürmung im Krim-Krieg (1855) gibt den Hinweis auf die vergleichbare wehrhafte Bauweise. Da das Bollwerk selbst jedoch zerstört wurde, mag die Nobilitierung des Eroberers Marschall Pélissier durch den französischen Kaiser im Jahre 1856 zum Herzog von Malakow der Grund für die Anwendung dieses Begriffs auf ein Element der industriellen Arbeitswelt gewesen sein. Als Metapher für Beständigkeit, Wehrhaftigkeit und Ausdruck des Selbstvertrauens der Erbauer und Betreiber blieb der Begriff bis heute in Gebrauch.

2 Gephart, Rolf: Die Zechen des Ruhrgebietes in ihrer landschaftlichen Erscheinung und Auswirkung, Bochum 1937, S. 26

Abb. 3 Ein Tiefbauschacht in Essen um 1850

Mit der zunehmenden Förderung stieg leider auch die Zahl der Grubenunfälle unter Tage, wofür die größere Tiefe und die teilweise noch unzureichende Bewetterung verantwortlich waren. Damit überhaupt eine Rettungsmöglichkeit für die unter Tage betroffenen Bergleute gegeben war, forderte die Bergbehörde bei bestehenden Einzelschachtanlagen die Errichtung eines 2. Schachts, während bei Neuanlagen von vornherein zwei Schächte angelegt werden mußten. Damit war den Zechenbaumeistern das Repertoire gegeben, das einfache Prinzip der Addition und Reihung um die Variante der Symmetriebildung zu erweitern. Die Zollvereinschächte 1 und 2 mit ihren Malakowtürmen zur Wasserhaltung und Förderung, die 1851 in Betrieb gingen, sowie die Zeche Oberhausen 1/2 (Abb. 4) von 1865 sind die bekanntesten Beispiele. Als historisierende Gestaltungselemente sind Rundbogenfenster als Einzel- oder gekuppelte Zwillings- oder Drillingsfenster, Blendarkaden, Lisenen und Friese, bekrönende Laternen und markante Ecktürmchen eingesetzt worden. Dabei war neben der Erfüllung aller funktionalen Anforderungen das Erscheinungsbild für den außenstehenden Betrachter ein maßgeblicher Faktor der Gesamtdisposition der Anlagen. Um eine möglichst repräsentative Fernwirkung zu erzielen, wurde die Hauptansicht dem vorbeireisenden Betrachter aus der Köln-Mindener-Eisenbahn zugewandt. Die „Schlösser des Fortschritts" kündeten weithin für den Reisenden von den Aktivitäten im Revier. Repräsentation und Illusion gehörten fortan zum Repertoire der Gestaltung.

Damit war aber auch der Bergmann als die eigentliche Arbeitskraft endgültig aus dem Bild der Übertageeinrichtungen eliminiert. Dies war nicht nur der fortschreitenden Substitution der menschlichen Arbeitskraft durch mechanisch unterstützte Aggregate geschuldet. Die zunehmend erschwerten klimatischen Bedingungen unter Tage erforderten aus bewetterungstechnischen und gesundheitlichen Gründen einen beherrschbaren lufttechnischen Abschluß im Bereich der Schachthalle. Damit verschwand der Bergmann hinter dem Zechentor oder dem

Abb. 4 Förder- und Wasserhaltungsmaschinenanlage der Steinkohlengrube Oberhausen 1/2 um 1865

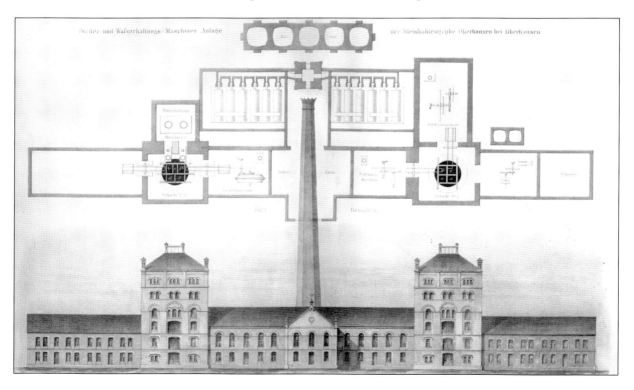

Pförtnerhaus in einem geschlossenen Wegesystem, das ihn an der Markenausgabe, der Kaue, dem Umkleide- und Waschplatz sowie der Lampenstube zum Schacht führte, die dem Außenstehenden aber keinen Einblick mehr gewährte. Die Zechengebäude wurden zunehmend durch den Behandlungsablauf des Förderguts und immer weniger durch Arbeitsplatzqualitäten dominiert. Somit blieben die Verwaltungsdienststellen im Betriebsgebäude mit den im Bergbau üblichen Steigerstuben und den Lohnhallen zur wöchentlichen Aushändigung des Hauerlohns noch die einzigen Arbeitsplätze über Tage, in denen sich der Bergwerksbesitzer mit einer Mischung aus Tradition und patriarchalischer Fürsorge präsentierte.

Mit zunehmender Expansion der Förderung wurden diese Grundprinzipien bei den Neuanlagen bis zur Jahrhundertwende beibehalten. Technische Weiterentwicklungen und Neuerungen sowie die kontinuierliche Nordwanderung des Bergbaus von der südlichen Zone (Ruhrtal) zum Rand des Münsterlandes (Lippetal) sowie das Vordringen in die westlich des Rheins und östlich von Dortmund gelegenen Regionen mit weiter zunehmenden Schachttiefen (Anstieg der Tiefe von 300 bis 500 m um 1865 auf 450 bis 700 m um 1914) kennzeichneten die Entwicklung. Gleichzeitig ermöglichte der wirtschaftliche Aufschwung in der 2. Hälfte des Jahrhunderts den Ersatz kleinerer Altanlagen durch leistungsfähigere Großschachtanlagen mit 2.000 bis 3.000 t täglicher Fördermenge. Um diese Mengen zu Tage fördern zu können, waren insbesondere Veränderungen an den Fördereinrichtungen vonnöten. Anstelle der mit der Haspelvorrichtung vergleichbaren Trommel zur Auf- und Abwicklung des Förderseils entwickelte Friedrich Koepe die nach ihm benannte Treibscheibenförderung (1877), bei der das Förderseil die Scheibe umschlingt und mittels Reibung in einer gefütterten Rille mitgenommen wird. Die Seilenden sind am Kopf und Boden des Fördergestells angebracht und werden gleichzeitig auf- bzw. niedergebracht. Erst kurz zuvor war die erste Seilstützkonstruktion als eisernes Fördergerüst (einfaches Bockgerüst) aus dem Malakowturm der Zeche Graf Beust hinausgewachsen.

Die stetig steigenden Fördermengen resultierten aus den Verbrauchsanforderungen für den Hausbrand, für die Krafterzeugung mit Dampfkessel und nachgeschalteter Dampfmaschine sowie den verschiedensten metallurgischen Prozessen. Nach ersten Versuchen in England in der ersten Hälfte des 18. Jahrhunderts dauerte es bis Mitte des 19. Jahrhunderts ehe die kontinuierliche Verkokung der Kohle im Ruhrgebiet eingeführt wurde. Bei diesem Veredelungsprozeß des Rohstoffs Feinkohle wird dieselbe in luftdicht abgeschlossenen Kammern mittels Beheizung der Seitenwände erhitzt; so kann der fossile Brennstoff ausgasen und zusammenbacken – die flüchtigen Bestandteile werden von den festen getrennt. Neben dem Koks verbleiben das entweichende Gas, Teer, Benzol, Schwefelwasserstoff und Ammoniak als sogenannte Nebenprodukte. Nach bescheidenen Anfängen (so stieg die Produktion im Oberbergamtsbezirk Dortmund von 341.000 t im Jahr 1870 auf 10.146.100 t im Jahr 1903) entwickelte sich eine eigenständige Sparte in Nähe der Förderbetriebe, die neben den unmittelbar nachgeschalteten mechanischen Aufbereitungsverfahren wie Separation oder Kohlenwäsche zu einem eigenständigen Produktionszweig heranwuchsen. Die unter freiem Himmel aufgereihten Koksöfen in Form der Ofenbatterien mußten in kontinuierlichem Wechselspiel gefüllt, beheizt und nach ca. 24 Stunden wieder geleert, d.h. ausgedrückt werden. Entlang der Koksofenbatterien sind verschiedene Ofenbedienmaschinen im Einsatz: Von oben beschickt ein mobiler Füllwagen die Ofenkammern mit aufgemahlener Feinkohle, von der Vorderseite der Koksofenkammern kommt ein Ausdrückwagen, der den Koks seitlich mittels Drückstange und -kopf ausdrückt, und von der Rückseite fährt der Löschwagen heran, der den glühenden Koksbrand aufnimmt und ihn zu Löschturm und Sieberei (Koksbunker) weitertransportiert. Kohlentürme, die kontinuierlich über Bandbrücken gefüllt und oberhalb der Ofenbatterien zur Beschickung der Füllwagen errichtet wurden, und Löschtürme mit den Zufahrten für den Löschwagen zum Abschrecken des gebackenen Koks nach Abschluß des Veredelungsprozesses mittels Wasser, Gassauger- und Gaskompressorengebäude waren die markantesten hochbaulichen Maßnahmen bei den mehr und mehr in Gebrauch genommenen Kokereien.

Die komplexen Leitungssysteme zur Weiterbehandlung der Gase und zur Trennung und Absonderung der übrigen Nebengewinnungsprodukte waren anlagentechnische Komponenten, die erst nach und nach durch Lager- und Laborgebäude sowie Prozeßbauwerke ergänzt wurden.

Um der Vollständigkeit genüge zu tun, seien die Ziegeleien erwähnt, die gegen Ende des 19. Jahrhunderts zunehmend an Bedeutung gewannen, nachdem 1873 die Arenberg'sche AG für Bergbau und Hüttenbetrieb die erste Zechenziegelei auf der Zeche Prosper Schachtanlage 2 errichtet hatte. Mit einer Jahresproduktion von 40 Millionen Ziegelsteinen im Jahr 1894, die bis 1913 auf 480 Millionen Ziegelsteine anstieg und mit kriegsbedingten Einbußen Ende 1922 diesen Wert nahezu wieder erreicht hatte, lieferten die Zechenziegeleien immerhin 50 % der Gesamterzeugung an Ziegelsteinen aller Ziegeleien des Ruhrgebiets.[3] In der Größenordnung eines Werkstattbetriebs blieben sie aber für das Erscheinungsbild der Anlagen über Tage nicht von beherrschender Bedeutung. Weitaus wichtiger waren diese Ziegeleien hinsichtlich der ungeheuren Bautätigkeit vor und nach der Jahrhundertwende für den gesamten Wohnungsbau des Reviers und aller Industrieanlagen.

So hatten sich im Verlauf des 19. Jahrhunderts anlagentechnisch oder betriebstechnisch bedingt die nachfolgenden vier Bereiche einer Schachtanlage entwickelt:
· Förderung, Separation/Sieberei, Kohlenwäsche und Verladung
· Kokereien mit Kohlenturm, Löschturm und Nebengewinnungsanlagen
· Krafterzeugung (Kessel- und Maschinenhaus) mit zugehöriger Verteilung
· Waschkaue, Büros, Werkstätten.

In der Betrachtung der einzelnen Gestaltungselemente müssen die Freiflächen zwischen all den genannten Bauwerken, die umgebenden Außenanlagen, angeführt werden. Mit funktionalem Bezug zählten hierzu alle Verkehrsanbindungen, wie Fuß-, Fahr- oder Gleiserschließungen und die zugehörigen Restflächen. Repräsentative gestalterische Ansprüche wurden insbesondere an diese Restflächen geltend gemacht. Gärtnerisch angelegte und begrünte Freiflächen in der Nähe von Eingangsbereichen und Verwaltungsgebäuden wurden aufgewertet und, wo irgendwie möglich, als Hofanlage gefaßt. Der „cour d'honneur" aus den höfisch-feudalen Anlagen hielt Einzug in den Bereich der Industriearchitektur. Die engen und gewachsenen Zechenanlagen aus der Ursprungszeit ließen den Spielraum häufig nicht zu; jede freie Fläche wurde kurzfristig überplant und dank der fortschreitenden Technologie auch alsbald wieder mit Nutzungen belegt. Allzu feudale Anlagen hatten im engen und strebsamen Ruhrrevier geringe Chancen auf einen längerfristigen Bestand. Erst mit zunehmendem Wohlstand der Bergwerksbesitzer rückten repräsentative Kriterien auch für diesen Bereich in den Vordergrund. Argumentativ wurde immer auch der Erholungswert angeführt, der dem aus der Dunkelheit ans Tageslicht zurückkehrenden Bergmann zugedacht war.

Die Anfänge der funktionalen Bauweise

In den Rationalisierungs- und Neugründungsphasen nach 1870 bis zum Ausbruch des Ersten Weltkriegs sowie nach 1920 waren diese Funktionsbereiche mit neuem Anforderungsprofil innerhalb bestehender Anlagen einzufügen oder auf der grünen Wiese nach Festlegung eines neuen Schachtpunktes und der überregionalen Gleisanbindung zu sortieren. Die zunehmende Konzentration auf der Betreiberseite und die damit einhergehende Kapitalkraft führten zu regelrechten Boomphasen, die selbstverständlich hinsichtlich der baulichen Qualität zur Demonstration von Leistungsfähigkeit, Fortschritt und Modernität führten. Gerade hinsichtlich der wirtschaftlichen Leistungsfähigkeit wurden die verfahrenstechnischen Abläufe der Bereiche untereinander optimiert; die Durchlaufzeiten der Kohle, der Energie- und Wartungsaufwand sowie die Investitionskosten wurden mehr und mehr zu entscheidenden Anlagenkriterien.

Eindeutig noch dem späten repräsentativen Historismus der Gründerzeit zuzuordnen sind die Neugründungen Preußen 1 (Lünen 1895, Abb. 5) sowie Scharnhorst (Dortmund 1896). Fernwirkung war die Entwurfsmaxime, die zu diesen barocken Schloßanlagen führte. Der Axialsymmetrie war die Gesamtkomposition unterworfen, um den Fernreisenden beeindrucken zu

3 Küsgen, Wilhelm: Zechen-Ziegeleien. Eine Untersuchung über die Angliederung von Ziegeleien an Steinkohlenbergwerke im Ruhrgebiet, Köln 1925, S. 35/38

können – der zutage geförderte Wohlstand durfte gezeigt werden. Einen ganz ähnlichen Hintergrund hatten auch die Planungen für die Musterzeche Zollern 2/4 (Dortmund-Bövinghausen 1898 - 1902, Abb. 6). Parallel zu den Gleisanlagen führte eine Allee vorbei an Pförtnerhaus und Leichenkammer auf den Zechenhof. Dieser war dreiseitig von der aufwendig gestalteten Verwaltung in der Mittelachse, der Lohnhalle mit Magazin und Waschkaue sowie den Werkstätten und Stallungen umgeben (Architekt Paul Knobbe). Diese klassische Anordnung des „cour d"honneur" entsprach dem Wunsch der Direktion der GBAG (Gelsenkirchener Bergwerks AG), sich angemessen darzustellen. Gegen Ende der Planungs- und Ausführungszeit schlich sich ein gestalterischer Wechsel ein, der symptomatisch für die weitere Entwicklung der gesamten Bergbauarchitektur werden sollte. Er bedeutete die Rückkehr zu den Begriffen Kargheit, Einfachheit und Sparsamkeit.

Die Weltausstellungen ab 1851 zeigten neben allen wirtschaftlichen Neuerungen aus den produzierenden Bereichen auch neuartige Bauweisen. Speziell der Ausstellungspavillon der Gute-Hoffnungs-Hütte (GHH, Oberhausen) auf der Düsseldorfer Industrie-, Gewerbe- und Kunstausstellung (1902) als freigespannte Halle in Stahlskelettbauweise [4]

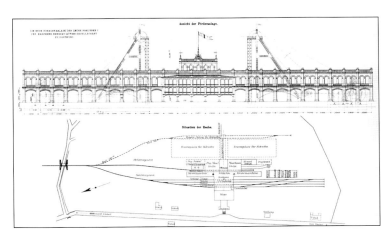

führte auf Anregung Emil Kirdorfs zur Vorlage eines Alternativentwurfs für die Maschinenhalle von Zollern 2/4. Als Bergwerksdirektor der GBAG erteilte Kirdorf, der Mitglied des Ausstellungskomitees in Düsseldorf war, dem Technischen Direktor der GHH, Reinhold Krohn, den Auftrag; Krohn zog auch hier den Architekten Bruno Möhring hinzu, der eine Vielzahl von GHH-Projekten aus dem Bereich des Stahlbaus gestalterisch begleitet hatte (u. a. Brücken, Hochbahnhöfe). Die Entscheidung fiel gegen den neugotischen Hallenentwurf Knobbes zugunsten der „modernen Konstruktion" Krohns und der

Abb. 5 Lünen, ehem. Zeche Preußen 1, Ansicht und Lageplan, 1895, abgebrochen 1970

4 Der Pavillon wurde mit Ende der Ausstellung demontiert und in Mexiko wieder aufgebaut, wo er noch heute zu Ausstellungszwecken genutzt wird (Museo Universitario del Chopo).

Abb. 6 Lageplan der Zeche Zollern 2

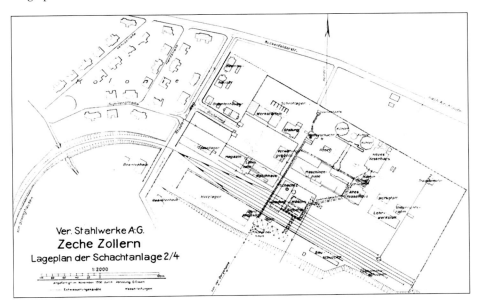

5 Behne, Adolf: Der moderne Zweckbau, Berlin 1964, S. 16

Gestaltung Möhrings (Vgl. S. 76 Abb. 5). Dieser Gedanke der „Modernität" war allerdings nicht vordergründig auf eine Fassadenwirkung bezogen, sondern galt in umfassender Weise. Die Halle wurde mit den modernsten Einrichtungen und der ersten elektrischen Fördermaschine bestückt. Dahinter stand das Bestreben Kirdorfs, die GBAG zu einem eigenständigen, wirtschaftlich erfolgreichen Konzern zu formen und einer möglichen Übernahme durch Stinnes und Thyssen vorzubeugen.

Abb. 7 Oberbaurat Weigle & Söhne, Zeche Jacobi, Oberhausen 1912

Damit war im Revier eine Entwicklung angestoßen, die von dem repetierenden Gebrauch historisierender Stilformen der wilhelminischen Ära zur eigenständigen Industriearchitektursprache führte. Ihre Gestaltung leitete sich nicht aus entlehnten Zitaten feudaler oder profaner Herrlichkeiten ab, sondern aus den funktionalen Anforderungen an die Bauten und Anlagenkomponenten, die dem interdisziplinären Zusammengehen von Baumeister/Architekt und Ingenieur entsprang.

Mit der Gründung des Deutschen Werkbunds 1907 und den Bestrebungen in den angrenzenden europäischen Ländern war sowohl auf Seiten der Unternehmer als auch der Architekten das Verlangen nach Änderung geweckt, das Hendrik Petrus Berlage 1908 für den zukünftigen Weg wie folgt beschrieb: „1. Die Grundlage einer architektonischen Komposition soll wiederum nach einem geometrischen Schema bestimmt werden; 2. Die charakteristischen Formen früherer Stile sollen nicht verwendet werden; 3. Die architektonischen Formen sollen nach der sachlichen Seite hin sich entwickeln"[5] Ergänzt um die dem gesamten Montanbereich inhärenten Forderungen nach Funktion und Repräsentation nahmen diese Leitideen die weitere Entwicklung der nächsten zwei Jahrzehnte vorweg, deren Ende durch die Errichtung von Zollverein Schacht 12 gekennzeichnet war.

Johann Erberich, Oberbaurat Weigle und Söhne sowie Alfred Fischer waren die namhaften Architekten, die vor und nach Ausbruch des Ersten Weltkriegs im Bergbau nach diesen Maximen planten und bauten. An den konkurrierenden aber dennoch verblüffend gleichgearteten Entwürfen der beiden letztgenannten für die Zeche Jacobi in Oberhausen lassen sich die Anordnungs- und Gestaltungsprinzipien verdeutlichen. Entlang einer zentralen Symmetrieachse führte eine Allee auf die Anlage zu. Nach Durchschreiten der Toranlage gelangte man in einen allseitig umbauten Innenhof. Umgeben von Verwaltungs-, Kauen-, Werkstätten- und Fördermaschinengebäude lief die Achse senkrecht auf die Gleisanlage zu, an deren Beginn die beiden Schächte mit ihren Fördergerüsten standen. Oberhalb der Gleise waren Lesebandhalle und Kohlenwäsche errichtet. Exakt in der Symmetrieachse beförderte eine Bandbrücke die aufbereitete Kohle zum Kohlenturm der parallel zu den Gleisen gelegenen symmetrischen Koksofenbatterien. Die zugehörigen Nebengewinnungsanlagen mit ihrer heterogenen Struktur schlossen den Bereich ab (Abb. 7).

Fischers Entwurf (Vgl. S. 44 Abb. 2) zeigte bei gleicher Grundkomposition in den funktionalen Bereichen eine modernere Formensprache, die seinen Bauten der Schachtanlage Emil entsprach und die die spezifische Ziegelbauweise des Reviers der frühen 1920er Jahre vorwegnahm. Es mag an der repräsentativeren Gestaltung Weigles für den beherrschenden Verwaltungs- und Eingangstrakt gelegen haben, daß dieser Entwurf dem des jüngeren Kollegen vorgezogen wurde. Während der Ausflug Weigles ins Revier ein einmaliger blieb, gelang Fischer der Einstieg für die folgenden beiden Jahrzehnte mit bedeutsamen Bauwerken.

Als geradezu fieberhaft ist die Entwicklung nach Ende des Ersten Weltkriegs zu bezeichnen. Alle namhaften Architekten sowie die Planungsabteilungen der Konzerne wetteiferten mit den Entwicklungsabteilungen der Maschinenbauanstalten. Kein Stahlbauunternehmen, das sich nicht auch an die Entwicklung ingeniöser Stahlkonstruktionen heranwagte. Bei all den konkurrierenden Konstruktions- und Gestaltungsideen scheint für politische Diskussionen in der Szene an Rhein und Ruhr kein Platz gewesen zu sein. Weder die Aufarbeitung des verlorenen Krieges noch die Reparationen oder die Ruhrgebietsbesetzung schienen den Tatendrang gebremst zu haben. Neben Alfred Fischer waren die bereits bekannten rheinischen Größen wie Emil Fahrenkamp, Wilhelm Kreis, Robert Schmohl und Theodor Merrill tätig; auch Peter Behrens konnte noch einmal für das Verwaltungs- und Lagerhaus der GHH (Oberhausen 1921/25) ins Revier gelockt werden, nachdem er bereits 1912 mit der Mannesmann-Verwaltung in Düsseldorf das erste flexible Bürohaus in Stahlskelettkonstruktion bei gleichzeitig repräsentativer Palazzo-Fassade am Rheinufer errichtet hatte. Neben den überregional tätigen Planern erhielten auch die Lokalgrößen ihre Chance: Heinrich Blecken, Ernst Bode, Josef Franke, Edmund Körner oder Josef Rings waren – wenn auch nur vorübergehend – mit Industriebauaufgaben betraut. Und die nachrückenden Vertreter der jüngeren Generation kamen zu ihren ersten Aufträgen: Martin Kremmer, Helmuth von Stegemann und Stein, Fritz Schupp oder Hans Väth standen nach 1920 am Anfang ihrer Laufbahn.

Gemeinsam war diesen Anstrengungen die gestalterische Optimierung bei gleichzeitiger Rationalisierung der Verfahrenstechnik und Steigerung der Wirtschaftlichkeit. Die Gute-Hoffnungs-Hütte veranstaltete 1922/23 einen Ideenwettbewerb für die Gestaltung von Fördergerüsten unter ihren eigenen Mitarbeitern und prämiierte insgesamt zehn Entwürfe. Der Beitrag „Zeitempfinden" (Abb. 8) als Idealentwurf ließ zumindest an den Bauteilen Fördergerüst und Schachthalle eine klare und konsequente Funktionserfüllung erkennen und entsprach damit dem Stildiktat der Zeit. Die sich abzeichnende Vollwand-bauweise beim Fördergerüst, die klare Trennung der Seilscheibenstützkonstruktion von dem Fördergerüst für die Fördergestelle, der einheitliche Stahlbetonunterbau der Schachthalle mit der oberhalb anschließenden Umhüllung einer Stahlskelettkonstruktion und die ablesbare Modulbauweise dieser Umhüllung mit gleichformatigen wiederkehrenden Gefachen waren die Elemente, die fortan mit jeweils unterschiedlichen Schwerpunkten das Erscheinungsbild der Bergbauarchitektur bestimmen sollten.

Daß dieses sehr wohl mit repräsentativen Ansprüchen zu kombinieren war, demonstrierte Helmuth von Stegemann und Stein mit seinem Projekt einer elektrischen Schachtanlage von 1928 (Abb. 9). In Vorwegnahme späte-

Abb. 8 Zeitempfinden

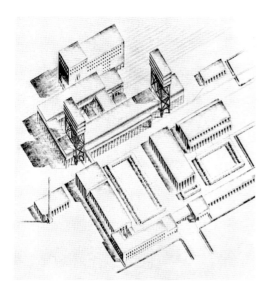

Abb. 9 Projekt einer elektrischen Schachtanlage, 1928

Abb. 10 Förderturm der Zeche Königsborn 3/4, Unna 1928

rer Entwürfe von Fritz Schupp und Martin Kremmer sind klare Achsenbezüge durch Zugang und Gleisanlage, die historische abgeleitete Symmetrie der Fördereinrichtung, der begrünte Ehrenhof zwischen Verwaltung und Waschkaue sowie eine verbindende Fassadengestaltung im Bereich der oberhalb der Gleise aufgeständerten Funktionsbauwerke und der übrigen Hochbauten gegeben. Mit dem Prinzip der Koepeförderung war es leichter möglich, den Standort der Fördermaschine zu variieren. In seinem Entwurf hatte von Stegemann und Stein in konsequenter Anwendung einer kubisch geprägten Bauweise zwei Fördertürme entworfen, die die oberhalb der Schächte angeordneten Fördermaschinen aufnahmen. Bereits vor dem Ersten Weltkrieg waren Beispiele dieser Bauart errichtet worden. Da es aus betrieblicher Sicht – abgesehen von Wartungsproblemen – bis heute keine eindeutige Festlegung für die Fördergerüst- oder die Förderturmbauweise gibt, war hier ein gestalterischer Spielraum offen, der unterschiedlich genutzt wurde. Alfred Fischer schuf bereits 1928 den Förderturm der Zeche Königsborn 3/4 in Unna (Abb. 10), der tatsächlich der reinen kubischen Bauweise entsprach und nicht der maschinentechnischen Bauart folgte, die auf der Zeche Minister Stein, Schacht Emil Kirdorf, in Dortmund 1928 errichtet wurde (Abb. 11).

Ein letzter Aspekt hinsichtlich der auf klare Funktionserfüllung ausgerichteten Bauweise war die Repräsentation durch Größe. Ziel aller Umstrukturierungs- und Neubaumaßnahmen im Revier war die Steigerung sowohl der Fördermenge als auch der Effektivität. Also wurden die Anlagenkapazitäten verdoppelt (3.000 bis 6.000 t täglicher Fördermenge an reiner Kohle) und mit ihnen zwangsläufig die Größenordnung der Gebäude. Die Vergleichbarkeit mit der Hausbauweise war längst nicht mehr gegeben; bei der durchschnittlichen Höhe der Fördergerüste von 35 bis 50 m oder den Abmessungen der Kohlenwäschen (40 bis 70 m Länge/25 bis 35 m Breite/30 bis 40 m Höhe) war die Nähe zu sakralen Bau-

Abb. 11 Umseitig:
Zeche Minister Stein, Schacht Emil Kirdorf, Dortmund 1928 (Photo: Josef Stoffels

werken erreicht. Angesichts der verbreiteten Glaubenshaltung an eine kontinuierlich zu steigernde wirtschaftliche Potenz ließ die Begrifflichkeit nicht lange auf sich warten: die „Kathedralen des Fortschritts" repräsentierten fortan die monetäre Macht. Durch den weitgehenden Verzicht auf schmückende Zutaten und die Reduzierung der Formen auf wenige symbolhafte Elemente wurde die Bergbauarchitektur zum Sinnbild von Machbarkeit, Fortschrittlichkeit und einer in die Zukunft weisenden Dauerhaftigkeit.

Hans Kania

Die Anfänge der Bergbauarchitektur
von Fritz Schupp und Martin Kremmer

Bergbau ist die Kunst des Möglichen

Bergbau ist ein kompliziertes Geschäft. Die Fachsprache der Bergleute (Abb. 1) soll zum Beispiel mehr Spezialbegriffe benutzen als jede andere. Auch der Bergwerksdirektor Haak und der Markscheider Oberste Brink konnten sich nicht eines deutlichen Seufzers enthalten, als sie im Jahr 1939 ihr Projekt von 27 Zechenbeschreibungen der Bergwerke der Vereinigte Stahlwerke AG im Ruhr Revier abschlossen. Das mehrere tausend Seiten umfassende Werk hatte sie zu der Erkenntnis gebracht, daß Bergbau treiben ‚die Kunst des Möglichen' sei. „Keine der beschriebenen Zechen hat Gleichheit mit einer anderen gezeigt. Jede mußte nach den bei ihr vorliegenden besonderen Verhältnissen erfasst und beurteilt werden."[1] In dieser komplizierten Gemengelage meldeten sich Architekten zu Beginn des 20. Jahrhunderts mit dem Angebot, neue Bergwerksanlagen nach angemessenen künstlerischen Kriterien zu gestalten. Im Jahre 1913 sollte der Regierungsbaumeister v. Poellnitz beim XII. Allgemeinen Deutschen Bergmannstag einen Vortrag zum Thema „Architektonische Behandlung von Industriebauten in alter und neuer Zeit" vor den leitenden Herren des Berg- und Hüttenwesens im Deutschen Reich halten. Seine Darstellung wurde im Tagungsband abgedruckt und fand hierdurch eine optimale Verbreitung in der Welt des Bergbaus.

Die zeitgenössische Vision eines neuen Industriebaustils leitete er mit einem Vergleich aus dem Automobilbau ein: „Welche ästhetische Vervollkommnung hat beispielsweise der Automobilbau durchgemacht, von den ungeschickten ersten ganz dem Wagenbau nachgebildeten Formen, bei denen man die abgeschnittene Pferdedeichsel vermisste, bis zu den heutigen eleganten und gut ausbalancierten Modellen!"[2] Dabei sei nicht darauf zu vertrauen, daß die Durchbildung der Zweckmäßigkeit allein zu Schönheit führen könne, „wohl aber sollen beide (Schönheit und Zweckmäßigkeit) sich treffen und in einem wahren Industriestil höchste Zweckmäßigkeit und edelste Gestaltung sich vereinigen."[3] Regierungsbaumeister v. Poellnitz war 1913 schon in der Lage, u.a. mit einem Entwurf des Essener Architekten Alfred Fischer für die Zeche Jacobi in Oberhausen aus dem Jahr 1912, Richtung weisende Beispiele neuer In-

Abb. 1 Bergarbeiter unter Tage (Photograph unbekannt)

dustriearchitektur vorzustellen (Abb. 2). Die Zechenleitungen waren in einigen Fällen durchaus schon bereit gewesen, Architekten als Partner bei Bauprojekten zu engagieren. In diesem Zusammenhang sei der Bergwerksdirektor Friedrich Wilhelm Schulze Buxloh genannt. Bei seinem Amtsantritt als Leiter der Zeche Nordstern in Gelsenkirchen

1 Vereinigte Stahlwerke AG (Hg.), Die Steinkohlenzechen der Vereinigte Stahlwerke AG (im Folgenden ‚Zechenbeschreibung' genannt) Die Zeche Prinz Regent Essen, 1939 S. IX.

2 Bericht über den XII. Allgemeinen Deutschen Bergmannstag zu Breslau, Breslau 1914, S. 146.

3 Ebd., S. 146.

Abb. 2 Alfred Fischer, Entwurf für die Zeche Jacobi in Oberhausen

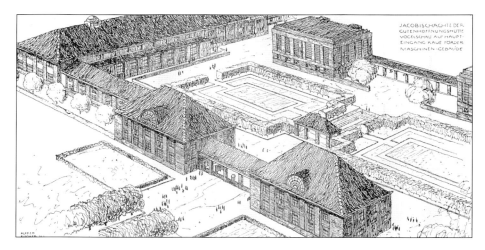

(Ostern 1913) stellte er dies sogleich unter Beweis. „Hier macht er sich unverzüglich daran, die Tagesanlagen auszubauen. Das Kesselhaus wird erweitert, ein neuer Turbokompressor aufgestellt und mit dem Bau einer neuen Wäsche begonnen. Dabei wagt er den ersten Schritt auf bisher unbetretenes Neuland: Nachdem die Zecheningenieure und die Baufirma ihre Pläne vorgelegt haben, betraut er einen freischaffenden jungen Architekten mit der Gesamtgestaltung der Anlage. Sein dringender Wunsch ist, dass das Bauwerk nicht nur zweckentsprechend ist, sondern auch eine den Gesetzen der Baukunst entsprechende Linienführung aufweist." [4] Die Kohlenwäsche (Abb. 3) ging im Jahr 1914 in Betrieb – also im selben Jahr, als der Tagungsbericht des 12. Allgemeinen Bergmannstages mit dem Aufsatz des Regierungsbaumeisters a.D. v. Poellnitz veröffentlicht wurde und Fritz Schupp mit seinem Studium begann.

Der Bergwerksdirektor Schulze Buxloh arbeitete als leitender Angestellter des Stahlkonzerns Phönix AG für Bergbau und Hüttenbetriebe. Der Konzern war damals mit einer jährlichen Rohstahlerzeugung von über 9 000 000 t der größte Rohstahlproduzent dieser Zeit (Abb. 4). Unterbrochen durch seinen Militärdienst im ersten Weltkrieg, setzte Schulze Buxloh im Jahr 1919 als stellvertretender Leiter aller Zechen des Phönix seine Tätigkeit fort. Im Juli 1921 ernannte man ihn zum Leiter der Phönixzechen.

4 Friedrich Wilhelm Schulze Buxloh, (Nachruf) o.O, o.J. (1959).

Abb. 3 Die Kohlenwäsche auf der Zeche Nordstern 1/2, Gelsenkirchen von Osten gesehen

Seit 1919 organisierte Friedrich Wilhelm Schulze Buxloh auf der Zeche Holland ein Modernisierungsprogramm, und es wird berichtet, daß seit 1921 auch schon die ersten Ideen für eine Zusammenfassung der Förderung auf der Zeche Zollverein, die 1919 zum Phönix Konzern kam, entwickelt wurden.[5]

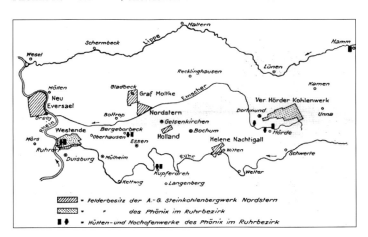

Wenn also Bergbau „die Kunst des Möglichen" war, so ergab sich bei den anstehenden Modernisierungsprogrammen die Möglichkeit, die Kunst der Architekten für die Gestaltung der Übertageanlagen zu nutzen.

Der junge Architekt

Der Name Fritz Schupp in der Welt des Bergbaus taucht in der Überlieferung erstmalig in einem Schreiben vom 21. Februar 1919 an den „Phönix Abt. Bergwerksverwaltung Zeche Holland in Gelsenkirchen" auf.[6] Der Essener Architekt Emschermann bot in dem Schreiben seine Leistungen für den Bau von 78 Bergarbeiterwohnungen und einem Ledigenheim der Zeche Nordstern, 110 Wohnungen und einem Ledigenheim der Zeche Graf Moltke und 43 Wohnungen der Zeche Westende an: „Für die architektonischen Arbeiten zur Erstellung Ihrer Siedlungsbauten und Ledigenheime habe ich mich mit Dipl. Ing. Schupp verbunden", wie es der Wunsch der Bergwerksverwaltung des Phönix gewesen sei, ist weiter zu lesen. Unterzeichnet ist der Brief mit „Dipl. Ing. Fritz Schupp" und „H. Emschermann Architekt". Fritz Schupp kam als 23Jähriger gerade mit seinem Abschluß als Diplom Ingenieur von der TH Stuttgart. Offenbar hatte er sich bei der Bergwerksverwaltung des Phönix bemerkbar gemacht und eine Bewährungschance erhalten.

Die Bergwerksverwaltung des Phönix handelte mit ihrer Initiative, Bergarbeiterwohnungen bauen zu wollen aber ein wenig übereilt, was sich in den folgenden Monaten erweisen würde. Während der Architekt Fritz Schupp sich mit der Planung von Siedlungen und Ledigenheimen beschäftigte, übertrug man im Deutschen Reich die Aufgabe des Bergarbeiterwohnungsbaus auf neu gegründete Wohnungsbaugesellschaften. Die Zechen mußten ihre Zuständigkeit abgeben. Damit waren die vom Phönix organisierten Planungen – bis auf die Ausführung von 36 Wohnungen, die noch genehmigt worden waren – hinfällig geworden. Der Planungsauftrag Schupp und Emschermann wurde im Juni 1920 vom Phönix beendet.

Das nächste – sein erstes eigenes – Projekt sollte die Gestaltung einer Waschkaue und eines Labors für die Kokerei und Nebengewinnung der Zeche Holland werden. Die ältesten erhaltenen Zeichnungen von Grundriß und Ansichten der Kaue und des Labors im Maßstab 1:100 sind datiert auf „September 1920". (Abb. 5)[7]

Man begann zuerst mit der Errichtung der Waschkaue. Der Leiter der Bauabteilung

5 Ebd.

6 Bergbau-Archiv Bochum 41/228.

7 Bergbau-Archiv Bochum, 41/1214.

Abb. 4 Der Felderbesitz der A.-G. Nordstern und des Phönix im Ruhrbezirk im Jahre 1907

Abb. 5 Hauptlaboratorium und Kaue der Kokerei Holland, Wattenscheid

der Zeche Holland, der Baumeister Strauss, wurde sein sachkundiger Ansprechpartner. Seit mehr als zehn Jahren arbeitete dieser schon in der Bauabteilung und begleitete als erfahrener Experte die Bauprojekte der Zeche Holland. Eine besondere Aufgabe für wurde laufend mit kleinen Vermerken über Baufortschritt und Gestaltungsdetails informiert. Darüber hinaus begann der Phönix Konzern, die betriebsinterne Kommunikation seiner Bauprojekte zu perfektionieren. Die Betriebe und Bergwerke des Phönix mußten

Abb. 6 Wagenumlauf: Die Hasenklever Wipper entleeren die Förderwagen auf die Lesebänder

den jungen Architekten Fritz Schupp bei der Gestaltung seines ersten Betriebsgebäudes lag darin, mit den Gebäuden gleichzeitig eine neue Eingangssituation für die Kokerei zu gestalten.

Den Bau der Kaue beantragte die Zeche Holland bei der Stadt Gelsenkirchen am 29. Dezember 1920. „Die Decken im westlichen Teil der Waschkaue, sowie sämtliche Dachflächen werden in Eisenbeton hergestellt. Brauseräume, Flur und Beamtenkauen erhalten als Bodenbelag Mosaikplatten,… Die äußeren Ansichtsflächen werden mit besonders ausgesuchten Ziegelsteinen verblendet, Gesimse, Bänder usw. verputzt."[8] Die Waschkaue wurde zuerst gebaut, und auch das Labor konnte nach einjähriger Bauzeit Mitte 1923 bezogen werden.

Bergwerksdirektor Schulze Buxloh, der als Leiter der Phönix Zechen nun auch im Vorstand des Konzerns vertreten war, seit 1921 der Hauptverwaltung regelmäßig monatlich einen Bericht über den Baufortschritt ihrer Projekte liefern.

Für die Zeche Holland stand nun die Zentralisierung der Förderung auf einen neu abzuteufenden Schacht 6 auf der Tagesordnung. Das Grubenfeld des Bergwerks mit der Fläche von 3 qkm erschien zu klein für die zwei vorhandenen selbständigen Förder- und Aufbereitungsanlagen. Deshalb sollte ein neuer Schacht zum zentralen Förderschacht des gesamten Bergwerks werden. Die alte Schachtanlage Holland Schacht 1/2 im Osten des Grubenfeldes würde dann ihre Förder- und Aufbereitungsanlagen stilllegen können und anschließend ausschließlich als Seilfahrtsanlage für die Bergleute dienen. Das Areal der Schachtanlage 3/4 (Abb. 6) war zwar sehr beengt, aber der neue Schacht konnte zwischen Zecheneingang und Schacht 4

Abb. 7 Hasenclever Kopfwipper

8 Bergbau-Archiv Bochum 41/1214.

seinen Platz finden. Die Umbaumaßnahmen sollten sich aus unterschiedlichen Gründen schwierig gestalten und von 1922 bis 1925 dauern. Von einer technischen Schwierigkeit sei hier berichtet, deren Lösung später für die Zentralförderanlage Zollverein Schacht 12 von Bedeutung werden sollte. Aufgrund der beengten Verhältnisse in den drei miteinander verbundenen Schachthallen der Schächte 3/4 und 6 auf der Zeche Holland entschied man sich – vermutlich erstmals im Steinkohlenbergbau des rheinisch westfälischen Industriegebietes – für den Einsatz einer Kopfwipperanlage (Abb. 7) zur Entleerung der vollen Förderwagen. Dieses System hat sich später im Bergbau der Region allerdings nicht eingebürgert.

Der Architekt Fritz Schupp bekam 1921 zunächst den Auftrag, Zecheneingang mit Verwaltung, Waschkaue für 3000 Bergleute, Magazin und Nebenräumen sowie das sich anschließende Fördermaschinengebäude für die Zeche Holland Schacht 3/4/6 neu zu gestalten. Vermutlich auf der Grundlage von Vorgesprächen oder Entwurfsskizzen begann die Bauabteilung der Zeche im Juli 1921, Angebote von Betonbaufirmen und bei der Dampfziegelei Heisterholz in Minden/Westfalen über 300 000 Klinkersteine für dieses Projekt einzuholen.[9] Mitte August drängte sie den Architekten, schnellstens die „Conzessionszeichnungen" zur Verfügung zu stellen, weil die Stadt Wattenscheid die schon begonnenen Vorarbeiten aufgrund einer noch fehlenden Baugenehmigung einstellen lassen wolle.[10] Ende August dann wurde der Bauantrag gestellt: „Die äußeren Umfassungswände, teilweise auch die Sockel der inneren Wände sollen mit besonders ausgesuchten Klinkern verblendet werden. Das Dach über der Hauptwaschkaue (Abb. 8) mit anschließenden Brauseräumen und Durchgang werden massiv in Eisenbeton, alle anderen Dächer in Holzkonstruktion ausgeführt. …Von Außen wird das Gebäude in holländischer Art verfugt, teils auch verputzt."[11] Fritz Schupp betreute die Bauarbeiten bis in die Details hinein. Trotz der extrem begrenzten Platzverhältnisse gelang es ihm, zwei Innenhöfe zu schaffen. Der vordere war als Pufferzone gedacht, in dem sich die Bergleute bei Schichtbeginn im Bereich der Schachtanlage aufhalten konnten, falls bei Schichtwechsel Engpässe entstehen sollten. Das Gebäude wurde 1923 fertiggestellt und die Stadt Wattenscheid stellte eine inflationsbedingte Gebühr von 270 000 000 000,- Mark in Rechnung.

9 Bergbau-Archiv Bochum 41/1213.

10 Ebd.

11 Ebd.

Abb. 8 Neubau Waschkaue Zeche Holland 3/4 in Wattenscheid (Photograph unbekannt)

„Die Überwindung der Fassade"

Zu den größeren Schwierigkeiten, die den Umbau der Schachtanlage Holland 3/4 und 6 verzögerten, gehörte auch die Besetzung des Ruhrgebietes durch die französische Armee am 10./11. Januar 1923. Während der Besetzung mußte Friedrich Wilhelm Schulze Buxloh das Ruhrgebiet verlassen, „um sich einer Verhaftung durch die französische Besatzung zu entziehen. Die Belegschaft der Zeche Holland hatte in einer Nacht mehrere Züge mit Kohle beladen und mit Hilfe der Eisenbahner ins unbesetzte Gebiet geschafft."[12] Zum 1. November 1923 berichteten die Zechen des Phönix ihrer Hauptverwaltung u.a.: „Die Ausschachtungsarbeiten für die Fördermaschine Schacht 6 sind eingestellt."[13] Erst ein Jahr später, im Oktober 1924, begann der Rückzug der französischen Soldaten, und die Arbeiten am Doppelfördermaschinenhaus Schacht 6, das unmittelbar zwischen der Kaue und dem Schacht stehen sollte, konnten fortgesetzt werden. Die Bauabteilung der Zeche meldete jedoch dem Architekten Fritz Schupp nun ihren Wunsch an, den ursprünglichen Entwurf zu verändern (welcher leider nicht überliefert ist). Fritz Schupp antwortet am 3.10.1924: „Ich erhielt heute ihr Schreiben vom 1. d. M., mit welchem Sie mir mitteilen, daß Sie die bisher projektierte Binderkonstruktion über dem Fördermaschinenhaus fallen lassen wollen. Sie kommen hierin ganz meinem Wunsch entgegen, den Baukörper in seinem oberen Abschluß zu verändern. Ich bemerkte schon Herrn Baumeister Strauss gegenüber, daß mich der alte Entwurf nicht mehr ganz befriedigt."[14] In einem regen Briefwechsel besprach man die Veränderungen im Detail. „Um in technischer Beziehung eine einwandfreie Lösung zu erzielen, muss die Dachentwässerung nach innen gelegt werden. Die Außenwände werden in voller Stärke auch über das Dach weg hochgeführt und hinter Ihnen liegt in das Dach eingeschnitten die Betonrinne, in der üblichen Weise mit mehreren Papplagen ausgelegt. Die Abführung des Dachwassers geschieht durch Abfallrohre, die innerhalb des Maschinenraumes nach unten geführt werden. Ich glaube, dass durch die neuen Vorschläge nicht nur erreicht ist, dass das Dach billiger wird, sondern dass jetzt erst der ganze Bau ein seiner Bedeutung entsprechendes Gesicht erhält." Die Gestalt des

12 Friedrich Wilhelm Schulze Buxloh, (Nachruf) o.O, o.J. (1959).

13 Bergbau-Archiv Bochum 41/110.

14 Bergbau-Archiv Bochum 41/1166.

Abb. 9 Verzicht auf „Fassade", Seilöffnung in fensterloser Wand

Fördermaschinengebäudes war kubisch geworden, und der Kubus würde sich als sichtbar neue Form zwischen die mit Satteldächern versehenen Eingangsgebäude und der Schachthalle einfügen.

Bemerkenswert für Schupp und Kremmer war an dem Gebäude insbesondere die fensterlose Wand zum Seilscheibengerüst von Schacht 6. Es ist eine Konstruktion, die sich radikal und schnörkellos auf die Funktion des Gebäudes bezieht. Darin sitzt der Maschinist hinter seiner Fördermaschine und darf, um die Seilmarken des Förderseils, die aus seinem Raum nach außen zu den Seilscheiben oben auf dem Fördergerüst gehen, erkennen zu können, nicht geblendet werden. Die Wand muß deshalb fensterlos bleiben.

Der Blick auf diese Wand brachte die Architekten nun zu der Formulierung „Verzicht auf Fassade" (Abb. 9).[15] Die verbale Negation scheint auszudrücken, daß mit dieser Gestaltung eine Tradition gebrochen wurde. Nicht mehr nur eine würdevoll angemessene Fassadengestaltung, sondern eine radikal reduzierte Gestaltung scheint ihnen machbar und angemessen. Dahinter glaubt man die zeitgenössische Atmosphäre bei der Entstehung moderner Gestaltung spüren zu können, die Künstler, Architekten und Designer mit einem Feuerwerk revolutionärer neuer Formen zu Beginn der 20er Jahre geschaffen hatten. Rietfeld und van Doesburg aus Holland, Kandinsky und El Lissitzky aus der Sowjetunion, Moholy-Nagy aus Ungarn oder Gropius und Mies van der Rohe aus Deutschland stellten fundamental neue und pragmatisch machbare Formen und Gestaltungen vor. Wie intensiv sich die Architekten Schupp und Kremmer mit der Bewegung der Protagonisten der Moderne beschäftigten, läßt sich nicht genau klären. Auf dem Weg, einen neuen Industriebaustil für die Bergwerksbetriebe zu

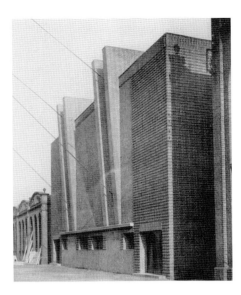

entwickeln, scheint ihnen jedoch deren Bedeutung sehr bewußt gewesen zu sein. „Das technische Programm wird für ihn (den Architekten) der Ausgangspunkt seines künstlerischen Programms",[16] formulierte Fritz Schupp und mit dieser Prämisse gestaltete das Architekturbüro Schupp und Kremmer weitere Fördermaschinenhäuser auf der Zeche Holland und Zollverein. Dabei lösten sie sich in den darauffolgenden Entwürfen wieder ein wenig von einer radikalen Formenreduzierung ihrer Fassaden: „Der Baukörper streckt sich in den beiden pfeilerartigen Vorbauten gewissermaßen dem Seil entgegen, zieht es in sich hinein und öffnet sich gleichzeitig, in einem Spalt auseinanderklaffend, um das Seil wieder zu entlassen."[17] So beschrieben sie das Fördermaschinengebäude, das sie um 1926 für den Schacht 2 der Zeche Holland bauten. Für die Doppelförderung auf der Schachtanlage Zollverein 11 entwarfen sie eine vergleichbare Gestaltung (Abb. 10).

Die Bauaufgaben der Industrie wurden Mitte der 1920er Jahre deutlich größer. Die Phönix AG ging 1926 im Stahlkonzern Vereinigte Stahlwerke AG auf. Zusammen mit den Stahlkonzernen Thyssen, Rheinelbe Union und den Rheinischen Stahlwerken wurde Anfang 1926 dieser größte europäische Stahltrust gebildet. Beinahe die Hälfte aller industriellen Kapazitäten des rheinisch-westfälischen Industriegebietes waren nun in einer Gesellschaft, einem Konzern konzentriert. Der Hauptzweck des Zusammenschlusses war die Rationalisierung. „Über den Begriff der Rationalisierung, der heute in seiner schlagwortmäßigen Verwendung schon stark abgenutzt ist, wäre hier einiges zu sagen. Man kann ihn etwa definieren als die planmäßige Gestaltung des gesamten Wirtschaftsprozesses zu höchstmöglicher Wirtschaftlichkeit."[18]

Abb. 10 Doppelfördermaschinenhaus der Zeche Zollverein Schacht 11 mit Betonung der Seildurchgänge

15 Schupp, Fritz und Martin Kremmer, Architekt gegen oder und Ingenieur, Berlin 1929, S. 7, Bildunterschrift.

16 Ebd., S. 8.

17 Ebd., S. 8.

18 Berkenkopf, Paul, Der Zusammenschluß der rheinisch-westfälischen Schwerindustrie. Seine Ursachen – seine Beurteilung, in: Wirtschaftliche Nachrichten für Rhein und Ruhr, 19.5.1926, S. 585.

19 Schupp, Fritz und Martin Kremmer, Architekt gegen oder und Ingenieur, Berlin 1929, S. 13.

20 Werbeanzeige in der Fachzeitschrift „Das Gas- und Wasserfach", 1928, Heft 48, S. 48.

Abb. 11 Isometrie der Kokerei Alma, Gelsenkirchen

Friedrich Wilhelm Schulze Buxloh wurde nun Leiter der Zechengruppe Gelsenkirchen in der Vereinigte Stahlwerke AG mit den Bergwerken Zollverein, Bonifacius, Holland, Nordstern, Graf Moltke, Vereinigte Rheinelbe und Pluto. Wir erinnern uns, daß Bergbau die Kunst des Möglichen ist und hier ergab sich erneut eine Möglichkeit, die Kunst der Architektur bei den anstehenden Aufgaben zu berücksichtigen.

Nun endlich waren größere Gruppen benachbarter Bergwerke gebildet worden, die im Sinne der optimalen Wirtschaftlichkeit eine Chance hatten, zusammenzuarbeiten. Dem Stahltrust bot sich eine einzigartige Chance, die Koksversorgung für seine Hochofenanlagen vollständig neu zu organisieren. Großkokereien und Zentralkokereien sollten entstehen, die Kohle aus mehreren Bergwerken einer Zechengruppe verarbeiten würden. Die Vereinigte Stahlwerke AG legten ein gewaltiges Neubauprogramm für dieses Projekt vor. Bei der Zechengruppe Gelsenkirchen begann man umgehend mit der Planung von zwei großen Kokereien. Südlich der Hochöfen des Schalker Vereins in Gelsenkirchen, nur durch die Bahnlinie der ehemaligen Köln-Mindener Eisenbahn getrennt, sollte die Großkokerei Alma entstehen. Beliefert werden konnte sie vor allem von den Nachbarzechen Alma und Pluto. Der Koks war für die Hochöfen des Schalker Vereins gedacht. Die zweite Kokerei nannte man Zentralkokerei Nordstern. Ihr Standort lag südlich der Zeche Nordstern am Rhein-Herne-Kanal.

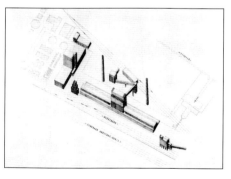

Beliefert werden sollte sie von den Zechen Nordstern, Zollverein, Bonifacius und Graf Moltke. Das Bauprogramm wurde schon bald nach der Gründung der Vereinigte Stahlwerke AG beschlossen und im Jahr 1927 begannen die Bauarbeiten. Schupp und Kremmer hatten nun erstmals große, vollständig neu zu errichtende Industrieanlagen architektonisch zu betreuen. Die Gestaltung der Gebäude, Bandbrücken und nach Möglichkeit auch der Stahlkonstruktionen und Rohrleitungen sowie die Mitarbeit an der Lageplanentwicklung gehörte zum Kern ihrer Aufgaben.

Auf der Kokerei Alma setzten Fritz Schupp und Martin Kremmer bei allen Gebäuden die gefundene Formensprache mit neuen Gestaltungsvarianten fort. Dabei verknüpften sie Form und Funktion in deutlich sichtbaren Wandkonstruktionen: „Nichts ist einfacher, als ein eigenes Treppenhaus außerhalb der betrieblich in Anspruch genommenen Fläche den Gebäuden anzugliedern. ...Nichts naheliegender, als das Treppenhaus mit einem Aufzuge zu verbinden. ...Der Architekt hat diese Neuerung eingeführt."[19] Der Lageplan für die Kokerei Alma (Abb. 11) ergab sich weitgehend aus dem zur Verfügung stehenden Gelände, dessen Grundriss ein spitz zulaufendes Dreieck zwischen zwei Bahntrassen bildete. Weil das Areal der Betriebsanlagen vollständig zwischen Bahngleisen eingeschlossen war, musste sogar der Kokereieingang außerhalb dieses Geländes bleiben und wurde durch eine Brücke über die Bahntrasse angebunden.

Die Kokerei Nordstern sollte auf dem Landstück zwischen Emscher und Rhein-Herne-Kanal zur größten Anlage Europas ausgebaut werden. Kernstück der Anlage waren die in vier Batterien zusammengefassten Koksöfen. Die Kokereibaufirma konnte mit den neuen Öfen in Superlativen werben: „Die größten Koksöfen der Welt, zugleich die bei weitem leistungsfähigsten, sind die im März 1928 in Betrieb genommenen 6 Meter hohen Verbund-Koksöfen mit mehrstufiger Heizgasverbrennung System Still auf der Anlage Nordstern der Vereinigte Stahlwerke AG"[20] Die Fertigstellung der Kokerei Nordstern erfolgte in drei Schritten. Die 2. Ofenbatterie, die sich an die erste anschloß, wurde am 24.10.1930 fertig. Ihre von den Architekten entworfene Symmetrie konnte die Kokerei Nordstern allerdings erst im Jahr 1938 zeigen, als die beiden nördlich an der Emscher gelegenen Batterien in Betrieb gingen. Die Symmetrie schuf einen spektakulären Höhepunkt der Gestaltung mit dem zentral angeordneten Eckturm zwischen den nördlichen und südlichen Ofenbatterien, in dem die vom Kokskohlenmischturm (Abb. 13) kommende Kohle auf die zu beiden Seiten stehenden Kohlenbunkertürme über den Koksofenbatterien verteilt wurde. Der Lageplan einer symmetrischen, parallelen Anordnung der Batterien wurde allerdings von den Betriebsingenieuren später als Komplizierung der Betriebsabläufe gewertet und fand wohl deshalb keine Nachfolger (Abb. 12).

Die Bunker, das Kesselhaus, die Ammoniakfabrik und beinahe sämtliche übrigen Gebäude der Kokerei waren schon bei der ersten Ausbaustufe 1928 fertiggestellt worden. Es scheint, als ob das Architekturbüro Schupp und Kremmer sich hier auf dem Weg zu einem neuen Industriebaustil mit neuen Gestaltungsvarianten weiter entwickeln wollte. Den Eckturm zwischen den Ofenbatterien charakterisierte noch ein stark differenzierter Wandaufbau mit überkragenden Elementen. Der westlich vor den Batterien stehende Mischturm präsentierte sich dagegen schon mit wenigen klaren Elementen in einer flächigen, stark reduzierten Formensprache. Und das Kesselhaus schließlich war eine vollkommen neue Gebäudekonstruktion. Außen sichtbar teilte eine Stahlfachwerkfassade die Flächen der Wände in geometrische Muster.

Die Überwindung der Architektur

„Aus der Zusammenarbeit von Bau-Ingenieuren, Maschinen-Ingenieuren und Architekt sind bemerkenswerte Bauten entstanden, die mehr auf ihrer wohlgewogenen Gesamtordnung als auf der Anwendung einzelner Stilornamente beruht." So bilanzierte W. Würker im Jahr 1932 die zeitgenössische Entwicklung der Stahlhochbauten im Bergbau.[21] Er war von der Beratungsstelle für Stahlverwendung in Düsseldorf mit einer Untersuchung zu diesem Thema beauftragt

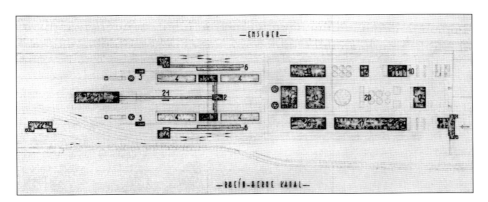

Abb. 12 Lageplan der Kokerei Nordstern, Gelsenkirchen

21 W. Würker, Die Entwicklung der Stahlbauten im Bergbau, in: Kohle und Erz, Technischer Centralanzeiger für Berg-, Hütten- und Maschinenwesen, 1932, S. 139.

Abb. 13 Kohlenturm Kokerei Alma, Gelsenkirchen

Abb. 14 Kesselhaus der Kokerei Nordstern, Gelsenkirchen

und hatte anhand mehrerer Beispiele die Vielseitigkeit des Werksstoffes Stahl beim Industriebau dargestellt. Die Stahlbauingenieure begannen den Stahlhallenbau zu einem variablen System zu perfektionieren, und der Stahlkonzern Vereinigte Stahlwerke AG war natürlich am Absatz seines Produktes interessiert. Seine Walzwerke richteten sich auf die Herstellung geeigneter Profile ein, und die Brückenbauanstalten des Konzerns begannen damit, die stählernen Bauteile mit der noch jungen Technik des Schweißens so vorzubereiten, daß die Stahlrahmen für den neuen Industriehallenbau in wenigen Minuten aufzustellen waren. Das Architekturbüro Schupp und Kremmer hatte die neue Bauweise schon auf der Zeche Holland 3/4 für ein Kesselhaus (Abb. 14) und eine Mahlanlage, auf der Zeche Nordstern für eine Werkstatt und einen Lokomotivschuppen genutzt. Schupp und Kremmer schienen sich nun der Chance bewußt, einen neuen Industriebaustil zu realisieren. In ihrer zeitgenössischen grundsätzlichen Publikation „Architekt gegen oder und Ingenieur" aus dem Jahr 1929 leiteten sie ihre Darstellung über das Eisenfachwerk mit den Worten ein: „Die ‚Architektur' muß überwunden werden, wenn neue Aufgaben durch neue Werkstoffe in neuen Formen ihre Lösung finden sollen."[22] Die Architekten ergriffen die neuen Gestaltungsmöglichkeiten, welche sich aus der Verlagerung der statischen Aufgaben von den alten Wandkonstruktionen auf die neuen, innen stehenden Portalrahmen eröffneten. Nun war es möglich, eine extrem dünne Außenhaut bauen zu lassen. Wetterschutz und Lichteinlaß durch Fensterflächen würden die einzigen Aufgaben der Außenhaut sein. „Wichtig ist nur, daß das Fenster nicht mehr nur ein in die Wand geschnittenes Loch ist, das durch seine Form und Reihung das Thema bestimmt, sondern daß es selbst ein Teil der Wandfläche wird. …Der Zweck, rücksichtslos anerkannt und erfasst, sinngemäß durchgebildet, führt somit zur Architektur, zu einer neuen Architektur, die ihre eigenen Gesetze hat."[23] Nimmt man nun diesen Grundsatz ernst, so wird man ihre neue Architektursprache am besten dort begreifen können, wo der Zweck eines solchen Gebäudes zu finden ist. Und das ist in der Regel innerhalb der Fachwerkfassaden, denn die wetterschützenden Wände – so eindrucksvoll sie auch gestaltet wurden – verhindern schließlich wesentliche Einsichten. Auf der Schachtanlage 12 der Zeche Zollverein ist die Wipperhalle ein Raum,

22 Schupp, Fritz; Kremmer, Martin, Architekt gegen oder und Ingenieur, Berlin 1929, S. 20.

23 Ebd., S. 22.

Abb. 15 Die Kohlenwäsche auf Zollverein Schacht 12 im Bau, 1931

der das Charakteristische dieser neuen Architektur zeigen kann. Fritz Schupp und Martin Kremmer waren von Beginn an in den Planungsprozeß zum Bau dieser Schachtanlage integriert. Der Baubeschluß für die mit 12 000 t verwertbarer Kohleförderung täglich leistungsfähigsten Zentralschachtanlage der Region datiert vom Mai 1928 (Abb. 15). Die Wipperhalle entstand als ein Baustein des Wagenumlaufs im Herzen der Anlage und dokumentierte, wie sich aus dem betrieblichen Zweck eine Architektur entwickelte, die ihre eigenen Gesetze hatte. Für die Aufgabe der Entleerung von täglich bis zu 14 000 Förderwagen hatten die Maschineningenieure – wie sechs Jahre zuvor auf der Zeche Holland – eine Kopfwipperanlage der Firma Hasenklever mit insgesamt vier Kopfwippern empfohlen. Die Bau-Ingenieure gewährleisteten durch Portalrahmen mit einer Spannweite von 30 m einerseits den notwendigen stützenfreien Raum und andererseits die Haltekonstruktion der Wipperanlage. Die Architekten gewährten der Funktion, die Förderwagen auszukippen, mit der Wipperhalle einen eigenen kubischen Baukörper, den sie mit anderen im Wagenumlauf einer Förderanlage notwendigen Hallen kombinierten. Wir ahnen die Diskussion, die von den nun selbstbewußten Architekten geführt worden sein muß, hinter der Schilderung der Bergbauingenieure bei deren Schachtbeschreibung: „Besonders hervorzuheben ist noch folgendes: Schacht- und Wipperhalle liegen, abweichend von der üblichen Bauart, nicht hintereinander in einem Gebäude zusammengefaßt, sondern versetzt nebeneinander in zwei besonderen Gebäuden... Wären, wie üblich, Schacht- und Wipperhalle hintereinander angeordnet worden, so hätte das Gesamtgebäude unnötig groß sein müssen...". [24]

Das Ergebnis der Gestaltung war und ist eindrucksvoll. Nach der Eröffnung der Schachtanlage im Februar 1932 besuchte der Projektleiter Friedrich Wilhelm Schulze Buxloh häufig die Wipperhalle. Vielleicht stand er auf der Brücke über den Gleisen in der Wipperhalle und genoß das Bild der Perfektion von Fließarbeit und der Verschmelzung von Maschine und Gebäude. Seine Bergleute ließen ihm auch die Vision, Schacht 12 als „Wunderwerk der Rationalisierung" habe in großem Ausmaß menschliche Arbeit durch Maschinenarbeit ersetzt. Wie der damalige Förderaufseher Albert Bock sich mit einem leichten Schmunzeln erinnerte, wurde sein Besuch vorab immer angekündigt. Und weil das Bild der menschenleeren Halle mit den fließenden und strömenden Förderwagen, die wie von Geisterhand bewegt wurden, erwünscht war, habe er eine ganze Reihe von Bergleuten, die üblicherweise für einen reibungslosen Betrieb zusätzlich notwendig waren, kurzfristig in die benachbarte Lesebandhalle geschickt... Die Architekten Fritz Schupp und Martin Kremmer wurden im Jahr 1931 eingeladen, ihre Architektur dem Bauausschuß der Vereinigte Stahlwerke darzustellen. Ihre Lehrzeit lag hinter ihnen und sie gehörten seither zur Gemeinschaft der Bergbau Treibenden des rheinisch-westfälischen Steinkohlereviers.

24 Schachtbeschreibung, Zeche Zollverein, Essen 1934, S. 394.

Rainer Schlautmann

Siedlungsbauten im Ruhrgebiet.

Fritz Schupp und Martin Kremmer gelten als die produktivsten deutschen Industriearchitekten des 20. Jahrhunderts. Ihre Schaffensphase beginnt in den frühen Jahren der Weimarer Republik. Bis in die 1970er Jahre übernimmt das Büro, das Fritz Schupp nach dem Tod seines Sozius' Martin Kremmer ab 1945 allein weiterführt, über fünf Jahrzehnte hinweg unzählige Bauaufgaben der Montanindustrie. Insbesondere die von beiden entwickelten Stahlfachwerkkonstruktionen – mit dem charakteristischen roten Ziegel ausgemauert – waren stilbildend und wirken bis heute prägend für das Gesicht der Region Ruhrgebiet.

Daß Schupp und Kremmer darüber hinaus als Siedlungsarchitekten in Erscheinung getreten sind, war bislang selbst in Fachkreisen weitgehend unbekannt.[1] Dabei bezieht sich sogar die erste Bauaufgabe von Fritz Schupp überhaupt auf das Entwerfen von Siedlungen und Ledigenheimen. Der Name des jungen Architekten wird erstmals erwähnt in einem Brief des in Essen ansässigen Architekten H. Emschermann an den schwerindustriellen Konzern Phoenix, Abteilung Bergwerksverwaltung Zeche Holland in Gelsenkirchen vom 21. Februar 1919. Er schreibt: „Für die architektonischen Arbeiten zur Erstellung Ihrer Siedlungsbauten und Ledigenheime habe ich mich mit Herrn Dipl. Ing. Schupp verbunden."[2] Als Auftraggeber fungiert der stellvertretende Leiter aller Phoenix-Zechen und Bergwerksdirektor auf Holland, Friedrich Wilhelm Schulze Buxloh, der als Förderer Schupps gilt und ihn später auch mit der Planung für die Großschachtanlage Zollverein 12 betraut. Der erste Auftrag ist umfangreich: Er beinhaltet das Entwerfen von insgesamt 231 Beamten- und Arbeiterhäusern sowie zwei Ledigenheimen für die Zechen Nordstern, Graf Moltke und Westende. Fritz Schupp

1 Ich danke Roland Günter herzlich für seine wertvollen Hinweise.

2 Bergbau-Archiv Bochum, 41/228

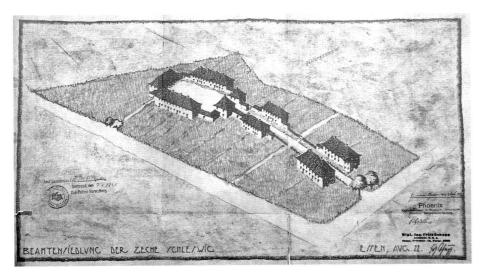

Abb. 1: Fritz Schupp und Martin Kremmer, Angestelltensiedlung „Am Knie", Dortmund, 1922, Vogelschau

3 Ebd.

4 Bundesarchiv, RKK, Schupp, Fritz, 22.12.1896

5 10 Jahre Treuhandstelle für Bergmannswohnstätten, Essen 1930, S. 79

6 Bauakten der Stadt Dortmund, Am Knie 3-15 und 10-28

zieht sich jedoch noch vor der Fertigstellung des Auftrags nach einem Jahr aus der Arbeitsgemeinschaft mit dem Architekten Emschermann zurück. Am 03. März 1920 findet sich seine Unterschrift zum letzten Mal in der Korrespondenz mit dem Phoenix. In einem internen Aktenvermerk vom 27. März 1920 heißt es zu den Gründen: „Herr Schupp war schon einige Tage nicht mehr tätig und hat es den Anschein, als wenn das Verhältnis beider Herren nicht das beste ist."[3] Auch zwischen dem Architekten Emschermann und dem Phoenix kommt es zu andauernden Differenzen, vor allem über die Höhe des Honorars. Wenige Monate später beendet der Phoenix die Zusammenarbeit; ausgeführt werden schließlich nur 36 Wohnungen.

Bereits 1921 arbeitet Fritz Schupp mit seinem Studienfreund Martin Kremmer gemeinsam an Projekten, ihre Bürogemeinschaft besteht ab 1922. Neben dem Essener Büro eröffnen die Architekten ein weiteres Architekturbüro in Berlin, weshalb Fritz Schupp in den Landesbezirks Brandenburg des Bundes Deutscher Architekten wechselt, dem er seit 1920 angehört. In einem Fragebogen für die Archivkartothek dieses Bezirks mit Eingangsstempel vom 29. Juli 1930 benennt Fritz Schupp neben den Industriebauten im Ruhrgebiet und den beiden Berliner Kirchen insgesamt elf Standorte der nach seinen Entwürfen ausgeführten Sied-

lungen: „Gelsenkirche[n], [Herne-]Wanne, [Herne-]Röhlinghausen, [Bochum-]Dahlhausen, [Essen-]Schonnebeck, [Essen-]Katernberg, Gladbeck[-Butendorf], [Dortmund-]Bra[c]kel, [Bochum-]Wattenscheid,[Essen-]Stoppenberg, [Gelsenkirchen-]Horst."[4] Belegt ist außerdem der Bau von zehn Wohnungen in Hattingen zwischen 1921 und 1923 in Zusammenarbeit mit dem Architekten Wink im Auftrag der Essener Treuhandstelle für Bergmannswohnstätten im rheinisch-westfälischen Steinkohlenbezirk GmbH.[5] Hieraus folgt, daß Schupp und Kremmer in den 1920er Jahren maßgeblich am Siedlungsbau des Ruhrgebiets beteiligt sind. Je zwei dieser Arbeiter- und Angestelltensiedlungen werden an dieser Stelle exemplarisch vorgestellt:

Die Siedlung „Am Knie" in Dortmund-Neuasseln

Bei der ab 1922 entstehenden Siedlung für die leitenden Angestellten der Zeche Schleswig handelt es sich um den ersten ausgeführten Siedlungsentwurf der neugegründeten Arbeitsgemeinschaft Schupp und Kremmer. Auftraggeber ist die Gelsenkirchener Bergwerksverwaltung der Phoenix AG für Bergbau und Hüttenbetrieb. In deren Besitz befinden sich sowohl die Zeche, als auch das in unmittelbarer Nähe gelegene Flurstück, auf dem die Wohnhäuser errichtet werden. Am 1. September 1922 beantragt der Phoenix die Genehmigung der Siedlung „die in architektonischer Hinsicht befriedigen wird", bestehend aus insgesamt 21 „Beamten- und Arbeiterwohnungen" bei der Baupolizei der Stadt Dortmund, „um in etwa der Wohnungsnot mit abzuhelfen."[6] Die anspruchsvolle Anlage und Gestaltung der Siedlung läßt jedoch darauf schließen, daß hier nicht der Wohnungsnot der Arbeiter abgeholfen werden sollte, sondern ausschließlich die leitenden Angestellten repräsentativ und unternehmensnah untergebracht wurden. Es entstehen neun zweigeschossige Baukörper entlang der neu angelegten Straße „Am Knie" und um eine etwa quadratische Platzanlage von 32 x 37 Metern herum. Der Zugang erfolgt von Osten, wobei die ersten beiden gegenüberliegenden Doppelhäuser die Eingangssituation durch polygonale Erker betonen. Entlang der leicht gekrümmten Straße folgen mit großem

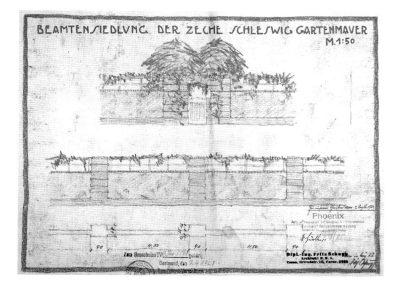

Abb. 2: Fritz Schupp und Martin Kremmer, Angestelltensiedlung „Am Knie", Dortmund, 1922, Detail Einfriedung

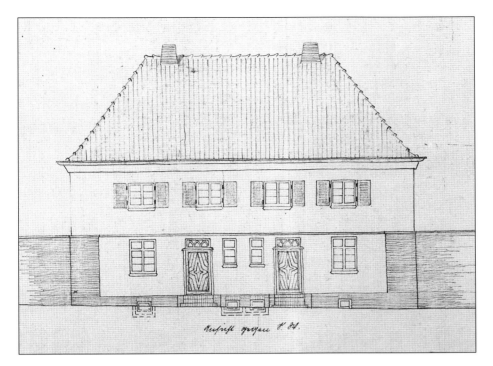

Abb. 3: Fritz Schupp und Martin Kremmer, Angestelltensiedlung „Am Knie", Dortmund, 1922, Ansicht Doppelhaus

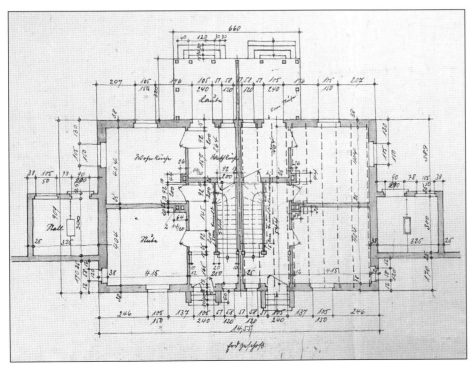

Abb. 4: Fritz Schupp und Martin Kremmer, Angestelltensiedlung „Am Knie", Dortmund, 1922, Erdgeschoßgrundriß Doppelhaus

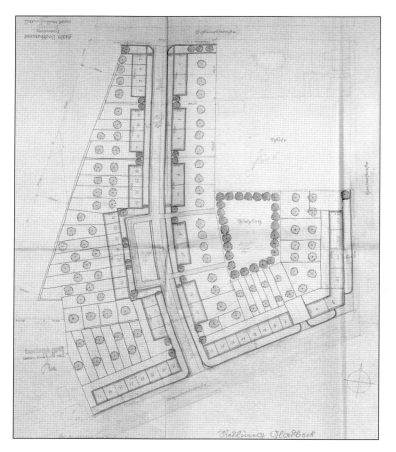

Abb. 5: Fritz Schupp und Martin Kremmer, Arbeitersiedlung Glückaufstraße, Gladbeck, 1929, Lageplan

Abb. 6: Arbeitersiedlung Glückaufstraße, Gladbeck, um 1930 (Photograph unbekannt)

Gebäudeabstand zwei weitere Doppelhäuser, wonach durch zwei einzelne symmetrisch angeordnete Häuser quadratischen Grundrisses eine zweite Eingangssituation vor der Platzanlage inszeniert wird. Flankiert wird der Platz von je vier Einfamilienreihenhäusern rechts und links, während die Stirnseite mit einer Dreierreihe bebaut wird. Dessen mittenzentriertes Eingangsportal tritt aufgrund seiner Funktion als Fluchtpunkt der Symmetrieachse durch seine aufwendigere Gestaltung hervor. Ansonsten weisen die mit Walmdächern ausgestatteten Gebäude eine sparsame Gliederung auf. Auffallend ist die symmetrische Anordnung der Sprossenfenster mit Klappläden und der durch zum Teil expressionistische Ornamente verzierten Haustüren. Gemeinsames Gestaltungsmerkmal aller ansonsten verputzten Fassaden ist ein umlaufendes Band aus einer Ziegelsteinreihe zwischen Erd- und Obergeschoß. Dazu akzentuieren die in Ziegelmauerwerk ausgeführten Sockelzonen und Türumrahmungen die Fassaden in expressionistischem Stil. Die Wohnungen selbst sind großzügig geschnitten und enthalten in der Regel neben Wohnküche, Waschküche und Bad drei Zimmer und eine Kammer. Alle Gebäude sind fast vollständig unterkellert. In den großen Nutzgärten befinden sich Ställe zur Haltung von Kleinvieh, die eine teilweise Selbstversorgung der Bewohner ermöglicht. Begrenzt werden die Gärten zur Straße hin von halbhohen, im Bereich des Platzes geschoßhohen Mauern mit eingesetztem Geländer, teils verputzt und teils in Ziegelmauerwerk ausgeführt. Entlang der Straße springen diese Mauern hinter den Gebäudefronten zurück; dort sind ihnen Rasenbänder als weiteres Gestaltungs- und Gliederungsmerkmal vorgelagert. Bemerkenswert ist an dieser Siedlung vor allem die hohe städtebauliche Qualität sowie die Eigenständigkeit und Abgeschlossenheit des Entwurfs. Gerade dieses frühe Wohnungsbauprojekt ist auch für die Bewertung des Gesamtwerkes von Schupp und Kremmer von besonderer Wichtigkeit. Hier nutzen sie erstmals die Chance, alle Baumassen konsequent nach den Gestaltungsprinzipien von Axialität und Symmetrie anzuordnen. Im Industriebau ergibt sich diese Möglichkeit für sie erst Jahre später. Seit 1989 befindet sich die Siedlung „Am Knie" als ein „sehr bedeutendes Beispiel der Siedlungsarchitektur Anfang der 1920er Jahre" auf der Denkmalliste der Stadt Dortmund. Dabei wird von Seiten der Denkmalpflege die Bedeutung des historischen Gesamtzusammenhangs von Denkmalobjekten, Einfriedung und Wegeführung besonders hervorgehoben.

Die Siedlung „Glückaufstraße" in Gladbeck-Butendorf

Im April 1928 tritt die Dortmunder Ruhrwohnungsbau AG an den Oberbürgermeister der Stadt Gladbeck heran, um die Verhandlungen über den Neubau von 100 bis 125 Arbeiterwohnungen in der Nähe der Zeche Graf Moltke in Gladbeck zu konkretisieren. Sie beauftragt die Ruhrbauabteilung der Westfälischen Heimstätte und der Rheinischen Wohnungsfürsorgegesellschaft mit der Durchführung des Bauvorhabens. Für die Ruhrwohnungsbau AG handelt der Bürovorsteher Oskar Dietrich, der dazu im Juli 1928 vom Vorstand, darunter Baudirektor Helmuth von Stegemann und Stein, bevollmächtigt wird. Mehrere Bebauungsvorschläge finden keinen Gefallen. Diverse stark unterschiedliche Lageplanvarianten werden verworfen. Im August 1928 wird darüber mit dem Präsidenten des Siedlungsverbandes Ruhrkohlenbezirk, Dr. Robert Schmidt verhandelt, der sich bei der Gestaltung des Bauvorhabens „als Hauptgeldgeber ausschlagende Mitwirkung vorbehalten hat."[7] Die Stadtverwaltung Gladbeck beschließt, einen neuen Plan aufstellen zu lassen, der im Oktober 1928 vom Büro Schupp und Kremmer vorgelegt wird. Dieser gelangt auch zur Ausführung. Er sieht insgesamt 152 Wohnungen vor, verteilt auf eine zweistöckige Bebauung entlang der Diepenbrockstraße und der neuen Glückaufstraße. Dreistöckig wir nur entlang der Horster Straße gebaut; diese Häuser nehmen im Erdgeschoß zwei Ladenlokale auf. Die Baukörper sind weitestgehend standardisiert. Zur Ausführung kommen vor allem Vierfamilienhäuser in der Bauform „Paarruhr" und Sechsfamilienhäuser vom Typ „Drittruhr". Dabei sind die Baukörper in langgestreckten Riegeln zusammengefaßt, bestehend aus bis zu acht Einzelhäusern. Ungefähr auf halber Länge der Glückaufstraße ist einer dieser Riegel um eine Gebäudetiefe nach Westen hin zurückversetzt. Dadurch entsteht als Siedlungsmittelpunkt ein rechteckiger Platz, der durch eine baumlose Rasenfläche begrünt ist. Die Freiflächen sind sorgfältig zoniert: Rasenbänder vor den Häusern trennen den halböffentlichen vom öffentlichen Bereich ab. Sie werden durch niedrige Ziegelmauern mit aufgesetztem Geländer eingefasst. Baumpaare in den Durchgängen zwischen den Gebäuden markieren den Übergang vom halböffentlichen zum halbprivaten Bereich der dahinter liegenden Nutzgärten. Die Erdgeschosse der mit Satteldächern ausgestatteten Häuser bestehen aus sichtbarem Ziegelmauerwerk, die Obergeschosse sind verputzt. Daneben werden die Fassaden durch die Anordnung der leicht zurückspringenden Öffnungen streng gegliedert: Über den mit expressionistischen Ziegelelementen gerahmten Haustüren

Abb. 7: Arbeitersiedlung Glückaufstraße, Gladbeck, um 1930 (Photograph unbekannt)

befinden sich hochrechteckige Treppenhausfenster, die an den Kanten der Gebäuderiegel besonders auffällig hervortreten. Zu beiden Seiten unterstreichen symmetrisch gesetzte Gruppen aus jeweils drei Fenstern die Klarheit des Ausdrucks.

Die Belegungssituation ummittelbar nach der Fertigstellung der Siedlung gibt Aufschluß über die desolate soziale Situation der Bergarbeiter kurz vor dem Ende der Weimarer Republik. Im Juli 1931 stehen trotz der anhaltenden Wohnungsnot 63 Wohnungen aufgrund von zu hohen Mieten leer. Wegen

7: Bauakten der Stadt Gladbeck, Glückaufstraße 1-48, Bd.1

Abb. 8: Fritz Schupp und Martin Kremmer, Arbeitersiedlung Glückaufstraße, Gladbeck, 1929, Ansicht des dreigeschossigen Haustyps F6

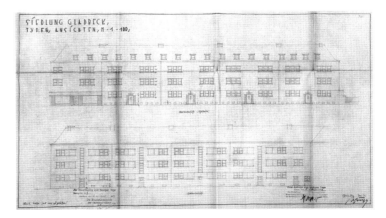

8 Bauakten der Stadt Essen, Heinrich-Lersch-Straße 21-27

9 Irrtümlich Fritz Schupp und Martin Kremmer zugeschrieben bei Roland Günter: Besichtigung unseres Zeitalters, Industriekultur in Nordrhein-Westfalen, Essen 2001, S. 120 u.a. Der Wohnhof mit Torbau am Heinrich-Lersch-Platz entstand bereits 1922/24 nach Entwürfen des Essener Architekten P. Horrix im Auftrag der Bergmannssiedlung Essen-Nord GmbH.

Abb. 9: Fritz Schupp und Martin Kremmer, Siedlung Distelbeckhof, Essen, 1928, Lageplan

Abb. 10: Fritz Schupp und Martin Kremmer, Siedlung Distelbeckhof, Essen, 1928, Ansicht

der hohen Arbeitslosigkeit, der real stark gesunkenen und immer weiter sinkenden Löhne und der Feierschichten im Bergbau können immer weniger Bewohner ihre Miete zahlen. 40 rechtskräftige Räumungsurteile liegen gegen die Mieter vor, zahlreiche Familien, insbesondere Kinderreiche, sind auf die Unterstützung der Stadt angewiesen.

Die Arbeitersiedlung „Glückaufstraße" war in das Verzeichnis des denkmalwerten Kulturguts der Stadt Gladbeck eingetragen. Das Westfälische Amt für Denkmalpflege in Münster kann jedoch nach der umfangreichen Sanierung Ende der 1990er Jahre, die im Auftrag der Wohnungsbaugesellschaft durchgeführt wurde, nunmehr keinen Denkmalwert mehr feststellen.

Die Siedlung „Distelbeckhof" in Essen-Katernberg

1928 beabsichtigt die Ruhrwohnungsbau AG den Bau von 96 neuen Wohnungen. Sie erwirbt dazu von der Vereinigten Stahlwerke AG ein Grundstück in Katernberg, nicht weit von der im Bau befindlichen Großschachtanlage Zollverein 12 und beauftragt die Ruhrbauabteilung. Diese bedient sich ihrerseits der Dortmunder Glückaufbau AG für die Durchführung des Bauvorhabens. Im Januar 1929 wird der Antrag auf eine Baugenehmigung noch einmal um 20 Wohnungen in Stahlhäusern erweitert.[8] Der zur Ausführung kommende Lageplanentwurf stammt vom Büro Schupp und Kremmer. Er sieht vor, daß entlang der Straße Distelbeckhof acht zweistöckige Vierfamilienhäuser mit größeren Gebäudeabständen und an der Ecke Freiligrathstraße

ein langgestreckter Riegel als Randbebauung entstehen. Entlang der Graudenzstraße ist die Verdichtung höher: Hier entstehen vier zweistöckige Baukörper à vier Häuser. Die 20 Einfamilienhäuser aus Stahl, ein Experiment, welches in den 1920er Jahren an mehreren Stellen im Ruhrgebiet durchgeführt wird, werden entlang der Dirschaustraße gebaut. Allerdings stammt der Entwurf für die Stahlhäuser nicht von Schupp und Kremmer. Folgt man der Dirschaustraße bis an ihr südliches Ende, gelangt man durch einen Torbau, der einen massiven langgestreckten Wohnblock durchschneidet, zum Heinrich-Lersch-Platz. Auch dieser Wohnblock, auf den sich die Dirschaustraße räumlich bezieht, ist kein Entwurf der Architekten Schupp und Kremmer, sondern gehörte bereits zum Bestand.[9] Vielmehr sind die Arbeiterwohnhäuser von Schupp und Kremmer bis auf geringfügige Variationen identisch mit den beispielsweise in Gladbeck-Butendorf zur Ausführung gekommenen Wohnungen. Auch hier sind die Erdgeschosse mit Ziegelmauerwerk verkleidet und die Obergeschosse verputzt. An den Gebäudekanten stehen die Ziegel in Form

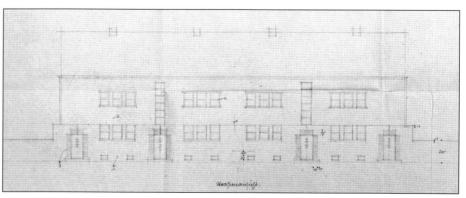

von abgestuften Mauern über, gliedern so den Zugangsbereich an den Seiten der Häuser und grenzen ihn gegen die Straßenfront ab. Die Treppenhäuser werden durch die auffälligen hochrechteckigen Fenster über den Haustüren großzügig belichtet. Die klare und zurückhaltende Gliederung der Baukörper bei weitgehendem Verzicht auf Ornamente sowie die starke Betonung ihres seriellen Charakters sind insgesamt kennzeichnend für den Wohnungsbau Schupps und Kremmers in den 1920er Jahren.

Die Siedlung „Zum Bauverein" in Gelsenkirchen-Horst

Die Gruppe Gelsenkirchen der Vereinigten Stahlwerke AG, Abteilung Bergbau, läßt in un-

Abb. 11: Fritz Schupp und Martin Kremmer, Siedlung „Zum Bauverein", Gelsenkirchen, 1929, Ansicht

Abb. 12: Fritz Schupp und Martin Kremmer, Siedlung „Zum Bauverein", Gelsenkirchen, 1929, Grundriß

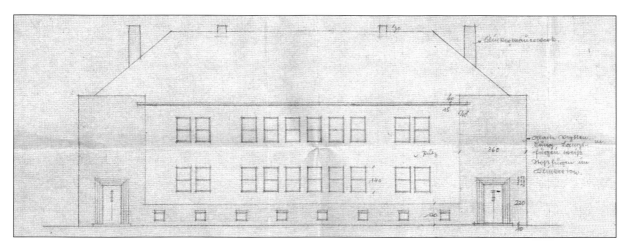

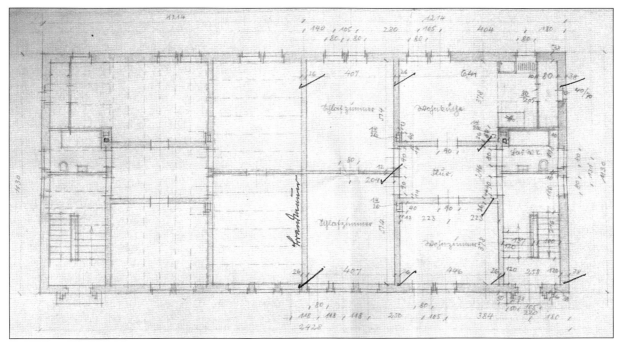

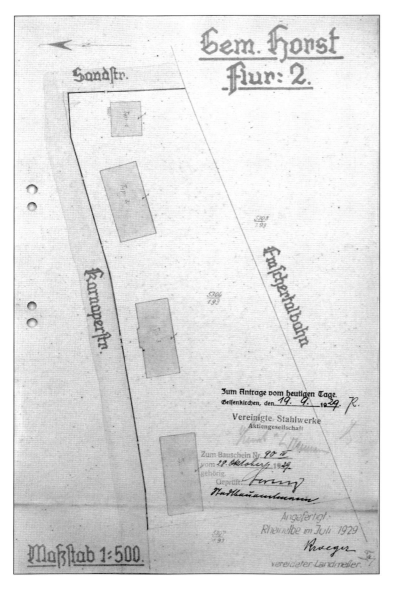

Abb. 13: Vereinigte Stahlwerke AG, Siedlung „Zum Bauverein", Gelsenkirchen, 1929, Lageplan

mittelbarer Nähe zu ihrer Zeche Nordstern ab 1929 insgesamt 13 neue Beamtenwohnungen errichten. Die Entwürfe stammen von Fritz Schupp und Martin Kremmer, die vier Baukörper entlang der Straße „Zum Bauverein" anordnen. An der Ecke Sandstraße entsteht ein Einfamilienhaus, darauf folgen in südlicher Richtung drei Doppelwohnhäuser für jeweils vier Familien. Alle haben Walmdächer. Die Gestaltung ist wiederum sehr stark an die bereits zuvor an anderen Orten ausgeführten Entwürfe angelehnt. Insbesondere das Stilmittel, die Fassaden der Erdgeschosse von den geputzten Fassaden der Obergeschosse abzusetzen, gelangt auch hier bei dem Einzelhaus und dem mittleren der Doppelhäuser zur Ausführung. Bei letzterem sind die Hauseingänge in der Gebäudemitte zentriert. Als Variation dazu sind bei dem ersten und dritten Doppelhaus die Treppenhäuser nach außen versetzt. Gestalterisch wird dies an der Fassade hervorgehoben, indem die Ziegel im Treppenbereich über die Dachkante hinaus aufgemauert sind. Damit werden zwei die Vertikale betonenden Elemente eingeführt. Der innenliegende Fassadenteil ist im Gegensatz dazu bis auf einen schmalen Ziegelsockel verputzt, wodurch eine horizontale Betonung eintritt. Durch die Verbindung beider Elemente erreichen Schupp und Kremmer eine sehr ausgewogene Proportionalität des Baukörpers.

Christian Welzbacher

Der Sakralbau im Zeitalter seiner technischen Reproduzierbarkeit.
Die Kirchen der Arbeitsgemeinschaft Schupp und Kremmer

Es gehörte fraglos zu den nobelsten Aufgaben der Moderne, eine neue Architekturauffassung aus den veränderten Konstruktionsmöglichkeiten durch Baustoffe wie Eisen, Beton, Glas und Ziegel herzuleiten. Was im Industriebau möglich, das konnte, so die Meinung entscheidender Impulsgeber einer neuen Architektur, auch für andere Bauaufgaben gelten. „Die Kunst war von jeher ein Spiegel ihrer Zeit und vorahnender Ausdruck ihrer zukunftsbildenden Prägung. So auch heute. (...) Wir sehen, daß auf allen Gebieten, in Wissenschaft, Politik, Wirtschaft, Kunst oder Religion alles in Bewegung ist. Überall gärt es, überall ist ein neues Werden im Entstehen; ja wir stehen bereits mitten drin in der Gestaltung des Neuen", rief 1930 Hans Herkommer in einem grundlegenden Text zum Sakralbau aus und fragte: „Der architektonische Ausdruck der Gegenwart, des Zeitalters der Technik, erfolgt nur im Industriebau. Hier finden sich Raumschöpfungen von nie gekannten Ausmaßen, von stärkster eigentümlicher Ausdruckskraft. Warum nicht im gleichen Sinne ohne falsche Pathetik auch moderne Kirchenbauten?"[1] Doch obwohl die beiden Kirchen im Industriezeitalter, besonders in den rasch wachsenden Großstädten, eine grundsätzliche sozialpolitische Wandlung durchmachen mußten und sich neuen seelsorgerischen Dimensionen gegenübersahen, fiel es der Institution und den beauftragten Architekten gleichermaßen schwer, mit einer jahrhundertealten Tradition zu brechen.[2] Fast alle Texte, die sich in den 1920er Jahren mit den formalen Möglichkeiten eines zeitgemäßen Sakralbaus beschäftigten, thematisierten daher das Dilemma zwischen Beharren und Aufbruch, das deutlich größer war, als bei allen anderen Bauaufgaben.[3]

Trotz einer breiten Ablehnung des Historismus war der Weg in eine erneuerte Sakralarchitektur uneindeutig und von verschiedenen Beweggründen bestimmt: neben der architekturimmanenten Frage nach den veränderten Baumaterialien und Produktionsmethoden und den sozialpolitischen Aspekten wurden auch liturgische Argumente vorgetragen, die eine formale Erneuerung des Kirchenbaus zu rechtfertigen schienen. Im Gegensatz zu der relativ spät, etwa um die Wende zum 20. Jahrhundert, ansetzenden Kritik der „Liturgischen Bewegung" am katholischen Sakralbau[4] hatte sich die protestantische Kirche seit ihrer Entstehung mit der Bauaufgabe „Gotteshaus" bewußt auseinandergesetzt – allerdings ohne verbindliche Ergebnisse. Ab der Mitte des 19. Jahrhunderts, im Zeitalter der Vereinsgründungen, wurden die Form-, Organisations- und Stilprobleme dann institutionalisiert und auf regelmäßigen Symposien

1 Hans Herkommer: Kirchliche Kunst der Gegenwart. In: Deutsche Bauten 1930. Sammelband. Stuttgart, 1930, S. 5 und 6.

2 Hierzu etwa das Kapitel „Bewahrung und Fortschritt" im Band von Richard Biedrzynski: Kirchen unserer Zeit. München, 1958, S. 86-88.

3 Beispielsweise das Vorwort von Kurt Wilhelm-Kästner zum Band der Reihe Neue Werkkunst über Fritz Schupp und Martin Kremmer, Berlin, Leipzig, Wien, 1930.

4 Als wichtige Schrift zur Erneuerung des katholischen Sakralbaus, die auch auf den Protestantismus ausstrahlte, gilt Johannes van Acken: Christozentrische Kirchenkunst. Ein Entwurf zum liturgischen Gesamtkunstwerk. Gladbeck, 1923.

Abb. 1: Friedenskirche Berlin-Niederschöneweide, Innenraum (Photograph: Max Krajewsky)

Abb. 2: Die Grundrisse der Gustav-Adolf-Kirche, Berlin und die Lutherkirche, Erfurt

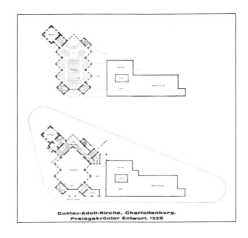

5 s.a. Hanns Christof Brennecke: Protestantischer Kirchenbau an der Wende zum 20. Jahrhundert. In: Klaus Raschzok und Reiner Sörries (Hrsg.): Geschichte des protestantischen Kirchenbaus, Erlangen, 1994.

6 Friedrich Seesselberg: Die kirchliche Baukunst als neuzeitliches Problem. Antrittsrede in der evangelisch-theologischen Fakultät der Friedrich-Wilhelms-Universität Berlin. Berlin, 1934, S. 39

Abb. 4: Evangelische Kirche Berlin-Dahlem

zwischen Theologen und Architekten diskutiert.⁵ Das berühmte „Eisenacher Regulativ" (1861) stand am Beginn dieser Vereinheitlichungsversuche, nach der Verabschiedung des sogenannten „Wiesbadener Programms" (1891) folgten bis zum Ersten Weltkrieg noch zahlreiche weitere Kongresse. Über fünfzig Jahre hinweg wurden die Stilfragen des Historismus diskutiert, dessen Formenrepertoire zugleich immer als politisches Bekenntnis zu einer bestimmten Epoche und ihrem Glaubensverständnis interpretiert wurde. Fast wichtiger noch aber war der Raum der Kirche und die Anordnung von Altar, Kanzel und Orgel, die sich aus der verschieden beurteilten Bedeutung von Predigt und Heilsgeschehen innerhalb des Gottesdienstes herleiten ließ.

Der Architekt und Theoretiker Otto Bartning faßte 1919 in seiner im Berliner Cassirer-Verlag erschienenen Schrift „Vom neuen Kirchbau" diese zentralen Fragen zusammen und destillierte aus der protestantischen Baugeschichte und Theologie zwei sich widersprechende (Raum-) Konzepte: eine nüchterne Predigtkirche, in deren Mittelpunkt die Kanzel steht, und ein stimmungsvoller Feierraum, in dem die mystischen Elemente des Abendmahls hervorgehoben werden und der Altar eine herausragende Stellung bekommt. Beide Pole versuchte Bartning zu vereinen, denn – so argumentierte der Theologe Friedrich Seesselberg 1934 an der Berliner Friedrich-Wilhelm-Universität: „[...] es ist nicht zutreffend, daß das Sakrale nur am Abendmahl hafte, der Predigt aber fehle;

man vergegenwärtige sich eine von tiefer Heiligkeit durchströmte Bergpredigt Christi selbst. Predigten in einem nur intellektuellen Fürsichsein sind Halbheiten; es ist vielmehr quasi eine künstlerische Aufgabe des Predigers, Gedankliches und Gefühlsmäßiges zusammenzuschweißen. Predigt und Liturgie sollen keineswegs auseinanderfallen; eine besondere, der Verzückung gewidmete Feierkirche, aus der man den Kanzelredner als Verkündiger des Evangeliums verbannen wollte, wäre ein harter Widerspruch gegen den evangelischen Geist."⁶

Bartnings erster Versuch, die beiden theologischen, typologischen und charakterlichen Extreme in einem baulichen Entwurf zusammenzufassen, war ein vieleckiger Zentralbau mit dem programmatischen Namen „Sternkirche" von 1919. Die Kanzel, von der aus das Evangelium gepredigt werden sollte, stellte Bartning in den Mittelpunkt des Raumes und arrangierte das Gestühl kreisförmig darum. Ein Kreissegment dieser Predigtkirche war ausgespart: in diesem Feierkirche genannten Teil des Baus sollte, leicht erhöht und gut sichtbar, der Altar aufgestellt werden. Bartning ließ gleich zwei – heute in Berlin und Darmstadt aufbewahrte – Modelle von seinem Projekt anfertigen, um Raumwirkung und Sichtverhältnisse zu prüfen. Da ein Auftrag seitens einer Gemeinde nicht vorlag, kann die Sternkirche zu den großen Architekturvisionen des Expressionismus gezählt werden und als eines der Schlüsselwerke für den protestantischen Kirchenbau

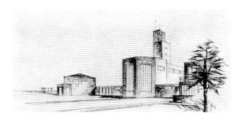

der Moderne gelten. Der gesamte (Doppel-) Raum sollte von einer komplizierten, sich gegenseitig durchdringenden, organisch emporwachsenden und sich von außen nach innen immer höherstaffelnden Pfeiler- und Gewölberippenstruktur überfangen werden, eine vage Anlehnung an spätmittelalterliche Architektur, die hier in Gotizismen anklingt.

Die im Vergleich zur mächtig aufgetürmten schuppigen Dachpyramide äußerst dünnen Tragewerkspfeiler im Inneren lassen auf Eisen oder Beton als Baumaterial schließen. Die organischen Formen, die Bartning wählte und mit gotisierenden Motiven verband, resultiert vielleicht aus seiner Kenntnis der Pariser Kirche St. Jean de Montmartre (1894 – 1904 von Anatole de Baudot), in der gotische Formen mit Eisenträgern nachgebildet werden – einem der frühesten Beispiele für die Veränderung der Bauauffassung durch die Konstruktionsweise im Sakralbau.

Beim ersten großen protestantischen Kirchenbauwettbewerb in Berlin nach dem Ersten Weltkrieg, der über die Errichtung der Gustav-Adolph-Kirche in Charlottenburg entscheiden sollte, standen die Forderungen nach einer Erneuerung des evangelischen Raumes und der Bauaufgabe „Sakralbau" nach wie vor auf der Tagesordnung. „Man war sehr gespannt auf die äußere und innere Formensprache, warten doch manche naive Kreise immer noch auf den Apostel, der für den evangelischen Kirchenraum die große ersehnte Lösung bringt",[7] kommentierte das Zentralblatt der Bauverwaltung und spielte damit ironisch auf die end- und ergebnislosen Diskussionen der Protestanten an. Doch statt einer Lösung der äußeren und inneren Formensprache des protestantischen Sakralbaus, des Verhältnisses von Form zu Inhalt, von Baustil und Raumordnung, sollte der Wettbewerb die Probleme nur noch einmal unterstreichen: unter den 123 Teilnehmern, die Ende 1924 ihre Vorschläge einreichten, waren kaum nennenswerte Innovationen zu verzeichnen – und wenn, wurden sie von der Jury ignoriert. Nur zu deutlich spiegelte sich das uneinheitliche Bild der protestantischen Kirchenarchitektur in den eingereichten Arbeiten wieder:[8] Längsgerichtete Kirchen wurden genauso vorgeschlagen wie Zentralbauten; Predigtkirchen ebenso wie Stimmungsräume; Orgel, Kanzel und Altar waren bisweilen zu einer Gruppe zusammengefaßt, mal war das Instrument über dem Eingang plaziert und mal war auch die Einheit von Kanzel und Altar zerrissen; stilistisch rangierte die Bandbreite von Neuromanik und Neugotik über den in der Vorkriegszeit modischen Neobarock bis hin zu zaghaften Versuchen, modische Expressionismen einzuarbeiten.

Otto Bartning hingegen, dessen Entwurf nicht weiter berücksichtigt wurde und erst in der Folgezeit durch Diskussionen zu Berühmtheit gelangte, variierte den in der Sternkirche angedachten integrativen Gedanken von Predigt- und Feierraum auf parabelförmigem Grundriß. Erhöht im Bogenscheitel sollte der Altar stehen, in der Achse dazu, näher an die Gemeinde herangerückt und gut sichtbar, die Kanzel. Der räumliche Einschub in Form eines Tortenstücks, dessen sich Bartning noch zwei Jahre vorher bemüht hatte, ist nun zugunsten größerer räumlicher

Abb. 6: Gustav-Adolf-Kirche, Berlin-Charlottenburg, Kohlezeichnung

Einheit aufgehoben, im gelängten Saalraum führten die Fluchtlinien ohne störende Pfeiler auf Altar und Kanzel zu. Überwölbt werden sollte dieser „zugespitzte" Raum von einem – erneut in gotisierernden Formen gehaltenen – Baldachin.[9]

Unter den drei Ankäufen und drei Preisen, die die Jury trotz der angebrachten Skepsis vergab, verdient aus heutiger Sicht auch das Projekt des dritten Preisträgers erhöhte Aufmerksamkeit. Als einer der wenigen Teilnehmer schien sich der Planer des Projektes „Ohne Pfeiler", Gedanken über die Erneuerungsmöglichkeiten des protestantischen Sakralbaus gemacht zu haben und sandte einen dezidiert zeitgemäßen Entwurf ein, der

[7] Zentralblatt der Bauverwaltung Nr. 16, 22. April 1925, 45. Jg., S. 183.

[8] Die Aufzeichnungen des am 25. Januar 1925 zusammengekommenen Gremiums befinden sich im Archiv der Kirche. Die Beiträge des Wettbewerbs richteten ihren Blick vor allem auf die Lösung verkehrstechnischer Fragen des schwierigen, für einen Kirchenbau kaum geeigneten Bauterrains auf dem heutigen Mierendorfplatz, dem damaligen Gustav-Adolf-Platz.

[9] Durch den Ankauf des neuen Grundstücks an der Brahestraße (1928/30) wurden schließlich die städtebaulichen Probleme aus dem Weg geräumt. Otto Bartning, Außenseiter beim Wettbewerb, konnte von 1932-34 an der neuen Stelle eine Kirche auf fächerförmigem Grundriß errichten.

10 Der Entwurf wird im Band der Reihe Neue Werkkunst, zit. in Anm. 3, S. 16, als „Wohnhaus eines Bauingenieurs" angegeben und mit 1926 datiert. Vergleichbare Grundrissexperimente finden sich bereits bei Walter Gropius und Adolf Meyers unausgeführtem Haus Kallenbach (1921) oder Otto Bartnings realisiertem Haus Wylerberg (1920-24).

11 Wolfgang Pehnt nannte diese popularisierte Form des expressionistischen Vokabulars pejorativ „Dreiecksmoderne" und versagte ihr damit einen eigenen Stellenwert, ohne die zahlreichen Beispiele im einzelnen zu diskutieren und die Unterschiede herauszuarbeiten. Versucht hat dies hingegen Catharina Berents: Art déco in Deutschland. Das moderne Ornament. Frankfurt am Main, 1998.

Abb. 7: Friedenskirche Berlin-Niederschöneweide (Photograph: Max Krajewsky)

zugleich seine Visitenkarte werden sollte: der junge Dahlemer Architekt Martin Kremmer. Sein geometrisch angeordneter Bau besteht im Grundriß aus drei übereck gestellten und ineinandergeschobenen Quadraten. Auf diese Weise sollte eine für den Eintretenden dramatisch gezackte, längsrechteckige Raumform entstehen, die sich in Richtung Altar mehrfach weitet und engt, wobei die einfache Saalkirche beinahe dreischiffige Wirkung entfaltet hätte. Die schroff vorstoßenden Ecken sollten gleichzeitig den Schub aufnehmen, der von einem vielfach zerklüfteten Gewölbenetz abgeleitet werden mußte, das den Innenraum überspannt hätte. Das im Grundriß angelegte Zickzackmotiv und die scharfkantigen Gotizismen deklinierte Kremmer bis ins Detail durch: Statt eines Triumphbogens sind Altar- und Gemeinderaum durch einen dreieckigen Einschnitt in die tief heruntergezogene Gewölbestruktur verbunden; am – wahrscheinlich in Backstein gedachten – Außenbau dominieren schlanke Fensterschlitze, die dreieckig enden; ein umlaufendes, ausgestelltes Traufgesims ist zickzackförmig abgesetzt. Auch die in Kohle ausgeführte Präsentationszeichnung unterstreicht die emotionsgeladen-expressionistische Haltung des Entwurfs, der kräftige Strich läßt die achsialsymmetrische Innenansicht des Bauwerks im kontrastreichen Chiaroscuro fast ertrinken; gleißende Lichtbündel brechen durch die Fenster, als seien davor Punktstrahler aufgestellt worden. Der Außenbau stößt, angeschnitten auf der rechts vorne liegenden Eingangsseite, diagonal in den Bildraum hinein, effektvoll eingerahmt vom verdunkelten Himmel und dem Schlagschatten eines gegenüberliegenden Hauses, der kräftigschwarz das Pflaster der Straße verfinstert. Auf diese Weise klingen die Strahlenkränze nach, die Bruno Tauts visionäre Bauwerke umgaben und die auratische Kraft der dargestellten profanen Weihetempel und Stadtkronen andeuten sollten, die hier auf einen christlichen Sakralbau übertragen wird.

Die räumliche Anordnung war, neben dem ernstzunehmenden Versuch, einen zeitgenössischen Ausdruck für den Kirchenbau zu finden, durchaus auch ein Modethema, das in verschiedenen Baugattungen Anwendung fand. Nicht nur Schupp und Kremmer experimentierten zeitgleich mit übereck gestellten

Räumen auch im Wohnhausbau, dies hatten kurz vorher auch andere Architekten getan.[10] Um die Mitte der 1920er Jahre gehörten kristalline Formen – im Dekor der Innenräume, bei der Versatztechnik der Ziegel, einzelnen Baugliedern wie Erker oder Balkon, im Grundriß – zum festen Repertoire der Architekten,[11] oft jedoch um den Preis des Funktionalen und Praktischen. So scheint Martin Kremmers Entwurf für die Gustav-Adolf-Kirche zwar durch den Grundriß, seinem Motto „Ohne Pfeiler" gemäß, auf den ersten Blick eine der wichtigen Forderungen des modernen Kirchenbaus zu lösen: indem tektonisch-konstruktive Glieder aus dem Raum ausgeklammert bzw. in das Wandsystem integriert werden, erscheint es zunächst so, als würden sichteinschränkende Pfeiler vermieden. Aus der Grundrißzeichnung und der Anordnung des Gestühls wird jedoch

deutlich, daß die Gemeindemitglieder in den hinteren Seitenräumen keine Sicht auf die Kanzel gehabt hätten, obwohl diese in der Achse der Apsis einen prominenten, weit vorgeschobenen Platz einnehmen sollte. So dominieren in Martin Kremmers erstem Entwurf die routiniert vorgetragenen Effekte des Stimmungsraums deutlich über den Zweck.

Der unerwartete Erfolg aber hatte den Architekten offensichtlich veranlaßt, den Beitrag umzuarbeiten und außerhalb der Hauptstadt noch einmal ins Rennen zu schicken. In diesen Planungen für die Luther-Kirche in Erfurt (1925/6) schien sich die Anordnung logisch aus dem Eckgrundstück zu ergeben.[12] Kremmer reduzierte die zusammengeschobenen Grundrißquadrate auf zwei und näherte den Raum durch die Proportionen einer zentralraumartigen Wirkung an. Kanzel und Altar, zusammengefaßt durch ein kreisrundes Podest, sind nun stärker in den Gemeinderaum integriert; die Sichtverhältnisse erscheinen viel günstiger, auch, wenn hier vier runde Stützen zum Einsatz kommen und der Gedanke des pfeilerlosen Raums wieder aufgegeben wird.

Als Martin Kremmer rund zwei Jahre nach dem Erfurter Entwurf den Wettbewerb für die Friedenskirche in Berlin-Niederschöneweide[13] gewinnen und seinen ersten Sakralbau verwirklichen konnte, schienen die ambitionierten Erneuerungsversuche des Grundrisses unwichtig geworden. Ob dies auf den Einfluß seines Partners Fritz Schupp zurückgeht, läßt sich aufgrund der vorhandenen Akten nicht klären. Die Entwürfe zur Friedenskirche im Archiv der Landeskirche Berlin Brandenburg sind jedoch die einzigen der überlieferten Sakralbaupläne, die von beiden Architekten gestempelt wurden – sämtliche anderen Pläne tragen alleinig den Stempel von Martin Kremmer. Zudem sind auch die vordergründigen Expressionismen von Kremmers früheren Projekten jetzt gedrosselt; lediglich das Baumaterial Klinker und einige Details – sägeblattartig hervortretende Steinlagen oder der abschließende Stufenfries am Turm – lassen noch auf diesen Einfluß schließen. Das Innere wird nicht durch eine kompliziert-konstruierte geometrische Verschränkung, sondern einen einfachen, längsrechteckigen Saalraum mit angestellter Apsis bestimmt.

Statt der Innovation schien es Schupp und Kremmer – vor allem im Außenbau – vielmehr um den Aspekt der Tradition zu gehen, die in den östlichen Vorort der Stadt importiert werden sollte. Der Bau, direkt an einer der Hauptausfallstraßen Berlins gelegen, reagiert daher auch nicht auf die damals vielbeschworene Dynamik des Verkehrs, sondern ruht wie eine Trutzburg abwehrend am Rande des Geschehens. Mit dem markanten westwerkartigen Turm lehnte sich der Entwurf an spätmittelalterliche Dorfkirchen der Mark Brandenburg an, „kam es uns doch darauf an, die Gebundenheit des evangelischen Kirchenbaus an die Überlieferung nicht zu verleugnen, sondern zu betonen, wenn auch in einer uns geläufigen Sprache".[14] Die drei schlank aufragenden Öffnungen des Eingangs, die über eine Freitreppe erreicht werden können, variieren ein Triumphbogenmotiv, das durch die Einbeziehung der mittleren Turmgeschosse in seiner Höhe den dahinterliegenden Kirchenraum weit überragt.

Das Innere des Baus stand in deutlichem Kontrast zur Fassade, wie sich aus der zeitgenössischen Beschreibung des Architekten entnehmen läßt: „Das Kirchenschiff ist sowohl nach seinem Aufbau wie nach seiner sichtbaren Erscheinung ein reiner Holzbau. Die tragenden Teile sind Holzbinder nach dem System Tuchscherer. Die Wandflächen des spitzbogenförmig gewölbten Raumes sind vom Fußboden bis zum Scheitelpunkt mit Sperrplatten bekleidet. Abgesehen von der künstlerischen Wirkung der Holzflächen" sei es vor allem der „außerordentlich geringe Preis gegenüber anderen Konstruktionsarten" gewesen, den die Architekten als Grund für die Verwendung anführen.[15] Hinzu kommt die Geschwindigkeit, in der ein solches Konstruktionssystem vor Ort errichtet werden kann. Daß sich der Bau dennoch zwischen der Grundsteinlegung am 11. November 1928 und der Weihe am 30. Mai 1930 in die Länge zog, war indes der angespannten finanziellen Lage der Gemeinde geschuldet.

Nicht allein das äußere Gepräge des Baus stellte, verglichen mit dem forschen Frühwerk von Gustav-Adolf und den virulenten Erneuerungsfragen des protestantischen

12 Der zwischen 1926 und 1927 ausgeführte Entwurf stammt von Peter Jürgensen, der gemeinsam mit Jürgen Bachmann mehrere Kirchenbauten zwischen 1909 und 1912 errichten konnte. Zum Erfurter Projekt: Jörg Behrens, Michael Mann und Birgitt Zimmermann (Hrsg.): Architektur in Erfurt, 1999, S. 35-36.

13 Zum Wettbewerb: Kirchenneubau in Berlin-Niederschöneweide, in: Die Baugilde, 10. Jahrgang, 1928, Nr. 1, S. 27-28. S.a. die Akten im Archiv der Landeskirche Berlin Brandenburg: LABB 14/6896.

14 Bauwelt, Heft 33, 1930, Beilage, S. 2. Der anonym veröffentlichte Text stammt wahrscheinlich von Kremmer selbst, der mehrfach für die Bauwelt schrieb.

15 Wie Anm. 14, S. 10.

16 Hierzu siehe Harold Hammer-Schenk: Kirchen zwischen 1919 und 1933, in: Berlin und seine Bauten, Teil VI, Sakralbauten. Berlin, 1997, S. 170.

17 Walter Gropius: Neues Bauen. In: Deutsche Bauzeitung, Heft 1/2, 1920, Beilage Der Holzbau, S. 5.

Abb. 9: Martin-Luther-Kirche, Berlin-Lichterfelde

Kirchenbaus, einen Rückschritt dar. Auch im Inneren bedienten sich Schupp und Kremmer einer Raumlösung, die gegen Ende der 1920er Jahre besonders für kleinere Kirchenbauten – beider Konfessionen – geradezu als Chiffre für „Kirche" und „Sakralraum" angewandt wurde, dennoch aber als rückständig einzustufen ist.

Die Gotizismen, die hier nicht als stilistische Dreingabe aufgesetzt sind, sondern ganz aus der Konstruktion resultieren, verwirklichte in Berlin zum ersten Mal der Architekt Werner Fahlbusch mit der katholischen Kirche St. Michael im Stadtteil Wannsee.[16] Lediglich in seinen Proportionen von den anderen Kirchen gleicher Bauart unterschieden, zeigte auch Fahlbuschs 1927 geweihtes Bauwerk außen eine stark expressionistisch überformte, an märkische Dorfkirchen angelehnte westwerkartige Turmfront, an die sich ein einfacher Saalbau anschloß. Gemeinderaum und der leicht erhöhte Altarbereich waren von einer sichtbar belassenen Binderkonstruktion überfangen, die eine Mehrzahl von Funktionen zu erfüllen scheint. Als statisches Element diente sie der Konstruktion und überspannte den Raum stützenlos, ohne die Sicht der Gemeinde auf den Altar zu behindern. Gleichzeitig wirken sich Binder auf den Raumeindruck aus: indem sie ihn in gleichförmige, rhythmisch hintereinanderliegende, jochartige Abschnitte einteilen, wie dies bei einem größeren Kirchenbau der Fall ist. Noch entscheidender mag aber die gotische Atmosphäre sein, der durch die spitzbogige Form entsteht und dem Raum eine vage mittelalterliche Anmutung gibt, die von den Gemeindemitgliedern mit „Glaube" assoziiert werden kann.

Konstruktion, Funktion und Evokation bilden auf diese Weise eine Einheit – allerdings mit einem für den Kirchenbau der Moderne entscheidenden Nachteil: die hier durch neuartige Konstruktionen umgesetzte traditionelle Raumform ist unflexibel; kompliziertere Grundrißmodelle, welche neuartige theologische und liturgische Konzepte beider Konfessionen in Architektur übersetzt hätten, ließen sich auf diese Weise nicht verwirklichen. Wie jedoch zahllose Beispiele des in Deutschland in den 1920er Jahren flächendeckend errichteten Bautyps „Bohlenbinder-Saalkirche" zeigen, schienen Architekten und Bauherren dies in Kauf zu nehmen – oder nehmen zu müssen. Denn meist standen nicht so sehr theologisch-theoretische Grundsatzfragen im Vordergrund, sondern praktisch-seelsorgerische Nöte: für viele Gemeinden war der Bau eines eigenen Gotteshauses mit anschließendem Gemeindezentrum, Kindergarten und Pfarrwohnung bittere Notwendigkeit, um angesichts der Notstände in den Großstädten und Ballungsgebieten überhaupt sozialpolitisch agieren zu können.

Die preiswerte Errichtung von Bauwerken gehörte damit zu den zentralen Fragen der 1920er Jahre – und an dieser Stelle trafen sich schließlich auch Sakralbau und Industrie, die eine rationalisierte und typisierte Bauweise für eigene Zwecke hervorbrachte, welche nun wiederum für den Bau von Kirchen übernommen wurden. Walter Gropius versuchte 1920 gar unter dem Titel „Neues Bauen" den Holzbau als besonders zeitgemäß zu definieren, wenn er davon spricht, daß das Material „dem primitiven Anfangszustand unseres neu aufzubauenden Lebens" entspreche.[17] Die Experimente mit vorgefertigten Teilen oder mit wiederentdeckten Techniken wie dem Lehm- und Holzbau – nach dem Ersten Weltkrieg vor allem im Wohnbau diskutiert und sämtlich ähnlich der Gropiusschen Argumentationsstrategie für zeitgemäß empfunden – sollten vor allem Materialverbrauch, Aufwand und Kosten reduzieren. Aus diesen Gründen wurde konsequent auch an der Neubelebung der Bohlenbinderkonstruktion gearbeitet, die bereits um 1800 von der preußischen Hoch-

Abb 10: Gemeidehaus der Pauluskirche, Berlin-Lichterfelde (Photograph: Arthur Köster)

bauverwaltung unter David Gilly für den Bau von Hallen eingeführt worden war.[18]

Eine wichtige zeitgenössische Weiterentwicklung des Gilly'schen Verfahrens erarbeitete der zunächst als Stadtbaurat von (Berlin-)Neukölln, später in Merseburg tätige Architekt Friedrich Zollinger (1880-1945) mit seiner sogenannten „Zollbau-Lamellenbauweise". Sie besteht aus diagonal angeordneten, miteinander verzahnten Bindern, die einen offenen Dachraum mit einer spätgotisch anmutenden Netzgewölbestruktur überspannen. Ähnlich wie beim Bohlenbinderverfahren fallen auch hier ästhetische und konstruktive Aspekte zusammen.[19] Otto Bartning wandte Zollingers System zum ersten Mal 1924 in seiner vielbeachteten expressionistischen Dänischen Kirche in Berlin an[20] und experimentierte später, ebenso wie die Dortmunder Architekten Pinno und Grund, mit Stahllamellen nach dem gleichen Konstruktionsmuster; Hugo Häring ließ die Scheune seines legendären Gutshofs in Garkau (ab 1922) in Lamellenkonstruktion errichten; Friedrich Zollinger selbst verwirklichte in Merseburg eine ganze Reihe unterschiedlicher Bauten, darunter Schulen, Wohnhäuser und Kirchen. Auch Mies van der Rohe war von der Konstruktionsmethode beeindruckt und illustrierte seinen Aufsatz „Industrielles Bauen" mit einer im Zollingerverfahren errichteten Halle.[21] Die enorme Verbreitung, wie sie die regelmäßig in den Bauzeitschriften erscheinende Werbung mit unterschiedlichsten Baubeispielen aus Europa und Amerika belegt, lag jedoch auch an der Vermarktungsstrategie. Die in Berlin ansässige Deutsche Zollbau-Lizenzgesellschaft und das Europäische Zollbausyndikat (Berlin und Hamburg) vergaben an die Bauherren, die ihre Halle mit Zollinger-Lamellen errichten wollten, Lizenzen und sorgten für die Lieferung des nötigen Materials, dessen Mengen je nach Spannweite bereits ausgerechnet waren. Ähnlich arbeiteten auch andere Firmen, die wie Zollinger versuchten, einen möglichst breiten Markt abzudecken. „Wir bauen in unserer Spezialbauweise: Holzhäuser als Dauerwohnungen, Unterkunftsräume aller Art, frostsichere Garagen, Skihütten, Jagdhütten, Jugendherbergen, Kantinen, Verkaufskioske, Obdachlosen-Baracken, Schul- und Krankenbaracken, Turnhallen, Sporthallen, freitragende Hallen aller Art nach eingesandten Entwürfen in unübertroffener Ausführung"[22], behauptete etwa die Münchner Holzhaus und Hallenbaugesellschaft regelmäßig in der Baugilde und dokumentierte damit die enorme Bandbreite der Anwendungsmöglichkeiten, zu der schließlich der Kirchenbau hinzugezählt werden muß.

Durch die vorangetriebene Typisierung und Normierung mußte der Architekt weder Materialien, noch die entsprechende Konstruktionsweise neu entwickeln und für seine spezifische Entwurfsaufgabe anpassen; allerdings waren damit die Raummaße, Spannweiten, Höhen und der längsgerichtete Grundriß vorgegeben. Für den Architekten

18 Eine Übersicht über die Verbreitung von Holzkonstruktionen im Hallenbau der zwanziger Jahre gibt die Deutsche Bauzeitung, Nr. 15/16, 1931, 65 Jg., S. 97-104.

19 Klaus Winter und Wolfgang Rug: Innovation im Holzbau – Die Zollinger-Bauweise. In: Bautechnik, Heft 4, 1992, 69. Jahrgang, S. 190-197.

20 Hierzu Harold Hammer-Schenk, wie Anm. 16, S. 138.

21 G, Nr. 3, Juni 1924, S. 8-23.

22 Baugilde Nr. 11, 1926, 8. Jahrgang, S. 661.

Abb. 11: Bernard Maybeck, Hearst-Hall der University of Berkeley, 1899

23 Im Falle der Kirchen von Schupp und Kremmer ist die Konstruktion vollständig nach innen gelegt, die Außenmauern erscheinen flächig. Ein Gegenbeispiel ist die Johanneskirche in Frohnau, ausgeführt 1935-36 nach einem Entwurf von Walter und Johannes Krüger. In: Berlin und seine Bauten, Band VI, Sakralbauten, wie Anm.16, S. 198-200.

24 Tuchscherer warb in der Monografie der Architekten Schupp und Kremmer aus der Reihe Neue Werkkunst, zit. in Anm. 3. Zu Straumers Funkhalle siehe: Deutsche Bauzeitung, Nr. 15/16, 1931, 65. Jahrgang, S. 99.

blieb vor allem der gestalterische Aspekt, durch den die Raumwirkung je nach Bauaufgabe verfeinert werden konnte: durch die Ausfachung mit Glas, Beton, Ziegel, durch Verputzen der Wände, den Gebrauch von Holzplatten, wie im Falle der Kirche in Niederschöneweide; auch die Frage, wie weit die Bohlenkonstruktion den Raum bestimmen soll und auf welche Weise sie auf den Boden der Halle geführt wird und ob das „gotische" Gepräge am Außenbau durch strebepfeilerartige Wandvorsprünge angedeutet werden sollen, mußte entschieden werden, wie die verschiedenen Anwendungsbeispiele zeigen.²³ Wohl erst im letzten Schritt wurde schließlich der individualisierte Normraum auch mit einer städtebaulich wirksamen Hülle umkleidet.

Warum genau sich Schupp und Kremmer unter den zahlreichen Anbietern für das Berlin-Breslauer Unternehmen Karl Tuchscherer entschieden hatten, läßt sich nicht mehr ermitteln. Tuchscherer, der in der materialarmen Zwischenkriegszeit selbstbewußt mit dem Motto „Holz statt Eisen" warb, gehörte zu den erfolgreichen Firmen im Hallenbau und hatte unter anderem Heinrich Straumers kolossale Funkhalle auf dem Messegelände in Charlottenburg ausführen können, einen Bau, den Kremmer kannte und schätzte.²⁴

Auch bei seinem zweiten ausgeführten Kirchenbau, der im Berliner Stadtteil Lichterfelde gelegenen Martin-Luther-Kirche, wählte Kremmer für die Konstruktion des Saals das System Tuchscherer und gestaltete einen fast identischen, lediglich um ein Joch auf sechs Joche verlängerten Raum.²⁵ Außen erscheinen die expressionistischen Formen nun vollständig aufgegeben, der Putzbau fügt sich malerisch in die Umgebung ein. Hinter den durch niedrige Rundbogen akzentuierten Eingang rückte Kremmer den schlanken, ungegliederten Turm, in dessen Inneren auch der Aufgang zur Empore untergebracht ist. Auf diese Weise konnte er das ungeschickt angestellte, querhausartige Bauglied vermeiden, das in Niederschöneweide hinter dem Westwerk liegt.²⁶ Besonders elegant nutzte Kremmer auch die natürliche Talsenke, die das Bauwerk gleichsam überbrückt. Unter den Kirchenraum konnten eine Reihe weiterer Räumlichkeiten für die Gemeinde gelegt werden; ein breiter Vorplatz, von zwei

Seiten über eine Treppenanlage erreichbar, schmiegt sich in die baumbestandene Vertiefung und wird heute als Spielplatz für den Kindergarten im Untergeschoß genutzt.

Bereits für die Friedenskirche hatten Schupp und Kremmer eine Reihe von Zeichnungen angefertigt, in denen sie die Wirkung des Baus in der Landschaft von verschiedenen Ansichten zu erproben schienen.²⁷ Mit dem 1932 in der Deutschen Bauzeitung veröffentlichten Foto des bekannten Berliner Architekturphotographen Arthur Köster schienen diese Versuche – medial transponierte – Realität geworden zu sein: so ruhig und idyllisch liegt die Kirche hinter dem Weg, der an einem Lattenzaun und einer Reihe von Bäumen entlang führt, daß man den Eindruck bekommt, der Bau befinde sich von jeher am Eingang eines friedlichen Dorfes in Süddeutschland. Kremmer war endgültig bei jenem Traditionalismus angekommen, der nach eigener Aussage bereits den Entwurf der Friedenskirche in Niederschöneweide bestimmt hatte. Nichts

mehr läßt sich vom innovativen Sturm und Drang der Martin-Luther-Kirche erahnen, stattdessen dominiert in der Randlage einer Millionenstadt eine Form von Heimatstil, die sich im Laufe der 1930er Jahre nicht nur im Sakralbau durchsetzen sollte. Frühzeitig schien Kremmer zu begründen, warum er diese enorme Diskrepanz zu seinen zeitgleich entstandenen Industriebauten, aber auch zu der verhüllten modernen Typenkonstruktion eingehen wollte, wenn er 1930 schreibt: „Darf der Architekt von sich aus der Kirche eine Form aufzwingen, die ihrer Tradition zuwiderläuft? die die konservativ eingestellten Gemeindemitglieder verletzt? Darf er einer Entwicklung vorausgreifen, deren Ausgang er nicht kennt? Sicherlich wird eine Zeit erneuter Reformation kommen; aber wer will mit Sicherheit voraussagen, daß die kommende Form das Gewand der heutigen Architektur suchen wird. Wir glauben im Gegenteil, daß ein wachsendes religiöses Erleben auch eine Erneuerung des Kirchenbaus zur Folge haben muß, deren Entwicklungsmöglichkeiten in ihrer ungeheuren Bedeutung wir heute noch gar nicht ahnen, geschweige die Formen dafür festlegen können.

Jedenfalls wissen wir, daß die Stärke unserer Generation nicht im Kirchenbau liegt; denn keiner wird leugnen, daß, so wie heute die Maschine unser kulturelles Leben beeinflußt, so der Industriebau heutige Architektur befruchtet, um nicht zu sagen vergewaltigt. Die Gestalt der meisten heutigen Bauten gemahnt an Turbinenhallen, Schalthäuser, Fabriken; d. h. an die Formen, die diesen Bauten bereits wesenseigen sind. Das Bedürfnis unserer Architektengeneration, derartige Baukörper zu schaffen, verführt sie allzu leicht dazu, den führenden Industriebaustil auch auf andere Gebiete auszudehnen. Ähnlich wurde es in der Zeit der Gotik versucht, die Stilformen der Dome auf Profanbauten zu übertragen, ohne daß diese alsdann die überzeugende Kraft erreichten. Deshalb bedeutet hier wie dort ein Ausweichen vor dem Wesentlichen der ganzen Frage: ist die Form dem Wesen des Baus angemessen oder wird das Wesen durch Form in eine bestimmte Richtung gedrängt? Fast möchte man geneigt sein, bei vielen Kirchenbauten das letzte anzunehmen."²⁸

Die Auffassung, daß der Wunsch der – in den Augen Kremmers anscheinend noto-

25 Ein Teil der Rechnungen befindet sich heute im Archiv der Gemeinde. Der erste Spatenstich der Kirche erfolgte am 28. Juli 1930, erst am 2. 11. 1936 konnte der Steglitzer Anzeiger mit dem Hinweis auf die bestehenden Finanzprobleme der Gemeinde die Weihe ankündigen. Bei dem am 29. Oktober 1929 entschiedenen beschränkten Wettbewerb konnte sich Kremmer gegen Otto Bartning, Fritz Höger, Werner March und Heinrich Schmieden durchsetzen (Festschrift zum fünfzigjährigen Bestehen der Martin-Luther-Kirche, Berlin, 1986, S. 4), mit dem Kremmer ab 1930 gemeinsam – und wiederum ohne die Beteilung Fritz Schupps – die Planungen für das Gemeindehaus der Lichterfelder Paulus-Gemeinde durchführte. Der Bau wurde dennoch in die Monografie der Reihe Neue Werkkunst mit aufgenommen.

12. Bernard Maybeck, Hearst-Hall der University of Berkeley, 1899

26 Diese Lösung reichte Kremmer 1930, zwei Jahre nach dem siegreichen Wettbewerb in Lichterfelde, noch einmal in fast unveränderter Form zum Wettbewerb für die Johanneskirche in Frohnau ein. In: Deutsche Bauzeitung, Beilage Wettbewerbe, Nr. 3, 1931, 65. Jahrgang, S. 15. Der Entwurf wurde zum Ankauf empfohlen.

27 Wie Anm. 14, S. 5.

28 Wie Anm. 14, S. 2.

risch konservativen – Gemeinde als Bauherr berücksichtigt werden sollte, scheint die Sakralbauentwürfe der Arbeitsgemeinschaft so sehr geprägt zu haben, daß moderne Aspekte schließlich fast vollständig zurücktraten. Bevor aber das Arbeitsethos so klar formuliert werden konnte wie im obigen, 1930 veröffentlichten Zitat, bevor die Architekten also dem „stilbildenden Wert industrieller Baukunst" (Walter Gropius) für den Kirchenbau eine klare Absage erteilten, hatten sie den Königsweg der Moderne durchaus noch für gangbar gehalten. Für den Bau in Lichterfelde liegen Entwurfszeichnungen vor, die eine gleiche Massenverteilung bei vollkommen unterschiedlichem Gepräge aufweisen: Da erscheint plötzlich die Kirche als weißer, flachgedeckter Baukörper; der asymmetrisch angeordnete Turm besteht aus zwei gestaffelten, kubischen Volumina; die Apsis, die sich am Außenbau leicht erhöht vom Dach des Kirchenschiffs absetzt, ist vollkommen verglast. Mit einem ähnlichen Entwurf beteiligten sich die Architekten auch am Wettbewerb für die Kirche in Dahlem – und trotz des fundamentalen Meinungsumschwungs, der wohl bei der Bauausführung der Martin-Luther-Kirche in Lichterfelde erfolgt sein muß, die sich noch bis 1936 hinzog, ließen Schupp und Kremmer diese Zeichnungen in ihre Monographie aus der Reihe Neue Werkkunst aufnehmen.

Daß sich, wenngleich derartige Ansichten nicht publiziert wurden, hinter den dezidiert modernen Fassaden die gleichen, von spitzbogigen Bohlenbindern geprägten Innenräume verbergen, davon ist auszugehen. Angesichts der Austauschbarkeit eines äußeren Stilkleides je nach Entwurfszeitpunkt, Zweck, Ort, Kontext, politischer Aussage oder Geschmack der Gemeinde sind die beiden ausgeführten Kirchen der Arbeitsgemeinschaft Schupp und Kremmer aussagekräftige Beispiele für die breite, schwer zu fassende Zone zwischen Avantgarde und konservativer Ästhetik. Die enorme Bandbreite, die nach den eindeutigen Zuschreibungsmustern heutiger kunsthistorischer Modernekategorien zu Widersprüchen führen würde, ist dabei kein Einzelfall, wie sich etwa bei drei baugleichen Dorfkirchen des Berliner Architekten Josef Bachem zeigt. Mit dem bereits erwähnten Werner Fahlbusch gehörte Bachem zu den führenden Vertretern einer erneuernden katholischen Sakralbaukunst in Berlin. Sein erster Kirchenbau, die Kapelle in Herzberg an der Elster (1926), ist ein von spitzbogigen Bindern überfangener Saalraum mit angestellter Apsis, außen mit einer expressionistischen Klinkerfassade. Acht Jahre später errichtete Bachem im östlich Berlins gelegenen Dorf Herzfelde einen fast gleichen Raum, diesmal mit einem vielfach abgetreppten Stufengiebel als Fassade, ähnlich wie das Westwerk bei Schupp und Kremmers Friedenskirche in Niederschöneweide ein freies Zitat der lokalen Baukunst des späten Mittelalters. Wiederum vier Jahre später, 1938 bis 1940, baute Bachem den gleichen Raum in Berlin-Falkenberg, die weiß geschlämmte Backsteinfassade erscheint jetzt durch den Dachreiter mit Zwiebelhaube in einer süddeutsch-barocken Formanlehnung.[29]

Die Parallele der Entwicklungen Martin Kremmer und Josef Bachem – und zahlloser anderer Entwerfer, die sich der Bohlenbinder bedienten – erstreckt sich nicht allein auf die Verwendung der gleichen Konstruktion, sondern stilistischer Ähnlichkeiten bei ihrer Verschleierung. Fast könnte man von einer „globalisierten" Konstruktionstechnik sprechen, die dank des turbokapitalistischen Marketing auf der gesamten Welt zur Anwendung kam – und vor Ort dann mit Traditionalismen und Chiffren einer Vergangenheit in die Stadtlandschaft eingebettet wurde. Den Kirchenbau im Zeitalter seiner technischen Reproduzierbarkeit als Parforceritt der Avantgarde durch das Feld der abendländisch-religiösen Bautradition öffentlich zu inszenieren, erschien den Architekten Schupp und Kremmer als Sakrileg. Daß er möglich geworden war, wurde daher lieber verschwiegen.[30]

Dank an: Anna-Ines Hennet, Christa Thorau, Oliver Elser, Frank Schmitz, Monika Welke, Wolfgang Rug, Wolfgang Krogel

---

29 Hierzu siehe Christian Welzbacher: Josef Bachem (1881-1946). Nachwort zum Band der Reihe Neue Werkkunst. Neu herausgegeben von Roland Jaeger. Berlin, 2001.

30 Erst nach dem Zweiten Weltkrieg wurde mit dem Notkirchenprogramm Otto Bartnings, das aus 49 in holzbinderbauweise ausgeführten Bauten bestand, die massenhafte Fertigung des Sakralbaus durch die Notsituation rechtfertigt.

Thorsten Scheer

Die Schattenseite der Moderne. Die Begründung des Monuments aus der Autonomie des Kunstwerks

Das Frühwerk von Fritz Schupp und Martin Kremmer darf man getrost als vergleichsweise konventionell bezeichnen. Die einzelnen Bauten für die Zeche Holland und auch das Ensemble repräsentativer Gebäude der Zeche Graf Moltke sind in engem Zusammenhang mit den herrschenden ästhetischen Vorstellungen ihrer Zeit zu sehen. Zwar zeichnen sich bei den Entwürfen für den Torbau, die anschließende Verwaltung, das Kauengebäude und das Magazingebäude für „Graf Moltke" von 1921 Ambitionen ab, die Einzelbauten in einen erkennbaren geordneten Zusammenhang zu fügen, doch den Anspruch, besonders revolutionär zu sein, erfüllen sie nicht. Es liegt ihnen aber sichtbar die kritische Wahrnehmung des herrschenden Mangels an Ordnung zugrunde, der gemeinhin auf Zechengeländen vorherrsche.

Architektonische Ansprüche waren dort eher die Ausnahme und beschränkten sich, wo sie überhaupt erhoben wurden, ähnlich wie bei „Graf Moltke", auf die aus dem eigentlichen Industriegelände herauswirkenden Bauten wie den Pförtnerpavillons, Waschkauen, Lohnhallen usw. Dies waren jene Bereiche, mit denen sich vor allem selbständige Unternehmer im 19. Jahrhundert durch ihre Industriebetriebe selbst darstellten. Die entsprechenden Teile der Anlage wurden von Architekten entworfen und orientierten sich an den feudalisierenden Formen historischer Schmuckarchitektur, deren Verwendung an den repräsentativen Zechenanlagen des 19. Jahrhunderts den Verlust des funktionalen und symbolischen Sinns dieser Architektur und ihrer Ornamente nachdrücklich bewußt machte. Die übrigen, technisch bestimmten Bauten wurden durch Betriebsingenieure errichtet. Indessen blieb die Planung einer Zechenanlage als Gesamtentwurf in den Händen eines Architekten, wie etwa die von Oberbaurat Weigle & Söhne entworfene Zeche Jacobi in Oberhausen, die Ausnahme.

Als sich Schupp und Kremmer nach den Versuchen in anderen Bauaufgaben während der 1920er Jahre wieder dem Industriebau widmeten, hatten sie sich formal in neuer Weise orientiert. Die Gestaltungsmittel des Backsteinexpressionismus, der bereits ihren Bau der Evangelischen Kirche in Berlin-Niederschöneweide beeinflußte und im Ruhrgebiet unter anderem von Alfred Fischer im Industriebau Verwendung gefunden hatte, beherrschte auch ihre nächsten Bauten. Die Kokereien Alma und vor allen Dingen die Kokerei Nordstern in Gelsenkirchen stellten zugleich wichtige Entwicklungsschritte im Hinblick auf die Merkmale dar, die sich mit dem Entwurf für die Zeche Zollverein Schacht 12 schließlich als der nachhaltigste Beitrag

Abb. 1: Zeche Graf Moltke, Gladbeck, vorne links im Bild sind die Eingangs- und Verwaltungsbauten zu sehen, die seit 1920 nach Plänen von Fritz Schupp errichtet wurden. Neben den Bauten auf der Zeche Holland sind dies die ersten Bauaufgaben, denen sich Schupp im Bereich des Industriebaus widmet.

der beiden Architekten zum Industriebau herausstellen sollten. Neben der architektonischen Qualität war die Kokerei Nordstern nämlich wesentlich durch den ordnenden Einfluß der Architekten auf den Lageplan der Gesamtanlage bestimmt. Dabei bezogen die Architekten auch die Wirkung der von Ingenieuren entworfenen Elemente, etwa die Wascher und Gasometer, ausdrücklich mit in die Gestaltung ein. Damit wurde ein zuvor völlig vernachlässigtes Gestaltungspotential ins Bewußtsein gerufen, das Schupp und Kremmer in ihrem 1929 erschienenen Buch „Architektur gegen oder und Ingenieur"[1] ausführlich am Beispiel der Kokerei Nordstern dargestellt hatten.

Der Hintergrund vor dem sich Schupp und Kremmer dann 1927 die Gelegenheit bot, mit Zollverein Schacht 12 eine auch hinsichtlich ihrer Größe beispiellose Zechenanlage in allen Teilen, d.h. auch diesen, die durch die Tätigkeit der Ingenieure bestimmt waren, im Zuge eines einheitlichen Gestaltungspro-

hängter Fassade war beileibe nicht neu. Zum einen hatten Schupp und Kremmer selbst das System bereits an den Lokomotivschuppen der oben erwähnten Kokereien Alma und Nordstern erprobt, zum anderen waren diese Konstruktionen bei Bauten, die bis dato als reine Zweckbauten betrachtet, und in der Regel von Ingenieuren, d.h. ohne weitere ästhetische Ambitionen, entworfen wurden, durchaus gängig. Ein frühes Beispiel und wichtige Markierung in der Entfaltung des Themas bildete die 1903 von dem bekannten Berliner Architekten Bruno Möhring und dem Ingenieur Reinhold Krohn geschaffene Maschinenhalle der Zeche Zollern 2/4 in Dortmund-Bövinghausen. Sie bestand aus den ausgreifenden Flügeln einer, innen wie außen unverhüllten Stahlfachwerkkonstruktion, die sich mit ihren Queraussteifungen noch deutlich auf Holzfachwerke bezog. Der Baukörper war durch ein deutlich hervorgehobenes Portal strukturiert, das sich in der Mittelachse des fast 100 m langen Gebäudes befand.

1 Schupp, Fritz und Martin Kremmer: Architekt gegen oder und Ingenieur, Berlin 1929, dort vor allem S. 34ff.

Abb. 3: Der Lageplan der Kokerei Nordstern (1927, Nachlaß Fritz Schupp, Ausschnitt) macht die systematische räumliche Planung der ganzen Anlage deutlich.

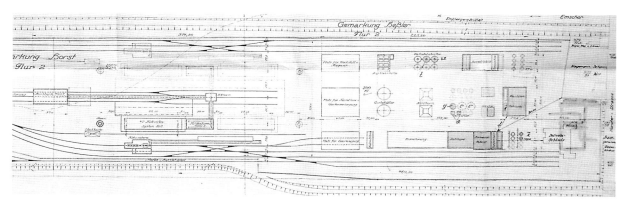

zesses zu entwerfen, wurde im vorliegenden Band an anderer Stelle bereits ausführlich dargelegt (vgl. Laufer).

Dabei gingen Schupp und Kremmer vor allem im Hinblick auf deren Gestaltung einen völlig neuartigen Weg und schufen eine Anlage, die vor allem die Wahrnehmung von Industrieanlagen dieses Typs revolutioniert hat.

Die wesentliche Leistung der beiden Architekten war indessen weniger architektonischer als städtebaulicher Natur. Das äußerst reduzierte Konstruktionssystem einer Stahlfachwerkkonstruktion mit vorge-

Möhrings Jugendstilportal zeigte gleichzeitig deutlich, daß die repräsentativen Ansprüche in der architektonischen Differenzierung zwischen untergeordneten, überwiegend konstruktiv bestimmten und dekorierten, baukünstlerisch verstandenen Gebäudeteilen fortlebten. Möhring und Krohn hatten diesen Aspekt durch den Kontrast zwischen dem Portal und dem technischen Äußeren noch gesteigert. Hier kann nicht abschließend geklärt werden, wie weit der Wunsch nach schneller Fertigstellung Einfluß auf die für damalige Verhältnisse entschieden moderne Form der Maschinenhalle hatte, wie Axel Föhl anmerkt,[2] entscheidend bleibt aber, daß die schlichte Ingenieurform zur Nobilitierung des in der Mittelachse befindlichen Portals wesentlich beitrug. So sehr Zollern 2/4 für die Möglichkeit steht, eine Ingenieurkonstruktion ästhetisch anschaulich werden zu lassen, so sehr steht sie noch für eine bestehende und perpetuierte Unterscheidung der Tätigkeit des Architekten von der des Ingenieurs.

Schupp und Kremmer hingegen werteten die sachlich geprägte Form als ausschließlich angewandtes Mittel innerhalb von Zollverein Schacht 12 auf. Sie verzichteten dort weitgehend auf eine Hierarchisierung der architektonischen Details und reduzierten deren Anzahl auf einige wenige Elemente. Mit Ausnahme des Fördergerüsts und des Schornsteins basierten alle Baukörper auf einer höchst flexiblen und effizienten Stahlkonstruktion mit Ziegel- oder Glasausfachung, die systemisch den gesamten Gebäudekomplex bestimmte. Die Einzelbauten sind so weit wie möglich einfachen Quadern angeglichen, indem eine Attika die Dachneigungen kaschiert, die Fenster bündig in der Wandoberfläche angebracht und die Regenrohre hinter die Außenwand verlegt wurden.

Die Bauten sind architektonisch in einer Weise simplifiziert, daß eine weitere Reduzierung kaum möglich scheint. Schupp hat lediglich in späteren Jahren noch versucht,[3] die Abstraktion durch eine Verfeinerung des Anschlusses zwischen Stahlfachwerk und Ausfachung zu steigern, indem die Ziegel nicht mehr seitlich in die Träger versenkt, sondern vollständig zwischen die Träger gestellt wurden, so daß sie bündig als Außenhaut erschienen.[4] Die nach außen sichtbaren Stahlfachwerkprofile sind dennoch eindeutig dem kubischen Verständnis abstrakter Baukörper untergeordnet und erscheinen als wiederkehrende Gliederungselemente.

Die entstehenden Raster weisen in horizontaler Richtung unterschiedliche Formate auf, die gestalterisch genutzt werden. Die Schachthalle etwa erhält durch die senkrecht verlaufenden Fensterreihen aus sieben Einzelscheiben in der Mittelachse des Bauwerks einen deutlichen Vertikalimpuls, der seitlich verstärkt wird durch schmalere, bei gleicher Höhe hochrechteckigen Ziegelstreifen. Die beiden Werkstattgebäude, denen in der Komposition der Anlage die Aufgabe zukommt, die zweite wichtige Achse auf das Kesselhaus zu flankieren, weisen ebenfalls diese schmaleren Streifen auf, die die Baukörper in regelmäßige Traveen gliedern und durch ihre Plazierung an den äußeren Gebäudekanten die Betonung körperhafter Geschlossenheit zur Folge haben.

Das Kesselhaus selbst weist eine hochkomplexe Tiefen- und Höhenstaffelung seiner Einzelvolumen zur Mitte hin auf. Der Blick des Betrachters wird durch die starke Perspektivwirkung der Achse auf das Kesselhaus gelenkt, dort durch die betonte Mitte und den zurücktretenden Eingang gebündelt und über den seitlich zurückgestaffelten Baukörper zu dem über 100 m hohen Kamin in die Höhe geführt. Auch hier werden die schmaleren, hochrechteckigen Streifen genutzt, um den Blick von den seitlichen, aus sechs Einzelscheiben bestehenden Fenstern zu dem vertikalen Glasstreifen der Mittelachse zu führen. Dessen Breite ist mit fünf einzelnen Fenstern konsequenterweise schmaler ausgeführt als seine seitlichen Nachbarn. Damit ist im übrigen an den Mittelachsen des Kesselhauses und der Schachthalle durch die ungerade Anzahl der Fensterelemente die Vermeidung einer fausse axe gewährleistet. Dies entspricht einer zentralen Forderung der klassischen Ästhetik, die geradzahlige Gliederungen von Fassadeneinheiten ablehnte, da die Symmetrieachse dann auf einer Stütze zwischen zwei Wandöffnungen läge und der unbefriedigende Eindruck einer aus gleichen Elementen bestehenden Ordnung entstünde.

Aus völlig abstrakten architektonischen Einzelformen wird hier ein hochkomplexes

2 Föhl, Axel: Bauten der Industrie und Technik, Bonn, o.J. (Schriftenreihe des Deutschen Nationalkomitees für Denkmalschutz), S. 48.

3 Etwa bei seinen Bauten auf Zollverein 1/2/8, s.a. Dieter Schupp, Fördertürme in Stahl- und Stahlbetonbauweise, in: Glückauf, H. 9, 25. April 1962, S. 473-481.

4 Vgl. den Beitrag von Cengiz Dicleli (dort S. 101) mit dem Hinweis auf die Lösung eines diesbezüglichen konstruktiven Problems (vgl. S. 101, Abb. 21).

Abb. 4: Das Werkstattgebäude der Zeche Nordstern 1/2 Fritz Schupp und Martin Kremmer von 1926 ist eines der frühesten Beispiele für die Verwendung der Stahlfachwerk durch die Architekten.

5 Vgl. S. 99, Abb. 16

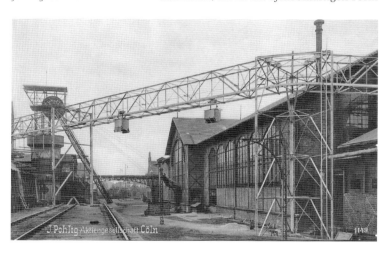

Abb. 5: Bruno Möhring und Reinhold Krohn, Maschinenhalle der Zeche Zollern 2/4, Dortmund-Bövinghausen. Die dichte Bebauung gegenüber des aufwendig gestalteten Eingangs läßt eine Betrachtung aus größerer Entfernung kaum zu.

Gefüge von Massen- und Raumbeziehungen geschaffen, deren Spannungen eine dynamische Ordnung ergeben. Die großdimensionierte Anlage des Schacht 12 von Zollverein ist das demonstrative Beispiel einer Architekturhaltung, die bei weitgehender Reduzierung der architektonischen Detailform, ihre Qualitäten in der Komposition der Gebäudevolumen entfaltet.

Die kompositorische Gesamtanlage von Zollverein ist durch repräsentative Ansprüche dominiert, die in der symbolhaltigen Form verdeutlicht werden. Die Bedeutung der architektonischen und städtebaulichen Elemente wird dabei nicht aus ihnen selbst legitimiert, sondern in einen kommunikativen Zusammenhang gesetzt, der erst im Arrangement mit den übrigen Teilen sinnfällig wird. Während der einzelne Baukörper weitgehend von der Möglichkeit befreit wird, über die Darstellung seiner konstruktiven Grundlage hinaus Bedeutungen zu erzeugen, wird seine Position innerhalb des gesamten Gefüges zum Träger einer übergeordneten Sinnstiftung. Das Einzigartige von Zollverein Schacht 12 besteht gerade darin, daß dort, wo die architektonischen Mittel am weitesten reduziert sind, der höchste repräsentative Ausdruck erzielt wird. Die Basis dafür ist eine durch Axialität, Hierarchisierung und kompositorische Subordination herbeigeführte Monumentalisierung, die ihrem Charakter nach auf der höchsten Abstraktion der architektonischen Einzelform gründet. Der Formenreichtum des Einzelnen lenkt dann nämlich nicht mehr von den Wirkungsmöglichkeiten der Gesamtanlage ab, und ihre Gesamtwirkung wird nicht mehr durch die individuelle Wirkung der Einzelbauten gestört. Die technisch bedingte Größe und die Sachlichkeit der Bauten steigert deren Monumentalität und macht sie zur Grundlage einer geradezu elementaren Erfahrung.

Es finden verschiedene Anpassungen der Elemente des Ensembles an die Ordnungs- und Symmetrievorstellungen statt, die beispielhaft an den bereits erwähnten Werkstattgebäuden veranschaulicht werden können. An der Achse zum Kesselhaus weisen diese Bauten zum Ehrenhof hin die gleichen Dimensionen der Fassade auf, um die symmetrische Einheit des Bildes zu erhalten. Ein Blick in den Lageplan [5] zeigt aber deutlich, daß sich hinter der Fassade der rechts gelegenen Elektrowerkstatt ein Gebäude mit offensichtlich geringerem Raumbedarf verbirgt.

Zollverein zeichnet die Systematisierung unter ästhetischen Aspekten und die Rationalisierung der Struktur aus. Es findet dabei eine Reduzierung der architektonischen Mittel auf jene statt, die nicht als Ausdrucksmittel traditioneller Architektur konventionalisiert sind. Statt dessen handelt es sich gerade um jene architektonischen Formen, die augenscheinlich aus reiner Zweckmäßigkeit, d.h. ökonomischer und technischer Notwendigkeit entwickelt worden waren.

Eine Quelle der architektonischen Moderne ist die Transformation ihrer industriellen Grundlage. Insofern stellt dies ebenso wie die offensichtliche Rationalität der sichtbaren Volumen eine Übereinstimmung mit den Prinzipien der modernen Ästhetik dar. Diese ist durchaus vielfältig, gemeinsam ist den unterschiedlichen Positionen aber eine geschichtstheoretische Grundhaltung, die im kontinuierlichen Ausschluß der Tradition und der Ablehnung von Konventionen zum Ausdruck kommt. Die Moderne schließt in diesem Sinne das Gemäßigte ebenso aus wie einen Bezug zur Tradition zum Zwecke einer wie auch immer gearteten Selbstvergewisserung. Statt dessen ist das Verhältnis von Tradition und Moderne in komplexer Weise dialektisch bestimmt und einer systembedingten historischen Entwicklung untergeordnet.

Jene ästhetischen Mittel, die Fritz Schupp und Martin Kremmer bei dem Entwurf für Zollverein Schacht 12 geltend machen, die auf klassischen Ordnungsprinzipien wie Symmetrie und Axialität, Staffelung und Subordination basierende Monumentalität und die ästhetische Sachlichkeit sind nicht das Miteinander unversöhnlicher Motive, sondern im Gegenteil gegenseitige Bedingungen ihrer Steigerung. Das ist freilich mit den ästhetischen Grundprinzipien der Moderne, will man solche nicht freiweg leugnen, kaum vereinbar. Insofern thematisiert Zollverein ein Problemfeld, das die Geschichte der Moderne seit Beginn ihrer Entfaltung begleitete: wie nämlich ein durch Hierarchisierung besetzter Begriff innerhalb eines künstlerischen Zusammenhangs geltend gemacht werden kann, der seinen Ansprüchen nach das Gegenbild zu einer auf Subordination gründenden Welt darstellt. [6]

Zugleich muß man anmerken, daß in der Anlage der Zeche Zollverein Schacht 12 verschiedene Formen der Symmetrie sichtbar werden. Neben jener, die in der Querachse zum Kesselhaus zur Anschauung gebracht wird, besteht das Gleichgewicht der zentralen Blickachse auf das Fördergerüst und die Schachthalle aus einer mehr oder minder freien Komposition von unterschiedlichen Gebäudevolumen, d.h. einer Balance von ungleichen Teilen, die auf eine Achse bezogen sind, und die letztlich durch den Betrachter in einem aktiven Sehvorgang aktualisiert werden muß. [7] Daneben ist die Fixierung und perspektivische Bindung des Rezipienten an einen idealen Betrachterstandpunkt, wie sie an der Blickachse auf das Kesselhaus exemplifiziert wird, ebenfalls Bestandteil des Vokabulars. Für Fritz Schupp gilt, daß beide auch in seinen späteren Entwürfen das charakteristische Merkmal einer strukturellen und städtebaulichen Vorstellungen verpflichteten Grundhaltung bleiben. Dort, etwa bei der Stranggußanlage in Duisburg-Ruhrort gelingt es ihm mittels der Kompositionen von Gebäudevolumen selbst solchen Materialien skulpturale Qualitäten abzuringen, die durch ihre inflationäre und banalisierende Verwendung inzwischen den Kanon des Ausgeschlossenen bilden. So wie der Verzicht auf ein dem architektonischen Detail entlehntes Ausdruckspotential bei den Stahlfachwerkbauten geradezu die Voraussetzung der Gesamtwirkung bei Werken wie Zollverein Schacht 12 ist, erprobt Schupp in den 1960er Jahren den Verzicht mittels Profilblechverkleidungen, denen er noch einmal sein besonderes Interesse widmet und sogar eine diesbezügliche Publikation plant [8]. An gleicher Stelle zeigt Schupp, daß er dem Thema Monumentalität verpflichtet geblieben ist. In seinem 1968 im Zentralblatt für Industriebau veröffentlichten Text „Baugestaltung mit Profilblechtafeln" findet sich unter den lobend erwähnten Beispielen neben der Kathedrale in Tokio von Kenzo Tange das Gebäude der Phoenix-Rheinrohr-Hauptverwaltung in Düsseldorf (1955-60), das sogenannte Dreischeibenhochhaus, von Helmut Hentrich und Hubert Petschnigg, die an den Stirnseiten mit Trapezblechen verkleidet ist. Im Zusammenhang mit diesem Bauwerk äußert Schupp einen Satz, der eine geradezu programmatische Aussagekraft für sein gesamtes architektonisches Schaffen hat und sein vorherrschendes Interesse zusammenfaßt: „Diese bis zum äußersten getriebene Schlichtheit erscheint mir erst als die wahre Monumentalität." [9]

Die Bauten von Schupp und Kremmer folgen in der ästhetischen Zielvorstellung der Idee künstlerischer Autonomie. Dies tritt in den Bauten, vor allem aber auch in den theoretischen Äußerungen, zutage. Die Überformung der Zeche mit einem System aus prinzipiell gleichbedeutend gestalteten, rechteckigen Baukörpern, die Schupp und Kremmer ausdrücklich als „Hüllen" [10] charakterisieren, erhebt den Anspruch einer weitgehend formalen Vorstellungen verpflichteten Einheit. Die Sachlichkeit der Form vermittelt die rationalen Wurzeln

6 S. beispielsweise die grundsätzliche Erörterung von Ferdinand von Feldegg, Monumentalität und Baukunst, in: Der Architekt, (9) 1903, S. 27-29.

7 Vgl. Abb. S. 165 und 175.

8 Schupp, Fritz: Baugestaltung mit Profilblechtafeln, in: Zentralblatt für Industriebau 12, 1968, S. 508-520, der Hinweis auf die geplante Publikation dort im Hinweis der Redaktion, S. 520.

9 Ebd. S. 510.

Abb. 6: Das Stahlfachwerk der Elektrowerkstatt von Zollverein 12 zeigt die Gliederung der Fassade durch lisenenartig erscheinende, vertikal verlaufende Ziegelbänder (Photograph: Vincent Podborsky).

10 Schupp/Kremmer, s. Anm. 1, S. 22.

11 Schupp, Fritz, Architekt und Ingenieur im Industriebau. Auszüge aus einem Vortrag gehalten am 29. März 1933 in Berlin auf der 36. Hauptversammlung des Deutschen Beton-Vereins e.V., Berlin 1933.

12 Aus diesem Grund erscheint die Photographie der Neuen Sachlichkeit in den großdimensionierten Industriebauten ihren idealen Bildgegenstand gefunden zu haben.

13 Schupp/Kremmer, s. Anm. 1, S. 63.

14 Zu den Änderungen der ästhetischen Positionen in der Zeit nach Zollverein, vor allem zur Zeit des Nationalsozialismus und in den 1950er Jahren, siehe den Beitrag von Busch im vorliegenden Band.

Abb. 7: Fritz Schupp und Martin Kremmer: Zeche Zollverein Schacht 12, 1927 – 32, Blick auf das Kesselhaus (Photograph: Anton Meinholz)

der Gestaltung, Zeichen einer funktionalen Legitimation sind sie nur sehr eingeschränkt. Eine Anpassung an die Zwecke gewährleistet letztlich die Universalität und Flexibilität der Hüllen, die sich ja tatsächlich auch im Hinblick auf die heutige Nutzung bewährt. Das Konzept der Autonomie verlangt darüber hinaus, daß sich die ideale Artikulation der künstlerischen Position so weit wie möglich von Sachzwängen unabhängig zeigen muß. Nur dort, wo es unvermeidlich ist, werden sie von den Architekten in ihre Entwürfe eingebunden und, wie etwa das Fördergerüst, zu emblematisch wirksamen Zeichen erhoben.

Schupp und Kremmer haben in dem gereiften Bewußtsein gearbeitet, durch ihre Architektur Baukunst zu schaffen. In dem Vortrag Fritz Schupps vor dem Beton-Verein in Berlin von 1933 wird dies ebenso deutlich wie andernorts, wenn die Architekten ihre spezifische Leistung darstellen.[11] Mit diesem Bewußtsein ist aber nicht die Vorstellung transhistorischer Dauerhaftigkeit, das Überdauern der Architektur auf der Basis einer Konvention, gemeint, sondern ein Qualitätsbegriff, der die Durchbrechung der Konvention zweifelsfrei einschließt. Das Bauwerk gewinnt Geltung als autonome künstlerische Leistung, die in der Kompetenz des Architekten, während die Anpassung an die „betrieblichen Anforderungen" indessen dem Ingenieur obliegt. Die Aufwertung ei-

ner von Seiten der Architekten noch in der Rezeption durch die Öffentlichkeit kaum als würdevoll verstandenen Bauaufgaben nutzen Schupp und Kremmer, um Architektur als eine von Sachzwängen zumindest soweit enthobene Tätigkeit zu artikulieren, daß die bildproduzierenden, skulpturalen Eigenschaften deutlich dominierend in den Vordergrund treten.[12]

Vom strengen Funktionalismus unterscheidet sich die Position von Schupp und Kremmer bereits dadurch, daß sie Bauen nicht als technische Aufgabenstellung, sondern als betont ästhetischen Prozeß verstehen, der gleichwohl den Anforderungen an die Nützlichkeit folgen muß bzw. diesen nicht offensichtlich widersprechen darf. Auch die Erforschung des „Wesens" der Dinge als Grundlage ihrer angemessenen Gestaltung steht hier nicht im Vordergrund: Schupp selbst betont 1929 in dem Buch „Architekt gegen oder und Ingenieur", der Architekt müsse die technischen Abläufe nicht in allen Einzelheiten kennen, zu diesem Zweck arbeite er mit einem Ingenieur zusammen[13]. Darüber hinaus ist den einzelnen Bauten ihre Funktion innerhalb des betrieblichen Ablaufs kaum anzusehen. Nur der Eingeweihte kann aufgrund der Position in der Anlage die Funktion erschließen, ansonsten sind die Stahlfachwerkbauten auf Attribute angewiesen: etwa das Fördergerüst über der Schachthalle oder der Schornstein über dem Kraftwerk.

Das Nützliche und das Schöne sind bei Schupp und Kremmer nicht gleichbedeutend, wie es auf die strenge Deutung des Funktionalismus zutrifft. Die Problemlösung findet ihren adäquaten Ausdruck in der Rationalität. Gleichzeitig wird der drohende Konflikt zwischen der Funktion und der Ästhetik der Bauten aber überbrückt durch das Mittel äußerster Abstraktion. Zollverein tendiert zur Autonomie der Form, nicht zu ihrer zweckgebundenen Darstellung. Wer es nicht zuläßt, vom Ausdruck der Anlage schlichtweg überwältigt zu werden, kommt nicht umhin, die ausgetragenen Widersprüche des Entwurfs von Schupp und Kremmer wahrzunehmen. Diesen tatsächlich zu folgen und diese nutzbar zu machen für ihre ästhetische Position, haben sich Schupp und Kremmer nicht gestattet.[14] Die Sachlichkeit, die vor allem den Entwurf zu Zollverein kennzeichnet, entsprang keiner Vorstellung von Nützlichkeit, das entspräche der Vorstellung des Funktionalismus, sondern ist Element der Monumentalisierung, die durch die Vereinfachung des architektonischen Details gesteigert und zu einer durchaus ehrfurchtgebietenden Geste gebündelt wird.

Was für Schupp und Kremmer als ein abstraktes Ziel architektonischen Denkens erscheint, nimmt aber vor dem Hintergrund konkreter gesellschaftlicher Bedingungen eine zusätzliche Bedeutung an. Die Symmetrien, Achsen und die Subordination der architektonischen Elemente wie Baukörper dienen z.B. bei Zollverein Schacht 12 weder der reinen Darstellung künstlerischer Autonomie noch einer abstrakten Nobilitierung der von Arbeit geprägten Welt, sondern letztlich der Selbstdarstellung der Unternehmen. Was Sigfried Giedion angesichts der Industriebauten von Walter Gropius noch als eine „Veredelung gewerblicher Arbeit" [15] konstatierte und hier auf den ersten Blick als Heroisierung der Arbeit des Bergmanns erscheinen könnte, ist die kompromißlose Selbstdarstellung des Unternehmens.

Der Bergmann tauchte auf Schacht 12 weder als Akteur, noch als Rezipient der Anlage in Erscheinung. Es handelte sich hier um einen reinen Förderschacht, d.h. ein Fahrbetrieb mit Personenförderung fand dort gar nicht statt. Statt dessen fuhr die Belegschaft an den benachbarten Schächte ein, so daß zu jeder Schicht nur ein Bruchteil der Belegschaft auf Schacht 12 tätig war. Aus dem gleichen Grund entfiel die Notwendigkeit, vor dem Tor der Zeche eine Siedlung zu errichten.

Durch die Monumentalisierung findet eine Steigerung der ästhetischen Distanz statt, die durch die Isolierung des Standortes noch forciert wird und die dem von Schupp und Kremmer intendierten wie in dem berühmten Zitat zum Ausdruck gebrachten Denkmalcharakter des baulichen Ensembles entgegenkommt. [16] Durch die Abstraktion von der werktätigen Belegschaft wird aber der Platz des Heroen dieses Ensembles von den Arbeitern abgezogen und frei für die abstrakte Darstellung des Unternehmens selbst. Auf diese Weise lenkt

[15] Giedion, Sigfried: Raum, Zeit, Architektur, Zürich 1976, S. 305.

[16] „Wir müssen erkennen, daß die Industrie mit ihren gewaltigen Bauten nicht mehr ein störendes Glied in unserem Stadtbild und in der Landschaft ist, sondern ein Symbol der Arbeit, ein Denkmal der Stadt, das jeder Bürger mit wenigstens ebenso großem Stolz dem Fremden zeigen soll, wie seine öffentlichen Gebäude", Schupp/Kremmer, s. Anm. 1, S. 68.

Abb. 8: Fritz Schupp: Oxygenstahlwerk, Duisburg-Hamborn, 1968-69 (Photograph Hans Grempel).

der Bergarbeiter nicht von der Leistung ab, die in der Rationalisierung, Technisierung, Monopolisierung und der Konzentration der ökonomischen Mittel bestand. Daß es diesen Unternehmer zum Zeitpunkt der Errichtung der Zentralschachtanlage von Zollverein gerade nicht mehr gab, daß der eigentümergeführte Betrieb mit allen Konnotationen der Identitätsstiftung für und mit dem Unternehmer, dem Vorstand einer Aktiengesellschaft, gewichen war, macht diese Argumentation nicht etwa hinfällig und in keiner Weise zufällig. In Abwesenheit derer, die eigentlich arbeiten, wird die ehrfurchtgebietende Erhabenheit des architektonischen Ensembles zum emblematischen Träger der ökonomischen Leistungsfähigkeit des Unternehmens.

Die Konnotation des Systemischen ist die Totalität einer Ordnung, die sich als unveränderlich und elementar darbietet. In einer Art politischer Ökonomie des Städtebaus wird eine räumliche Ordnung des Wissens eingeführt, die sich an die Adressaten der Selbstdarstellung des Unternehmens richtet.

Das Gemeinsame der Werke Fritz Schupps und Martin Kremmers mit den avancierten Werken der Moderne ist die rationale Grundhaltung. Als Zweckrationalität, die ihren Sinn überhaupt erst in der Inanspruchnahme durch den Selbstdarstellungswillen der Unternehmer findet, weist sie im Unterschied zu einer auf objektive Vernunft, Freiheit, Emanzipation und gesellschaftliche Änderung verweisenden Ästhetik umgekehrte Vorzeichen auf. Dies ist letztlich der Grund für die Unentschiedenheit, mit der vor allem Zollverein 12 immer wieder – je nach Gusto – als „Naziarchitektur" oder ebenso unzutreffend als „Bauhausarchitektur" bezeichnet wird. Die Zweckgerichtetheit allein bezeugt noch nicht die Verwandtschaft der Architektur von Schupp und Kremmer mit einer entschiedenen Moderne; zu leicht fällt die Interpolation zu jener auf Subordination basierenden ästhetischen Haltung, die das Gemeinsame einer auf Tradition verpflichteten Ästhetik ist. Die ästhetische Rationalität ist hier nicht Zweck und Metapher einer von ihrer Irrationalität entfesselten Gesellschaft, sondern Mittel einer zweckrationalen Zurichtung der Welt. Die Geschichte, die sich gespeichert hat in den Mitteln der Monumentalisierung, ist jene der Tradition.

Erst durch die Denkmalwerdung hat Zollverein 12 den widersprüchlichen Zustand überwunden. Die Repräsentationsfunktion des Ensembles als Symbol der Ökonomie wird obsolet und ist damit frei geworden für die Besetzung mit kulturellen Werten. Diese vermögen der Architektur ein lebendiges Gesicht zu verleihen und machen sie heute zu einer begehbar Skulptur.

Abb. 9: Fritz Schupp: Zeche Hugo Schacht 8, Gelsenkirchen-Buer, Schachthalle und Förderturm 1961 (Photograph: Hans Grempel).

Ingrid Krau

Die städtebauliche Dimension der Zentralschachtanlage Zollverein 12

Zollverein 12 – eine neue Dimension des Industriebaus

Der 1927 von den Vereinigten Stahlwerken gefällte Entschluß, eine Zentralschachtanlage bis dahin unbekannter Größenordnung zu bauen, hat eine Vorgeschichte, deren grobe Umrisse betrachtenswert sind. Tatsächlich blieb diese neue Anlage bezogen auf die Abbauleistung an Kohle bis in die 1950er Jahre eine der größten, zeitweise die größte der Welt. Ihr Vordenker war Friedrich Wilhelm Schulze Buxloh, der den in der Gruppe Gelsenkirchen zusammengefaßten Zechen der Vereinigten Stahlwerke vorstand. Protagonist dieser weitreichenden Investitionsentscheidung war Albert Vögler, Vorstandsvorsitzender des Gesamtkonzerns.[1]

Die Investition ist als wesentliche Voraussetzung der Modernisierung der zu den Vereinigten Stahlwerken zählenden Betriebe der Stahlindustrie anzusehen. Anstelle der vorausgegangenen Marktreglementierung über Kartelle sollte die Ertragslage der Industrie nunmehr über die auf Arbeitsteilung, Spezialisierung und Massenproduktion gegründete Rationalisierung der betrieblichen Produktion gesteigert werden. Die stark veralteten und vom Raubbau der Kriegsjahre geschädigten Anlagen des Bergbaus erwiesen sich als Haupthindernis der Produktivitätssteigerung in der Eisen- und Stahlindustrie. Den Investitionen zur Rationalisierung der Zechen, die die Stahlindustrie des Konzerns belieferten, kam daher erste Priorität zu. Bei großer Geldknappheit in der deutschen Wirtschaft konnte der Investitionsbedarf der Vereinigten Stahlwerke nur mit Hilfe umfassender amerikanischer Anleihen realisiert werden, wie Reckendrees herausstellt. Diese wurden von den Geldgebern an die Herstellung einer modernen multidivisionalen Unternehmensstruktur im Konzern, aber auch an die Kontrolle der Betriebsergebnisse durch amerikanische Wirtschaftsprüfer gebunden.[2] So läßt sich davon ausgehen, daß Schulze Buxloh in der Gruppe Gelsenkirchen durchaus Freiheiten hatte, sein Konzept der Vereinigung der Kohlefelder der Zollvereinzechen zu einem zusammenhängenden Abbaubetrieb mit einer einzigen neuen Zentralschachtanlage für die Kohleförderung auszugestalten.

Das Vorbild für die Gründung der Vereinigten Stahlwerke und das damit verbundene Konzept der konzentrierten Massenproduktion war für Fritz Thyssen und Albert Vögler „das glänzende Beispiel Amerika"; den unmittelbaren Maßstab bot die US Steel Corporation.[3] Die fortschrittsorientierte Grundeinstellung zur Erneuerung der Wirtschaft war eng verbunden mit dem bei Konzernleitung und Ingenieuren positiv besetzten Begriff der „Amerikanisierung".

Reisen von Unternehmern und Ingenieuren in die USA sind bereits seit den 1870er Jahren zur Orientierung fest etabliert.[4] Auch die für den Bergbau tätigen Ingenieure blickten nach Amerika: Energiewirtschaft, Kessel- und Drucklufttechnik, aber auch das universelle Gummiförderband wurden von jenseits des Atlantiks entliehen.[5] Ohne solche technischen Anleihen wäre wohl die radikale Umgestaltung des Untertagebetriebs und – abhängig davon – die der Übertageanlagen nicht in so kurzer Zeit durchführbar gewesen.

„Amerikanisierung", verstanden als „amerikanisches Erfolgsrezept" und als „Geisteshaltung, wirtschaftlichen Notwendigkeiten auf den Leib zu rücken" war auch für die geistige Elite und mithin die Architektenavantgarde der Zeit ein Fanal, das ihr Denken beflügelte. Viele deutsche Architekten und Städtebauer

1 Geschichtlicher Rückblick über Planung, Bau und Betrieb der Zentralschachtanlage Zollverein 12 – Albert Vögler, Schreibmaschinenskript, Rheinelbe Bergbau AG. Gelsenkirchen 1956, Bergbau-Archiv Bochum 41/2454.

2 Reckendrees, Alfred: Die Vereinigte Stahlwerke A.G. 1926-1933 und „das glänzende Beispiel Amerika", in: Zeitschrift für Unternehmensgeschichte Bd.41 1996, S.159-186.

3 Ebd. S.159, S.161

4 Kleinschmidt, Christian und Welskopp, Thomas: Reisen deutscher Ingenieure nach Amerika in: Zeitschrift für Unternehmensgeschichte 1994 H.2.

5 Burghardt, Uwe: Die Rationalisierung im Ruhrbergbau (1924-1929) – Ursachen, Voraussetzungen und Ergebnisse, in: Technikgeschichte Bd.57 (1990) Bd.1, S.15-42.

6 Fehl, Gerhard: Welcher Fordismus eigentlich?, in: Zukunft aus Amerika, Hrg.: Stiftung Bauhaus Dessau, RWTH Aachen, Dessau 1995, S.21 und 36.

7 Kegler, Harald: Fordismus und Bauhaus, ebd. S. 348, 349.

8 Gropius, Walter: Internationale Architektur. Bauhausbücher 1, München 1925

9 Ganzelewski, Michael und Slotta, Rainer: Die Denkmal-Landschaft „Zeche Zollverein", Bochum 1999, S. 169, 170

pilgerten zuhauf in die USA.⁶ Wir wissen auch von der Umorientierung des Bauhauses ab 1925 durch Schlemmer und Gropius, die nicht zuletzt aus der „Herausforderung Amerika" starke Impulse erhält.⁷ Die Bauten der „Neuen Sachlichkeit" werden von 1925 an von Gropius u.a. in den Kontext des von allem Überflüssigen befreiten Funktionalismus amerikanischer Industriebauten gestellt und breit publiziert.⁸

Es liegt daher nahe, für die jungen aufstrebenden Architekten der Zeche Zollverein 12, Hellhörigkeit gegenüber der amerikaorientierten Geisteshaltung ihrer Auftraggeber zu vermuten. Dies mag sogar die eigene Umorientierung weg von expressionistischen Anklängen in ihrem durchaus funktionsorientierten Denken bei ihren Arbeiten vor 1927 bestärkt haben. Bemerkenswerte Bergbauarchitektur hat es in den USA nicht gegeben. Kohlengewinnung wurde zu niedrigstem Aufwand betrieben, repräsentative Bedürfnisse verbanden sich damit nicht.⁹ Nach einem unmittelbaren amerikanischen Einfluß auf Schupp und Kremmer zu suchen, ist nicht nur deswegen müßig; die Debatte innerhalb der mitteleuropäischen Architektenavantgarde um Sachlichkeit, Zweckdienlichkeit und Funktionalität besaß umfassende Bindungskräfte, der Blick über den Atlantik bestärkte vor allem die eigene Sicht.

Es lohnt, noch einen Moment auf der technischen Seite der Rationalisierung bei Zollverein 12 zu verweilen, um die städtebauliche Dimension der Übertageanlage zu verstehen. Um die wirtschaftlichen Vorteile der „economies of scale" auszunutzen, wurde eine Tagesförderleistung von 12 000 t Kohle als Ziel vorgegeben. Leitgedanke zur Erhöhung der Leistungsfähigkeit der Unter- und Übertageanlagen und damit zur radikalen Senkung der Selbstkosten war die Konzentration der Kohleförderung auf einen zentralen Förderschacht. Dies wurde mit den Zielen der Mechanisierung, Verknüpfung, Verstetigung und Beschleunigung der Produktionsabläufe verbunden.

Abb. 1 Luftbild der Schachtanlage aus Südost, Aufnahme um 1933

In diesem Bereich bot sich den Architekten die Chance, der Fließproduktion sichtbaren Ausdruck zu verleihen. Es scheint, daß die Bedeutung der Fließproduktion in der Rationalisierungsdebatte die Weiterentwicklung der Entwurfsarbeit der Architekten Schupp und Kremmer für Zollverein 12 ab 1929 ästhetisch beeinflußt und zur städtebaulichen Neukonzeption von Kohlenwäsche und zugehörigen Bandbrücken beigetragen hat. Darauf werde ich noch zurück kommen.

Gestaltung des städtebaulichen Ensembles

Daß die Planung der Zentralschachtanlage Zollverein 12 zu einer architektonisch- städtebaulichen Herausforderung werden konnte, die einem Fanal glich, ist der Betrachtung wert. Die Kohlengewinnung wurde fast überall auf der Welt pragmatisch betrieben, d.h. ohne jeden zusätzlichen Aufwand über das unmittelbar Notwendige hinaus. Der preußisch-deutsche Bergbau, der sich als Träger hoheitlicher Aufgaben unter unmittelbarer Staatsaufsicht der Bergämter verstand, verband seinen Anlagenbau von Anbeginn mit Repräsentationsansprüchen, die ihre Vorbilder vor allem in den Wirtschaftsgebäuden der Staatsdomänen des aufgeklärten Absolutismus fanden. Als die technisch aufwendige Kohlengewinnung aus den großen Tiefen der Lagerstätten des Ruhrgebiets in die Hände kapitalintensiver Aktiengesellschaften und Konzerne übergegangen war, machten sich die Unternehmensführungen diese Repräsentationsansprüche zu eigen. Ohne die Vorgeschichte einer bereits selbstverständlichen Bergbauarchitektur, die zunächst von den zecheneigenen Baubüros, dann immer mehr von hinzugezogenen anerkannten Architekten geschrieben wurde, hätte das erstaunliche Kapitel „Zollverein 12" nicht angefügt werden können. Die Entscheidung Schulze Buxlohs, sich auf zwei junge herausfordernde Architekten einzulassen, die – zwar im Kontext der Nützlichkeit und Funktionalität – nicht weniger als ein riesiges Gesamtkunstwerk schaffen wollten, ist mehr als bemerkenswert.

Die für Zollverein 12 getroffenen städtebaulichen Entwurfsentscheidungen blieben bei allen Herausforderungen, die sich aus den unmittelbar zweckgerichteten betrieblichen Erfordernissen ergaben, deutlich von diesen Einflüssen geprägt. Das zeigt sich schon in der „Gliederung des Gesamtbaukörpers", der durch das Zusammenfassen der einzelnen Gebäude zu zwei großen Gruppen erfolgt. „Es ist hier seine (des Architekten) Kunst, die Verhältnisse so abzuwägen, daß ein geschlossenes Ganzes entsteht," schreiben Schupp und Kremmer 1929 in ihrem Buch „Architekt gegen oder und Ingenieur", das ihre an der Entwurfsarbeit zu Zollverein 12 entwickelten Grundsätze darlegt und verallgemeinert.

In fortlaufender Auseinandersetzung mit den Ingenieuren (und mit Rückendeckung Schulze Buxlohs) schaffen sie es, die gegebenen Gestaltungsspielräume durchzusetzen. Mit Verweis auf das knappe Grundstück schreiben sie: „Festliegend waren: der Schacht, der Bahnhof, die Straße und die Verbindung mit der bereits vorhandenen Schachtanlage. Trotz des beengten Grundstücks war es möglich, die Gebäudegruppe nach allen Seiten zu verschieben und in sich zu variieren, woraus zum Schluß eine klare Gruppierung entstand, die wohl sicher keinen beengten Eindruck macht und auch alle Möglichkeiten der gegenseitigen Steigerung der Gebäudemassen zu erschöpfen sucht."[10] Diese Entwicklungsarbeit ist an den im o.g. Buch abgebildeten fünf Grundrißvarianten nachzuvollziehen.

Die Zweiteilung der Anlage in den auf Kohlenförderung, -aufbereitung und -transportbezogenen Komplex und den Komplex der Gebäude mit Ergänzungsfunktionen wie Lager, Werkstätten, Energieanlagen, Büros und Sozialräumen ergab sich aus dem betriebs- und prozeßbezogenen Verbund des kohlenabhängigen Fließprozesses. Reziprok folgte aus dem Fehlen solcher Vorgaben für die weiteren Gebäude deren Gruppierung nach anderen gestaltungsbezogenen Gesichtspunkten. Dem alles überragenden Schachtgerüst kommt dabei die Rolle des verbindenden Gelenks zu. Funktional ist es in die erstgenannte Gruppe eingebunden. Zugleich dominiert es die zweite Gruppe und wird für die Ankommenden als Symbol der Kohlengewinnung zum Bedeutungsträger.

Soweit technisch möglich entschieden sich die Architekten für eine Untergliederung dieses „Gesamtbaukörpers" in einzelne Kuben. Dies bot mehrere Vorteile:

10 Schupp, Fritz und Kremmer, Martin: Architekt gegen oder und Ingenieur, Berlin 1929, S.64.

11 Schupp, Fritz und Kremmer, Martin (Anm.15), S. 72

12 Muthesius, Hermann: Das Formproblem im Ingenieurbau, 1913, zit. nach Sturm, Hermann: Fabrikarchitektur, Villa, Arbeitersiedlung München 1977, S. 222.

13 Gropius, Walter: Der stilbildende Wert industrieller Bauformen, 1914, zit. nach Posener, Julius: Berlin auf dem Wege zu einer neuen Architektur, München 1979, S.600.

Abb. 2 *Fritz Schupp und Martin Kremmer: Zeche Zollverein, Schacht 12, Lageplanvariante 1*

· Die Ensemblewirkung wird über die Wiederholung möglichst ähnlicher Baukörper und den Rhythmus ihrer Zuordnung zueinander gestärkt.
· Die schlichte Einzelform der Kuben ordnet sich dem erwünschten großen Zusammenhang unter.
· Der Kubus als einfachste Hüllform schafft weitgehend Dispositionsfreiheit für die Anordnung der Maschinerie im Innern und begünstigt das Einfügen neuer technischer Anlagen mit dem technischen Wandel.
· Das Unterteilen in Einzelbaukörper bringt Belichtungsvorteile.

Schupp und Kremmer verstehen dies als „funktionale Architektur" und erläutern den Begriff damit, „daß im Rhythmus der Baukörper und Baumassen der Rhythmus der Funktion zum Ausdruck kommen soll, die sich in ihnen vollzieht."[11]

Gesamtzusammenhang und Einheitlichkeit werden noch durch die durchgängige „Haut" der Gebäude aus einem vor die Konstruktion gestellten Stahlfachwerk mit Klinkerausfachung und das Fassadenraster gesteigert.

Den Konventionen des Zechenbaus folgend haben die Ingenieure wohl eher für stärkere Zusammenfassung der Kuben plädiert, konnten aber den sachlichen Argumenten der Architekten durchaus folgen. Die Strenge und Nüchternheit der Kuben und ihre rhythmische Wirkung entsprachen den Forderungen von Muthesius und Gropius, daß der Architekt sich aus der Rolle des Bekleidungskünstlers befreien und Schönheit aus dem inneren Wesen der Dinge entwickeln möge. Gropius fordert explizit „die Übereinstimmung von technischer Form und Kunstform" und verlangt „einfache geschlossene Formen", damit „alle unwesentlichen Einzelheiten sich einer großen einfachen Darstellungsform" unterordnen.[12, 13]

Letzten Endes waren dies aber eher allgemeine Prinzipien, die für den besonderen Fall der vielgliedrigen und prozeßabhängigen Zechenanlagen interpretiert werden mußten. Hier konnten und mußten die Architekten eigene Entwicklungsarbeit leisten.

So sind bei den Lageplanvarianten (Abb. 2 bis 6) 1 bis 3 nur erst Schachthalle, Schalthaus, Werkstätten, Beamtenkauen und Betriebsbüros sowie bei 1 und 2 das Kesselhaus zum geschlossenen Ensemble um einen Hof gruppiert, während die Gebäude der Kohlenverarbeitung noch relativ beliebig dazu angeordnet sind. Erst mit der Variante 5 ist die Querachse mit dem dominanten Kesselhaus und Schornstein am Ende entwickelt. Bei den Varianten 1, 4 und 5 steht der mächtige geschlossene Förderturm jeweils mit seiner Breitseite am Ende der zentralen Achse, offensichtlich um die Gebäude der Kohlenverarbeitung aus dem Blickfeld auszublenden. Bei den Varianten 2 und 3, wo diese Gebäude nicht im Blickfeld der Achse liegen, steht der Turm mit seiner Schmalseite in der Achse und gibt den Blick auf den unverstellten Himmel frei. Aus

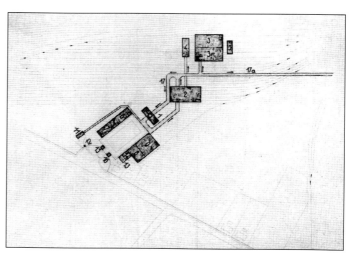

Variante 5 heraus entsteht jenes kraftvolle Ensemble, das uns heute so beeindruckt.

Entscheidend für diesen letzten Schritt ist zum einen das Doppelbockfördergerüst, auf dem zunächst die Ingenieure als Ersatz des von den Architekten konzipierten Förderturms bestehen, dessen dynamische Wirkung jedoch von den Architekten schnell erkannt

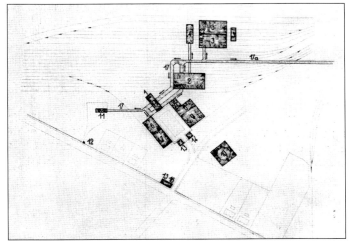

Abb. 3 Fritz Schupp und Martin Kremmer: Zeche Zollverein, Schacht 12, Lageplanvariante 2

und bewußt eingesetzt wird. Zum andern ist es die Einbindung des gewaltigen Volumens der Kohlenwäsche in den Gesamtzusammenhang über die diagonale Blickbeziehung. Mit diesem Schritt erst gelingt es den Architekten, die Kohlenförderung und -verarbeitung zum ästhetischen Bedeutungsträger des Ensembles zu machen. Damit erreichen sie auch, ihren bereits weiter oben aufgeführten Anspruch auf „gegenseitige Steigerung der Gebäudemassen" zu realisieren und die beiden Gebäudegruppen noch deutlicher zu einer Einheit zu verschmelzen.

Zum Verständnis der städtebaulichen Dimension von Zollverein 12 haben wir uns nun mit den für die Anlage so bedeutsamen Aspekten der Symmetrie, Axialität und Monumentalität auseinander zu setzen.

Die Städtebaudebatte unter den Architekten nach dem Ersten Weltkrieg wird vom Fundamentalstreit der „Klassiker", die Symmetrie und Axialität bevorzugen, und der „Romantiker", die dem bewegten Rhythmus und dem nicht orthogonalen Einfügen in Topographie und Morphologie das Wort reden, bestimmt. Diese Debatte muß Schupp und Kremmer gut bekannt gewesen sein. Offensichtlich wollen sie hier aber den Vorstellungen des Einfügens der Stuttgarter Schule nicht folgen, vermutlich weil es im Bergbau üblichen klassischen Repräsentationsbedarf nicht entspricht. Daher mag für sie der Symbiosegedanke, den Gustav A. Platz 1927 publizierte, besonders attraktiv geworden sein. Er schränkt die Verwendung von Symmetrieachsen auf das Vorhandensein „innerer Richtungskräfte des Baukörpers, die nach außen ausstrahlen" ein und velangt, daß die von den „Klassikern" geforderte Steigerung der Achsenwirkung nicht mehr durchgängiges Prinzip sein solle. Sie müsse ergänzt werden um die Steigerung durch schrägliegende Blickrichtungen und Übereckansichten, um ein Raumerlebnis zu erzielen. Er bezieht sich mit diesen Gedanken auf den Fischerschüler Peter Meyer.[14]

Schupp und Kremmer greifen in ihrem Städtebau für Zollverein 12 diesen Symbiosegedanken auf. Schrägblicke ergeben sich allein schon durch die Zwischenräume, die eben frei aufgestellten Kuben eigen sind und die sich beim Durchwandern der Anlage entfalten. Aber die klassischen Ordnungsmomente bleiben dominierend. Die bauliche Anlage demonstriert den durch das Zechentor eintretenden Betrachtern zunächst einmal Ehrfurcht einflößende herrschaftliche Ord-

14 Platz, Gustav Adolf: Die Baukunst der neuesten Zeit, Berlin 1927, S. 139, 140.

Abb. 4 Fritz Schupp und Martin Kremmer: Zeche Zollverein, Schacht 12, Lageplanvariante 3

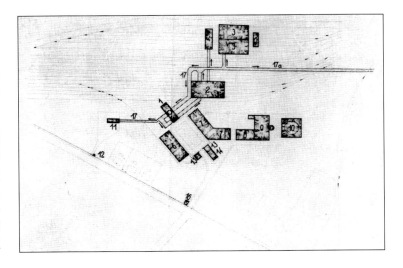

Abb. 5 Fritz Schupp und Martin Kremmer: Zeche Zollverein, Schacht 12, Lageplanvariante 4

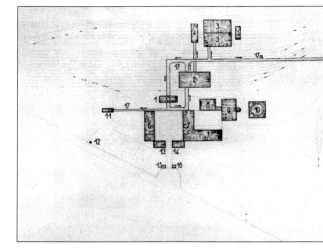

nung, die über das beherrschende symmetrische Doppelbockfördergerüst am Ende der Hauptachse erzeugt wird. Im Schnittpunkt mit der rechtwinklig dazu verlaufenden Querachse stockt den Ankommenden schier der Atem, wenn das monumentale Kesselhaus mit dem genau mittig angeordneten hohen Schornstein als Abschluß der Achse ins Blickfeld rückt – eine Bedeutungssteigerung, die man sich dramatischer inszeniert kaum vorstellen kann. Damit werden zwei Symbole bewusst in Szene gesetzt: das Fördergerüst verweist auf das Zutagefördern der Kohle, das Kesselhaus für die zentrale Druckluftversorgung des gesamten Abbaubetriebs der Zollvereinzechen unter Tage auf die Antriebsenergie. Mag sein, daß sogar das Gegenübertreten von Kesselhaus und elektrischer Schaltzentrale an beiden Enden der Querachse eine bewußte Inszenierung ist. Dazu äußern sich die Architekten allerdings nicht.

Sie bleiben mit Argumenten, die den Boden der Debatte um Funktionalität und Sachlichkeit verlassen, erstaunlich sparsam. Die Steigerung ins Dramatische beim Kesselhaus begründen sie mit „der straffen Klarheit der Grundrißlegung", der Wirtschaftlichkeit und der „guten Lösung eines Zweckprogramms."[15] Ihre Vorliebe, das größte und bedeutungsvollste Gebäude an das Ende der Mittelachse zu stellen und sogar vom axial angeordneten Schornstein überragen zu lassen, belegen sie mit geradezu idealtypisch achssymmetrischen Vorbildern aus der feudalen Zeit der Frühindustrialisierung, die von ihnen als allgemeingültig angesehen werden.[16] Von diesen ausgehend studieren sie die Bedeutung der Symmetrie zur Steigerung der Wirkung und übertragen sie auf eigene idealtypische Entwürfe, wie z.B. den für die Zeche Hugo Ost in Buer. In anderen wie z.B. den Schornsteinstudien beschäftigen sie sich mit der Bedeutungssteigerung über Wiederholung baulicher Elemente.

Hier ist noch einmal auf das Hereinholen der mächtigen Diagonalen der Transportbrücken, die Schachtgebäude und Rohkohleturm mit der Kohlenwäsche verbinden, in

15 Schupp, Fritz und Kremmer, Martin (Anm.15), S. 60

16 Schupp, Fritz und Kremmer, Martin: Industriebauten im Ruhrgebiet, in: Monatshefte für Baukunst und Städtebau, 1935, S. 86f.

Abb. 6 Fritz Schupp und Martin Kremmer: Zeche Zollverein, Schacht 12, Lageplanvariante 5

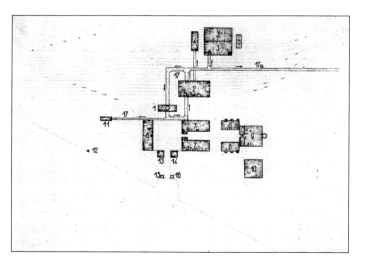

das Blickfeld des Vorhofs einzugehen. In den weiter oben vorgestellten fünf Lageplanvarianten aus der Planungszeit von 1927/28 bleiben, wie schon erwähnt, Kohlenwäsche und Transportbrücken hinter dem Schachtgebäude verborgen. Sie werden erst mit der Weiterentwicklung des Entwurfs ins Sichtbare geholt. Ausschlaggebend für die Verschiebung des Standorts der Kohlenwäsche sind Gründungsprobleme am vorgesehenen Standort.[17] Die neue Anordnung wird 1930 entwickelt und 1931 erstmals publiziert.[18] Ich habe bereits weiter oben darauf hingewiesen, daß es den Architekten auch um den adäquaten Ausdruck des modernen Fließprozesses in der Kohleaufbereitung gegangen sein mag. Damit verband sich offensichtlich eine Erweiterung der ästhetischen Sichtweise, die dazu führte, die eher statische Axialität des Vorhofes mit der Dynamik der Diagonalen des Schachtgerüsts und der Schrägbandbrücken in ein Spannungsverhältnis zu setzen. Dies erscheint mir als besonders bedeutsam: Schupp und Kremmer sind nicht auf einen Städtebau monumentaler Achsenwirkung festzuschreiben. Sie verstehen es, diese in ein Ganzes einzubinden, das auf komplexerem Denken beruht.

Zollverein 12 und sein Umfeld

Als 1927 der Bau der Zentralschachtanlage Zollverein 12 beschlossen wird, liegt der Bauplatz außerhalb urbanen Siedlungsgebiets in der dem Anschein nach eher ländlichen Gemeinde Katernberg. Tatsächlich ist die an der Peripherie der Stadt Essen gelegene Gemeinde, wie auch die Nachbargemeinden Stoppenberg und Schonnebeck, längst vom Bergbau beherrscht. Dieser hat nicht nur fast alle Bauernhöfe aufgekauft, sondern ist auch Arbeitgeber für die meisten der gut 22.000 Einwohner. Durch die Äcker rund um das Dorf sind in großem Abstand parallele Straßen gezogen, an denen sich die Bergarbeiterhäuser gleichen Bautyps aufreihen. Jeweils ausgestattet mit üppigem Gartenland hinter den Häusern ergibt sich eher der Eindruck des Wohnens in der Landschaft als des Wohnens im Siedlungszusammenhang. Die Zollvereinzechen liegen ohne erkennbare Ordnung als große bauliche Industriekomplexe in der Landschaft. Zusammen mit der schier unendlichen Geraden der Köln-Mindener Eisenbahnlinie, den technisch geformten Bergerhalden und den schnurgeraden Arbeiterkolonien signalisieren sie den Einbruch des Industriezeitalters in die ländliche Idylle.

Die Standortentscheidung für Zollverein 12 folgt technischen Gesichtspunkten: der aus der Untertagesituation optimierten Lage des Schachtes, der erforderlichen Mindestgröße des Grundstücks und dem Bedarf an kurzen Verbindungswegen zur bestehenden Schachtanlage 1/2/8.

Die neue Dimension der Zentralschachtanlage macht eine kontextuelle Einbindung obsolet. Die auf sich selbst bezogene städtebauliche Ensemblebildung, das Imperiale der achsensymmetrischen Eingangssituation und

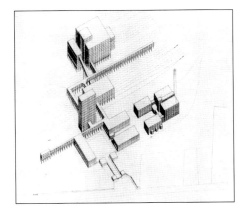

die unterkühlte Reduktion der Gebäudehüllen verweigern schon im Ansatz jeden Bezug der Zuordnung zur Nachbarschaft. Wenn man Bildbände zur Industrielandschaft des Ruhrgebiets aus der damaligen Zeit durchsieht, wird schnell deutlich, daß Zollverein 12 als Vorbote einer neuen Zeit die Zwischenwelt des Übergangs ablöste. Die Zeche stellte eine teils positiv, teils negativ verstandene ästhetische Provokation dar. Für die Unternehmensleitung war die Ästhetik der Moderne Ausdruck des Fortschritts, für die Bergarbeiter war die kühle und machtvolle Geste der Architektur direkter Ausdruck des Wegrationalisierens der Arbeit und der Arbeitsintensivierung.[19] So wurde das Projekt auch wegen „architektonischer Unzulänglichkeit" und „Verschandelung von Katernberg"

17 Vereinigte Stahlwerke AG.: Die Steinkohlenbergwerke der Vereinigten Stahlwerke AG. – Zeche Zollverein, Essen 1934, S. 394, 395

18 Schupp, Fritz und Kremmer, Martin: Industriebauten, in: Bauwelt 22, 1931, Heft 6, S. 1 und 14.

19 Zeche Zollverein Essen – Katernberg. Rheinelbe Bergbau AG. Maschinenmanuskript 1953

Abb. 7 Fritz Schupp und Martin Kremmer: Zeche Zollverein, Schacht 12, Isometrie der Variante 5

20 Schupp, Fritz: Industriebau an der Ruhr, in: Zentralblatt für Industriebau, Mai 1955, S. 139

21 Schupp, Fritz und Kremmer, Martin (Anm. 15), S. 68

22 Schupp, Fritz und Kremmer, Martin (Anm. 20), S. 81

23 Schupp, Fritz, Arbeiten der Architekten Dipl.-Ing. Fritz Schupp und Dipl.-Ing. Martin Kremmer, in: Baumeister 41 (1943) H.2, S. 27

24 Ganzelewski, Michael und Slotta, Rainer (Anm.9(, S.38

25 Busch, Wilhelm (Anm.14), S.156 - 158

vom Katernberger Bauamt abgelehnt.[20] Doch geht die kühne Schachtanlage neue Beziehungen zu Natur und Landschaft ein, die von den Architekten bewußt aufgebaut werden und auf den Anspruch ganzheitlicher Gestaltung von Industrielandschaft verweisen.

Die Architekten wollen mit ihren Bauten der gesellschaftlichen Bedeutung des neuen großindustriellen Aufbruchs gerecht werden und postulieren: „Wir müssen erkennen, daß die Industrie mit ihren gewaltigen Bauten nicht mehr ein störendes Glied in unserem Stadtbild und in der Landschaft ist, sondern ein Symbol der Arbeit, ein Denkmal in der Stadt, das jeder Bürger mit wenigstens ebenso großem Stolz dem Fremden zeigen soll, wie seine öffentlichen Gebäude."[21] Zu ihrer städtebaulichen Entwurfsarbeit rechnen die Architekten „die Berücksichtigung besonderer Blickpunkte und Untersuchungen über die Beeinflussung des Landschaftsbildes."[22] Sie halten es für notwendig, sich vorab zu fragen: „Wo wird das Werk stehen, was ist in seiner Nähe, welchen Charakter hat die Landschaft, welche architektonisch-städtebauliche Bedeutung wird das Werk einmal haben?"[23] Zollverein 12 dürfte nicht ohne sorgfältige Entwicklungsarbeit zur Reife gelangt sein. Noch heute teilt sich dies über Blickbeziehungen aus der Nähe wie aus der Ferne mit.

Ende der 1920er Jahre wohnen 100 % der Angestellten und 50 % der Kumpel der Zollvereinzechen in zecheneigenen Wohnungen. Das gilt als hinreichender Versorgungsgrad. Bei Inbetriebnahme der neuen Zentralschachtanlage 1932 vermindert sich die Belegschaftszahl um rund 3000 Personen gegenüber dem Durchschnitt der Vorjahre.[24] Erstmals hat der Bau einer neuen Zeche keinen neuen Wohnungsbedarf zur Folge. In den 1930er Jahren wird daher fast kein weiterer werksverbundener Wohnungsbau im Umfeld der Zeche ausgeführt. Das ändert sich allerdings in den 1950er Jahren, als dem nachkriegsbedingten Produktivitätsmangel mit dem Einsatz einer großen Zahl zusätzlicher Arbeitskräfte begegnet wird. Da auf Zollverein 12 keine Seilfahrt stattfindet und nur wenige Übertagearbeiter ein und aus gehen, wird auch das unmittelbare Gegenüber von Zeche und Bergarbeitersiedlung als städtebaulicher Gesamtzusammenhang obsolet. Zollverein 12 leitet somit ein, was bei den nachfolgenden großräumig ausgreifenden Verbundbergwerken zur Normalität wird.

Die städtebauliche Entwurfsarbeit nach Zollverein 12

Die Suche der Architekten nach dem angemessenen städtebaulichen Ausdruck hat hohe Priorität in ihrem Schaffen. Bei der Frage, ob strenge Axialität oder freie Komposition mit städtebaulichen Akzenten in den Vordergrund treten soll, spielt offenkundig auch ihre Auseinandersetzung mit den Zeiteinflüssen eine erhebliche Rolle. Daher lohnt es, die städtebauliche Arbeit in der politisch-ideologisch stark überfrachteten Folgezeit nach Fertigstellung von Zollverein 12 an einigen Beispielen zu betrachten.

Im Jahr 1943 entstehen auch Lagepläne für den Bau einer Großkokerei Zollverein, die uns im Vergleich mit dem Entwurf der 1957-61 realisierten Anlage mehr über den Weg der Architekten mitteilen. Die Ergänzung der Zentralschachtanlage Zollverein 12 durch eine Großkokerei war schon Ende der 1920er Jahre ins Auge gefasst worden. Die Planung wurde jedoch erst im Zuge der Autarkiebemühungen im Deutschen Reich in den 1940er Jahren in Angriff genommen. Die ersten Vorüberlegungen führen zu einem Lageplan strengster Axialsymmetrie.[25] Die über eine Länge von etwa 1,3 km gezogene Mittelachse durchmißt die Zeche Zollverein 12 sowie die in erheblicher Längsausdehnung konzipierten Kokereianlagen samt eines als Endpunkt der Achse vorgesehenen Großkesselhauses. Auf dieser Mittelachse befinden sich alle dominanten Gebäude: das Doppelbockfördergerüst der Schachtanlage, der Kohlenturm, der die Koksbatterien beschickt, sowie die monumentale Gebäudegruppe mit Schalthaus, Maschinenhaus und Kesselhaus, einem hohen Schornstein und einem Kühlturm. Es handelt sich offensichtlich um eine Versuchsanordnung, über die Klarheit gewonnen werden soll, ob sich Schachtanlage und Kokerei so zu einem Komplex zusammenfassen lassen.

Die Architekten erkannten, daß eine derart extreme Längsentwicklung zum einen allenfalls aus dem Flugzeug wahrgenommen werden kann und zum andern dem Charakter der vorhandenen Industrielandschaft nicht entspricht. Denn noch 1943 entsteht ein zweiter Lageplan, der die Mittelachse deutlich verkürzt, indem das Großkraftwerk seitlich angeordnet und über eine Querachse angebunden wird. Beide Entwürfe entsprechen letzten Endes mehr dem Zeitgeist als dem Grundprinzip der Architekten, daß Achsen nur dort zulässig sind, wo sie ein innerer Zusammenhang begründet. Zum Glück läßt die Kriegsentwicklung keine Realisierung mehr zu. Sie verschiebt sich in die späten 1950er Jahre und damit in die Phase der Rückbesinnung Schupps auf die städtebaulichen Prinzipien der Moderne.

Vom ideologischen Ballast befreit kann er nun an den eigenen 1927 bis 1931 realisierten Kokereien Alma, Nordstern und Deschowitz anknüpfen und ein in sich schlüssiges bauliches Ensemble konzipieren, abgekoppelt von der Schachtanlage. Diese rhythmisch gegliederte und auf sich selbst bezogene städtebauliche Ordnung fügt sich weit besser in den vorgegebenen industriellen Landschaftsraum ein als die Vorversuche. Dazu trägt auch die Entscheidung bei, die fast einen Kilometer lange Koksofenbatterie parallel zur schnurgeraden Köln-Mindener Eisenbahnlinie anzubinden. Insbesondere der Entwurf für die Odertal-Großkokerei in Deschowitz [26] hat ihn gelehrt, daß es entscheidend ist, die technischen Aggregate der Nebengewinnungsanlagen unterschiedlichster Formen, Größen und Konstruktionen in eine Struktur gebende Ordnung einzubinden und darüber in das spannungsvolle Zusammenspiel des Gesamtensembles zu integrieren.

1942/3 nehmen Schupp und Kremmer gemeinsam eine weitere Planung in Angriff, die allein durch ihre Dimension eine Herausforderung ist: Eine geradezu gigantische Zechenanlage mit Kraftwerk soll in Oberschlesien für die aus den Gräflich Schaffgotsch'schen Werken hervorgegangene Godulla AG errichtet werden. Das in Ostoberschlesien gelegene Abbaugebiet war durch die 1922 vollzogene Teilung Oberschlesiens zu Polen gekommen, dann aber 1939 dem Deutschen Reich wieder eingegliedert worden. Die Schaffgotsch'schen Werke waren ein kombiniertes Unternehmen mit umfangreichen Zechen und Hüttenbetrieben, für die Modernisierung und Rationalisierung nach dem Vorbild der Vereinigten Stahlwerke durchgeführt werden sollten.

Auch hier ging es im Zuge der Eingliederung der oberschlesischen Schwerindustrie in die deutsche Kriegswirtschaft ab 1939 im ersten Schritt darum, „den zurückgebliebenen Stand und Zuschnitt der Schachtanlagen" zu beseitigen, um die für die Eisenhüttenwerke notwendigen Mengen an Kokskohle zutage zu fördern.[27]

Von der Neuplanung der Godullaschächte sind zwei Lageplanfassungen, eine von 1943, eine von 1944 sowie einige Skizzen erhalten. Sie zeigen eine Großzeche mit zwei Doppelbockfördergerüsten etwa der Größenordnung von Zollverein 12. Möglicherweise sollte die Förderkapazität von Zollverein 12 auch hier erreicht oder gar übertroffen werden. Vermutlich war das östliche Schachtgerüst für die Seilfahrt vorgesehen. Denn an der östlichen Flanke ist ein Mannschaftsgebäude mit sehr großer Schwarz- und Weißkaue angeordnet. Darin sind jeweils 4.000 Kleiderhaken vermerkt, was bedeutet, daß 4000 Kumpel gleichzeitig einfahren und beim

26 Busch, Wilhelm (Anm.14), S. 112

27 Spruth, Fritz: Die betrieblichen Maßnahmen der Bergwerke zur Steigerung der Kohleförderung in Oberschlesien 1939 - 1944, Dissertation Aachen 1947

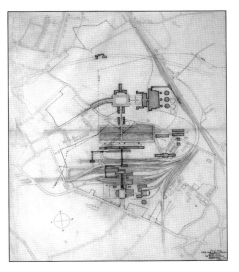

Abb. 8 Fritz Schupp und Martin Kremmer: Kokerei Zollverein, Lageplanentwurf von 1943

Zweischichtbetrieb 8.000 Personen pro Arbeitstag eingesetzt werden konnten. Damit wäre die Förderkapazität der Zollvereinzechen zu übertreffen gewesen. Daraus ergab sich die Notwendigkeit, auch eine neue Bergarbeitersiedlung zu errichten, mit deren Planung Schupp und Kremmer offensichtlich gleich mitbeauftragt wurden.

Im Lageplan von 1943 sind Schachtanlage

und Kraftwerk zwei getrennte, baulich eher kompakte Komplexe, die abseits des kleinen Dorfes in die leicht bewegte Topographie gut eingebunden sind. Vom Kraftwerk führt eine lange, schnurgerade Straße zur neuen Siedlung, die als betonte Mittelachse hindurchgeführt wird. An dieser Achse sind selbstverständlich die öffentlichen Bauten in Szene gesetzt. Die Anlage erweckt bereits im Lageplan den Eindruck einer nationalsozialistischen Mustersiedlung. Schupp merkt bei der Durchsicht des Lageplans nur mit Bleistift an, daß es nicht sinnvoll sei, die Siedlung mit der Straße auf das Kraftwerk auszurichten, da dort kaum Menschen arbeiten würden. Der von 1944 datierende überarbeitete Lageplan zeigt eine gartenstadtähnliche Siedlung mit leicht geschwungenen Straßen und ohne Orientierung auf eine dominierende Mittelachse. Die Siedlung liegt abseits des alten Dorfes, ist nun topographisch eingebunden und über ein unregelmäßiges Wegenetz mit Dorf, Zeche und Kraftwerk verbunden. Es ist ein im Sinne der Lehren Theodor Fischers und der Stuttgarter Schule konzipierter Entwurf. Vielleicht war das schon absehbare Ende des Dritten Reiches der Auslöser für die Rückbesinnung auf die bewährten städtebaulichen Grundsätze. Vielleicht hat aber auch die genauere Untersuchung der topographischen Gegebenheiten gezeigt, daß hier eine große durchlaufende Achse deplaziert wäre. Die unmittelbaren Kriegsereignisse und ihre Folgen ließen eine Realisierung dieser Planung nicht mehr zu.

Ausblick

Nach der Schließung der Zeche Zollverein 12 im Jahre 1986 und der Kokerei Zollverein im Jahre 1993 hat die IBA Emscherpark die Weichen für Erhalt und Nachnutzung beider Industriedenkmale gesetzt. Es folgte die Aufnahme beider Komplexe in die Liste des Weltkulturerbes der UNESCO. Als jüngstes Glied in der Kette der Zukunftssicherung ist im Auftrage der Entwicklungs-Gesellschaft Zollverein ein Masterplan für das zusammenhängende Gelände der Zechen Zollverein 1/2/8 und 12 und der Kokerei Zollverein aus Rem Koolhaas' Office For Metropolitan Architecture (O.M.A.) entstanden. Er lotet aus, mit welchen Nutzungen und baulichen Mitteln neues wirtschaftliches und kulturelles Leben in das Areal einziehen kann. Um die Denkmale weitgehend in Ruhe zu lassen, ist eine intensive Neubebauung am Rande der Anlagen vorgesehen, die sich wie eine Schale um die Bestände herumlegt. Die drei bisher deutlich voneinander getrennten Bergbauanlagen werden dadurch in einen baulichen Zusammenhang integriert. Unter den Aspekten, daß zur Erhaltung solch bedeutender und in der Weltgeschichte einmaliger Ensembles auch das industrielandschaftliche Ambiente ihrer bergbaulichen Funktionszeit gehört, ist der historisch unbekümmerte Entwurf sicherlich noch einer ernsthaften Prüfung zu unterziehen. Unter den Aspekten, daß der Status der Denkmale als Weltkulturerbe allein nicht satt macht, ist hingegen sehr wohl zu überlegen, welche Verbindung mit zukunftsträchtigen Wirtschaftsaktivitäten angemessen und zumutbar ist.

Die bisherige Erhaltungsstrategie macht eine kluge Gratwanderung zwischen Denkmalbewahrung und Öffnung der Denkmale für Kultur, Unterhaltung und Freizeit-Events. Das würde mit dem Koolhaas-Vorschlag nicht aufrecht zu erhalten sein. Der Grad der Aktivitätssteigerung durch eng verquickte und pausenlose Festivalisierung und Kommerzialisierung und die von Koolhaas vorgeschlagene Nutzung der Denkmale als Attraktoren, um ein globales Publikum einzufangen, das von einem Highlight-Kulturevent zum nächsten aufbricht, droht den Status der Baudenkmale als Weltkulturerbe zu verzehren. Das kann nicht gewollt sein.

Diesen Ereignissen sind die Highlight-Architekturen des Masterplans gewidmet. Die gewerblichen städtebaulichen Areale sind hingegen von großer Banalität. Man wäre besser beraten, in die Industrielandschaft des Zollvereinareals vom Bestand abgesetzte neue gewerbliche Gebäudekomplexe harmonischer städtebaulicher Ordnung einzufügen, die es mit den städtebaulichen Leistungen von Schupp und Kremmer nebenan aufnehmen können.

Cengiz Dicleli

Zur Einordnung der Stahlkonstruktionen von Schupp und Kremmer

Einleitung

„Klarheit der Struktur setzt nicht nur konstruktives Verständnis voraus, sondern auch die Fähigkeit, ihre charakteristische Ordnung zu entwickeln. Es besteht zwar die Freiheit, eine beliebige Struktur zu wählen; hat man sich aber einmal entschieden, so besteht Freiheit nur noch innerhalb der von ihr gesetzten Grenzen. Diese Grenzen zu erkennen und die Struktur dem gemäß zu entwickeln, ist die Grundbedingung jeder architektonischen Arbeit."[1]

Ludwig Hilberseimers Aussage trifft auf Fritz Schupp und Martin Kremmer und vor allem auf ihre Bauten im Revier zu. Die Entscheidung, Zechenbauten nicht mehr massiv in Stahlbeton und/oder in Mauerwerk, sondern in Stahl zu bauen, war in den 1920er Jahren des 20. Jahrhunderts durchaus zeitgemäß, und auch andere Architekten folgten diesem allgemeinen Trend. Wie schon oft zitiert, zeichneten sich Schupp und Kremmer jedoch durch eine seltene Konsequenz aus, die Grenzen dieser Bauweise auszuloten und über Jahrzehnte hinweg zur gestalterischen Perfektion auszubauen – in einem Maße, die man in Deutschland sonst nur mit Hans Hertlein, dem Erbauer der Siemensstadt in Berlin, vergleichen kann.

Die Stahlfachwerkbauweise, die Schupp und Kremmer für die Fassadenkonstruktionen ihrer Bauten gewählt haben, hat im Detail sicher auch ihre baukonstruktiven Schwächen, sie war aber optimal für die zu lösende Aufgabe und vor allem für die Entwicklung der charakteristischen Ordnung in Form einer anpassungsfähigen und trotzdem klaren Struktur. Es wird im Einzelnen noch zu klären sein, was unter dem Begriff „Stahlfachwerk" in diesem Zusammenhang zu verstehen ist, wie er sich konstruktiv und baugeschichtlich einordnen läßt.

Ein ganz wesentlicher Aspekt ist auch die Art und Weise, wie Schupp und Kremmer mit den jeweiligen Betriebsingenieuren der Zechen und mit den Bauingenieuren der Baufirmen zusammengearbeitet haben. Insbesondere für Schupp muß dies essenziell gewesen sein, da er darüber mehrfach Vorträge gehalten und publiziert hat.[2,3] Es ist bezeichnend bei ihm, daß er in Bezug auf die Ingenieure eine ganz andere, eher partnerschaftliche Haltung einnimmt als beispielsweise Peter Behrens, der sich stark in Konkurrenz mit den Bauingenieuren durchzusetzen versuchte.[4] „…, gerade solche Aufgaben … fordern, mehr als manche andere, von ihm die künstlerische Fähigkeit, die Gegebenheiten in eine höhere Ordnung zu bringen. Der Ingenieur stellt die verschiedenen Bauten der Zeche, Behälter, Eisengerüste, Massivbauten nebeneinander in der Reihenfolge ihrer betrieblichen Funktion. Sache des Architekten ist es, sie zusammen zu ordnen."[5] Schupp versuchte nicht Dominanz auszuüben, er versuchte eher die Arbeit des Ingenieurs zu ergänzen und zu veredeln. „Der Architekt kann also sehr wohl verschönern, wenn er es aus den technischen Voraussetzungen heraus tut, die ihm der Ingenieur an die Hand gibt, um dessen Werk zu fördern und zu steigern."[6] „Und … der Ingenieur ist doch der gewinnende Teil, wenn es gelingt, in gemeinschaftlicher Arbeit seine Leistungen so heraus zu stellen, daß sie als Werke der Baukunst anerkannt und beachtet werden."[7,8]

Zollverein 12 wurde zu einem Zeitpunkt errichtet, als der Stahlbau in Deutschland in einem starken Wandlungsprozeß begriffen war. Etwa um 1930 wurde der Übergang von den Niet- zu Schweißkonstruktionen eingeleitet, und zwar auch bei dynamisch

1 Hilbesheimer, Ludwig, 1956, in Oswald, Grube: 100 Jahre Architektur in Chicago, München 1974.

2 Schupp, Fritz: Architekt und Ingenieur im Industriebau, Berlin 1933.

3 Schupp, Fritz: Architekt gegen oder und Ingenieur, Berlin 1929.

4 Dicleli, Cengiz: Ingenieurporträt Karl Bernhard, in deutsche bauzeitung, 6/2000, S. 116 ff.

5 Schupp (Anm. 2), S. 34.

6 Ebd., S. 13.

7 Schupp (Anm. 3), S. 9.

8 Selbstverständlich müssen diese Aussagen immer in Kenntnis der historischen Zusammenhänge verstanden und relativiert werden, als Bemühungen der Architekten, sich im Industriebau zu etablieren. Es darf auch hier nicht übersehen werden, daß die Baugeschichtsschreibung es bislang oft versäumt hat, auch die Leistungen der Ingenieure als Beitrag zur Baukunst zu verstehen und zu würdigen.

Abb. 1 Schnitt durch ein siebenstöckiges Gebäude mit gusseisernen Stützen und Trägern, England, 1801

9 Gatz, Konrad und Hart, Franz: Stahlkonstruktionen im Hochbau, München 1966, S. 27.

10 Werner, Frank und Joachim Seidel: Der Eisenbau, Berlin 1992, S. 15, Bild 2.4.

11 Giedion, Siegfried: Raum, Zeit, Architektur, Ravensburg 1965, S. 140.

12 Larson, Gerald, R.: Der Eisenskelettbau: Entwicklungen in Europa und den Vereinigten Staaten, S. 39 ff., in Zukowsky, John (Hg.): Chicago Architecture 1872-1922, München 1987.

beanspruchten Tragelementen wie Brücken oder Fördergerüsten. Man ging dazu über, große und weitgespannte Träger nicht mehr aus einzelnen Stäben zu Fachwerken zusammenzusetzen, sondern aus vollwandigen Blechen zu schweißen. Ebenfalls um diese

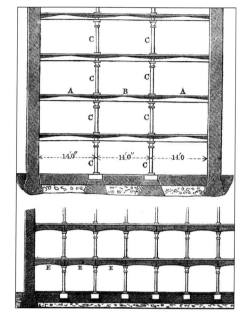

Zeit wurden die Stahlqualitäten genormt und korrosionsträge Stahlsorten entwickelt. All diese Neuerungen finden in den Zollvereingebäuden ihren Niederschlag, was zusätzlich zur Bedeutung dieser bemerkenswerten Architektur beiträgt.

Der Einzug des Eisens im Bauwesen

Bei den Konstruktionen des Büros Schupp und Kremmer spielen die in der Fassade sichtbaren Stahlprofile als Gestaltungs- und Ordnungsmittel eine bedeutende Rolle. Das Zeigen des Stahlskeletts, tragend oder nicht-tragend, und die Art der räumlichen Aussteifung der Gebäude, Rahmen oder Diagonalverbände, haben in der Entwicklung des Stahlskelettbaus und des modernen Bauens weltweit eine spannende Evolution erfahren. Ebenso hat die Art des Brandschutzes eine gestaltbestimmende Rolle gespielt. Im

Folgenden werden diese Aspekte in kurzen Zügen aufgezeigt, um die Konstruktionen der Übertagebauten besser einordnen zu können.

England, Frankreich und die Vereinigten Staaten

Obwohl Eisen schon seit dem Altertum bekannt war, wurde es beim Bauen lange nur zu untergeordneten Zwecken verwendet. Erst 1767 mit der Herstellung der ersten Eisenbahnschienen in England und mit der gußeisernen Brücke Abraham Darbys in Coalbrookdale 1775-79 (vgl. S. 226, Abb.1) hielt das Eisen Einzug ins Bauwesen. Träger und Stützen aus Eisen waren eigentlich schon durch die gußeisernen Deckenbalken im Marmorpalast in St. Petersburg und gußeisernen Säulen bei einer Empore in der St. Anna Kirche in Liverpool 1770 bekannt geworden.[9] 1799 bis 1801 erbauten Matthew Boulton und James Watt, der Erfinder der Dampfmaschine, die wegen ihrer Konstruktion berühmt gewordene Baumwollspinnerei in Salford, Manchester (Abb. 1). Um mehr Platz für die Aufstellung der neu entwickelten Baumwollspinnmaschinen zu schaffen, wurden die bis dahin üblichen dicken Holzkonstruktionen durch schlankere gußeiserne Balken und Stützen ersetzt.[10] Ein anderer Beweggrund war die Nichtbrennbarkeit von Eisen, die die Bauherrn zu der falschen Annahme verleitete, daß eiserne Konstruktionen feuersicher wären.[11] Diese Bauweise mit den gemauerten Außenwänden und eisernen, später stählernen Balken und Stützen im Innern, hat die Industriebauten im ganzen 19. Jahrhundert beherrscht.

Die Metallkonstruktionen blieben lange im Innern der Gebäude versteckt, teils aus Gründen der Feuersicherheit, teils wegen der Architekturtradition. Beispielsweise waren in Paris noch bis 1878 mindestens 50 cm dicke massive Außenwände vorgeschrieben, so daß der Einsatz von Eisen und Stahl in den Fassaden nicht erlaubt war. In Portsmouth in England war das Eisenskelett schon 1844 beim Bau einer Feuerwache nach außen gedrungen. Die Verschärfung der Bauvorschriften machten noch im selben Jahr auch dort der Verwendung von Eisen in der Fassade ein Ende.[12]

Gerade die Angst vor Feuer hat 1847 in New York den Maschinenfabrikanten James Bogardus veranlaßt, ein vierstöckiges Gebäude zu entwerfen, „dessen Fassaden aus Glas und feuerfestem Gußeisen" bestehen sollten.[13] Er erfand eine Bolzenverbindung für den biegesteifen Anschluß der Träger an die Stützen. So konnte man aufgrund der Rahmenwirkung auf die Diagonalverbände oder Scheiben aus Mauerwerk verzichten (vgl. Abb. 17).

1853 errichtete Victor Baltard in Paris die Markthallen, das erste wirklich freistehende Eisenbauwerk Frankreichs. Auch hier wurde die Stabilität des Gebäudes durch eine biegesteife Verbindung der Träger mit den Stützen realisiert.

Ein Jahr später begann James Bogardus in New York, Bauten mit reinen eisernen Fassaden herzustellen (Verlagshaus Harper & Brothers), bis die großen Brände in Boston und Chicago in den 1970er Jahren den Eisenfassaden ein Ende setzten.

Die Grundlagen für den Stahlskelettbau, wie wir ihn heute kennen, wurden mit dem Bau eines viergeschossigen Bootshauses auf der Marinewerft in Sheerness (England) 1860 geschaffen. Schmiedeeiserne Träger wurden auf gußeiserne Säulen mit I-Querschnitten genietet, wodurch wiederum biegesteife

Abb. 2 Louis Thalheimer, Immeuble Commercial, Paris 1894

13 Ebd., S. 40.

14 Ebd., S. 46.

Ecken erzeugt werden konnten. Das Gebäude war nicht ummauert, sondern mit Glas und Wellblech verkleidet.

1863 sorgte in Paris Eugène-Emmanuel Violett-le-Duc, der lange Zeit gegen sichtbares Eisen in den Fassaden polemisiert hatte, mit seinem Atlas für Aufsehen, in dem er den farbigen Entwurf für ein Appartementhaus veröffentlichte. Die Außenwände des Bauwerkes waren mit sichtbaren eisernen Stützen und Diagonalverbänden versehen, obwohl dies in Paris damals bauaufsichtlich nicht zulässig war. Die Ausfachung bestand aus farbigen Terrakottaziegeln (Abb. 3). Wenige Jahre später (1869-72) wurde diese Vorstellung in der Nähe des Dorfes Noisiel, südlich von Paris, vom Architekten Jules Saulnier und vom Ingenieur Moissant realisiert, die für die Schokoladenfirma Menier ein dreigeschossiges Gebäude errichteten, dessen Fassade mit sichtbaren Diagonalverbänden ausgestattet war (vgl. S. 231, Abb. 7). In dem Jahr, in dem die Schokoladenfabrik fertiggestellt wurde, veröffentlichte Violett-le-Duc den zweiten Band seines Atlas Etretiens sur l´architecture und beschrieb bereits die theoretischen und technischen Grundlagen des Eisenskelettbaus: „Für einen Architekten dürfte die Vorstellung nicht abwegig sein, ein großes Gebäude zu errichten, dessen Gerüst zu verkleiden und es mit einem Schutzmantel aus Stein zu versehen."[14] Ab dieser Zeit war auch in Paris der Weg geebnet, das Traggerippe nach außen zu zeigen und auf das verkleidende Mauerwerk teilweise oder ganz zu verzichten (Abb. 2, 5). Um 1878 wurde das Pariser Baugesetz tatsächlich verändert und erlaubte nunmehr die Anwendung des von außen sichtbaren Eisenskeletts in der Fassade. Gustave Eiffel errichtete die Grand Magasins du Bon Marché mit zum Teil über fünf Geschosse reichendem sichtbarem Schmiedeeisenskelett.

Abb. 3 Viollet-le-Duc, Ansicht eines Pan de Fer-Appartementhauses, Paris 1863

Zu diesem Zeitpunkt war man in Amerika, was die Konsequenz im Skelettbau angeht, noch nicht so weit wie in Frankreich. Nach den beiden Großfeuern 1871 und 1874 wurden in Chicago die Bauvorschriften bezüglich des Brandschutzes sogar noch verschärft. Zwei Architekten aus Chicago, Peter B. Wight und William Drake, entwickelten ein Feuerschutzsystem für Skelettbauten, wobei sie die Eisensäulen mit porösen Terrakottasteinen ummantelten. Die dann auf dieser Grundlage entwickelten Skelettsysteme in Chicago zeichneten sich dadurch aus, daß die Ausmauerungen der Fassaden und die Feuerschutzverkleidungen vollständig vom Eisenskelett getragen wurden und somit den wirklichen Anfang des Skelettbaus bedeuten.

1879 baute William Le Baron Jenney sein First Leiter Building, das als erstes Werk der First Chicago School of Architecture gilt, noch mit tragendem Mauerwerk und hölzernen Deckenbalken. Auch bei dem Home Insurance Building, das Jenny 1884 fertig stellte, waren die ersten drei Geschosse aus tragendem Mauerwerk. Die oberen sieben Stockwerke wurden mit rechteckigen Gußeisensäulen versehen, die mit Beton gefüllt und mit Ziegeln ausgemauert waren. Erst 1889 ist es William Holabird und Martin Roche mit dem zwölf geschossigen Tacoma Building gelungen, das erste wirkliche Vollskelett zu realisieren. Die Ummauerung der Stützen wurde vom Stahlskelett getragen.

Den Höhepunkt des Stahlskelettbaus in den USA markiert Mies van der Rohe, der in Deutschland schon in den 1920er Jahren des 20. Jahrhunderts bemerkenswerte Entwürfe für visionäre Stahl-Glas-Gebäude veröffentlicht hatte. Nach seiner Umsiedlung nach Chicago um 1938 nahm er die dort bereits stagnierende Entwicklung im Stahlskelettbau wieder auf. Was die Auseinandersetzung bezüglich des tragenden Skeletts und der hüllenden Fassade anbetrifft, sind die Hochschulbauten für das Illinois Institute of Technology wohl die wichtigsten. Die Lösungen, die dort entwickelt wurden, verwendete er in abgewandelter Form in vielen seiner späteren Bauten weiter (Abb. 6, 7). So hat Mies die Möglichkeiten dieser Bauweise mit den vorgehängten bzw. vor- und zwischen die Tragstruktur gestellten Fassaden ausgelotet und zur Architektur erhoben. Die Besonderheit dieser Lösung besteht unter anderem darin, daß die tragenden Stützen an der Gebäudeecke indirekt gezeigt werden, auch wenn sie wegen des Brandschutzes

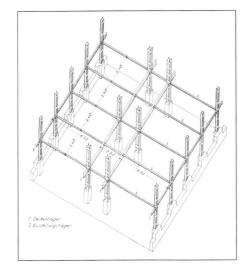

Abb. 4 Hans Hertlein, Wernerwerk Hochbau, perspektivische Darstellung der Tragkonstruktion, 1928

Abb. 5 Georg Chedanne, Rue Reamur 124, Paris 1904

Abb. 6 Mies van der Rohe, Gebäude des IIT in Chicago, 1945-46

in Beton verpackt sind und sich nur durch die vorgeschaltete Stahlplatte nach außen vermitteln können. Die sonst noch an der Fassade sichtbaren Stahlpfosten erreichen die Fundamente nicht, sie hören vielmehr im Mauerwerk auf. Es wird erlebbar, daß diese Pfosten keine primären Tragfunktionen haben.

Die Entwicklung in Deutschland

Der erste Skelettbau in Deutschland, der den oben geschilderten Bedingungen entsprach, soll das „Elblagerhaus" in Magdeburg gewesen sein.[15] Er wurde 1890 fertig montiert und hatte runde gußeiserne Kellerstützen. Alle anderen Stützen und Unterzüge bestanden aus genieteten Blechträgern.

Im Industriebau ging in Deutschland um diese Zeit eine ganz entscheidende Veränderung vor. Henning Rogge hat darauf hingewiesen, daß mit der Umstellung vom Transmissionsbetrieb auf den elektrischen Einzelantrieb von Maschinen gegen Ende des 19. Jahrhunderts eine Neuorganisation der Arbeitsabläufe und der Fabrikationsbedingungen eingeleitet wurde.[16] Die Kraft einer Dampfmaschine, die als Energiequelle diente, mußte bis dahin mit Hilfe von mechanischen Übertragungselementen wie Räder, Wellen und Riemen bis an die einzelnen Maschinen herangeführt werden. Dies hatte zur Folge, daß die Decken- und Dachkonstruktionen der Produktionsbetriebe auch diese Elemente mit aufnehmen mussten. Der Wegfall der Transmissionsaggregate hatte unmittelbare Einwirkungen auch auf die Konstruktion und die Architektur der Industriebauten. Befreit von den dynamischen Lasten, mußte das Tragwerk nicht mehr so massiv ausgelegt werden. Leichtere Stahlkonstruktionen führten zu höheren, helleren und geräumigeren Hallenbauten. Die maßgeblichen Impulse im Industriebau kamen in Berlin am Anfang des 20. Jahrhunderts sicher von der rasanten Entwicklung der Elektroindustrie. Die Großmaschinenfabrik der AEG in Wedding, die 1895/96 errichtet wurde, dürfte in dieser Hinsicht der eigentliche Meilenstein bei dieser Entwicklung gewesen sein, und nicht unbedingt die berühmt gewordene AEG-Turbinenhalle, die erst zehn Jahre später fertiggestellt wurde.

Es gibt sehr viele Skelettbauten mit vorge-

Abb. 7 Mies van der Rohe, IIT-Gebäude, Ecklösung, 1986

15 Die Bautechnik/Stahlbau, Berlin 19 (1941), S. 23, zitiert in (10).

16 Rogge, Henning: Fabrikwelt um die Jahrhundertwende, Köln 1983.

Abb. 8 Hans Hertlein, Siemens Schaltwerkhochhaus, Baubeginn 1916

Abb. 9 Hans Poelzig, Chemische Fabrik in Luban, 1911

Abb. 10 Hans Poelzig, Wasserturm in Posen, 1911

17 Ribbe, Wolfgang und Schäche, Wolfgang, Die Siemensstadt, Berlin, 1985.

18 Hinter den Wänden mit rechteckigen Fenstern verbirgt sich ein Stahlskelett, bei den Bereichen mit Bogenfenstern handelt es sich um einen Massivbau.

hängten oder vorgestellten Fassaden aus Mauerwerk, die in den 1920er und 1930er Jahren in Deutschland gebaut wurden. An ihnen kann man die unterschiedlichen Lösungen der Umhüllung studieren, um die von Schupp und Kremmer gewählten Konstruktionen besser zu verstehen. Angesichts der Tatsache, daß die beiden Architekten von 1922 bis 1945 auch ein Büro in Berlin hatten und dort auch gebaut haben, darf angenommen werden, daß der Berliner Industriebau Einfluß auf Schupp und Kremmer gehabt haben muß.

Bei den meisten Skelettbauten aus dem ersten Viertel des 20. Jahrhunderts wurde die Tragkonstruktion nach außen hin nicht gezeigt; sie wurde durch vorgestellte Mauerwerks- und Glasfassaden umhüllt. Man kann vielfach nicht erkennen, daß es sich hier nicht um Massivbauten handelt. Oft wurde die hinter dem Mauerwerk versteckte Skelettstruktur durch eine entsprechende Gliederung der Fassaden nach Außen angedeutet. Die besten Beispiele lassen sich in der „Siemensstadt", bei der die Architekten Karl Janisch und Hans Hertlein maßgeblich beteiligt waren, und bei den Bauten der AEG studieren.[17] Das mehrgeschossige „Kleinbauwerk" (für Schalter, Steckdosen und Fassungen) von Janisch, mit dessen Bauarbeiten um 1905 begonnen wurde, bestand aus einem Stahlskelett mit aus I-Profilen zusammengesetzten und an der Fassade vollständig eingemauerten Rahmenstützen. Auch das Wernerwerk II von Janisch und Hertlein für die Fabrikation von Meßinstrumenten (1916) und das Schaltwerkhochhaus (1916) (Abb. 8) sowie der 1928 fertig gestellte Wernerwerk-Hochbau von Hertlein (s. Abb. 4) sind bekannte Beispiele dieser Gattung. Bei der chemischen Fabrik von Hans Poelzig in Luban (1911) (Abb. 9) erkennt man jedoch nicht ohne weiteres, daß sich hinter den massiven Mauerwerkwänden eine stählerne Tragkonstruktion verbirgt.[18]

Etwa am Anfang des zweiten Jahrzehnts des 20. Jahrhunderts begannen Architekten in Deutschland verstärkt, ausgemauerte Fachwerkfassaden aus Stahl von außen sichtbar vor die tragende Stahlkonstruktion zu stellen; so wie 1911 bei dem Wasserturm von Poelzig in Posen (Abb. 10) und ebenfalls 1911 bei der Porzellanfabrik von Behrens in Henningsdorf. Die Verwandtschaft mit den Fassaden von Schupp und Kremmer ist bei der Stoßstromprüfanlage von Hertlein aus dem Jahre 1927 am deutlichsten zu erkennen (Abb. 11).

Ein Bauwerk in Dortmund Bövinghausen sticht in diesem Zusammenhang ganz besonders hervor: Die Maschinenhalle der Zeche Zollern 2/4, das Werk des Architekten Bruno Möhring und des Bauingenieurs Reinhold Krohn (vgl. S. 76, Abb.5). Bei dem 1902 fertig gestellten Bauwerk, dessen stählerne Tragkonstruktion zum Teil noch Jugendstilverzierungen aufweist, liegt die Ausmauerung in der Ebene der tragenden Konstruktion, die im Gegensatz zu den Zollverein Gebäuden dadurch innen und außen voll sichtbar bleibt. Die aussteifenden Diagonalstäbe, die sonst in die Konstruktionsachse gelegt werden, mußten wegen der Ausmauerung ebenfalls innen und außen angeordnet werden.

Die konstruktiven Voraussetzungen in Deutschland um 1930

Insbesondere im Stahlbau sind die Verbindungsmittel und Verbindungen für die Wirtschaftlichkeit und Sicherheit von Konstruktionen von großer Bedeutung. So wie man zu Beginn des Eisenbaus bereits bekannte Tragsysteme des Holzbaus eingesetzt hatte, wurden für die Verbindungen ebenfalls Verbindungsarten des Holzbaus und des Schmiedehandwerks gewählt: Nieten, Schrauben, Feuerverschweißung, Keile und Klemmen. Hat man sich bei gußeisernen Konstruktionen wegen der Sprödigkeit des Materials für Schraubverbindungen entschieden, so setzten sich mit der Zunahme von Walzprofilen Nietverbindungen, später Schweißverbindungen durch, wobei die Schrauben als Verbindungsmittel vor allem für die Montage nach wie vor unverzichtbar waren.

Schraub- und Nietverbindungen

Schrauben waren bei Verbindungen im Holzbau schon vor dem 18. Jahrhundert bekannt und wurden mit der Entwicklung von Stahlkonstruktionen auch im Stahlhochbau eingeführt. Sie konnten sich durch die theoretischen Untersuchungen von Karl Culmann und August Ritter in den 1960er Jahren des 19. Jahrhunderts sogar gegen die Nietverbindungen für eine Weile behaupten. Da die Schrauben teurer waren als Niete und die damaligen Verbindungen erhebliche Nachteile hatten, wie selbständiges Lösen (da zunächst ohne Unterlagscheiben eingesetzt) und Klappern bei Brückenkonstruktionen (da noch keine Passschrauben), setzten sich ab dem letzten Drittel des 19. Jahrhunderts die Nietverbindungen durch. Die Schrauben wurden nur eingesetzt, wenn Nietverbindungen örtlich nicht durchführbar waren oder die Lösbarkeit Voraussetzung war. Im Jahre 1918 erschien in Deutschland DIN 75 für Sechskantschrauben mit metrischem Gewinde, 1939 wurde ein „Schraubenbuch" veröffentlicht.[19] Das Warmnieten war aber trotz des hohen Arbeitsaufwands (es waren vier Arbeiter erforderlich) ab etwa 1840 die vorherrschende Verbindungsart im Stahlbau. Nietverbindungen sind sehr sicher, weil sie sich leicht und übersichtlich berechnen und jederzeit problemlos überprüfen lassen. Trotz der Weiterentwicklung der Niettechnik und des Einsatzes von Preßlufthämmern und hydraulischen Nietmaschinen ließ sich die Leistung jedoch nicht über etwa 100 Niete pro Stunde steigern. Dennoch haben sich die Nietverbindungen bis in die 1950er Jahre des 20. Jahrhunderts erfolgreich gehalten. Seit der Ablösung der Niettechnik sind Schrauben die wichtigsten punktförmigen Verbindungsmittel im Stahlbau.

19 Vgl. Werner (Anm. 10), Ziff. 8

Abb. 11   Hans Hertlein, Siemens Stoßstromprüfanlage, 1927

Abb. 12 Walzprofilsortiment um 1920

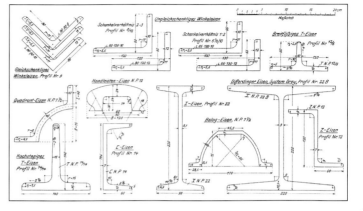

Schweißverbindungen

Das erste deutsche Patent für Lichtbogenschweißen – ein Schmelzschweißverfahren mit Hilfe von Elektroden – wurde 1887 einem russischen Ingenieur zuerkannt.[20] Etwa um 1890 kam die Gasschweißung (Autogenschweißung). Wegen erheblicher Sicherheitsbedenken vornehmlich bei dynamischen Lasten (Brückenbau) verzögerte sich der Einsatz von Schweißverbindungen in Deutschland bis 1929. Erst 1931 wurde die erste vollständig geschweißte Eisenbahnbrücke auf der Strecke Münster-Osnabrück in Betrieb genommen. Bis Ende 1932 wurden in Deutschland schon etwa 30 bis 40.000 t Stahlkonstruktionen mit Schweißnähten hergestellt.[21] Die Wirtschaftlichkeit der Schweißverbindungen im Vergleich zu Nietverbindungen resultiert aus der Gewichtsersparnis (15 - 25 %), weil die Nietlochabzüge, die Überlappung der Bleche oder Knotenbleche bei Fachwerkkonstruktionen wegfallen oder kleiner sind. Auch die Bearbeitung im technischen Büro ist bei geschweißten Konstruktionen weniger aufwendig als bei genieteten, wo praktisch jedes Niet berechnet und gezeichnet werden muß.

Trägerquerschnitte

Die ersten I-Profile wurden in Deutschland um 1858 gewalzt. 1880 kam das „Deutsche Normalprofilbuch" für Walzeisen heraus (T-, I-, [- und]-Formen) (Abb. 12). Bereits 1876 wurden auf der Pariser Weltausstellung 1,0 m hohe Walzträger vorgestellt. Berechnungsverfahren standen seit der Mitte des 19. Jahrhunderts zur Verfügung. Um Profile mit größeren Höhen herzustellen, oder wenn Träger mit veränderlicher Höhe benötigt wurden (z.B. für Rahmenstiele), konnten sie durch Schrauben, Nieten oder Schweißen aus Blechen und]-Profilen zusammengestellt werden (Abb. 13, 14). Beim Zusammenschweißen von Gurt- und Stegblechen von I-Profilen traten jedoch Probleme auf. Die Bleche verformten

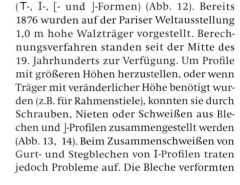

sich infolge ungleichmäßiger Erwärmung und es entstanden sogenannte Schrumpfspannungen. Damit beim Schweißen die

Abb. 13 Genietete Trägerquerschnitte

Abb. 14 Geschweißte Stützenquerschnitte

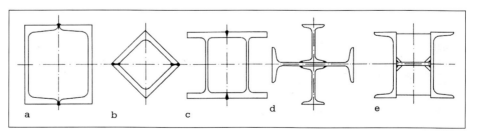

Dicleli · Stahlkonstruktionen

Stegbleche genau mittig auf den Gurtblechen sitzen und die Schweißnaht etwas Abstand vom Gurtblech hat, entwickelten die Stahlbaufirmen verschiedene Lösungen: Die „Nasenprofile" der Firma Dortmunder Union, die „Wulstprofile" von Dörnen und die „Rippenplatten" von Krupp (Abb. 15). Solche Profile wurden selbstverständlich auch bei den Zechenbauten eingesetzt.

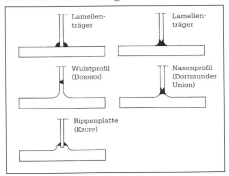

Material

Die Zuständigkeiten der Länder und Gemeinden bezüglich der Materialwerte (z.B. zulässige Spannungen) waren in Deutschland lange nicht geklärt, so daß diese Schwankungen unterworfen waren. Eine allgemeingültige Regelung über die Stahlgüten wurde in Deutschland erst 1925 festgelegt, wobei auch einheitlich der Begriff „Stahl" mit der Abkürzung „St" eingeführt wurde. Es gab den Baustahl St 37 mit der Mindestzugfestigkeit 37 kg/mm2 und einen höherwertigeren Stahl St 48. 1937 wurde St 48 durch St 52 ersetzt, der bereits seit 1928 als Werkstoff für genietete Brücken eingeführt war.

Korrosionsschutz

Gußeisen war wegen seines hohen Kohlenstoffgehalts weniger korrosionsgefährdet als Stahl. Rostschutzanstriche mit Leinöl als Bindemittel gab es schon im 19. Jahrhundert. Sehr geeignet waren die bleihaltigen Grund- und Deckanstriche, die ebenfalls Leinöl als Lösungsmittel hatten. Feuerverzinken, womit man bekanntlich den besten Korrosionsschutz erreichen kann, war bei den Zechenbauten bis in die 1960er Jahre des 20. Jahrhunderts wegen der Größe der Konstruktionsteile entweder kaum möglich oder zu teuer. Zudem führte das notwendige Ausbessern der bei der Montage beschädigten Stellen durch Spritzverzinken nicht zur erwünschten Qualität. So forderte 1962 Dieter Schupp, der Sohn von Fritz Schupp, die Stahlhersteller auf, „einen Baustahl mit widerstandsfähiger Außenhaut" (wetterfester Stahl) zu entwickeln.[22] Dabei gab es in Deutschland seit etwa 1928 gekupferte Stahlsorten mit hoher Korrosionsfestigkeit quasi als Vorläufer des wetterfesten Stahles. Der ‚Union-Baustahl' der Vereinigten Stahlwerke AG, Dortmund, kann wegen seiner besonderen Legierung als erster wetterfester Stahl bezeichnet werden. Jedoch wurden diese Legierungsbestandteile, im Wesentlichen Chrom und Kupfer, 1940 wegen der Kriegsbewirtschaftung limitiert und somit die Korrosionsbeständigkeit dieser Stähle herabgesetzt. Seltsamerweise hat sich an diesem Umstand auch nach dem Kriege bis heute noch nichts geändert.[23]

Zollverein 12 in Essen-Katernberg

Einige Anmerkungen zu den Stahlkonstruktionen[24]

In der Einleitung wurde darauf hingewiesen, daß bei der Planung der Schachtanlage Zollverein 12 zwischen den Architekten und den Ingenieuren eine klare Arbeits- und Kompetenzteilung bestand. Die technischen

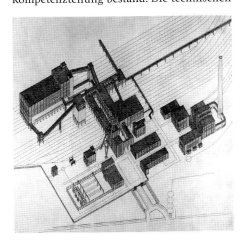

22 Schupp, Dieter: Fördertürme in Stahl- und in Stahlbetonbauweise, in Glückauf, bergmännische Zeitschrift, 9/1962, S. 473.

23 Fischer, Manfred: Ist der heute im Stahlbau verwendete Baustahl optimal? in Stahlbau 71, 2002, S. 13 ff.

24 Die technischen und konstruktiven Angaben stammen aus der Veröffentlichung von Dipl.-Ing. Zoepke: Geschweißte Konstruktionen bei den Übertagebauten einer Großschachtanlage, in: Der Bauingenieur; 1932; Heft 21/22, S. 297 ff.

Abb. 16 Fritz Schupp und Martin Kremmer, Isometrische Darstellung der Anlage Zollverein 12

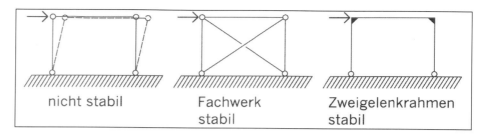

Abb. 17 Möglichkeiten der Aussteifung von Skelettbauten, Prinzipskizze

25 Schupp (Anm. 3), S.22.

26 Zoepke (Anm. 24)

27 Als „tragend" bezeichnet man solche Elemente, die außer sich selbst auch die Lasten anderer Bauteile tragen, während „nichttragende" Elemente vorwiegend ihr eigenes Gewicht tragen. „Skelettbauten" haben praktisch keine tragenden Wände; die vertikalen Deckenlasten werden mitels Stützen an die Fundamente abgeleitet. Da die stabilisierenden Wände fehlen, müssen an bestimmten Stellen des Skeletts entweder wieder Wände oder Diagonalverstrebungen bzw. biegesteife Rahmen angebracht werden, um die mit der Gebäudehöhe wachsenden Windlasten abzuleiten.

28 Vgl. Anm. 27

Abb. 18 Holzfachwerkhaus mit tragenden und mit Mauerwerk ausgefachten Wänden

Anlagen wurden nach Maßgabe der von den Ingenieuren vorgegebenen Abläufe geordnet, dabei blieb der Inhalt der einzelnen Gebäude unangetastet. Allen Anlagen wurde dann eine gemeinsame Hülle – das „Eisenfachwerk" – übergestülpt.[25] Was die tragende Konstruktion anbetrifft, ist die Einflussnahme des Architekten nur bei den von außen sichtbaren Konstruktionen, wie z.B. bei den Fördertürmen, nachhaltig spürbar, während die vom „Eisenfachwerk" umhüllten Tragkonstruktionen eher den ausführenden Firmen überlassen wurden (Abb. 16). Dipl.-Ing. Zoepke aus Dortmund berichtete 1932 in einer Veröffentlichung[26] über die Konstruktionen der Anlage Zollverein 12 in Essen-Katernberg. Schupp hat zu dieser Veröffentlichung des Ingenieurs bemerkenswerterweise eine Einleitung geschrieben. Er lobt dabei die gute Zusammenarbeit mit der ausführenden Firma (Dortmunder Union), wobei der Bauingenieur, ähnlich wie heute, ganz nüchtern die Tragkonstruktion, die statischen Systeme und die Bauausführung beschreibt. Schupp beendet seine Einleitung mit dem respektvollen Satz; „Die hierbei entwickelten konstruktiven Einzelheiten behandelt die nachfolgende Darstellung aus der Hand des entwerfenden Ingenieurs", womit die Zuständigkeiten und Kompetenzen eindeutig ausgedrückt sind.

Der Ausdruck „Fachwerk" bedarf in diesem Zusammenhang einer Erklärung. Ursprünglich stammt er aus dem Holzbau, bei dem man tragende Wände aus Balken, Stützen und Diagonalverstrebungen aus Holz zusammengesetzt hat, die dann mit „nichttragendem" Mauerwerk „ausgefacht"wurden (Abb. 18). Als man ab dem 19. Jahrhundert anfing, Eisen und Stahl als tragende Elemente einzusetzen, war es nahe liegend, diese lange erprobte Bauweise zunächst zu übernehmen. Bei einer solchen Fachwerkwand befinden sich die „tragenden"[27] und die „nichttragende" raumabschließenden Elemente in derselben Ebene.

Eine weitere Möglichkeit, ein Stahlskelett zu stabilisieren, besteht darin, die Verbindungen zwischen den Stützen und den horizontalen Trägern biegesteif auszuführen (Abb. 17).

Die „Eisenfachwerke", die von Schupp und Kremmer eingesetzt wurden, unterscheiden sich von den oben erläuterten Fachwerkwänden insofern, als sie außer ihrem eigenen Gewicht und den horizontalen Windlasten keine anderen Gebäudelasten übernehmen müssen, d.h. an der Lastabtragung der Hauptkonstruktion (Skelettkonstruktion) nicht beteiligt sind. Sie bestehen lediglich aus einer Umrahmung aus I- oder]-Profilen aus Stahl, die mit Mauerwerk, Verglasung oder geeigneten Plattenwerkstoffen ausgefüllt („ausgefacht") sind[28] (Abb. 19). Die Größe der einzelnen Felder der Ausfachung wird durch die Intensität der Windbelastung begrenzt, weil die 12 cm starke Ziegelwand die auf ihre Fläche einwirkenden Windlasten an die Skelettkonstruktion ableiten können muß. Bei größeren Höhen wurde die Ausfachung wegen der Zunahme des Winddrucks mit zusätzlichen Bewehrungsstäben in den Fugen verstärkt. Die Ausmauerung bestand ursprünglich aus 12 cm starken Ziegeln, die in 14 cm hohe [- oder I-Profile eingelegt wurden; eine

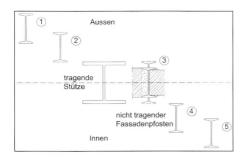

damals durchaus allgemein übliche Lösung, die auch einige Nachteile hatte. Im Bergsenkungsgebiet waren Risse im Mörtelbett nicht zu vermeiden,[29] wodurch Wasser leicht in die Kammer der Stahlprofile eindringen konnte (Abb. 20). Die erheblichen Korrosionsschäden führten zu einer Korrektur. Man wählte später 12 cm hohe Profile, füllte deren Kammer mit Mörtel aus und konnte so die Ziegelausfachung bündig ausführen (Abb. 21, 22, 23).

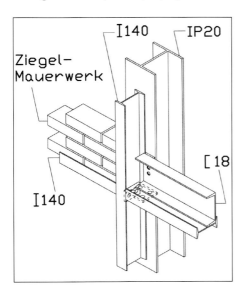

Das ‚Eisenfachwerk' konnte weitgehend unabhängig vom Raster des jeweiligen Tragsystems vor oder in die Ebene der Tragstruktur gestellt oder gehängt werden und konnte dadurch den inneren betrieblichen Erfordernissen gut angepaßt werden, da man diese Felder je nach Bedarf offen lassen, ganz oder teilweise verglasen, mit Wärmedämmung versehen bzw. auch zweischalig ausführen konnte. Schupp blieb diesem Prinzip fast 30 Jahre lang treu, bis in den 1960er Jahren Trapezbleche, großformatige Platten und Sandwichelemente als Dach- und Fassadenabdeckung sich auf dem Markt durchgesetzt hatten.

Die gesamte Anlage ist überwiegend in Flußstahl 37 erbaut. Lediglich für die stärker korrosionsgefährdeten Teile, wie z.B. das Fördergerüst und die Verbindungsbrücken, wurde der so genannte „Patinastahl" St 37 mit 0,35 % Kupferzusatz verwendet. Für das untere Gestell der Wäsche und des Feinkohlen-

turms wurden bis zu einer Höhe von 17,30 m Stahlbetonrahmen gewählt, weil man damals noch der Meinung war, daß für diese extrem hoch belasteten Bauteile die Verwendung von Stahl zu riskant wäre. Für die Hallen sah man Zwei- und Dreigelenkrahmen vor. Das Dach und die Zwischenbühnen sind massiv ausgeführt. Diese Scheiben übertragen die Windlasten auf die verschiedenen Rahmen und Windverbände. Sämtliche Transportbrücken wurden wegen den zu erwartenden Bodensenkungen als Balken auf zwei Stützen mit je einem festen und einem beweglichen

29 Busch, Wilhelm: Stahlfachwerkarchitektur, der Beitrag des Bergbaus zur modernen Architektur, in Biecker, Johannes; Buschmann, Walter: Bergbauarchitektur, Bochum 1986, S. 115-134

Abb. 19 Möglichkeiten der Anordnung der nichttragenden Fachwerkfassaden in Bezug auf die tragende Konstruktion

Abb. 20 Korrosionsschaden bei nichtbündiger Ausführung von Stahlprofil und Mauerwerk bei Fachwerkwänden

Abb. 21 Typisches Fassadenteil bei der Zeche Zollverein 12

Abb. 22 Vertikal- und Horizontalschnitt durch zweischalige Stahlfachwerkwand mit Dämmplatte

30 Vgl. Anm. 24

Abb. 23 Vertikal- und Horizontalschnitt durch Stahlfachwerkwand mit Dämmplatte

Abb. 24 Der untere Rahmenteil des Eckturms

Lager ausgebildet. Für die unteren Teile der Ecktürme wurden geschweißte Rahmen gewählt (Abb. 24).

Die großen Rahmenkonstruktionen mit bis zu 110 cm hohen Riegeln waren ursprünglich als genietete Konstruktionen konzipiert. Man hat sich aus wirtschaftlichen Erwägungen (Gewichtsersparnis) doch für eine geschweißte Konstruktion entschieden. Dipl.-Ing. Zoepke vermutet bei seiner Veröffentlichung[30], daß sie die größte Schweißkonstruktion war, die bis dahin in Europa bei einem Bauvorhaben ausgeführt worden war. Die einzelnen Teile wurden in der Werkstatt in transportablen Größen zusammengeschweißt und auf der Baustelle nach dem Zusammenbau genietet, nur die Rahmen des Kohleneckturms wurden verschraubt. Heute geht man im Stahlbau praktisch genauso vor mit dem Unterschied, daß die Teile bei der Montage nicht genietet, sondern geschraubt werden. Bei dem Fördergerüst hat man sich

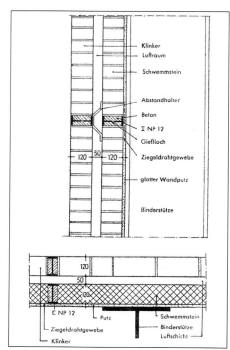

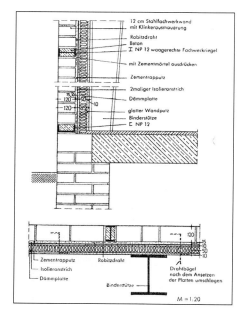

jedoch wegen der dynamischen Lasten doch nicht getraut, es ganz zu schweißen. Zoepke berichtet, daß nach Abschluß der im Gang befindlichen Untersuchungen die Zeit nicht mehr fern sei, wo man auch die Fördergerüste geschweißt ausführen wird, was sich selbstverständlich schon längst bewahrheitet hat.

Die Stahlkonstruktion wurde von den Werken Dortmunder Union und Wanheim der Vereinigte Stahlwerke A.G. geliefert und montiert. Die Schweißarbeiten führte die Gesellschaft für Elektroschweißung mbH. Dortmund aus.

Rainer Slotta

Ein Bergwerk muß fördern
Die betrieblichen Voraussetzungen für die Tagesanlagen

Die Zeche Zollverein in Essen-Katernberg gehörte jahrzehntelang zu den in bergwirtschaftlicher Hinsicht produktionsstärksten Steinkohlenbergwerken im Rheinisch-Westfälischen Steinkohlenbezirk, und besaß zeitweilig sogar eine Spitzenposition als förderstärkste Zeche der Welt.[1] Die Voraussetzungen für diese im Weltmaßstab einzigartige Stellung lagen in den außerordentlich günstigen Bedingungen im Hinblick auf die Lagerstätte, die Feldesverhältnisse („Berechtsame") und das weitgehend unbebaute Grubenfeld begründet, das den Unternehmensführern und planenden Bergingenieuren weite Freiräume und Möglichkeiten in der Umsetzung ihrer von Geologie, Lagerstättenverhältnissen, Umwelt und Wirtschaftlichkeit abhängigen Ziele eröffneten.

Unter diesen Voraussetzungen entstand das Bergwerk Zollverein und entwickelte sich auf Grund der angetroffenen geologischen und Lagerstättenverhältnisse: Der Ansatzpunkt und die Lage der Schächte, der Tagesanlagen und der Teufhalden, die Auslegung der Fördermengen und die daraus resultierende Dimensionierung der Tagesanlagen, die Verkehrsstruktur mit der Lage der Eisenbahnanbindungen und die Anlage von Siedlungen („Kolonien") sind ganz wesentlich bedingt und bestimmt durch die Lagerstätte und das Fördergut. Die Anordnung, Qualität und Quantität der Steinkohlenflöze unter Tage haben – wie bei allen anderen Bergwerksanlagen auch – die Struktur und den Zuschnitt des Bergwerks bestimmt. Die auf dem Abbau- und Fördervorgang basierenden Verhältnisse, die bei der Gründung des Steinkohlenbergwerks in der zweiten Hälfte des 19. Jahrhunderts angetroffen worden waren, setzten sich bis zur Stillegung des Bergwerks im Jahre 1986 fort und prägten die Betriebsentwicklung nachhaltig, die Entwicklung des Bergwerks mußte Rücksicht und Bezug auf die Gründungs- und Frühphase nehmen. Der bergmännische, von den untertägigen Betriebsverhältnissen bestimmte „Kosmos" beeinflußte jede Entwicklung auch über Tage – in jeder Hinsicht: Die Betriebspläne wurden von der Bergbehörde (und nicht von der Gewerbeaufsicht) nach geltendem Bergrecht (und nicht nach Zivilrecht) geprüft, genehmigt und überwacht; auch die Planungen und die Errichtung der Tagesanlagen und Gebäude unterlagen der Bergaufsicht. Maßgebend für jede Erweiterung des Bergwerks waren Wirtschaftlichkeitsberechnungen und daraus resultierende Maßnahmen, die auf den Lagerstätten- und Flözverhältnissen basierten: Eine möglichst hohe bzw. den Marktverhältnissen angepaßte Förderung bestimmte die Entwicklung des Bergwerks, dementsprechend und aus der untertägigen Prospektion heraus wurden die Aus- und Vorrichtung des Grubengebäudes vorgenommen, danach richteten sich evtl. notwendige Baumaßnahmen über Tage, und aus den untertägigen Betriebsverhältnissen resultierten letztlich auch die Bergsenkungen und Umweltbeeinträchtigungen an der Tagesoberfläche. Insofern muß bei jeder Betrachtung des Ensembles und der Tagesanlagen des Bergwerks Zollvereins immer berücksichtigt werden, daß das heutige Weltkulturdenkmal ein Spiegel und das Ergebnis der untertägigen Arbeit Tausender von Bergleute ist, die eine optimierte Förderung von hochwertiger Steinkohle aus diesem Teil der Steinkohlenlagerstätte an Rhein und Ruhr gehoben haben.

1 Ganzelewski, Michael/Slotta, Rainer: Die Denkmal-Landschaft „Zeche Zollverein". Eine Steinkohlenzeche als Weltkulturerbe?!, Bochum 1999.

Die Lage des Bergwerks und seine Berechtsame

Das 13.757.248,39 m² große Grubenfeld der Zeche Zollverein markscheidete im Norden mit dem Felde der Hibernia-Zeche Wilhelmine Victoria, im Osten an die Felder der Zechen Consolidation, Dahlbusch und Ver. Bonifacius, im Süden an die Felder der

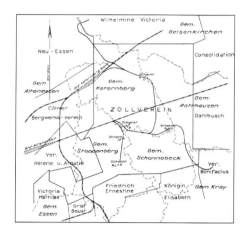

Zechen Königin Elisabeth, Fiedrich Ernestine und Graf Beus sowie im Westen an die Berechtsame der Zechen Victoria Mathias, Ver. Helene und Amalie, Cölner Bergwerks-Verein und Neu-Essen.[2]

Die Berechtsame der Zeche Zollverein bestand aus dem am 12. Juli 1858 bzw. 22. Februar 1859 aus 14 Einzelfeldern (Borussia, Germania 1 bis 6, Überschar, Industrie, Rolandseck, Drachenfels, Godesberg, Hermannus, Rheinland und Heinrich) konsolidierten Feld Zollverein, einem Teil des Feldes Wilhelmsthal, das durch einen Tausch mit der markscheidenden Zeche Königin Elisabeth im Jahre 1885/1886 an das Feld Zollverein gekommen sowie dem Teil-Längenfeld Zollverein I, das 1898/1899 durch eine Realteilung des konsolidierten Feldes Ver. Hagenbeck entstanden war.[3]

In übertägiger Hinsicht lag das Grubenfeld der Zeche Zollverein im Bereich der zu Essen gehörenden Gemeinden Altenessen, Katernberg, Schonnebeck, Stoppenberg und Hessler sowie auf dem Gebiet der Gelsenkirchener Ortsgemeinden Rotthausen und Schalke. Bei Gründung der Schachtanlage war das Gelände in weiten Teilen nur schwach bebaut oder sogar vollständig ohne Bebauung: 4,1 % des Feldes galten als eng, 29,4 % als mittelstark und 66,6 % als schwach oder nicht bebaut.[4] Entsprechend wenig Rücksicht brauchten die Zechengründer bei der Gestaltung der Tagesanlagen zu nehmen. Hinzu kam, daß die Zeche Zollverein im Laufe der Jahre einen erheblichen Grundbesitz ankaufen konnte: Während sich dieser im Jahre 1876 auf rd. 14,65 ha belief, betrug er im Jahre 1934 fast 721,5 ha: Dies entsprach 52,1 % der Größe des Grubenfeldes, so daß das Unternehmen seine Planungen weitestgehend unabhängig von den Vorstellungen und Belangen der Anlieger durchführen konnte.

Geologie und Lagerstättenverhältnisse

Das Grubenfeld der Zeche Zollverein erstreckt sich vom Südflügel der Emscher-Mulde über den Gelsenkirchener Hauptsattel hinweg bis auf den Südflügel der Essener Hauptmulde. Die Sattellinie des Gelsenkirchener Hauptsattels verläuft in einer Entfernung von 1.600 m von der nordwestlichen Feldesecke mit einem Streichen von etwa 60° durch das Feld Zollverein. Etwa 2.500 m südlich davon liegt das Tiefste der Essener Hauptmulde, deren Muldenlinie die südliche Markscheide des Feldes Zollverein in einer Entfernung von 300 m bis 700 m begleitet; sie streicht im Mittel unter 70°. Die Muldenlinie der Emscher-Mulde liegt außerhalb des Feldes Zollverein und verläuft in einer Ent-

Abb. 1: Schachtanlage Zollverein. Die Lage der Berechtsame Zollverein in den ehemaligen Essener Gemeinden

2 Die Schachtanlage Zollverein in Essen-Katernberg (hrsg. v. d. Vereinigte Stahlwerke A.-G.), Essen o. J. (1934), S. 146 f.

3 Vgl. Schachtanlage Zollverein (1934), S. 81/82; eine leicht veränderte Darstellung gibt Huske, Joachim: Die Steinkohlenzechen im Ruhrrevier. Daten und Fakten von den Anfängen bis 1997, Bochum 1998, S. 1054.

4 Vgl. Schachtanlage Zollverein (1934), S. 76 f.; Kania, Hans: Die Industrielle Kulturlandschaft der Zeche Zollverein, in: Industriedenkmalpflege und Geschichtskultur, 2002, Heft 1, S. 21 ff.

Abb. 2: Schachtanlage Zollverein. Die Berechtsame Zollverein mit den Einzelfeldern und den markscheidenden Grubenfeldern

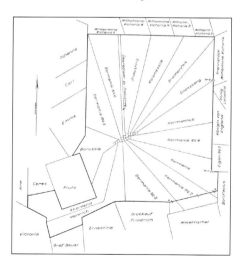

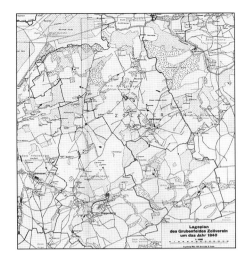

Abb. 3: Grubenfeld Zollverein um das Jahr 1840

fernung von 3500 m von der nordwestlichen Feldesecke durch die Felder Mathias Stinnes, Nordstern und Hugo.

Die Lagerungsverhältnisse des Feldes Zollverein zeichneten sich in den oberen Teufen, vor allem im Südfeld, durch eine große Regelmäßigkeit aus. An den Gelsenkirchener Hauptsattel schließt sich nach Süden die in den Gas- und Gasflammkohlenschichten durch keine Spezialfaltung gestörte Essener Hauptmulde an. Das steile Einfallen auf dem Südflügel des Gelsenkirchener Sattels geht allmählich in das immer flachere der Essener Hauptmulde über. Nur nördlich des Gelsenkirchener Hauptsattels stehen auch in den oberen Teufen die Schichten steil und waren zum Teil stark vom Faltungsdruck beeinflußt.

Diese relativ einfachen und regelmäßigen Lagerungsverhältnisse der Essener Mulde, die für den Bergbau kaum Probleme bereiteten, herrschen in den größeren Teufen im Felde Zollverein nicht mehr vor: Insbesondere in den Fettkohlenschichten sowohl in der Emscher- als auch in der Essener Mulde bestanden eine ganze Reihe von Spezialfalten. [5]

Die im Feld der Zeche Zollverein anstehenden Flöze der Gasflammkohlen, der Gas-, Fett-, Ess- und Magerkohlen verteilten sich auf eine Gebirgsschichtenfolge von rund 1125 m; davon gehörten 35 m den Gasflammkohlen-, 484 m den Gaskohlen- und 605 m den Fettkohlenschichten an. [6]

Die Gaskohlenvorräte erschöpften sich mit Ausnahme der Zollverein-Flöze bereits in den 1920er Jahren, so daß sich die Zeche daraufhin zu einer reinen Fettkohlenzeche entwickelte. [7]

1933/1934 berechnete man die zur Verfügung stehenden Kohlenvorräte wie folgt:

„Der über der jetzigen tiefsten Bausohle, der 12. Sohle, sicher anstehende Kohlenvorrat von 53,98 Millionen t vermag eine Jahresförderung von 3 Millionen t, über die die Schachtanlage in absehbarer Zukunft kaum hinauskommen wird, noch für etwa 18 Jahre zu decken. Durch die Mit-Gewinnung der 23,46 Millionen t wahrscheinlich bauwürdiger Kohlen wird sich diese Zeit noch um 8 Jahre, durch die Mitgewinnung der 12,39 Millionen t möglicherweise gewinnbarer Kohlen um weitere 4 Jahre verlängern. Spätestens nach 30 Jahren ist aber der Vorrat restlos erschöpft, wobei noch zu beachten ist, daß einmal von dem über etwa 470 m Teufe anstehenden Kohlenvorrat von 23,28 Millionen t sicher, 15,48 Millionen t wahrscheinlich und 7,14 Millionen t möglicherweise gewinnbarer Kohlen große Teile heute wegen ihrer Lage auf den oberen Sohlen als für den Abbau verloren angesehen werden müssen. Zum anderen sind in den obigen Ziffern auch die Kohlenmengen auf dem heute nie erbauten Nordflügel des Gelsenkirchener Hauptsattels – ... jeweils 1/4 bis 1/3 der Gesamtmenge – enthalten.

Der ... über der Gruppensohle im ganzen Grubenfeld sicher anstehende Kohlenvorrat

5 Vgl. Schachtanlage Zollverein (1934), S. 158 f.

6 Vgl. Schachtanlage Zollverein (1934), S. 176 f.

7 Vgl. Schachtanlage Zollverein (1934), S. 542.

Abb. 4: Grubenfeld Zollverein mit dem Grundbesitz der Gelsenkirchener Bergwerks-Aktien-Gesellschaft im Jahre 1934

deckt die Förderung von 3 Millionen t für 40 Jahre, der wahrscheinlich gewinnbare Kohlenvorrat verlängert sie um 12, der möglicherweise gewinnbare um weitere 10 Jahre.

Bis 1.000 m Teufe stehen 164,18 Millionen t sicher, 50,63 Millionen t wahrscheinlich und 58,41 Millionen t möglicherweise gewinnbare Kohlenmengen an. Der Vorrat deckt die Förderung der Schachtanlage aus den sicher bauwürdigen Mengen für 55 Jahre, der wahrscheinlich bauwürdige Vorrat verlängert die Lebensdauer um weitere 17 Jahre, der möglicherweise gewinnbare um 19 Jahre.

Bis 1.250 m Teufe stehen insgesamt 200,23 Millionen t bauwürdige Kohlen an, die die Förderung der Schachtanlage für 67 Jahre zu sichern vermögen. Der wahrscheinlich bauwürdige Kohlenvorrat von 55,70 Millionen t vermag die Förderung der Schachtanlage für weitere 18 Jahre, der möglicherweise bauwürdige von 71,57 Millionen t für nochmals 24 Jahre zu decken. Die Zahlen zeigen, daß selbst bei der ungewöhnlich hohen Förderung von 3 Millionen t jährlich die Lebensdauer der Zeche Zollverein auf Grund der Kohlenvorräte bis 1.000 m Teufe für etwa 60–80 Jahre, also für wenigstens noch zwei Menschenalter sichergestellt ist." [8]

Diese Vorhersage hat sich bemerkenswerterweise auch bei erheblich gestiegener Jahresförderung als durchaus richtig erwiesen.

Die Schächte

Bei Gründung der Zeche Zollverein wurden die Ansatzpunkte der ersten Schächte in der bergmännisch üblichen Weise ausgesucht, d.h. in annähernd zentraler Lage im Grubenfeld, um alle Bereiche der Berechtsame möglichst schnell erreichen und die Wetterströme vergleichsweise kurz halten zu können. Als Schachtansatzpunkt für den Schacht 1 wählte man 1847 eine Stelle rd. 300 m südlich der gerade fertiggestellten Köln-Mindener Eisenbahn, zum einen um den Kohlenabsatz möglichst zu erleichtern, zum anderen aber in der Annahme, daß der Schacht an der gewählten Stelle im Tiefsten der Stoppenberger Mulde zu stehen kam. [9] Weil nach bergmännischtechnischen und sicherheitlichen Notwendigkeiten jedes Bergwerk mindestens zwei Schächte besitzen muß, wurde der Schacht 2 in unmittelbarer Nähe des Schachtes 1 seit 1850 abgeteuft. [10] Der seit 1904 ff. abgeteufte Schacht 8 war zur Verbesserung der Wetterverhältnisse unterhalb der 5.Tiefbausohle angesetzt worden und vervollständige die Schachtanlage 1/2/8. [11]

Die gezielt eingesetzte Wirtschaftsförderung des Deutschen Reiches und der Ende der 1870er Jahre einsetzende „Kohlenhunger" führten bei der Gewerkschaft Zollverein zu dem Entschluß, im südöstlichen Teil des Grubenfeldes eine zweite Schachtanlage anzulegen, die den Abbau der Gas- und Gasflammkohlenflöze in der Essener Mulde übernehmen, während von der Schachtanlage 1/2 nach Vollendung der neuen Schachtanlage dann in erster Linie der Abbau der Fettkohlenflöze des Gelsenkirchener Sattels erfolgen sollte. Weiterhin mußte man erkennen, daß

8 Vgl. Schachtanlage Zollverein (1934), S. 265.

Abb. 5: Schachtanlage Zollverein. Tektonische Übersichtsskizze über das Feld Zollverein

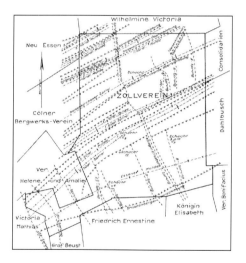

9 Vgl. Schachtanlage Zollverein (1998), S. 12.

10 Vgl. Schachtanlage Zollverein(1998) S. 17 ff.

11 Vgl. Schachtanlage Zollverein (1934), S. 25.

Abb. 6: Schachtanlage Zollverein. Längsprofile durch die 1. nördliche Mulde, den Gelsenkirchener Sattel und die 1. südliche Mulde im Felde Zollverein

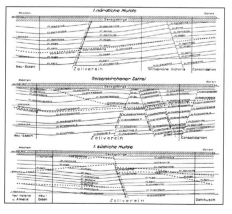

die Förderwege bei zunehmendem Abbau der Flöze zur Schachtanlage 1/2 unvertretbar lang wurden, darüber hinaus benötigte man auch einen Wetterschacht, weil die Ausgasung der Fettkohlenflöze ständig zunahm.[12] 1897 teufte man deshalb neben dem Schacht 3 einen weiteren Wetterschacht (Zollverein 7) ab. Als sich die Schacht- und Fördereinrichtungen als zu gering dimensioniert erwiesen, entschloß man sich 1907 zum Niederbringen des Schachtes 10.[13]

Als nach 1888 die Wirtschaftskrise des Ruhrkohlenbergbaus zu Ende ging, hielt die Gewerkschaft es im Jahre 1891 – wohl auch, um sich bei der bevorstehenden Vereinigung der Zechen im Kohlensyndikat eine möglichst hohe Förderquote zu sichern – für geboten, im nordöstlichen Feldesteil zur besseren Gewinnung der dort im Gelsenkirchener Sattel anstehenden Fettkohlenflöze eine dritte Schachtanlage zu errichten. Der Schacht 4 wurde auf eigenem Grund und Boden in der Nähe des Hegemann-Hofes, wo die Sattellinie des Gelsenkirchener Hauptsattels vermutet wurde, angelegt und mit einem Bahnanschluß an die Bergisch-Märkische Eisenbahn versehen.[14] Seit 1894 brachte die Zeche den benachbarten Schacht 5 als Wetterschacht nieder.

Nach dem Stand der Bergbautechnik in den 1890er Jahren wurde es als unmöglich angesehen, aus den südwestlichen Teilen des Grubenfeldes Zollverein zu fördern, weil die Förder- und Wetterwege als zu weit von der Schachtanlage 1/2 betrachtet wurden. Da man aber aus den Aufschlüssen der Schachtanlagen 1/2 und 3/7 den Verlauf der Zollverein-Flöze kannte, und die Kohle aus diesen Flözen begehrt und entsprechend teuer bezahlt wurde, entstand dort seit 1895 die vierte Schachtanlage 6/9. Das Teufen des Schachtes 9 setzte 1903 ein, die guten bis sehr guten Flöz- und Lagerstättenverhältnisse im Grubenfeld Zollverein bedingten den ungebrochenen Aufstieg der Zeche.[15]

Die zu den Gründungsmitgliedern des Bergbau-Vereins und des RWKS Rheinisch-Westfälischen Kohlen-Syndikats gehörende Gewerkschaft Zollverein schloß 1920 unter dem Eindruck einer scheinbar drohenden Sozialisierung eine Betriebs- und Interessengemeinschaft mit der Phönix-Aktiengesellschaft für Bergbau und Hüttenbetrieb, die zunächst nur die Betriebs- und Geschäftsführung der Zeche übernahm. Unter ihrer Leitung wurde 1922 mit dem Teufen von Schacht 11 auf der Schachtanlage 4/5 ein erster Schritt zur dringend notwendigen Erneuerung der Tagesanlagen getan. Im Vorfeld der Gründung der Vereinigte Stahlwerke AG (1926) tauschten die Gewerken ihre Kuxe in Phönix-Aktien um, so daß Zollverein in den neuen Konzern eingebracht werden konnte und der Gruppe Gelsenkirchen zugeordnet wurde.

In den späten 1920er Jahren waren die Schächte 6 und 10 bis zur Höhe ihrer Leistungsfähigkeit voll ausgenutzt. Die Fördermaschinen waren zum Teil überlastet, es mußte z. B. der Antriebsmotor der östlichen Fördermaschine von Schacht 10 dauernd

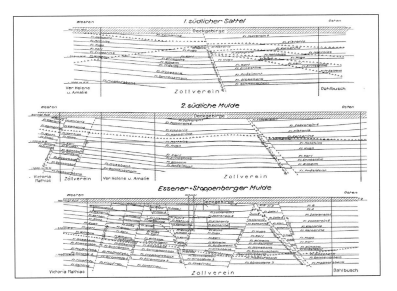

Abb. 7: Schachtanlage Zollverein. Längsprofile durch den südlichen Sattel, die 2. südliche Mulde und die Essener Mulde im Felde Zollverein

durch Ventilatoren gekühlt werden, um eine gefährliche Erwärmung der Wicklungen zu vermeiden. Lediglich die Schächte 1 und 2 hätten noch eine gewisse Steigerung der Fördermengen erlaubt, doch bestand kein Zweifel daran, daß die Schachtanlagen Zollverein 1/2 und 3/10 im Falle ihres Weiterbestehens als Förderanlagen erhebliche Erneuerungen erfordert hätten, die man mit einem Investitionsvolumen von rd. 10 Millionen RM berechnete. Mit einer derartigen, kurzfristig herbeizuführenden Lösung wäre aber für das Bergwerk Zollverein auf Dauer keine Entwicklungssicherheit geschaffen worden.

12 Vgl. Schachtanlage Zollverein (1934), S. 26.

13 Vgl. Schachtanlage Zollverein (1934), S. 29 f.

14 Vgl. Schachtanlage Zollverein (1934), S. 31.

15 Vgl. Schachtanlage Zollverein (1934), S. 34 ff..

1927 faßte man unter maßgeblicher Federführung Gustav Kneppers (1870 – 1951), dem 1926 die 41 fördernden Schachtanlagen der Vereinigten Stahlwerke AG unterstellt worden waren, und nach den Ideen und Plänen Friedrich Wilhelm Schulze Buxlohs (1877 – 1959), des Leiters der Bergbaugruppe Gelsenkirchen, den Beschluß, anstatt der notwendigen Erneuerung der drei selbständigen Schachtanlagen südlich der Anlage 1/2/8 einen Zentralförderschacht niederzubringen, durch den die gesamte Förderung aus dem Zollverein-Feld zu Tage gehoben werden sollte: Mit einer Tageskapazität von 12.000 t verwertbarer Förderung übertraf schließlich die Leistungsfähigkeit des Schachtes Zollverein 12 nicht nur die Tagesförderung der bisherigen vier selbständigen Förderanlagen bei weitem, sondern stellte im Ruhr- und Weltbergbau eine bis dahin unerreichte Größenordnung dar. Weiterhin entschloß man sich, den Förderbetrieb noch eingehender zusammenzufassen und neu zu strukturieren, die beiden Betriebspunkte 1/2 und 3/10 ebenso wie die Schachtanlage 6/9 als Förderstandorte stillzulegen, diese nur noch als Seilfahrts- und Wetterschachtanlagen bestehen zu lassen und dafür eine einzige, zukunftsorientierte und groß-dimensionierte Neuanlage zu errichten. Diese Neuanlage Zollverein 12 erforderte einen Schacht von 7,5 m Durchmesser, zwei elektrische Fördermaschinen, Hängebank, Verladung, Wäsche, Bahnhof, Werkstattgebäude, Kesselhaus und eine zentrale Druckluftanlage für das gesamte Feld. So leitete sich die Notwendigkeit der Errichtung der Großschachtanlage Zollverein 12 mit einer Leistungsfähigkeit von 12.000 t verwertbarer Kohle aus dem veralteten und kostspieligen Zustand der überlieferten drei Schachtanlagen in der Südhälfte des Zollvereinfeldes her. [16]

Als Ansatzpunkt für den neuen Schacht wurde deshalb eine Stelle etwa 200 m südlich der Schächte 1/2/8 ungefähr in der 1. westlichen Abteilung dieser Schachtanlage gewählt, weil die dortige Schachtanlage
- zentral im Grubenfeld lag,
- in technischem Umfang noch erweiterungsfähig war (s. o.) und
- drei Schächte in unmittelbarer Nachbarschaft zur Verfügung standen, die bei Notwendigkeit genutzt werden konnten. [17]

Neben der Senkung der Selbstkosten stand bei der Planung der Anlage auch die Darstellung der Leistungskraft des noch jungen Konzerns deutlich im Vordergrund. Mit der Konzentration der Förderung auf den Zentralschacht 12 und der erstmaligen Einrichtung einer gemeinsamen Hauptfördersohle (der 12.Sohle) ging eine deutliche Steigerung der Kohlengewinnung einher, so daß die Zeche Zollverein mehrfach im Laufe der 1930er Jahre und noch einmal nach 1945 den Rang der leistungsstärksten Zeche im Ruhrgebiet einnehmen konnte. [18]

Die Entwicklung des Grubenbetriebes

In der betrieblichen Vergangenheit der Zeche Zollverein, deren vier alte Schachtanlagen im Jahre 1932 in der Großschachtanlage Zollverein 12 zusammengefaßt worden waren, spiegelt sich ein allgemeines Bild der Entwicklung des Ruhrbergbaus wieder. Um die Mitte des 19. Jahrhunderts wurde das Feld von der Schachtanlage 1/2/8 aus erschlossen, die sich auf den angetroffenen günstigen Flöz- und Lagerungsverhältnissen gut entwickelte, erfolgreiche Aufschlüsse in verschiedenen Teilbereichen des großen Gesamtfeldes erzielte und die Möglichkeiten zur Anlage weiterer Schachtanlagen schuf.

Als 1882 bis 1884 die zweite Schachtanlage 3/7/10 dem Betrieb übergeben wurde, waren das gesamte Feld in großen Zügen bereits aufgeschlossen und die Flözfolge geklärt. Die damals zuerst in flacher Lagerung gebauten Flöze aus den Schichten der „Mittleren Gaskohle" wurden als „Zollverein-Flöze" schnell im gesamten Ruhrbergbau ein Begriff, denen eine besondere Qualität beigemessen wurde. Um das Jahr 1900 befanden sich dann vier Schachtanlagen – neben den oben genannten die beiden Betriebspunkte 4/5/11 und 6/9 – mit einer Gesamtförderung von 1,7 Millionen t verwertbarer Kohle in Betrieb: Sie blieben bis 1929/1932 ununterbrochen in Förderung, überdauerten dabei die Jahre des Ersten Weltkriegs und die darauf folgende Nachkriegszeit ohne umfassende Erneuerungen und befanden sich deshalb zu Beginn des allgemeinen wirtschaftlichen Abschwungs der Jahre 1929/1930 in einem Zustand, der hohe Investitionen erfordert hatte. [19]

16 Vgl. Schachtanlage Zollverein (1934), S. 271 f.

17 Vgl. Schachtanlage Zollverein (1934), S. 53 ff.).

18 Vgl. Ganzelewski/Slotta (1999).

19 Vgl. Schachtanlage Zollverein (1934), S. 541 f.

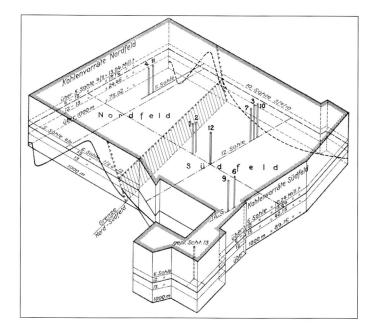

Abb. 8: Schachtanlage Zollverein. Kohlenvorräte im Felde Zollverein nach der Berechnung im Jahre 1934

westlich begrenzenden großen Bergehalde weiteres Gelände zur Verfügung. Ferner hatte das für die Großschachtanlage gewählte Betriebsgelände den Vorzug, daß der Zechenplatz nur 250 m von der nördlich an ihm vorbeiführenden ehemaligen Köln-Mindener Eisenbahnstrecke entfernt lag und der Anschlußbahnhof Essen-Altenessen in nur wenigen hundert Metern von dem Zechenplatz aus erreicht werden konnte.

Die Anordnung der Zentralförderanlage war in betrieblicher und wirtschaftlicher Hinsicht konsequent durchdacht und zeigte eine klare Trennung der energiewirtschaftlichen Betriebsstätten von den Anlagen zur Bewältigung und Verarbeitung der Förderung. Diese nahmen mit dem Zechenbahnhof, dessen Gleise parallel von Norden nach Süden angeordnet sind, den größeren westlichen Teil des Zechenplatzes bis zur Bergehalde ein. Am Ostrand des Zechenbahnhofes lag, ungefähr in der Mitte des Betriebsgeländes, der Förderschacht 12. Die

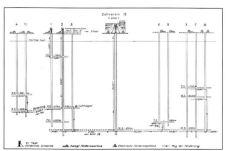

Abb. 9: Schachtanlage Zollverein. Die Verteilung der Förderung im Felde Zollverein Ende 1934

Die Wahl der Anordnung der Zentralförderanlage 12 südlich der Schachtanlage und Kokerei Zollverein 1/2 nahezu im Mittelpunkt des Feldes erwies sich als ausgesprochen günstig. Das hier zur Verfügung stehende freie Gelände mit einer mittleren Breite von 250 m bei einer größten Länge von 700 m erfüllte die Voraussetzungen für die großzügige Planung einer Zentralschachtanlage mit einer bis dahin im Ruhrgebiet unerreichten Leistungsfähigkeit von 12.000 t täglich, die bei einer bis dahin gekannten Höchstleistungsfähigkeit von 5.000 bis 6.000 t verwertbarer Kohle täglich einen außerordentlichen Sprung in Richtung einer Großanlage bedeutete. Für eine zukünftige Ausdehnung der späteren Betriebsanlagen stand nach Abräumen der den Zechenplatz

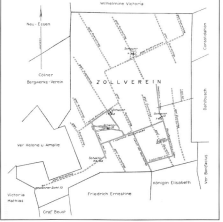

Abb. 10: Schachtanlage Zollverein. Die Ausrichtung der 12. Sohle im Felde Zollverein

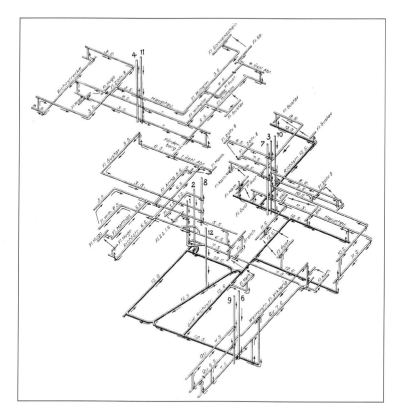

Abb. 11: Schachtanlage Zollverein. Schematischer Wetterriss des Grubengebäudes Zollverein

kleinere Osthälfte des Zechenplatzes wurde von dem Kesselhaus mit der Druckluftzentrale im Norden, der Freiluft-Umspannanlage mit dem Zentralschalthaus im Süden und den zwischen diesen Gebäuden liegenden Werkstätten eingenommen.

Besonders hervorzuheben verdient folgendes: Schacht- und Wipperhalle wurden, abweichend von der üblichen Bauart, nicht hintereinander in einem Gebäude zusammengefaßt, sondern versetzt nebeneinander in zwei besonderen Gebäuden angelegt, die durch mehrere Förderbrücken für den Wagenumlauf verbunden waren. Der Wagenumlauf wurde in einem von Osten nach Westen langgestreckten Rechteck angeordnet, an dessen Südostecke die Schachthalle und an dessen Nordseite die Wipperhalle lagen. Diese Anordnung wurde bestimmt durch die Ausführung der Hängebank als Doppelhängebank und durch die dazu gehörigen Kettenbahnbrücken, die die Gleise der oberen und unteren Bühnen auf gleiche Höhenlage zusammenführten. Wären, wie üblich, Schacht- und Wipperhalle hintereinander angeordnet worden, so hätte das Gesamtgebäude erheblich größer sein müssen, um darin entweder die Schrägbrücke für die Vollwagen oder die für die Leerwagen unterbringen zu können. Bei der vorliegenden Anordnung lagen hingegen die Schrägbrücke für die Vollwagen und die Leerwagen außerhalb der Schachthalle und der Wipperhalle. Diese Lösung wurde somit den Forderungen nach bester Geländeausnutzung und größter Übersichtlichkeit gleichermaßen gerecht, indem Schacht- und Wipperhalle am Südrand des Zechenbahnhofes nahe beieinander lagen und die getrennte Unterbringung der Hängebank, des Wipperbodens und des Wagenumlaufes einen besonders ruhigen Betriebsablauf gewährleisteten. Auch die sich nördlich an die Wipperhalle anschließende Sieberei lag günstig in der Mitte des Zechenplatzes.

In gleicher zentraler Lage wie die Sieberei sollte nördlich des Wagenumlaufes das Wäschegebäude errichtet werden. Dieser Plan mußte jedoch aufgegeben werden, als bei der Untersuchung der Bodenverhältnisse das Grundwasser als säurehaltig und damit als betonschädigend festgestellt wurde. Um daher die Wäschefundamente nicht von vornherein zu gefährden, kam das Wäschegebäude weiter südlich zu stehen. Infolgedessen mußten anstelle der einfachen Brücken, die ursprünglich für die Verbindung der Wäsche mit der Sieberei, dem Kokskohlenverladeturm und dem an der Nordostecke des Wagenumlaufes errichteten Bergebunkergebäude geplant waren, drei Ecktürme mit doppelten Brücken erbaut werden.

Für die Verladung ist die Gliederung des Zechenbahnhofes von Westen nach Osten mit Aufstellungsgleisen für Vollwagen sowie mit besonderen Verladegleisen für Nuß-, Koks- und Siebereikohle sowie für die Berge kennzeichnend.

Aufbau und Ausgestaltung der Bauwerke verstärkten den Eindruck der klaren und geschlossenen Anordnung der Anlage. Das 55 m hohe Doppelfördergerüst des Schachts 12, das in Vollblechkonstruktion als Bockgerüst ausgeführt ist, entsprach den Anforderungen an die zu hebenden Fördermengen hinsichtlich Statik und Leistungsfähigkeit und bildete darüber hinaus in seiner ästhetischen Formulierung durch das gestaltende Architektenteam den weithin erkennbaren Mittelpunkt der ganzen Anlage. Die übrigen Bauten wurden in Eisenkonstruktion mit sichtbarem, in Klinkern ausgemauertem Eisenfachwerk errichtet, das bei allen Bauten die gleiche Fachwerkaufteilung zeigt. Nur die Wäsche und der Kokskohlenverladeturm wurden aus betrieblichen Gründen bis zur Oberkante der Bunker aus Eisenbeton hergestellt. Die Fundamente bestehen aus Beton oder Eisenbeton mit Ausnahme der Wäschefundamente, die wegen der auch in diesem Teil des Zechengeländes zu befürchtenden betonschädigenden Grundwassereigenschaften aus Mauerwerk errichtet werden mußten. Die Stahlkonstruktion der Gebäude wurde grundsätzlich so durchgeführt, daß sich die tragenden Teile im Innern der Gebäude befanden und die Fachwerkswände vorgehängt wurden. Sämtliche Hallen wurden bei einer größten Spannweite von 30 m – bei der Lesebandhalle – ohne Zwischenstützen überspannt, die Verbindungsbrücken mit Rücksicht auf Bodensenkungen als Balken auf zwei Stützen mit einem festen und einem beweglichen Lager ausgebildet. Für den Stahlbau benutzte man im allgemeinen Flußstahl mit 37 – 45 kg/mm^2 Festigkeit und 20 % Dehnung, die den Witterungseinflüssen oder der Feuchtigkeit besonders ausgesetzten Gebäude, wie Fördergerüst, Wäsche, Bergebunkergebäude und Förderbrücken, wurden in korrosionsfestem Patinastahl ausgeführt, einem gekupferten Sonderstahl mit den mechanischen Eigenschaften des sonst üblicherweise verwendeten Flußstahls. Von den insgesamt verbauten 7.700 t Stahlkonstruktion wurden 2.000 t in der Werkstatt geschweißt, die teilweise gegenüber der Nietkonstruktion höheren Kosten der Schweißkonstruktion wurden durch die mit ihr erzielte Gewichtsersparnis wieder aufgehoben, die bei der Neuanlage Zollverein rund 15 % betragen hat. [20]

Die Entwicklung des Grubengebäudes

Zollverein baute zunächst die in den oberen Teufen des Grubengebäudes anstehenden sehr guten Gaskohlenflöze ab. Die Gaskohlenvorräte waren in den frühen 1930er Jahren aber bis auf Restmengen in den seit jeher gebauten Zollverein-Flözen erschöpft: Somit wurde Zollverein im Laufe der nächsten zehn Jahre eine reine Fettkohlenzeche.

Die Flöz- und Lagerungsverhältnisse im Felde Zollverein bewegten sich zwischen denkbar guten und kaum nutzbaren, also zwischen extremen Punkten, wie man sie im Ruhrbergbau mit seiner gefalteten Lagerung auf allen Zechen vorgefunden hat. Es überwogen aber auf Zollverein bei weitem günstige bergmännische Bedingungen, eine Feststellung, die ihre Bestätigung in der Betriebsentwicklung der Zeche wiederfindet.

Seit der Betriebsaufnahme im Grubenfeld entwickelte sich das Grubengebäude im Bereich der vier Schachtanlagen – bedingt durch die unterschiedlichen geologischen Strukturen des Steinkohlengebirges – zunächst uneinheitlich. 1850 setzte man vom Schacht 1 aus die Wettersohle in 148 m Teufe (= -99 m N.N.) und in 170 m Teufe (= -120m N.N.) die 1. Sohle an, 1854 folgte die 2. Sohle in 202 m Teufe (=-152 m); bemerkenswerterweise baute man in den Schacht eine im Ruhrbergbau singuläre Fahrkunst für die Fahrung der Bergleute ein. Der weitere Aufschluß des Grubengebäudes von den Schächten 1 und 2 erfolgte 1871 mit dem Ansetzen der 3. Sohle in 265 m Teufe (= - 216 m); jetzt mußte man die Fahrkunst aus Rentabilitäts- und Sicherheitsgründen wieder entfernen.

Der Schacht 3 setzte 1880 auf Grund der dort herrschenden Lagerstättenverhältnisse seine 1.Sohle bei 146 m (= -89 m) und seine 2. Sohle bei 173 m Teufe (= -116 m) an; beide Sohlen wurden mit der Schachtanlage1/2 durchschlägig; die 3. Sohle in 200 m Teufe (= - 143 m) folgte 1882, die 4. und 5. Sohle (in 274 m bzw. 301 m Teufe [= -217 m bzw. -244 m]) folgten 1883. Nachdem man den Schacht 1 weitergeteuft hatte, setzte man dort im Jahre 1885 die 4. Sohle in 330 m Teufe (= -280 m) an, 1890 folgten vom Schacht 3 aus die 6. Sohle in 326 m Teufe (= -326 m), die der 4. Sohle der Schachtanlage 1/2 entsprach, und die 7. Sohle in 351 m Teufe (= -294 m). 1893 setzte man nach einem erneuten Weiterteufen des Schachtes 1 in 395 m Teufe (= -345 m) die 5. Sohle an.

Der neue Schacht 4 setzte 1893 seine 1. Sohle (= nördliche Wettersohle) bei 172m Teufe (= -122 m), seine 2. Sohle (=südliche Wettersohle) bei 199 m (= -149 m) und seine 3. Sohle bei 253 m Teufe (= -202 m) an und wurde mit der

20 Vgl. Schachtanlage Zollverein (1934), S. 393 – 396

Abb. 12: Schachtanlage Zollverein. Hauptgrundriß der 6. Sohle im Jahre 1934

21 Vgl. Huske, S. 1053 – 1055

Abb. 13: Schachtanlage Zollverein. Hauptgrundriß der 12. Sohle im Jahre 1934

Schachtanlage 1/2 durchschlägig. Nur ein Jahr später (1894) entstanden am Schacht 1 die 6. Sohle in 476 m Teufe (= -426 m), am Schacht 4 die 4. Sohle in 391 m Teufe (= -341 m), 1895 am Schacht 1 die 7. Sohle in 559 m Teufe (=-510 m).

Wiederum nur ein Jahr später (1896) setzte man von dem Schacht 6 der seit 1895 neu angelegten Schachtanlage 6/9 deren 1. und 2. Sohle bei 129 m Teufe (= -69 m) bzw. 225 m Teufe (=-166 m) an, 1897 folgte am Schacht 6 die 3. Sohle in 267 m Teufe (= - 208 m). [21]

Diese uneinheitliche Entwicklung der Sohlen im Grubengebäude der Zeche Zollverein setzte sich in der Folgezeit fort; bis zur Inbetriebnahme der Zentralanlage Zollverein 12 im Jahre 1932 bestanden in den vier verschiedenen Baufeldern des Gesamtfeldes Zollverein keine einheitliche Sohlenausbildung, mit Ausnahme der 7. Sohle in den Baufeldern der Schachtanlagen 1/2 und 6/9. Deshalb sah es die Zeche nach der Betriebszusammenfassung über Tage als erstes Ziel an, die 12. Sohle zur ersten Einheitssohle im gesamten Feld zu machen (Sammelwerk S. 288). Sie wurde in 610 m Teufe (= -560 m) vom Schacht 12 aus angesetzt und noch im gleichen Jahr mit den Schachtanlagen 1/2/8 und 3/7/10 durchschlägig gemacht; ein Jahr später (1932) konnten auch die Kohlen aus den Abbaubetrieben der Schachtanlage 4/5/11 zum Schacht 12 transportiert werden.

Die Gründe für diese organisatorische Meisterleistung einer Zusammenführung von vier unterschiedlich strukturierten Schachtanlagen zu einem bergwirtschaftlich effizienten Grubenbetrieb werden 1934 eindrucksvoll dargelegt.

„Die mit der Inbetriebnahme von Zollverein 12 erfolgte Sammlung der Förderung an einem Punkte im Felde hatte ihren ersten Anlaß in dem überalterten Zustande der vier alten Tagesanlagen; diese Zusammenfassung des Tagesbetriebes wurde als die wirtschaftlichste Lösung des Gesamtproblems Zollverein, wie es sich in den Krisenjahren stellte, zur Durchführung gebracht. Die durch wirtschaftlichen Zusammenbruch notwendig gewordene Fördereinschränkung lieferte zu dieser Maßnahme einen besonderen Beitrag, indem sie über die ursprünglichen Absichten hinaus auch die Stillegung der zur selbstän-

digen Förderanlage weiterhin bestimmten Schachtanlage Zollverein 4/5/11 notwendig machte; auch ihre Förderung fiel so der Großschachtanlage 12 zu. Die Neuanlage wurde auf diese Weise in die Notwendigkeit versetzt, ihre Förderfähigkeit 12.000 t/Tag bis zu 11.000 t/Tag im Monatsdurchschnitt auszunutzen.

Die Zusammenfassung aller alten Tagesbetriebe in der Großschachtanlage war so dringlich, daß die vollständige Angleichung des Untertagebetriebes an diese Maßnahme nicht abgewartet werden konnte. Diese Angleichung wird in der Schaffung einer einheitlichen Hauptfördersohle im ganzen Felde Zollverein bestehen. Die Zusammenziehung der Förderung aus den Baufeldern der einzel-

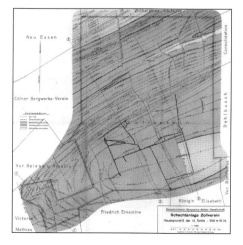

nen Schachtanlagen im Füllort des Schachtes 12 konnte zwar mit verhältnismäßig kleinen Hilfsmitteln gleichzeitig erreicht werden, jedoch war es nicht möglich, in gleichem Zuge mit dem Aufbau des Tagesbetriebes Zollverein 12 diese Einheitssohle, zu der die 12. Sohle bestimmt ist, im Gesamtfelde aufzufahren und in Betrieb zu nehmen. Da die einzelnen Grubengebäude der alten Zollverein-Zechen kraft ihrer Jahrzehnte währenden Selbständigkeit in ihren Baufeldern sich uneinheitlich nach der Teufe entwickelt hatten, mußte man sich vorläufig mit einigen Zwischenlösungen bei der Verteilung der Gewinnung im Grubengebäude und im Förderbetrieb behelfen, die mit dem allseitigen Erreichen der 12. Sohle in etwa 6 – 8 Jahren ihr Ende finden werden.

Die Zeche Zollverein besitzt in ihrem neuen Betriebszustande unter Einrechnung der stillliegenden Schachtanlage 4/11 eine Förderfähigkeit von 3,6 + 1,2 = 4, 8 Millionen t im Jahr, der im Jahr 1933/1934 eine Ausnutzung von 2,5 Millionen t bei 54 Ausfallfördertagen gegenüberstand. Diese aus der allgemeinen wirtschaftlichen Lage sich vorläufig noch ergebenden Einschränkungen in der Ausnutzung des Geschaffenen können die Bedeutung der insgesamt auf Zollverein ergriffenen Maßnahmen nicht herabsetzen. Die künftige Entwicklung im Gesamtfelde Zollverein ist für immer auf Grundlagen gestellt worden, die als in jeder Beziehung fortschrittlich und für den ganzen Ruhrbergbau wegweisend, als den vorhandenen Flöz- und Lagerungsverhältnissen wie auch den Kohlenvorräten angemessen und als betriebswirtschaftlich gesund zu bezeichnen sind." [22]

Die Auffahrung der 12. Sohle des Bergwerks Zollverein als entscheidende Maßnahme zum Weiterbestehen des Bergwerks mußte dabei auf die unterschiedlichen Flöz- und Lagerungsverhältnissen im Felde Rücksicht nehmen, zeichnete sich die südliche Feldeshälfte doch durch die flache Lagerung der Essener Mulde aus, die lediglich durch einige große, für den Abbau nicht schädliche Querstörungen unterbrochen worden ist. Aus diesen günstigen Flöz- und Lagerungsverhältnissen förderten die Schachtanlagen Zollverein 1/2, 3/10 und 6/9. In dieser Feldeshälfte hat bis zum Ende des 2. Weltkrieges immer der Schwerpunkt der Gewinnung gelegen, indem ihr Anteil an der Förderung stets mehr als 50 % betragen hat. Das Ergebnis dieser stärkeren Beanspruchung war auch, daß in der Südhälfte des Zollvereinfeldes die 12. Sohle als erste Einheitssohle für das gesamte Feld schon in den frühen 1930er Jahren fast vollständig entwickelt war, während sie in den nördlichen Feldesteilen erst anschließend aufgefahren werden mußte.

Die Nordhälfte des Feldes durchzog in streichender Richtung der Gelsenkirchener Sattel, dessen Südflügel, gestaffelt durch eine große Überschiebung, ebenfalls recht günstige Flözverhältnisse in geneigter Lagerung bot. In ihm hat die Schachtanlage Zollverein 4/11 im Nordosten des Feldes von jeher ihre überwiegende Förderung gewonnen, wie auch die Schachtanlage 1/2 ihn im Nordwesten des Feldes regelmäßig gebaut hat. Der Nordflügel dieses Sattels und damit der äußerste Norden des Feldes Zollverein waren aber durch Verwerfungen – Querstörungen wie Überschiebungen – durch zerrissene und verquetschte Flözteile teilweise so in Mitleidenschaft gezogen, daß sich dadurch, überschlägig angegeben, sein bauwürdiger Kohlenvorrat auf die Hälfte gegenüber dem Kohlenvorrat des steilen Teiles des Südflügels verändert hatte. Der natürlich höhere Feinkohlenanfall in der mittleren und steilen Lagerung war ein weiterer Grund, weshalb die Nordhälfte des Feldes in der Vergangenheit weniger stark gebaut worden war als die Südhälfte. So erklärt es sich, daß der Norden im Felde Zollverein bis in die 1930er Jahre oberhalb der 12. Sohle noch bis zu 250 m Teufe herauf gestaffelt anstehende Kohlenvorräte abbaute, die überwiegend in geneigter Lagerung, zum Teil aber stark gestört und deshalb als wenig bauwürdig anstanden: Im Baufelde 4/11 lag die Kohlengewinnung über der 4. und 5. Sohle damals noch rd. 125 m oberhalb der 12. Sohle.

Vor diesem geologisch, lagerstättenspezifischen und -relevanten Hintergrund kam der 12. Sohle als Hauptfördersohle eine eminent wichtige Rolle zu: Wäre ihre Anlage gescheitert, hätte das Bergwerk Zollverein seine Existenzgrundlage verloren. Erst die fundamentale konzeptionelle Umorganisation des Grubenbetriebes bedingte den umfassenden Aufbau der Tagesanlagen am Schacht 12, ohne die 12. Sohle wäre das heutige Weltkulturerbe der Zeche Zollverein nicht entstanden. [23]

22 Vgl. Schachtanlage Zollverein (1934), S. 542/543

23 Vgl. Schachtanlage Zollverein (1934), S. 544 f.

Diese Umstrukturierung und Vereinheitlichung der Sohlen im Grubengebäude des Bergwerks Zollverein zog sich noch bis zum Jahre 1946 hin: Erst nach dem Ende des 2. Weltkrieges förderten alle vier Anlagen 1/2/8/12, 3/7/10, 4/11 und 6/9 über die 12. Sohle als Hauptfördersohle. 1951 setzte das Bergwerk die 13. Sohle in 756 m Teufe (= - 706 m) an, die 1958 zur Hauptfördersohle wurde: Vor der Verlegung der Förderung auf die 13. Sohle und der damit verbundenen Umstellung auf Gefäßförderung in Schacht 12 erfolgte zwischen 1956 und 1958 die Erneuerung der Fördereinrichtungen der Anlage 1/2/8: Der Schacht 1 wurde von der 6. bis zur 12. Sohle weitergeteuft, so daß trotz steigender Bergeanteile in der Förderung die im Schacht 12 zuvor gehobene verwertbare Förderung stabil auf dem Niveau von verwertbaren 12.000 tato (=Tagestonnen) gehalten werden konnte.

Unter dem Eindruck der Bergbaukrise erfolgte in den 1960er Jahren die Stillegung einiger Feldesteile, so daß die Kapazität des Zentralschachtes nicht mehr ausgeschöpft werden konnte. Als letzte große Baumaßnahme wurde 1964 bis 1966 der Schacht 2 mit einem neuen Förderturm ausgestattet: 1966 erreichte er die 14. Sohle in 1005 m Teufe (= -955 m) und bis 1972 waren auch die Schächte 10 und 12 auf diese Teufe niedergebracht. Das Bergwerk Zollverein wurde 1969 in die neu gegründete Ruhrkohle AG eingebracht, wo es der BAG Gelsenkirchen unterstellt und seit 1977 der BAG Lippe zugeordnet wurde. Zur besseren Auslastung der sehr großen Förderkapazitäten in Zeiten von Absatzschwierigkeiten erfolgte 1974 der Anschluß des bis dahin selbständigen Bergwerks Holland in Bochum-Wattenscheid, dessen Förderung nun auf Zollverein gehoben wurde. Zum Bergwerk Zollverein gehörten jetzt (1974) die Schachtanlagen Holland 4/6, Rheinelbe 4, Rheinelbe 5, Rheinelbe 6, Alma 5, Bonifacius 1/2, Bonifacius 5, insgesamt 17 Schächte mußten unterhalten werden. Gleichzeitig erfolgte analog zur Einrichtung der 14. Sohle als Hauptfördersohle die Umstellung auf Bandförderung. Nur ein Jahr später hatte das Bergwerk seine Verantwortlichkeit auf die Schachtanlagen Zollverein 1/2/8/12, Zollverein 3/7/10, Zollverein 9, Zollverein 11 sowie Holland 4/6, Alma 5, Bonifacius 1 und Bonifacius 5 reduziert.

Nachdem sich Ende der 1970er Jahre die Erschöpfung der Kohlenvorräte abzeichnete, erfolgte 1979 die Stillegung von Zollverein 6/9 und 1983 die Stillegung der Baufelder Holland und die Zusammenlegung mit dem Bergwerk Nordstern in Gelsenkirchen zum Verbundbergwerk Nordstern/Zollverein, dessen Förderung zentral im Schacht Zollverein 12 gehoben wurde. Zur Realisierung der bei der Kohlerunde 1983 beschlossenen Rücknahme der Steinkohlenförderung der RAG erfolgte mit dem Anschluß des Baufeldes Nordstern an das Bergwerk Consolidation am 23. Dezember 1986 die endgültige Stillegung des Bergwerks Zollverein. [24]

Die Gewinnung der Kohle

Die langsame, aber stetige Steigerung der 1851 aufgenommenen Förderung und der sofortige Anschluß der Zeche an die gerade eröffnete Köln-Mindener Eisenbahn sorgten dafür, daß die Zeche Zollverein seit ihrem Förderbeginn fast immer Ausbeute abwarf. Die guten bis sehr guten Flöz- und Lagerstättenverhältnisse im Grubenfeld Zollverein bedingten den ungebrochenen Aufstieg der Zeche: Vom Jahre 1879 an lag die Leistung je Mann und Schicht unter Tage dauerhaft über 1 t, im Jahre 1888 sogar bei 1,476 t – eine für damalige Verhältnisse außergewöhnlich gute Leistung, entsprechend stieg die Gesamtbelegschaft, die im Jahre 1913 mit 6526 Mann ihren bis dahin höchsten Stand erreichte. [25] Bereits zwischen 1888 und 1901 war die Zeche Zollverein mit einer Jahresförderung von maximal 1,6 Millionen t verwertbarer Kohle die leistungsstärkste Zeche im Ruhrgebiet.

Auf Grund der unterschiedlichen Lagerstättenverhältnisse im Feld des Bergwerks Zollvereins wurden unterschiedliche Gewinnungsverfahren durchgeführt. Im Süden des Feldes mit seiner flachen Lagerung und seiner reichen Flözfolge bestanden günstige Voraussetzungen. In Handarbeit wurden die Flöze hereingewonnen, hier waren bereits in den 1920er und 1930er Jahren mit Hilfe der eingeführten Bänder und Rutschen beachtlich große Abbaubetriebe mit täglichen Förderleistungen zwischen 600 und 1.000 t gewährleistet; Blindort-, Selbst- und auch Blasversatz waren die vorherrschend angewendeten Versatzverfahren.

24 Vgl. Huske (1998), S. 1956.

25 Vgl. Schachtanlage Zollverein (1934), S. 37 f.

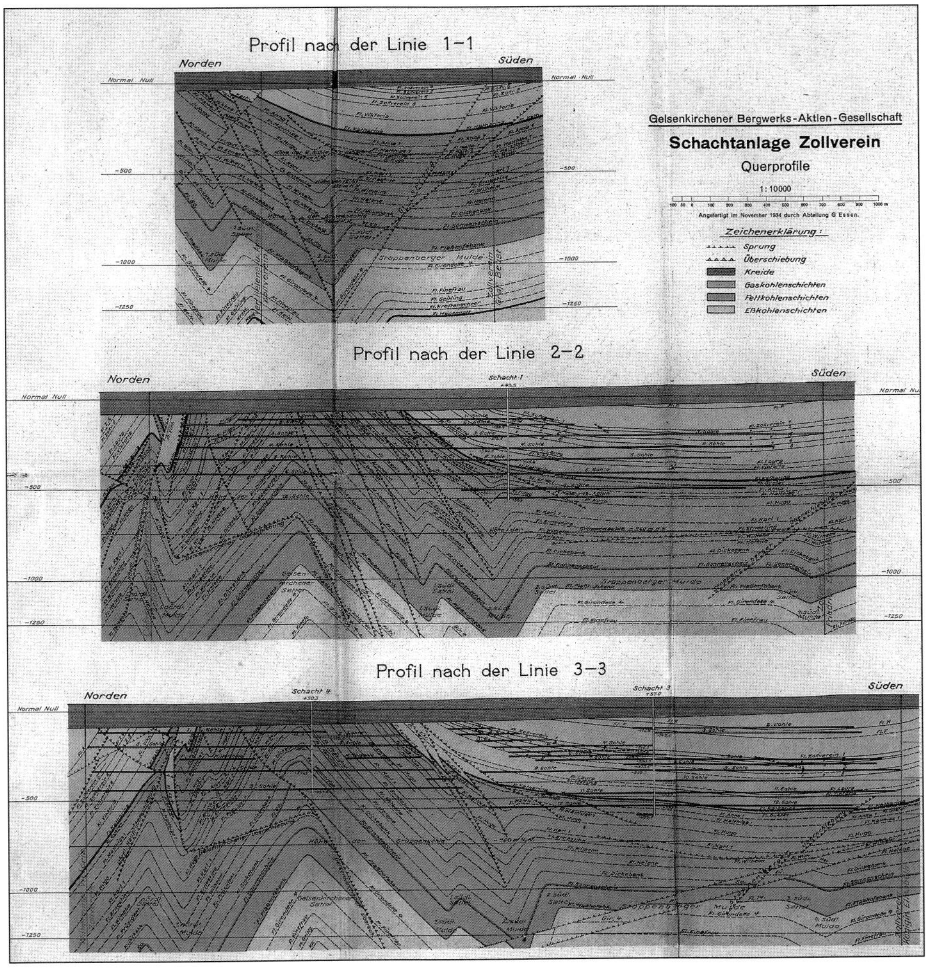

Abb. 14: Schachtanlage Zollverein. Querprofile durch die Lagerstätte

In der steilen Lagerung der nördlichen Feldeshälfte war das Schrägbauverfahren das vorwiegend eingesetzte Gewinnungsverfahren mit guten Strebleistungen. Die Streben besaßen einigermaßen große streichende Baulängen, hohe Hackenleistungen wurden erzielt. Die Abbauhohlräume wurden ebenfalls mit Waschbergen verfüllt.

Bei der Kohlengewinnung im Grubenbetrieb auf Zollverein wurden in den 1920er und 1930er Jahren Leistungen je Mann und Schicht von rund 3,3 t erreicht. Nach dem 2. Weltkrieg wurde die Kohlengewinnung durch den Einsatz von Kohlenhobeln (ab 1959) und hydraulischem Ausbau (seit 1960) schrittweise mechanisiert, seit der Mitte der 1960er Jahre wurde zunehmend auf das Einbringen von Versatz in die ausgekohlten Hohlräume verzichtet und Bruchbau angewendet – mit den entsprechend größeren Auswirkungen auf die Tagesoberfläche.

Umwelt:
Abbau, Tagesoberfläche und Siedlungen

Bei jeder bergbaulichen Tätigkeit wird die Umwelt in Mitleidenschaft gezogen: So auch im Falle der Zeche Zollverein, wo in der Folge des untertägigen Abbaus z. T. erhebliche Einwirkungen auf die Tagesoberfläche zu verzeichnen sind: In erster Linie waren davon die Vorflutverhältnisse im Norden

26 Vgl. Schachtanlage Zollverein (1934), S. 514 ff.

des Grubenfeldes betroffen, wo mit Unterstützung der Emschergenossenschaft der Schwarzbach, der Zollverein-Graben, der Katernberger und der Stoppenberger Bach und die Berne als Vorfluter ausgebaut werden mußten. Auch mehrere Polderanlagen, mit deren Hilfe erheblich große Gebiete künstlich entwässert werden konnten, muß-

ten aufgrund der Senkungserscheinungen angelegt werden. [26]

Siedlungen und Schachtanlagen gehören untrennbar zusammen, Wohnraum wurde von den Zecheneignern in unmittelbarer Nachbarschaft angelegt, auch um die Bergleute an sich zu binden – dies war auch bei der Zeche Zollverein der Fall. Im Jahre 1847

Abb. 15 Zeche Zollverein 12, Schachtteufe (Photograph unbekannt)

Slotta · Ein Bergwerk muss fördern

zählte die Ortschaft Katernberg kaum 500 Einwohner, schon zehn Jahre später gehörten zur Belegschaft der Zeche Zollverein 579 Mann. Um 1900 übertraf die Zahl der Bergleute mit rd. 5000 Mann die Bevölkerungszahl der Ortschaft Katernberg bei weitem. Um die Bergleute anzusiedeln, erwarb die Gewerkschaft Zollverein den Grundbesitz alter Höfe und Kotten und nutzte ihn zum Bau von Kolonien. Dieser Prozeß zog sich bis etwa 1913 hin und führte dazu, daß sich die langsam wachsenden Kolonien wie ein lückenhaftes Mosaik im Grubenfeld ausbreiteten. Sie lagen abseits der sie erschließenden alten Verbindungswege zwischen den Landgemeinden Essens und Gelsenkirchens.[27]

Schluß

Faßt man die Ergebnisse zusammen, wird die Abhängigkeit der Gestaltung der Tagesanlagen von den untertägigen Betriebsbedingungen und Notwendigkeiten überdeutlich: Nichts ist „zufällig" oder unbegründet, die bergmännischen Bedürfnisse waren die Voraussetzungen für die Bergwerksanlage, in den Bauten und Einrichtungen über Tage spiegeln sich Grubenfelder, Lagerstättenverhältnisse, Kohlensorten, der Gruben- und Förderbetrieb mit seinen Wetterverhältnissen, Sicherheitsvorkehrungen, Fördermengen, Energieversorgung, Transport- und Verkehrsverbindungen sowie auch Umweltbeeinträchtigungen wieder. Die Wirtschaftlichkeit eines Bergwerks und der Anspruch der Eigner an eine Zechenanlage manifestiert sich im Aufwand, der in der Gestaltung der Tagesanlagen getrieben wird.

Die eigentliche Begründung für die Tatsache, daß die Zeche Zollverein mit aller Berechtigung dem Weltkulturerbe zugerechnet werden muß, liegt unterhalb der Tagesoberfläche, denn ohne die Anlegung der 12. Sohle als Hauptfördersohle dieses Bergwerks hätte das Bergwerk keine betriebliche Perspektive besessen. Die realisierten betrieblichen Planungen der Bergwerksbetreiber verdienen ebenso hohe Anerkennung wie ihre in die Tat umgesetzte „Vision", der Hauptfördersohle des Bergwerks unter Tage über Tage eine Entsprechung in Gestalt einer bis dahin unbekannt großzügigen und einzigartig ansprechenden Tagessituation zu schaffen.

Dieses Zusammenfallen von Begründungen darf bei der Betrachtung und Bewertung der Schachtanlage Zollverein als Weltkulturerbe niemals vergessen und muß entsprechend für die Öffentlichkeit aufbereitet werden.

Im Gegensatz zu der überwiegenden Mehrzahl der heute urteilenden Architekturkritiker, die diesen Aspekt der Tagesanlagen am Schacht Zollverein 12 negiert und sich auf die Schilderung der herausragenden Architektur beschränkt haben, waren sich die Gründer der Schachtanlage Zollverein 12 dieser Tatsache in aller Klarheit bewußt und haben – als Betreiber und Techniker diese Zusammenhänge zwischen den Architekturen der Tagesanlagen als Spiegel und Ergebnisse der untertägigen, betrieblichen Verhältnisse immer hervorgehoben. Sie begründeten schon 1933/1934 die Notwendigkeit, die Tagesanlagen grundlegend zu erneuern, und schilderten die Zukunftsaussichten des Bergwerks wie folgt:

„Der Tagesbetrieb von Zollverein insgesamt wird im Laufe der Jahre nach Möglichkeit noch vereinfacht werden. Die Außenschachtanlagen sind mit ihren Hauptschächten für die Seilfahrt und für die Wetterführung unentbehrlich, und die hierfür erforderlichen Maschinen müssen betrieben werden ... Die Einrichtungen des eigentlichen Tagesbetriebes der Großschachtanlage Zollverein 12 reichen für die vorgesehene Spitzenförderung von 12.000 t/Tag aus. Die Schachtanlage steht mit dieser im europäischen Steinkohlenbergbau erstmalig erreichten Leistungsfähigkeit im wesentlichen fertig da. Die beiden großen elektrischen Fördermaschinen des Schachtes 12 sind für unbegrenzte Zeit leistungsfähig. In dem Schacht 2 steht, sobald er von der Kohlenförderung freigestellt werden kann, dem Zentralschacht eine Bereitschaft zur Verfügung, die für Materialförderung zur 12. Sohle benutzt werden wird, so daß der Hauptschacht auch später ausschließlich der Kohlenförderung dienen wird. ... Bezüglich der heute vorauszusehenden Entwicklung des Tagesbetriebes ist demnach grundlegend festzustellen, daß lediglich eine der allgemeinen Betriebsgestaltung folgende Fortentwicklung einzelner Einrichtungen vorzunehmen sein wird. Im übrigen sind die Einrichtungen der Großschachtanlage Zollverein 12 so beschaffen, daß sie nach heutigem Ermessen für

27 Vgl. Kania (2001), S. 21 f.

28 Vgl. Schachtanlage Zollverein (1934), S. 542 – 552

Vgl. Ferner die Akten im Bergbau-Archiv beim Deutschen Bergbau-Museum Bochum, Bestand 115: Schachtanlage Zollverein, Essen-Katernberg; S. 226 – 228; Kroker, Evelyn: Das Bergbau-Archiv und seine Bestände, Bochum 2001, S. 226 – 229; Rheinelbe Bergbau AG (Hrsg.): Zeche Zollverein, Essen-Katernbrg o. O. (1953); Rheinelbe Bergbau AG (Hrsg.): Zeche Zollvrein, o. O., o. J. (1968); Großmann, Joachim: Wanderungen durch Zollverein. Das Bergwerk und seine industrielle Landschaft (hrsg. v. d. Geschichtswerkstatt „Zeche Zollverein e. V." und der Denkmalbehörde der Stadt Essen), Essen 1999; Buschmann, Walter: Zechen und Kokereien im rheinischen Steinkohlenbergbau. Aachener Revier und westliches Ruhrgebiet, Berlin 1998, S. 414 – 468; Engelskirchen, Lutz: Zeche Zollverein Schacht XII. Museumsführer, Essen 2000.

alle in Zukunft gestellten Anforderungen ausreichend und vorbildlich im Zuschnitt und in der Anordnung sein werden. Sobald die Außenschachtanlagen in ihren Aufgaben noch weiter zu Gunsten der Zentralanlage zurückgedrängt sind, wird Zollverein bei einer Tagesförderung von 10 bis 12.000 t im Tagesbetrieb ... dauernd halten können.

Die Zeche Zollverein verfügt in ihrem großen Felde bis 1250 m Teufe über einen sicher bauwürdigen Kohlenvorrat von 200 Millionen t, von dem, wie nochmals hervorgehoben sei, allein im Bereich der 12. Sohle rund 100 Millionen t im gelösten Ober- und Unterwerksbau gewinnbar anstehen. Diese Feststellung will besagen, daß die in diesen Jahren geschaffene Großschachtanlage bei einer durchschnittlichen Ausnutzung von 3,3 Millionen t im Jahr bei 270 Arbeitstagen mit allen ihren Einrichtungen allein für die 12. Sohle gebaut wurde, denn in 30 – 40 Jahren, wenn die Aufgabe dieser Sohle erledigt ist, werden auch die heute errichteten Betriebseinrichtungen mit einigen Ausnahmen entweder durch Abnutzung verschlissen oder technisch überholt sein. Niemals überaltern werden jedoch die Betriebszusammenfassung über Tage und die Vereinheitlichung der Sohlen im Felde Zollverein, die den Kern der betrieblichen Entwicklung der letzten Jahre darstellen. So wird Zollverein 12 eine 14. Sohle bei etwa 900 m und eine 15. Sohle als letzte Sohle bei ungefähr 1100 m Teufe nach heutiger Voraussicht überdauern, wobei Zeiträume von 6 – 8 Jahrzehnte, von heute ab gerechnet, in Frage kommen." [28]

Mit dieser Einschätzung der Zukunftsaussichten, die die Betreiber der Zeche Zollverein im Jahre 1933/1934 abgegeben hatten, lagen sie gar nicht so schlecht: 1986 wurde das Bergwerk Zollverein stillgelegt.

Die Zeche Zollverein war eines der bergwirtschaftlich bedeutendsten und leistungsfähigsten Steinkohlenbergwerke nicht nur des Rheinisch-Westfälischen Steinkohlenbergbaus und hat im Laufe seines Bestehens rd. 283 Mio t Steinkohle der Menschheit zur Verfügung gestellt. Die nachhaltige Förderung von hochwertiger Steinkohle und die gesicherte Versorgung der Kohle-Konsumenten standen im Mittelpunkt der Aufgaben der Zeche Zollverein.

Die herausragende architektonische Gestaltung dieser Bergwerksanlage war „gewollt" und somit eindeutig „Programm" der Zechenbetreiber; sie ging mit der Überlegung zusammen, die hohe wirtschaftliche Bedeutung und den Anspruch des Bergwerks im äußeren Erscheinungsbild zu verbinden. Ausschlaggebend aber war für die Betreiber der untertägige Bergwerksbetrieb: Das Bergwerk über Tage war demgegenüber zweitrangig und lediglich ein Spiegel der bergwirtschaftlichen Bedeutung, denn zunächst einmal muß ein Bergwerk fördern!

Wilhelm Busch

Kontinuitäten und Brüche im Werk von Schupp und Kremmer

Sowohl das Gesamtwerk der Architekten Schupp und Kremmer in den 25 Jahren gemeinsamer Tätigkeit als auch die weiteren Arbeiten Schupps in den nachfolgenden Jahren bis 1974 sind neben allen architekturgeschichtlichen Phasen durch eine Reihe von Besonderheiten gekennzeichnet, die sich nicht allein aus der wirtschaftlichen Bindung und Abhängigkeit von ihrer Auftraggeberschaft und den kulturellen oder politischen Ereignissen ableiten lassen. Diese Besonderheiten aus der persönlichen Entwicklung der Architekten haben zu Kontinuitäten und Brüchen geführt, die in den Arbeitsverhältnissen, den geschriebenen und den gebauten Werken ablesbar sind. Die wechselnden Standorte stehen symptomatisch für diese Besonderheiten.

Der gemeinsam vollzogene Gang nach Berlin (ab 1926) bedeutete nicht nur den Wechsel aus der Provinz in die Reichshauptstadt und die Anerkennung der Führungsrolle Berlins im Kulturbetrieb, sondern war geprägt von dem Wunsch, zusammenzuarbeiten und sich „strategisch aufzustellen". Gleichwohl blieb Essen in der Standortnennung präsent, auch wenn erst 1934 wieder ein Büro dort bezogen wurde. Die sorgfältige Publikation und fotografische Dokumentation begann in Berlin zur werbewirksamen Akquisition zukünftiger Aufträge.

Bei der starken Bindung an die Auftraggeber der Region an Rhein und Ruhr ließ sich das Festhalten am Standort Berlin aber nicht praktizieren. Die Planungen entstanden mal in Essen, mal in Berlin, später auch in Gleiwitz. Jeder unterzeichnete die Pläne gleichberechtigt auch für den Partner. Auffallend ist allerdings, daß nach dem bisherigen Stand der Erkenntnisse Kremmer ausschließlich Zeichnungsstempel bzw. Kennzeichnungen mit beider Namen verwendete, während Schupp in Essen häufig nur seinen Namen angab. Wie die zahlreichen Planeintragungen belegen, muß aber die inhaltliche Abstimmung über die jeweiligen Planungen immer in gegenseitigem Einvernehmen erfolgt sein. Diesen zeitraubenden und reiseintensiven Arbeitsstil haben beide bis 1945 beibehalten können. Den schicksalhaften Bruch in der Zusammenarbeit mit seinem Freund Martin Kremmer scheint Fritz Schupp indes nie verwunden zu haben. Gemeinsam begonnene Buchprojekte zu einer systematischen Darstellung aller gestalterischen Aufgaben im Industriebau von 1941 wurden nach 1945 zwar hin und wieder erwähnt, ohne jedoch realisiert worden zu sein. Die kontinuierliche Veröffentlichung hat Fritz Schupp zwar bis in sein Todesjahr hinein beibehalten, die Dokumentation der eigenen Arbeiten ganz offensichtlich aber aufgegeben. Nur so läßt sich erklären, daß Zeichnungen der ersten Jahre und der gesamten Berliner Zeit den Krieg unbeschadet überstehen konnten und dennoch heute als verschollen gelten müssen. Ob dazu auch die Dienstanweisung an den langjährigen Mitarbeiter, Herrn Köster, beigetragen hat, durch Vernichtung von Zeichnungen aufzuräumen, ließ sich nicht nachvollziehen.[1]

Nach den ersten größeren Erfolgen begann mit dem Wechsel nach Berlin das forcierte Vortragen ihres gestalterischen Anliegens. Mit offensichtlichem Selbstbewußtsein publizierten Schupp und Kremmer die Ergebnisse mit eigenen programmatischen Textbeiträgen[2] oder den einleitenden Worten namhafter Autoren.[3] Sie nahmen damit aktiv an der Flut von Architekturpublikationen gegen Ende der 1920er Jahre teil. Als ausgesprochen geschickt muß aus heutiger Sicht gewertet werden, daß

1 Nach der mündlichen Überlieferung der ehemaligen Mitarbeiter und späteren Partner Günter Patschul und Fritz Winkhaus gegenüber dem Verfasser.

2 Schupp, Fritz; Kremmer, Martin: Architekt gegen oder und Ingenieur, Berlin 1929

3 Schupp, Fritz; Kremmer, Martin: Fritz Schupp, Martin Kremmer (Reihe Neue Werkkunst) mit einem Vorwort von Dr. Wilhelm-Kästner, Berlin 1930

4 Jaeger, Roland: Neue Werkkunst, Architekten Monographien der Zwanziger Jahre, Berlin 1998, S. 43/46

5 Jaeger, Roland: Neue Werkkunst, Architekten Monographien der Zwanziger Jahre, Berlin 1998, S. 43/46

6 Schupp, Fritz: Über das Entwerfen von Industriebauten in: Baugilde 13.1931 Heft 19, S. 1502-1509

7 Schupp, Fritz: Über das Entwerfen von Industriebauten in: Baugilde 13.1931 Heft 19, S. 1502

die inhaltlich weitreichendere Publikation im Verlag des Bundes Deutscher Architekten (BDA), „Die Baugilde", bereits 1929 erschien. Im Wettstreit der Verlage hatte „der Bund Deutscher Architekten gegenüber seinen Mitgliedern (das) Verbot zur Beteiligung an der „Neuen Werkkunst""[4] ausgesprochen. Wie andere Kollegen auch mißachteten sie dieses Ansinnen und konnten 1930 den Band „Fritz Schupp, Martin Kremmer" veröffentlichen.

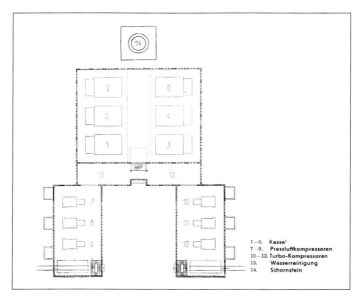

Abb. 1 Kraftzentrale einer Schachtanlage

Gerade diese anspruchsvoll edierte und über Anzeigen beteiligter Baufirmen finanzierte Reihe bot jungen, aufstrebenden Büros auch mit Arbeiten außerhalb Berlins eine willkommene Basis, werbewirksam zu publizieren. Vielleicht gerade weil die „prominenten Vertreter des neuen Bauens" ebenso fehlten wie die „namhaften Traditionalisten und die besonders kämpferischen Konservativisten,"[5] wurde die Möglichkeit zur Demonstration des gestalterischen Anspruchs auch angesichts der regionalen Ausrichtung genutzt. Wie zur Besänftigung des BDA erschien nach der „Neuen Werkkunst" der aufschlußreiche Aufsatz „Über das Entwerfen von Industriebauten"[6] in der Verbandszeitschrift des BDA, Baugilde, mit dem werbenden Hinweis auf das Werk von 1929.

Dieser Aufsatz enthielt in Auszügen einen Vortrag, den Fritz Schupp vor Architekten und Ingenieuren im Bauausschuß der Vereinigte Stahlwerke AG, dem größten und nachhaltigsten Auftraggeber der Sozietät, am 1. Juli 1931 hielt. Im Zusammenhang mit Fragen des Bauens im Bestand, des Aneinanderfügens von großen und kleineren Baukörpern, erläuterte er seine Arbeitsphilosophie: „...das kann so geschehen, daß alle Baukörper sich gegenseitig in der Wirkung steigern, es kann aber auch so sein, daß alle gegenseitig jede Wirkung aufheben, daß jedes wie ein angeklebter Anbau des anderen aussieht, ... Dieser Teil des Entwerfens, die Baumassen gegeneinander abzustimmen, ist viel wichtiger, als die Gliederung der Fassade, als die Form der Fenster oder sonst irgend etwas; denn die Einzelheiten der Fassade sind der Mode unterworfen, sie können schließlich auch schematisiert und erlernt werden. Aber das Abwägen der Baumassen gegeneinander ist etwas, das ewigen Gesetzen unterliegt, das bis in alle Zeiten einen Bau gut oder schlecht erscheinen läßt. Hier ist der Arbeitsanteil, und zwar der wichtigste, des Architekten. Hier muß der Architekt, natürlich innerhalb der vom Ingenieur gestellten Grenzen, entscheiden. ...Das einfach scheinende Schema muß von einem gewissen künstlerischen Gestaltungswillen geformt werden, ehe es Leben gewinnt. Deshalb wird es weniger die Aufgabe des Architekten sein, an der Fassade mitzuwirken, sondern mit zu beraten, wie man die Baukörper zueinander stellt."[7]

Die Schachtanlage Zollverein 12

Die zum Zeitpunkt des Vortrags bereits entworfene und fast vollständig fertiggestellte Schachtanlage Zollverein 12 haben die Architekten nach dieser Maxime gestaltet. Das

„Abstimmen der Baumassen gegeneinander ... nach ewigen Gesetzen ... geformt von einem gewissen künstlerischen Gestaltungswillen" stand im Vordergrund. Dabei war ihnen bewußt, daß „die Einzelheiten der Fassade der Mode unterworfen" waren. Die Architekten haben die „ewigen Gesetze"[8] zwar nie genau definiert, sie standen aber zweifellos für Begriffe wie Gliederung, Größe, Harmonie, Klarheit, Ordnung, Proportion, Reihung, Ruhe, Symmetrie und Verhältnismäßigkeit. Im Wissen um die historischen Begriffe nannten sie wirtschaftliche und funktionale Gründe für ihre gestalterischen Entscheidungen: „Im Falle der Zentralkraftanlage lassen sich vielleicht auch andere Gruppierungen der Kessel und Kompressorenhäuser denken; sie würden aber alle kaum die straffe Klarheit der Grundrißlegung aufweisen und so sparsam im Platzverbrauch sein, wie die Anordnung um einen Hof. Keine Erinnerung an einen ‚Ehrenhof' haben wir vor uns, sondern die wirtschaftlich und zugleich in der architektonischen Gliederung der Bauten gute Lösung eines Zweckprogrammes" (Abb. 1).[9] Die konsequente Erfüllung aller funktionalen Anforderungen aus dem Verfahrensablauf innerhalb dieser geformten Baumassen unter Einbeziehung der Wirtschaftlichkeit ist gleichzeitig Ausdruck der gelungenen Abstimmung zwischen Architekten und Ingenieuren.

Die der Mode unterworfenen Einzelheiten der Fassade – die nahezu einheitliche Verwendung der vorgestellten ausgemauerten Stahlfachwerkfassade mit einheitlich verglasten Fenstermodulen innerhalb des Fachwerkrasters – hat die Anlage schnell in den Rang eines Musterbeispiels des neuen Bauens, des regional geprägten kubischen Funktionalismus erhoben. Der Bergbau hatte mit dieser Anlage seine Bereitschaft zum Anschluß an die gesellschaftliche Entwicklung demonstriert. Die Anlage war von Beginn an ein Bekenntnis zum Fortschritt, ein Zeichen des Führungsanspruchs und des Gestaltungswillens.

Das Haus Gelsenkirchen

Das Haus der Segelflieger in den Borkenbergen (Abb. 2) wurde im April 1932 nahezu zeitgleich mit der Inbetriebnahme von Schacht 12 geplant. Und genau wie Zollverein kennzeichnete dieses Haus den künstlerischen Entwicklungsstand der Architektengemeinschaft. Nach Einrichtung des ersten Luftfahrtlehrgangs in Deutschland an der Gewerbeschule in Gelsenkirchen 1926, der für ganz Deutschland vorbildlich wurde, war in den Borkenbergen ein geeignetes Gelände gefunden worden, um allen Aktivitäten des Gleit- und Segelflugs nachgehen zu können. Die Lehrgänge mit theoretischem Unterricht, Werkstattarbeit und praktischem

8 Ebd.

9 Schupp, Fritz; Kremmer, Martin: Architekt gegen oder und Ingenieur, Berlin 1929, S. 60

Abb. 2 Flughafen Borkenberge, „Haus Gelsenkirchen" (Photograph unbekannt)

Fliegen sollten Jugendlichen aus allen Kreisen der Bevölkerung den praktischen Flugsport ermöglichen, den Gedanken der Kameradschaft und darüber hinaus den fliegerischen Nachwuchs fördern. 1931 wurde die Borkenberge-Gesellschaft gegründet mit maßgeblicher Unterstützung des Bergbaus, namentlich Friedrich Wilhelm Schulze Buxloh.[10]

Ganz im Sinne des Abstimmens der Baumassen gegeneinander war aus der Komposition von Wohntrakt, Flugsicherungsturm, Aufenthalts-, Schulungs- und Hallenbereichen eine heterogene Bauform entstanden, die dem Anliegen nach feierlicher Repräsentation ebenso Genüge tat wie der Funktionserfüllung. Mit mehr als 1 Million Ziegeln aus Abbruchmaßnahmen, vorwiegend aus der Bergbauindustrie, wurde der Rohbau errichtet. Er konnte nur mit einer Putzoberfläche abgeschlossen werden. Nahezu alle Tür- und Fensteröffnungen wurden exakt aus jenen Abbruchmaßnahmen übernommen, deren Bauelemente im Zuge der Rationalisierung im Bergbau nicht mehr benötigt wurden. Fein säuberlich waren alle Elemente mit Angabe des Herkunfts- oder des aktuellen Standortes verzeichnet. „Siedlungsfenster, lagern z. Zt. im Lagerschuppen Rhein-Elbe 6" oder „Tür vom Büro- und Kauengebäude Zollverein 3/10" war auf dem Plan vermerkt (Abb. 3). An dieser Stelle sei auf die Begriffe von Kargheit, Einfachheit und Sparsamkeit hingewiesen, die die Geschichte der Bergbauarchitektur von jeher charakterisierten.[11] Mit dem weißen Putzbau auf dem Borkenbergegelände entwarfen Schupp und Kremmer ein vom Bergbau getragenes Musterbeispiel des neuen Bauens. Ganz im Sinne der Anerkennung funktionsbezogener Vorgaben war in dem einsamen und durch Waldbrände kargen Gelände fern von belastenden Industrien eine weiße Fassade als Konzession an die „Mode" und unter Beachtung der Sparsamkeit gewählt worden. Nach der Grundsteinlegung im September 1932 konnte das Haus bereits im Mai 1933 seiner Bestimmung übergeben werden.

Das Engagement des Bergbaus ging in der Folgezeit durch Einmischung der Reichsbehörden rapide zurück. Bereits 1934 wurde ein Lager für den freiwilligen Arbeitsdienst errichtet, das nach einer Verfügung aus Berlin von der Reichsführerschule des Deutschen Luftsport-Verbandes übernommen wurde (1936). An den weiterführenden Baumaßnahmen waren Schupp und Kremmer schon nicht mehr beteiligt. Der gesamte Komplex wurde 1945 durch Bombentreffer zerstört.

Diese beiden Baumaßnahmen stehen am Ende der ersten Schaffensperiode der Architektengemeinschaft Schupp und Kremmer. Nach der anfänglichen Orientierungsphase mit Bauten innerhalb bestehender Schachtanlagen[12] und der Aneignung der zeitgebundenen ausdrucksstarken rheinischen Architektur hatten sie mit diesen Arbeiten frei

10 Bericht über die Entwickelung des Segelfliegerlagers Borkenberge, Stadtarchiv Lüdinghausen

11 Vgl. Busch, Wilhelm: Bergbauarchitektur. Funktion, Repräsentation und das Bild der Arbeit in der Architektur

12 Vgl. Kania, Hans: Erste Arbeiten im Bergbau

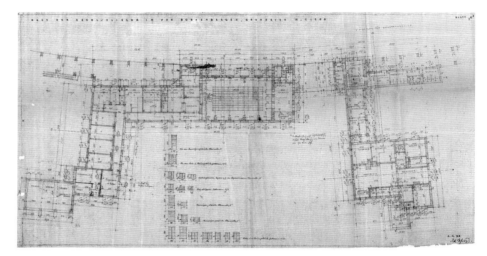

Abb. 3 Flughafen Borkenberge, „Haus Gelsenkirchen", Grundriß

von der Einbindung in bestehende Kontexte ihren Anschluß an die Moderne gefunden. Dies geschah mit breiter Unterstützung der Auftraggeber.

Die Zeit ab 1933

Die Veränderungen der politischen und gesellschaftlichen Landschaft nach 1933, die Machtübernahme durch die Nationalsozialisten und die kulturelle Abkehr von der Moderne zu Traditionalismus und Heimatschutzbewegung traf auch mit ganz unterschiedlichen Auswirkungen die Architekten Schupp und Kremmer. Nach ihrem Selbstverständnis waren sie Architekten und Künstler, die sich mit der geschickten Bindung an eine wirtschaftlich solide und potente Auftraggeberschaft ein Nischendasein im Industriebau erarbeitet hatten. Mit ausgeprägtem Standesbewußtsein waren sie schon früh in den BDA aufgenommen worden, hatten allerdings die Übernahme in die Reichskammer der Bildenden Künste lange Zeit verzögert.[13] Da sie nach 1933 auch keinerlei Parteiorganisation angehörten, konnten sie mit dem Hinweis auf den „kriegswichtig gesicherten Betrieb"[14] im Schatten der Auftraggeber ihrer Entwurfstätigkeit nachgehen. Der Rückzug auf diese vermeintlich unpolitische Position des Künstlers war Selbstbetrug. Spätestens mit Beginn des Krieges und der Übernahme von Planungsaufträgen in besetzten Gebieten (z. B. für das Kupferbergwerk Bor in Serbien) oder dem Eintragen von Behelfssiedlungen in die Lagepläne von Industrieanlagen muß ihnen die wehrpolitische Verstrickung bewußt gewesen sein. Anzeichen der Einflußnahme auf die konkrete Entwurfsarbeit gab es allerdings schon viel früher.

Nach den Rationalisierungs- und Neubaumaßnahmen gegen Ende der 1920er Jahre hatte die Weltwirtschaftskrise (1930/31) zu einem Einbruch in der Auftragslage geführt. Es bestand daher genügend Zeit für die Entwurfsbearbeitung des Hauses der Segelflieger. In Vorbereitung zukünftiger Aufgaben und zur zeitlichen Überbrückung entstanden Entwürfe für Schachtanlagen exakt in Fortsetzung und gestalterischer Verfeinerung der bisher erreichten Ergebnisse.[15] Der Idealentwurf einer Doppelschachtanlage aus dem Jahr 1934 nahm Elemente von Zollverein auf und übertrug den Symmetriegedanken auf alle Einzelelemente der Anlage. Abgeleitet daraus entstanden die Entwürfe für Grimberg 3/4, die im Laufe der Jahre allerdings wesentlich verändert wurden. Die ersten Skizzen zeigten noch die einheitliche Verwendung der ausgemauerten Stahlfachwerkfassade an allen Gebäuden. Zu kantig kubischer Form sind selbst alle Elemente der Außenanlagen dem Gesamteindruck unterworfen. Der Blick vom Eingangsbereich vorbei am Pförtnergebäude auf die Schachthalle mit dem Fördergerüst zeigte die konstruktive Klarheit und Eindeutigkeit des Entwurfs. Es drängt sich der Eindruck der Vorwegnahme der späteren Miesschen Detaillösung am IIT, Chicago, auf.

Es muß die Einbindung in die Bemühungen der deutschen Arbeitsfront gewesen sein, die zu ersten Veränderungen führte. Bereits 1934 war der Wettbewerb „Häuser der Arbeit" ausgeschrieben worden. Fritz Schupp, der neben Paul Bonatz, Kurt Frick, Karl Chr. Loercher, Albert Speer und Heinrich Tessenow von der Arbeitsfront als Preisrichter bestellt wurde, erläuterte die Aufgabe: „… in großzügiger Weise einen neuen Baugedanken zu formen, nämlich ein Gebäude als Mittelpunkt des Gemeinschaftslebens des arbeitenden Volkes. …das „Haus der Arbeit" wird nicht allgemein gemeinsamer Erholung und künstlerischem Genuß, gleichsam als Clubhaus, sondern auch gemeinsamen Festakten und Feiern, gleichsam als Kultstätte deutschen Arbeitsgeistes dienen. …die Gestaltung dieses Hauses wird eine Formung nationalsozialistischer Weltanschauung sein."[16] Zwar fand das Projekt noch im selben Jahr sein Ende, da sich der Führer zum alleinigen „Kunstrichter befugt"[17] wähnte, aber mit Gründung des Amtes „Schönheit der Arbeit" Ende Januar 1934 wurde eine ideologisch begründete Veränderung in der Entwurfsbearbeitung gleichsam von staatlicher Seite eingefordert. Präzise formuliert wurden diese Anforderungen allerdings erst 1941 in der Fachschriftenreihe des Amtes Schönheit der Arbeit mit dem Band Schönheit der Arbeit im Bergbau.

Dadurch, daß „der gewaltige Reichtum der deutschen Erde an Bodenschätzen in den Dienst der deutschen wehrhaften Wirtschaft gestellt"[18] worden war, galt dem Bergbau auch die besondere Fürsorge der

13 Vgl. Laufer, Ulrike: Biographische Anmerkungen

14 Barch, RKK, Schupp, Fritz, 22.12.1896, Barch, RKK, Kremmer, Martin, 7.8.1895

15 Schupp, Fritz; Kremmer, Martin: Die Planarbeit des Architekten im Industriebau in: Monatshefte für Baukunst und Städtebau, 19.1935 Heft 3, S. 87-92

16 Schupp, Fritz: Zum Wettbewerb: „Häuser der Arbeit" in: Bauwelt 25.1934 Heft 4, S. 77

17 Teut, Anna: Architektur im Dritten Reich 1933-1945, Berlin 1967, S. 179

18 Amt „Schönheit der Arbeit" Hrsg.: Schönheit der Arbeit im Bergbau, Berlin 1941, S. 12

Abb. 4 Entwurf für die Zeche Grimberg 3/4, Bergkamen

Machthaber. In der Entwurfsanleitung für die Errichtung von Zechenbauten hieß es: „Das Erbauen von Zechen bedeutet Gestaltung mechanischer und menschlicher Vorgänge. ... keine reichen Architekturgebilde wollen wir erstehen lassen, sondern durch gute, klare, den gegebenen Verhältnissen entsprechende einfache Grundformen sollen sich unsere Bauten auszeichnen. ...Ungeschminkt sollen unsere Bauten unser technisches, wirtschaftliches und völkisches Leben zum Ausdruck bringen. ... den ersten Eindruck eines Betriebes vermittelt das Tor und die Einfriedung. Schon hier ist auf eine anständige Gestaltung Wert zu legen, gleichgültig, in welcher Form und in welchem Material sie durchgeführt wird. ...Der eigentliche Zweck der Grünanlage ist allerdings ein anderer. Die Häufung strenger Baumassen, stählerner Konstruktionen, Apparate und Leitungen lässt wohl für den zufälligen Besucher den Betrieb ungeheuer interessant und reizvoll erscheinen. Der Bergmann jedoch, der Tag für Tag in dieser wohl architektonisch wirkungsvollen Welt von Stein und Stahl den größten Teil seines Lebens verbringt, braucht zu seiner Entspannung dringend einen Gegenpol, ein Stück lebendiger Natur, das dem schauenden Auge Blick- und Ruhepunkt bietet und es erfreut."[19]

In Anerkennung der Zielvorgaben des Amtes Schönheit der Arbeit teilte sich die Entwurfsbearbeitung der Architekten Schupp und Kremmer in die Bereiche mechanischer und menschlicher Vorgänge. Entsprechend der historischen Bereichsgliederung der Übertageeinrichtungen einer Schachtanlage[20] wurden Waschkaue, Büros und Werkstätten unter Einbeziehung der Freiflächen und Fußwege innerhalb der Außenanlagen aus dem Gesamtkonzept ausgegliedert und einer bodenständigeren Gestaltung unterworfen. Der Wunsch nach kontinuierlicher und vollständiger Beibehaltung des kubischen Funktionalismus mit den bergbauspezifischen Besonderheiten mußte zugunsten einer ideologischen Verfremdung aufgegeben werden.

Was vor 1933 noch als „wirtschaftlich und zugleich in der architektonischen Gliederung der Bauten gute Lösung eines Zweckprogramms"[21] galt, wurde als unglaubwürdige und gestellte Inszenierung mißbraucht; die Rasenfläche vor der Hochdruckkompressorenhalle als Pausenzone mit Statisten zeigte die Möglichkeiten der Interpretation. Noch beim Idealentwurf der Doppelschachtanlage gab dieser Innenhof den Eindruck eines technoiden Aufmarschplatzes wieder. Alle Funktionsbauwerke waren zum Appell angetreten, hatten sich der Darstellung unterzuordnen. Im Vergleich mit der späteren Isometrie von Grimberg 3/4 (Abb. 4) wurde die Veränderung deutlich. Aus dem Aufmarschplatz der Technik war ein Forum der Arbeitsinszenierung geworden. Ganz im Sinne Hermann Görings war den Helden der Arbeit der Rasen bereitet. Die Technik war am Rande abgestellt worden.

Weitaus monumentaler war der Verwaltungstrakt am Kraftwerk der Gelsenberg Benzin in Gelsenkirchen-Horst inszeniert. Beim Kraftwerk wurde mit allen Stilzutaten der 1920er Jahre auf die Ziegelmassivbauweise zurückgegriffen. Mit dem U-förmigen Anbau der Verwaltung und Werkstätten entstand allerdings eine Situation, die erst nach Durchschreiten eines Travertin bekleideten bogenförmigen Durchgangs den Hof erlebbar werden ließ und den Blick auf den Hauptzugang freigab. Auch hier muß es zunächst Spekulation bleiben, ob nicht staatliche Einflußnahme eine Rolle gespielt hat. Zu-

19 Amt „Schönheit der Arbeit" Hrsg.: Schönheit der Arbeit im Bergbau, Berlin 1941, S. 15/24 f.

20 Vgl. Busch, Wilhelm: Bergbauarchitektur. Funktion, Repräsentation und das Bild der Arbeit in der Architektur

21 Vgl. Anm. 9

schüsse haben den Bau zumindest befördert. „Die Werke ... Gelsenberg und Blechhammer entstanden mit Sicherheit nicht aus freiem Entschluß der Unternehmensträger."[22]

Zeitgleich entwarfen die Architekten jedenfalls Kraftwerke, die in Kontinuität zum Energieversorgungsbereich von Zollverein 12 die weit gespannten Stahlhallenkonstruktionen mit vorgestellter, ausgemauerter Stahlfachwerkfassade vorsahen. Gemeinsam war den Kraftwerksentwürfen die erkennbare Baumassengliederung und -zuordnung. Da die Kraftwerke ständig größer wurden, versuchten die Architekten auch in diesem Bereich neben der Anordnung nach „ewigen Gesetzen" per Abstraktion aus den Grundelementen von Turbinenhalle, Kesselhaus, Abgaskamin und Kühlturm Idealentwürfe zu komponieren. Neben der Publikation in der Fachpresse[23] geschah dies insbesondere bei der Planung für Godulla in Oberschlesien.[24] Unter Einbeziehung der Trassenführung der Überlandleitungen sind verschiedene Detail-Varianten sowohl in der Zuordnung zur Schachtanlage als auch zur Siedlung festgehalten. Bei der späteren Planungen für das Kraftwerk Gustav in Dortmund konnte Fritz Schupp auf diese Erfahrungen zurückgreifen.[25]

Bei der Planung für Godulla muß abgesehen von der Größenordnung auf eine andere Entwicklung verwiesen werden. Aufgrund der primären Bedarfsdeckung der Rüstungsindustrie stand Stahl als Konstruktionsmaterial offensichtlich nur noch eingeschränkt zur Verfügung. Infolgedessen wurde die Stahlbeton-Skelettbauweise vorgeschlagen. Während bei Kraftwerksentwürfen im Ruhrgebiet die Ziegelmassivbauweise gleichberechtigt neben Skelettvarianten aus Stahl und Stahlbeton dargestellt wurden, mußte angesichts der zur Verfügung gestellten Ressourcen (1943/44) von vornherein auf diese Bauweise zurückgegriffen werden. Die kriegsbedingten Beschränkungen zeigten Auswirkungen.

Die Kauenplanung für Godulla enthielt ein liebevoll skizziertes Detail, das vielleicht exemplarisch Auskunft gab über die Zerrissenheit der Gestaltungsabstimmung zwischen Architekten und Bauherrn. Der Glaube an die technische Machbarkeit ließ die zukunftsorientierten Planungen für Schachtanlagen wie Zollverein oder Godulla reifen. Zu dieser Orientierung gehörte wie selbstverständlich die zeitgemäße moderne Gestaltung in der Tradition der historischen Entwicklung der Bergbauarchitektur. Im engeren Umfeld der leitenden Mitarbeiter war diese Orientierung aber keineswegs so eindeutig zu finden. Ein Blick in den Direktionsbereich von Godulla ließ die Biederkeit der Bergwerksdirektoren erkennen, mit welcher der Anspruch an hierarchischer Repräsentation erfüllt werden sollte. Geschmückt von Kronleuchter und altdeutscher Sitzgruppe wurde die gegensätzliche Geisteshaltung deutlich. Schupp und Kremmer kannten auch diesen Geschmack und bedienten ihn bei Bedarf angemessen bis hin zu vollständigen Inneneinrichtungs- und Möbelentwürfen.

Auffallend für die Zeit bis 1945 ist jedoch die differenzierte Vorgehensweise der Architekten. Wenn auf Grund der vorgegebenen landschaftlichen und topographischen Besonderheiten in Verbindung mit der Einbeziehung vorhandener Bausubstanz die behutsame Einfügung der Neubauvorhaben unter Wahrung regionaler Baustile möglich war, sind gestalterisch überzeugende Lösungen gefunden worden, die nicht der NS-Architektur zuzurechnen sind. Sie berücksichtigten technologisch erforderliche funktionale Anforderungen ebenso wie die ideologisch gefärbten Ansprüche an den Bergbau. Das Erzbergwerk Rammelsberg in Goslar[26] und das Fördergerüst, die Wäsche und

[22] Birkenfeld, Wolfgang: Der synthetische Treibstoff 1933-1945, Göttingen 1964, S. 139

[23] Schupp, Fritz; Kremmer, Martin: Arbeiten der Architekten Dipl.-Ing. Fritz Schupp und Dipl.-Ing. Martin Kremmer in: Der Baumeister 41.1943 Heft 2, S. 25-46

[24] Vgl. Krau zu Godulla siehe auch: Schupp, Fritz: Waschkauen (I) in: Zentralblatt für Industriebau, Hannover 2.1956 Heft 11, S. 402/403

[25] Schupp, Fritz: Unser Arbeitsanteil bei der Planung von Kraftwerken in: Der Architekt 5.1956 Heft 1, S. 4-16

[26] Vgl. Roseneck, Reinhard: Landschaftsgebundener Industriebau – Das Erzbergwerk Rammelsberg in Goslar

Abb. 5 Fördergerüst der Zeche Hausham/Oberbayern (Photograph unbekannt)

Abb. 6 Zinkhütte Harlingrode, (Photograph: Albert Renger-Patzsch)

andere Umbauten für den Klenze-Schacht der Grube Hausham (Abb. 5) in Oberbayern waren hier die bekanntesten Beispiele. Gleichzeitig wurde aber nur wenige Kilometer von Goslar entfernt die Zinkhütte Harlingerode (Abb. 6) in streng kubisch funktionaler Bauweise auf der grünen Wiese und ohne Anpassungserfordernisse an die regionale Bauweise errichtet. Der Hüttenkomplex aus überwiegend weitgespannten Stahlkonstruktionen mit der geometrischen Struktur der Stahlfachwerkfassade machte deutlich, daß sowohl die Bearbeitung bei Schupp und Kremmer und die über die Auftraggeberseite angetragene Einflußnahme differenziert und mit unterschiedlicher Schwerpunktbildung ablief. Kontinuität in technischen Anlagebereichen unter industriell wirtschaftlichen Gesichtspunkten und Anpassungen im Bereich „menschlicher Vorgänge" prägten die Projekte.

Je höher das nationale Prestige der Bauaufgabe desto auffälliger wurde aber auch die geforderte linientreue Demonstration bedient. Beim Volkswagen-Werk in Wolfsburg[27] waren Schupp und Kremmer in die Planung der Gesamtkonzeption zusammen mit Rudolf Mewes und Karl Kohlbecker eingebunden (1937/38) und sollten später schwerpunktmäßig die Sozial- und Freizeiteinrichtungen planen. Der von Martin Kremmer unterzeichnete Entwurf der riesigen Versammlungshalle (Breite 80 m/Tiefe 120 m/Höhe 50 m) stellte aus dem Gesamtensemble des VW-Werks den einzigen Fall der rein ideologisch geprägten Anpassung dar. „Nur bei der nicht ausgeführten Feierhalle war der vollends synkretistische, völkischen Idealen verpflichtete Baustil mit der NS-Architektur im engeren Sinne zu vergleichen"; er stellte auch „ ...im Werk der Architekten eher einen Fremdkörper dar."[28]

Brüche oder besser Zugeständnisse dieser Art zogen sich auch durch andere Entwürfe, die in vielen Varianten erarbeitet, aber immer wieder zurückgestellt wurden. Der Eingangsbereich der Zeche Nordstern 1/2 beispielsweise wurde in Verbindung mit einer neuen Waschkaue, einem Verwaltungsgebäude und einem Pförtnerhaus ab 1939 regelmäßig überplant (Abb. 7). Während bei der zur gleichen Zeit gebauten Schachthalle die Gestaltung der funktionalen Bereiche nach dem Muster von Zollverein fortgesetzt wurde, wurden am Zecheneingang zunehmend verniedlichende Torbogen-, Laternen- und höfische Platzmotive vorgeschlagen, die allesamt nicht realisiert wurden. Mit dem Bau der Waschkaue 1949 und der Verwaltung 1952 war der „Spuk" vorüber, die Angleichung an die funktionale Bauweise, die den rückwärtigen Geländeteil prägte, war ganz offensichtlich aber nicht mehr durchzusetzen.

Die Zeit nach 1945

Es ist bisher nicht bekannt, ob es innerhalb der Architektengemeinschaft oder mit der Auftraggeberseite zu ernsthaften Auseinandersetzungen um diese Fragen gekommen ist. Fritz Schupp hat diesen Bruch nach 1945 sicherlich nicht wieder aufheben können. Zwar vermerkte er auf einem Entwurf für den Erweiterungsbau einer Verwaltung der Zeche Minister Stein, einer Art Palazzoentwurf mit Flügelbauten, verbindenden Ecktürmen und Turmknauf auf den konkav gehaltenen Zeltdächern nach Ergänzung ei-

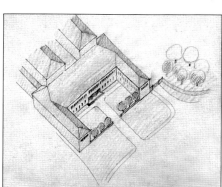

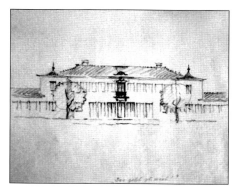

27 Mommsen, Hans mit Grieger, Manfred: Das Volkswagenwerk und seine Arbeiter im Dritten reich, Düsseldorf 1997

28 Mommsen, Hans: S. 260

Abb. 7 Fritz Schupp, Entwurf für die Zeche Nordstern 1/2, Gelsenkirchen

Abb. 8 Fritz Schupp, Entwurf für die Zeche Minister Stein, Dortmund

Busch · Kontinuitäten und Brüche

29 Nach der mündlichen Überlieferung der ehemaligen Mitarbeiter und späteren Partner Günter Patschul und Fritz Winkhaus gegenüber dem Verfasser.

30 Vgl. Anm. 7

nes Führerbalkons: „Das geht zu weit" (Abb. 8). Aber die flach geneigten Walmdächer, die Sprossenfenster, die Natursteinwände oder das Stichbogenmotiv im Eingangsbereich und der schlichte Ziegelmassivbau blieben in den 1950er Jahren Bestandteil des gestalterischen Repertoires im Bereich menschlicher Vorgänge. Dies hat gegen Ende dieses Jahrzehnts zu

Abb. 9 Förderturm der Zeche Grimberg Schacht 1, Bergkamen (Photograph: Albert Renger-Patzsch)

dem wiederholten Hinweis geführt, daß man „keine HJ-Heime mehr zu bauen gedenke."²⁹

Dafür bot die Wiederaufbau- und Wirtschaftswunderphase Gelegenheit, im Bereich mechanischer Vorgänge zu den eigenen Ursprüngen zurückzukehren. Bei den Zechenbauten für Germania, Grimberg 1/2, Haus Aden, Katharina, Pluto Wilhelm oder Nordstern nahm Fritz Schupp die konsequente Gestaltung nach dem Muster von Zollverein Schacht 12 wieder auf. Mit ganz geringen Variationen – z.B. hellgrünem Farbanstrich der sichtbaren Eisenkonstruktion bei Germania oder flach liegenden Fensterformaten bei Nordstern – wiederholte sich diese Gestaltung entsprechend den jeweiligen örtlichen Verhältnissen. Mit dem Bau des ersten Förderturms für die Zeche Grimberg Schacht 1 (1949) (Abb. 9) konnte Schupp den schon in den Konzepten für Zollverein enthaltenen Gedanken der Reduzierung auch der Fördereinrichtung auf eine elementare geometrische Grundform verwirklichen. Anders als auf Minister Stein gelang Schupp die vollständige Umkleidung auch des Führungsgerüstes. Die kontinuierliche Fortführung dieses Entwurfsgedankens, die einherging mit der Weiterentwicklung der Fördertechnologie, hat zu weiteren vergleichbaren Ergebnissen geführt. Für Schupp war es der Gedanke der Baumasse, der ihn seinen „ewigen Gesetzen" wieder näher brachte. Das Addieren, Aneinandersetzen oder Verschachteln der kubischen Grundformen gelang ihm mit einer solchen Ausdruckskraft und Steigerung in der Gesamtwirkung, daß diese den Verlust der Symbolform Fördergerüst vergessen ließ.

Angelangt an diesem Punkt gegen Ende der 1950er Jahre bewahrheitete sich auch hinsichtlich der Fassadengestaltung seine Vorhersage von 1931, wonach „ ... die Einzelheiten der Fassade ... der Mode unterworfen ..."³⁰ sind. Mit dem Aufkommen großflächiger Fassadenbekleidungen (Welltafeln/Profilblechtafeln) konnte seine kubische Grundform in der Beschränkung auf die elementare Form der Baumasse vollends reduziert werden. Der Verlust des im Format optisch und haptisch greifbaren Ziegelsteins innerhalb einer ablesbaren Rasterstruktur hat zur Steigerung der räumlichen Wirkung geführt. Das Verkämmen von Schachthalle und Förderturm der Zeche Hugo 8 (Abb. 10) konnte einfacher und klarer nicht gelöst werden.

Daß auf dem Weg zu dieser Klarheit der Formschöpfung auch Experimente mit Stahlbeton vorgenommen wurden, war sicherlich unerläßlich. Dies hat zu den Unikaten der Fördertürme von Sophia Jacoba Schacht 4/HK (Abb. 11) geführt, die auf hufeisenförmigem Grundriß den Schwung der 1950er Jahre aufnahmen und durch Reduzierung auf das geometrische Raster der Oberflächenstruktur und das hochgelegene Aussichtsgeschoß auch formal jede Zuordnung zur Konstruktion und ausgemauerten Stahlfachwerkfassade der Schachthalle verweigerten. Ein gravierender Nachteil dieser Bauweise wurde erst im Zuge der Rationalisierungsmaßnahmen der Ruhrkohle in späteren Jahren evident: Während der aus Stahlprofilen konstruierte Förderturm der Zeche Friedlicher Nachbar in Bochum zur Zeche Zollverein Schacht 1 und auch das Fördergerüst von Germania zum Bergbaumuseum transloziert werden konnten, mußten die Türme von Sophia Jacoba mit Beendigung der Förderung gesprengt werden.

Neuartige und in der Größenordnung weiter zunehmende Aufgabenstellungen führten ihn aber von diesen Versuchen wieder zurück zu den klaren Baukörpern. Aufträge der Hüttenindustrie hatten in den 1950er Jahren sowohl in Dortmund für die Westfalenhütte als auch in Duisburg für die August-Thyssen-Hütte zu den Stahlwerks- und Walzwerkshallen geführt, deren Dimensionen die Kleinteiligkeit der Fachwerkfassade fragwürdig erscheinen ließen. Die Umhüllung mit großflächigen Elementen wie dem Trapezblech in Verbindung mit wenigen Akzentuierungen ergaben Kompositionen aus „... Baukörpern, die sich gegenseitig in der Wirkung steigerten."[31] Mit dem Oxygenstahlwerk in Duisburg-Hamborn war die Rückkehr zu den ersten Schritten in den 1920er Jahren vollzogen. Die Kontinuität in der räumlichen Gruppierung klarer Baukörper innerhalb eines Gesamtensembles war wieder hergestellt. Wie schon auf den Kokereien Nordstern und Alma erhielten auch die Gasbehälter von Hamborn eine klare räumliche Zuordnung im Gesamtensemble und keine zufällige Plazierung. Sie wurden ebenso wie die Gasfackeln auf dem Dach als Architekturbestandteile anerkannt und gestalterisch bewältigt. Fritz Schupp hatte mit seinem Spätwerk zu den gemeinsam mit Martin Kremmer erarbeiteten Gestaltungsgrundsätzen in überzeugender Klarheit zurückgefunden.

31 Ebd.

Abb. 11 Zeche Sophia Jacoba Schacht 4/HK, Hückelhoven (Photograph: Helmut Kloth)

Abb. 10 Hugo Förderturm Schacht 8, Gelsenkirchen (Photograph: Hans Grempel)

Reinhard Roseneck

Landschaftsgebundener Industriebau – Das Erzbergwerk Rammelsberg in Goslar

Mit dem Erzbergwerk Rammelsberg und dem Ensemble um die Zeche Zollverein 12 sind bemerkenswerterweise zwei Planungen der Architekten Fritz Schupp und Martin Kremmer in der Liste der UNESCO-Weltkulturerbe vertreten. Die architektonisch so unterschiedlichen Anlagen des Schachtes 12 der Zeche Zollverein und die Übertageanlagen des Rammelsberges besitzen bezüglich ihrer räumlichen Disposition grundlegende Verwandtschaften: Dem zentral ausgerichteten Doppelbockfördergerüst und dem darauf orientierten Zechenhof mit der von diesem abgehenden Querachse, der „Versorgungsachse" auf Schacht 12 der Zeche Zollverein, entspricht am Erzbergwerk Rammelsberg die zentral an den Hang „komponierte", symmetrisch gestaltete Erzaufbereitung mit dem davor gelagerten Werkshof, über dem als Querachse die Werkstraße kreuzt.

Doch auch die Planungsprozesse bei diesen beiden bedeutenden Bergwerksanlagen entsprachen einander. Die Architekten umschrieben diese folgendermaßen: „Industrieanlagen, die wie Zechen und Kokereien Bauten von so verschiedener Eigenart in sich vereinigen, sind schwer zu einem architektonisch geschlossenen Gesamtbild zusammenzufassen. Am Beginn dieser dem Architekten zufallenden Aufgabe steht nicht die schwierig gezeichnete Gesamtperspektive, sondern mühsame Kleinarbeit, die sich mit Sorgfalt der Ausbildung und Zusammenfügung der einzelnen Bauglieder widmet. Der Architekt darf sich diese mühevolle Arbeit nicht verdrießen lassen, die von ihm größte Wachsamkeit, auch während der Ausführung der Bauten, verlangt." [1]

Bei fast allen ihren Industriebauten konnten die Architekten ohne den Zwang der Einfühlung in eine zu respektierende Umgebung gleichsam „auf der grünen Wiese" planen und die Harmonie einer Industrieanlage in deren eigenem innerem Bereich suchen. Anders bei den ganz wenigen Anlagen, die in landschaftlich reizvoller Umgebung entstanden sind. Hier griffen die Architekten auf regionale, nicht heimattümelnde, Bauformen zurück, die sie indes nicht kopierten, sondern in eine neue Architektursprache übersetzten. In allen Fällen spielten dabei funktionale und immer auch bautechnische Gründe eine entscheidende Rolle, denn, so Schupp und Kremmer: „Was in dem technischen Programm notwendig ist, muß in der architektonischen Formgebung als selbstverständlich erscheinen, aus den Organen muß ein Organismus werden." [2] Und weiter: „In der Maschine, in der technischen Anlage, ihrer Ausdehnung, ihrer Funktion und ihrer zweckmäßigen Gruppierung haben wir die ‚gegebene Erscheinung' des Industriebaues zu erblicken; sie zur ‚notwendigen Erscheinung' zu machen, ist ‚Wesen und Zweck der Kunst', die der Architekt ausübt." [3]

Vor diesem Hintergrund entstanden in den Jahren 1934 und 1935 einige Neu- und Umbauten auf der Zeche Hausham in Oberbayern, unter deren ausladenden, flachen Satteldächern weißgeputzte Untergeschosse mit teilverbretterten Obergeschossen harmonisch kontrastieren.

Ging es bei der Zeche Hausham nur um wenige Baukörper, so stellen die Übertagebauten des Erzbergwerks Rammelsberg in Goslar, einer unter Einbeziehung weniger bestehender Bauten geplanten Gesamtanlage, den eindeutigen Höhepunkt in dieser Gestaltungsphase und zusammen mit Schacht 12 der Zeche Zollverein zugleich den Höhepunkt im Gesamtwerk der Architekten dar.

1 Schupp, Fritz; Kremmer, Martin: Hrsg. Völter, Ernst: Architekt gegen / oder / und / Ingenieur, Berlin 1929, S. 52.

2 Ebd., S. 72.

3 Ebd.

Das Erzbergwerk Rammelsberg

Nachdem das Erzlager im Rammelsberg bereits eine wichtige Rolle in der Politik der hochmittelalterlichen Kaiser und Könige gespielt hatte und entscheidender Anlaß für die Entwicklung der Stadt Goslar zu einer bedeutenden und prächtigen kaiserlichen Reichsstadt war, entstand aufgrund der Lagerstätte ab den 1930er Jahren des 20. Jahrhunderts in Goslar und in seiner nächsten Umgebung eine Anzahl von Industrieanlagen, die abseits des eigentlichen Tätigkeitsschwerkpunkts der Architekten an Rhein und Ruhr den Harzrand zu einem weiteren Zentrum im Werk der Architektengemeinschaft Schupp und Kremmer machten (siehe Abb. S. 185).

Im Gegensatz zu den Oberharzer Erzen war eine Aufbereitung der Rammelsberger Erze aufgrund ihrer äußerst feinen Verwachsung bis zum Jahr 1935 nicht möglich gewesen, so daß das geförderte Erz lediglich nach Körnungen sortiert, ansonsten jedoch unaufbereitet zu den Metallhütten transportiert werden mußte. Als kurz nach 1900 das Verfahren der Flotation, also der Trennung unterschiedlicher Erzqualitäten, eingeführt worden war, wurden auch für das Rammelsberger Erz umfangreiche Versuche durchgeführt, die jedoch zunächst alle scheiterten. Erst groß angelegte, in Zusammenhang mit den Autarkiebestrebungen der Nationalsozialisten zu sehende Versuche in den Jahren 1934 und 1935 waren erfolgreich und führten dazu, daß die Unterharzer Berg- und Hüttenwerke GmbH beschloß, das so genannte Rammelsbergprojekt durchzuführen, das neben der Ergänzung zweier alter Hütten den Neubau einer Zinkhütte sowie einer Erzaufbereitungsanlage, seinerzeit Schwimmaufbereitungsanlage genannt, vorsah.

Der Entwurfsprozeß

Mitte 1935 waren die Verantwortlichen bei der Preußischen Bergwerks- und Hütten- Aktiengesellschaft, Berlin auf die beiden Architekten Schupp und Kremmer aufmerksam geworden, welche insbesondere durch die im Westen realisierten Bauten auch in Berlin beeindruckten. Als Folge davon erging die Anweisung des damaligen Generaldirektors Wisselmann an den Direktor der Unterharzer Berg- und Hüttenwerke GmbH Bergrat Hast, Fritz Schupp und Martin Kremmer für die in Goslar und Oker (später Harlingerode) anstehenden Projekte hinzuzuziehen. Gleichzeitig empfahlen sich die beiden Architekten bei der Goslarer Betriebsführung für die neuen Aufgaben mit Hinweis auf Schacht 12 der Zeche Zollverein und die Kokereien Alma Pluto und Nordstern. Zu diesen Projekten übersandten sie Sonderdrucke der Bauwelt und des Zentralblattes der Bauverwaltung.

In einem Bewerbungsschreiben an den Direktor der Unterharzer Berg- und Hüttenwerke vom 13. Juni 1935 schreibt Martin Kremmer über die Sinnfälligkeit ihrer Beteiligung als Architekten: „Mit unserem heutigen Schreiben möchten wir uns ganz ergebenst um die architektonische Mitwirkung an den bei Ihnen z. Zt. schwebenden Projekte bewerben. Dazu dürfen wir vielleicht besonders darauf hinweisen, dass wir bei der ästhetischen Ueberarbeitung der Pläne der Ingenieur-Firmen stets auf Vereinfachung des Aufbaus, klare, ruhige Formgebung hinzuwirken pflegen, sodass eine Vermehrung der Baukosten durch unsere Mitarbeit dem Sinn unserer Arbeitsauffassung widersprechen würde. Als Beleg hierfür können wir anführen, daß eine Reihe von ausführenden Firmen (...) uns von sich aus zur Mitarbeit aufgefordert haben, nachdem sie uns bei Arbeiten für gemeinsame Auftraggeber kennen gelernt hatten." [4]

In den weiteren Gesprächen über die am Rammelsberg und in Harlingerode vorgesehenen baulichen Projekte, nahm insbesondere Schacht 12 der Zeche Zollverein eine nicht unwesentliche Rolle ein. Nach und nach besuchten nämlich die wichtigsten Entscheidungsträger der Preussag und der Unterharzer Werke jeweils in Abstimmung mit dem Leiter der Gruppe Gelsenkirchen der Gelsenkirchener Bergwerks AG, Bergassessor Schulze Buxloh, diese Schachtanlage. Die dort gemachten Erfahrungen trugen wesentlich zum Vertrauen in die architektonischen Qualitäten Schupps und Kremmers bei, denen für fast drei Jahrzehnte (nach 1945 Fritz Schupp allein) die Betreuung sämtlicher baulicher Projekte der Unterharzer Berg- und Hüttenwerke GmbH übertragen wurden.

Bereits Mitte 1935 – noch ohne formellen Auftrag – nahmen Schupp und Kremmer die Arbeiten für die Zinkhütte Oker und das Erzbergwerk Rammelsberg auf. Erst

4 Archiv der Bergbau Goslar GmbH, Akte 04 21.1, „Bauberatung durch Prof. Schupp".

mit Schreiben vom 9. August 1935 wurde ihnen der Auftrag erteilt, bei der Planung der Schwimmaufbereitungsanlage für den Rammelsberg und der Zinkhütte Oker „die Tätigkeit eines künstlerisch beratenden Architekten"[5] zu übernehmen. Diese Tätigkeit sollte laut Auftragsschreiben der Unterharzer Berg- und Hüttenwerke GmbH umfassen: „1.) die Mitwirkung bei der Aufstellung der Lagepläne, 2.) die Überarbeitung der verschiedenen Gebäude. Bei dieser Überarbeitung ist zu unterscheiden zwischen a) denjenigen Gebäuden, die in der Hauptsache von Ihnen entworfen werden können, wie Kauen, Bürogebäude, Pförtnerhaus usw. und b) denjenigen, die von uns oder von den zugezogenen Ingenieurfirmen entworfen werden und von Ihnen lediglich überarbeitet werden, wie Aufbereitungsgebäude, Ofenhaus, Lagerhaus, Mischhaus, Elektrozentrale, Rösthaus, Gasreinigung usw. Die Zeichnungen zu den unter a) gedachten Gebäuden liefern Sie uns dergestalt, daß sie mit einigen Ergänzungen als baupolizeiliche Unterlagen dienen können. Diese etwaige Ergänzungen, die also nicht zu Ihren Leistungen gehören, sind die statischen Berechnungen, ingenieurmäßige Einzelkonstruktionen, Fundierungszeichnungen, Kanalisationspläne, Massen- und Kostenberechnungen und dergl. Sie liefern dagegen noch diejenigen Zeichnungen, und zwar bis zum Maßstab 1:1, die zur Ausführung erforderlich sind, also Teilzeichnungen für Türen, Fenster, Gesimse usw. Bei den unter b) gedachten Gebäuden besteht Ihre Tätigkeit in der Überprüfung aller von uns oder von den ausführenden Firmen gefertigten Zeichnungen vom architektonischen Standpunkt aus, und zwar teils durch Unterbreitung zeichnerischer Gegenvorschläge, teils durch persönliche Verhandlungen mit den Vertretern im Einvernehmen oder gemeinschaftlich mit uns. Diese Ihre Tätigkeit erstreckt sich sowohl auf die große Linie der Gesamtanlage als auch auf alle Einzelheiten, soweit sie von architektonischer Bedeutung sind, also z.B. auf Seilbahnstützen, Binderformen, Fenster, Türen, Geländer, Einfriedigungen, Beleuchtungsmasten und dergl. Der Umfang des Ihnen erteilten Auftrags umfaßt also alle Arbeiten, die für uns bzw. die ausführenden Firmen zur Anfertigung ausführungsreifer Zeichnungen erforderlich sind."[6]

Aus dem Schriftverkehr zwischen Bauherr und Architekten wird deutlich, daß Schupp und Kremmer, obwohl ihr Auftrag am Rammelsberg zunächst nur die so genannte Schwimmaufbereitung am Hang des Rammelsberges umfaßte, sie bereits die nächsten architektonischen Schritte zur Konzipierung der nach und nach realisierten Gesamtanlage mitgedacht hatten. Dieses wird insbesondere durch die Gestaltung und die räumliche Disposition der Hangaufbereitung deutlich, die nur zusammen mit den Jahre später realisierten Bauten des unteren Werkshofes zu einem architektonischen Ereignis höchster Qualität werden konnte. Taktisch voraussehend lieferten die Architekten immer wieder ohne konkreten Auftrag Entwürfe für weitere Anlageteile und zwar, wie es im Angebot der Architekten vom Februar 1937 heißt: „zu den Werkstätten, Schmiede, Schlosserei, kleine Werkstätte im früheren Sägereigebäude, Überlegungen des Einganges zur Lehrwerkstatt, des dortigen Bunkers u.s.w., zu den Gebäuden der Schachtanlage, 1.) der Schachthalle, 2.) des Wagenumlaufes, 3.) des Schachtgerüstes, 4.) des Fördermaschinenhauses, 5.) der Anschlußgänge beiderseits der Schwimmaufbereitung, zu den Restarbeiten für die Schwimmaufbereitung selbst wie Zusatzmittel-Magazin, Aufenthaltsräume, Rohrleitung zum Eindicker, um hiermit nur einige Punkte anzudeuten, die Gegenstand von Beratungen, Besichtigungen und z. T. zeichnerischer Bearbeitung waren; schließlich zum Zechenhaus selbst. Hierfür sind nacheinander zunächst 5 Bearbeitungen erfolgt, (Lageplan, Grundrisse, Schnitte, Ansichten, Schaubilder) jede bestehend aus etwa 10 – 15 Blatt Zeichnungen, die jeweils nach gewissen Programmänderungen notwendig wurden. Sodann neue grundsätzliche Lageplanbearbeitungen, die wir Ihnen mit Anschreiben vom 23.1.37 einreichten."[7]

Mit dem Auftrag vom 24. April 1937, der „...in der Bearbeitung des Gesamtlageplans sowie dem Entwurf für das Magazingebäude, das eigentliche Zechenhaus enthaltend die Kaue mit Nebenräumen sowie die Büros der Verwaltung und des Betriebes, der kleinen Gebäude: Pförtnerhaus, Kraftwagenraum, Feuerwehrschuppen, Einfriedigung, gärtnerische Anlagen usw."[8] bestand, hatten die Architekten ihr Ziel, die Übertageanlagen

5 Ebd.

6 Ebd.

7 Ebd.

8 Ebd.

des Rammelsberges als architektonische Gesamtanlage zu konzipieren und zu realisieren, erreicht.

Die architektonische Konzeption

Die Erzaufbereitungsanlage war das architektonisch entscheidende Element der von den Architekten ab 1935 konzipierten Gesamtanlage des Erzbergwerks Rammelsberg. Schupp und Kremmer standen dabei vor der schwierigen Aufgabe, ihre Architektur sowohl den technischen Vorgängen des Betriebsablaufes als auch den prägnanten landschaftlichen Gegebenheiten entsprechend zu gestalten.

Als besonderes Problem erwies sich dabei die Hanglage des gesamten Neubaukomplexes. Für Fritz Schupp stellte sich diese Bauaufgabe in der Rückschau wie folgt dar: „Wenn es allein schon schwierig ist, in einer so reizvollen Landschaft wie dem Harz ein Industriewerk zu erstellen, so war die Aufgabenstellung bei den Übertagebauten des Erzbergwerkes „Rammelsberg" noch besonders eigenwillig, weil sowohl der technische Vorgang als auch die besondere Hanglage ein Ansteigen der Bauglieder – gewissermaßen ein Klettern der Hallen – erforderten ...". [9]

Die architektonische Lösung muß uneingeschränkt als herausragend beurteilt werden, denn ohne die technischen Aufgaben der Bauten zu verleugnen, ist es den Architekten gelungen, eine der baukünstlerisch beeindruckendsten Bergwerksanlagen des 20. Jahrhunderts zu schaffen.

In die gewachsene, ungeordnete Ansammlung von Übertagegebäuden, die die Architekten am Rammelsberg vorfanden, planten sie sukzessive ein neues Bergwerk. Am 16. August 1935 begannen sie mit den baulichen Vorarbeiten zur Errichtung des „Herzstücks" des gesamten, neu zu strukturierenden Erzbergwerkes, der Erzaufbereitung. Dazu war es notwendig, den Hang des Rammelsberges neu zu profilieren, was durch die Anlage verschiedener Terrassen geschah, die aus dem Fels herausgesprengt werden mußten.

Noch im Herbst 1935 begannen Schupp und Kremmer vom alten Zechenhof den Berg hinauf, also von unten nach oben, mit der Errichtung der Hangaufbereitung. Bereits ein Jahr später war diese fertig gestellt, so daß am 7. Oktober 1936 das erste aufbereitete Erzkonzentrat gewonnen werden konnte.

Da der neue Hauptförderschacht erst im Januar 1938 in Betrieb ging, mußte der Transport des Roherzes zur obersten Ebene der Aufbereitung in den ersten eineinhalb Betriebsjahren über den gleichzeitig mit der Aufbereitung fertig gestellten Schrägaufzug, bzw. Bremsberg, der nördlich von dieser liegt, erfolgen.

Die unterhalb der Aufbereitung neu errichteten Bauten, das Magazin und die Verwaltung, die im April 1939 fertig gestellt waren, bildeten den neuen unteren Zechenhof. Die neben der Erzaufbereitung liegende Kraftzentrale, ein neoromanischer Backsteinbau mit Rundturm, wurde von den Architekten aufgrund ihrer architektonischen Qualitäten als einziges Gebäude der alten Übertageanlagen nahezu unverändert in die neuen Übertageanlagen integriert.

Von geringfügigen Änderungen abgesehen, haben sich die übrigen, in den frühen 1940er Jahren fertig gestellten Bestandteile der Übertageanlagen des Rammelsberges, wie Werkstätten, Remisen, Eindicker, Pumpenhäuser u. a., bis heute unverändert erhalten.

Das oberste Niveau der neuen Tagesanlagen war den Architekten durch die Hängebank des im Jahr 1936 abgeteuften und mit Errichtung des Fördergerüstes im Jahr 1937 fertig gestellten Rammelsbergschachtes vorgegeben. Dieser Schacht schaffte die Voraussetzung für die Konzeption der neuen Aufbereitungsanlage, da er als neuer Hauptförderschacht das

Abb. 2: Erzbergwerk Rammelsberg. Die Hallen der Erzaufbreitung „klettern" den Hang des Rammelsberges empor. Frontalansicht 1936.

9 Schupp, Fritz: Industriebau und Landschaft, in: Zentralblatt für Industriebau 6, 1968, S. 263.

gesamte in der Grube gewonnene Erz auf das Niveau hob, von dem aus es dem natürlichen Gefälle folgend, durch den Aufbereitungsprozeß bergab lief.

Südlich des Fördergerüsts, das in die quer zum Hang liegende Schachthalle eingebaut wurde, schließt sich das Fördermaschinenhaus an. Nördlich davon liegt die Wagenumlaufhalle. Darunter folgen bis hinunter zur Werksstraße vier an Breite zunehmende Baukörper. Mit diesem Baukomplex korrespondieren die um den Werkshof angeordneten Bauten, und zwar die Verwaltung, das Magazin, das Torgebäude und die befensterte, geschwungene Natursteinwand des Werkshofs, hinter der sich der Abstellbahnhof befindet.

Die gesamte Anlage vom Zugang zum Werkshof bis hoch zur Wagenumlaufhalle wurde streng axial ausgerichtet. Neben diesen beiden Gebäudekomplexen verbindet, nördlich der Aufbereitung gelegen, der bereits erwähnte Schrägaufzug die Werksstraße mit dem höchsten Niveau der Aufbereitungsanlage. Nach Norden folgen entlang der Werksstraße die Kraftzentrale, das Kesselhaus, die Schmiede, die Hauptwerkstatt sowie einige weitere Werkstätten.

Gegenüber den Übertageanlagen rahmen die Werkstraße von Süden nach Norden die Waschkaue, die Lohnhalle, der Giebel des Magazins, ein großer Bergeeindicker, die Mammut-Baggeranlage sowie ein weiteres Werkstattgebäude.

Die Aufbereitungsanlage, das Herzstück der Übertageanlagen des Rammelsbergs, ist der klassische Typ einer Hanganlage, in welcher das Erz nach drei Zerkleinerungsstufen, dem Flotationsprozeß (Trennung der erzhaltigen von den nichterzhaltigen Bestandteilen), der Eindickung und Trocknung des Erzschlamms, bis zur Verladung des fertigen Produkts in die Grubenzüge dem natürlichen Gefälle folgt und auf diesem Weg einen Höhenunterschied von ca. 48 m ausnutzt.

Diese Hanglage der Erzaufbereitung ist das besondere Kennzeichen des Rammelsbergs, das architektonisch eindrucksvoll umgesetzt wird. In dieser konsequenten Form der Ausnutzung einer Hanglage hat die Rammelsberger Erzaufbereitungsanlage neue Maßstäbe gesetzt. Seit Einführung der Flotation am Rammelsberg im Jahr 1936 ist diese Verfahrensweise mit unwesentlichen Änderungen in der maschinellen Ausstattung bis zur Betriebsstillegung am 30. Juni 1988 beibehalten worden.

Mit der am Rammelsberg realisierten Konzeption haben Fritz Schupp und Martin Kremmer in herausragender Weise den technischen Notwendigkeiten in baukünstlerischer Weise entsprochen.

Abb. 3: Erzbergwerk Rammelsberg. Die Übertageanlagen nach ihrer Fertigstellung. (Photograph: Albert Renger-Patzsch)

Das beeindruckende Bild der sich an den Hang schmiegenden Aufbereitungsanlage mit ihren in Stufen übereinander angeordneten Baukörpern, deren Lagerhaftigkeit die Architekten mit zwei gegen den Hang gestellten Giebeln optisch entgegenwirken, wird durch die im Tal anschließenden Bauten, die gestalterisch in die Gesamtkomposition einbezogen sind, noch verstärkt.

Für die optische Wirkung mitentscheidend ist, daß die gesamte Anlage streng axial aufgebaut ist und die einzelnen Bauelemente symmetrisch gegliedert wurden. Die Spitzen der Giebeldreiecke, die Anordnung der Fenster, die Gruppierung der Blendbögen der Stützmauer, die Pflasterung des Innenhofs, das

Abb.4: Erzbergwerk Rammelsberg. Der natursteinverkleidete Rundeindicker im heutigen Zustand.

dreibogige Portal bis hin zur darüber zentral angeordneten Leuchte sind allesamt exakt an der Mittelachse orientiert. Der Zugang zur Verwaltung wurde so geschickt organisiert, daß sich der Besucher beim Betreten des Innenhofs der architektonischen Wirkung der Gesamtanlage nicht entziehen kann.[10]

Es ist deutlich, daß die Hangaufbereitung nicht nur technisch, sondern vor allen Dingen auch gestalterisch das zentrale Element des gesamten Bergwerks darstellt. Alle Baulichkeiten sind auf sie bezogen, und zwar in ihren einzelnen Architekturen, vor allem aber in ihrer räumlichen Zuordnung.

Die architektonische Ausgestaltung der vielfältigen Baukörper, die gemeinsam am gestalterisch so beeindruckenden Gesamterscheinungsbild der Übertageanlagen beteiligt sind, ist immer zugleich Konsequenz technisch konstruktiver Notwendigkeiten. Während Schupp und Kremmer die Fundamente und Stützmauern der Gebäude in Beton errichteten, führten sie die höheren Bauteile sowie fast alle Obergeschosse mit innen verputztem Stahlfachwerk aus. Um außen in Anbetracht des rauhen Harzklimas einen zusätzlichen Witterungsschutz zu erhalten, griffen die Architekten auf den traditionellen Harzer Holzbeschlag zurück. Das Holz behandelten sie nur mit einer offenporigen Imprägnierung, um der Oberfläche ihren natürlichen Reiz zu lassen. Durch die Gegeneinanderstellung von hellgeputztem Beton und dunklem Holz wurde ein harmonischer Kontrast erzielt. Zusätzlich belebten Schupp und Kremmer die Fassaden durch systematisch angeordnete weiße Holzsprossenfenster.

10 Ebd.

Dieses Gestaltungsprinzip wendeten Schupp und Kremmer bei sämtlichen Teilen der Übertageanlagen in verschiedenen Varianten an, so daß diese auch in Bezug auf ihre Stellung und Zuordnung eine Einheit darstellen. Als drittes Material zur Außengestaltung der Gebäude, das sich wie ein roter Faden durch die gesamten Übertageanlagen zieht, setzten die Architekten rauhen Bruchstein ein, der zwar ebenfalls als Reminiszenz an die umgebende Landschaft gedacht, vor allem jedoch aufgrund der geringen Transportwege besonders günstig war. Sämtliche Stützmauern, die infolge der Hanglage in großer Zahl erforderlich waren, verkleideten die Architekten mit Rammelsberger Naturstein, ebenso einige Untergeschosse von aus den Substruktionen „herauswachsenden" Gebäuden.

Einige unterhalb der Werksstraße befindliche Bauten, wie die Wagenschmiede, die Wagenremise oder den Kartoffelbunker, verkleideten die Architekten vollständig mit rauhem Naturstein. Verschiedene Gebäude im nördlichen Bereich der Werksstraße beschlugen sie hingegen vollständig mit Holz.

Ein Betriebsgebäude, für das sich im Werksbereich kein Platz mehr fand, mußte außerhalb der Werksmauern an der Zufahrtstraße zum Bergwerk, in der Nachbarschaft von Wohnbebauungen angelegt werden. Dieses erforderte eine besonders qualitätsvolle Gestaltung. Es handelte sich dabei um einen Eindicker, also ein Absitzbecken, das mit einem runden Gebäude umbaut und ringsherum mit Strebepfeilern versehen sowie mit Naturstein verkleidet wurde. Zwischen die Strebepfeiler fügten die Architekten segmentbogige Holzsprossenfenster ein. Das Gebäude erhielt ein flaches Zeltdach.

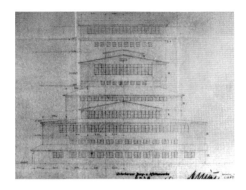

Abb. 5: Erzbergwerk Rammelsberg. Zeichnerische Darstellung der Erzaufbereitung, 1935.

Sogar die Mechanik der Rundeindicker, die lediglich gegen Witterungseinflüsse geschützt werden mußte, wurde mit kleinen, symmetrisch gegliederten Häuschen überbaut, die entsprechend den gestalterischen Gepflogenheiten am Rammelsberg mit Holz verschalt und darüber hinaus durch gezielt angeordnete weiße Sprossenfenster gegliedert wurden.

Es ist bemerkenswert, daß Schupp und Kremmer bei sämtlichen Bauten, die im Laufe der Zeit am Rammelsberg errichtet wurden, ihr architektonisches Konzept zu keiner Zeit verlassen haben. Die gestaltende Hand der Architekten reichte dabei bis in das kleinste Detail: für Türgriffe, Torbänder, Geländer, Fenster und anderes existieren Detailpläne bis hin zum Maßstab 1:1.

Die Zinkhütte in Harlingerode

Daß die architektonische Lösung am Rammelsberg eine auf eine vorgegebene landschaftliche Situation reagierende, und somit in keiner Weise „heimattümelnde" ist, die mit einer anbiedernden Wandlung ihres Baustils auch nicht das Geringste zu tun hat, mag durch die Tatsache unterstrichen werden, daß die Architekten nur wenige Kilometer vom Rammelsberg entfernt zeitgleich in Harlingerode eine Zinkhütte als funktionale Stahlfachwerk-Backsteinarchitektur konzipierten und errichteten, in der vor allem die Zinkkonzentrate des Rammelsbergs zu metallischem Zink verarbeitet werden sollten.

Ohne den Zwang, dort auf eine prägnante Landschaft reagieren zu müssen, errichteten Schupp und Kremmer ein weitläufiges Hüttenwerk, das ganz im Gegensatz zum Rammelsberg, dem Beispiel Zollverein folgend,

Abb. 6: Erzbergwerk Rammelsberg. Fenster in einer holzverkleideten Werkstattwand.

Abb. 7: Zinkhütte in Harlingerode. Blick auf eines der beiden Ofenhäuser.

aus kubischen Stahlskelettbauten mit vorgestellten, ziegelausgemauerten unverkleideten Stahlfachwerkfassaden besteht. Die Gebäude wurden so gruppiert, daß auch hier ein Werkshof entstand.

Die Hofwirkung dort wird erzielt, indem ein kleines, in der Mittelachse angeordnetes Pförtnerhaus durch zwei doppelgeschossige Verwaltungsgebäude flankiert wird, denen ein breitgelagerter, mächtiger Baukubus als Raumabschluß gegenübergestellt ist. Während bei diesem Baukörper die Fenster, die hinter die Fassadenflucht zurückspringen, zu vertikalen Fensterbändern zusammengefasst wurden, sind die übrigen Werksgebäude durch bündig in die Außenwände eingefügte mit Drahtglas verschlossene Fensterbänder gestaltet.

Die Armerzaufbereitungsanlage am Bollrich

Die Nachkriegsarchitektur, die Fritz Schupp nunmehr ohne seinen Sozius Martin Kremmer schuf, trug fast ausschließlich funktionalistische Züge. In der Nachfolge von Zollverein 12 variierte er immer wieder das Grundprinzip einer ausgewogenen Zuordnung kubischer Baukörper, die meist in Stahlfachwerk mit Ziegelausfachungen sowie horizontalen und

Abb. 8: Zinkhütte in Harlingerode. Der durch das Mahl- und Mischgebäude, die beiden flankierenden Verwaltungsbauten sowie das Pförtnerhaus gebildete Werkshof.

Abb. 9: Armerzaufbereitungsanlage am Bollrich. Im Hintergrund die Altstadt von Goslar.

vertikalen Fensterbändern gestaltet waren.

In dieser architektonischen Ausdrucksweise erstellte Schupp in den Jahren 1950 bis 1954 auf dem Bollrich, wenige Kilometer vom Erzbergwerk Rammelsberg entfernt, eine Armerzaufbereitungsanlage, bei der kubische und landschaftsgebundene Bauformen miteinander verknüpft sind. Als besonderes Problem erwies sich bei dieser Bauaufgabe, daß die Industrieanlage in eine bis dahin völlig ungestörte Wald- und Wiesenlandschaft gebaut werden mußte, wo sie zudem in optischer Beziehung zur historischen Altstadt von Goslar steht.

Für Fritz Schupp „... als den verantwortlichen Architekten galt es also, das Projekt so zu beeinflussen, daß das Bauwerk ohne Störung des Landschaftsbildes seine betrieblichen Funktionen erfüllen konnte. Zunächst wurde eine Reihe von Versuchen angestellt, die Anlage soweit in das benachbarte Tal hineinzuschieben, daß sie von der Stadt aus nicht mehr gesehen werden könnte. Die technischen Erfordernisse ließen diese Lösung aber nicht zu; das Werk mußte letzten Endes doch auf die Hügelkuppe gestellt werden, so daß es im Stadtbild voll in Erscheinung tritt. Dagegen war es möglich, die einzelnen Betriebsgebäude (Aufbereitung, Verladung, Mahlanlage, Schaltanlage, Werkstatt, Wasserturm) umzugruppieren und so zu ordnen, daß sie einen an drei Seiten geschlossenen und zur Eingangsseite hin geöffneten Hof bilden, während sie sich zur freien Landschaft hin auflockern."[11]

Schupp löste dieses für ihn anfangs unüberwindbar erscheinende Problem, indem er auf die bereits am Rammelsberg erfolgreich eingesetzten Gestaltungsformen zurückgriff. Ihnen vermochte er jedoch eine eigenstän-

Abb. 10: Armerzaufbereitungsanlage am Bollrich. Lage inmitten der Wiesen- und Waldlandschaft zwischen Goslar und den Harzbergen.

11 Anm. (10), S. 264.

Abb. 11: Amerzaufbereitung am Bolrich. Blick in den zum Hang hin offenen Werkshof mit dominantem Wasserturm.

dige, an seine Architektur der 1920er und frühen 1930er Jahre anknüpfende Gestalt zu geben. Um den nach Westen, also zum Berghang hin offenen Innenhof gruppierte der Architekt weißgeputzte, mit dunkler Holzverkleidung und darin integrierten hellen Fensterbändern versehene unterschiedlich hohe Baukuben. Dominantes Element der Armerzaufbereitungsanlage am Bollrich ist der weißgeputzte, hochaufragende Wasserturm. Die Bauten wurden durchgängig als Stahlbeton-Skelettbauten konstruiert und aus den gleichen Gründen wie am Rammelsberg mit Holz verkleidet. In einigen Bereichen setzte der Architekt wie am Rammelsberg Goslarer Naturstein ein.

Am Rammelsberg befinden sich einige der ältesten Denkmale des deutschen und europäischen Bergbaus sowie ein in dieser Vollständigkeit einzigartiges Ensemble an unter- und übertägigen Sachzeugen der Montankultur.

Bauten im Bild

Anton Meinholz, Kokerei
Alma Pluto, Kohlenturm,
späte 1920er Jahre

Anton Meinholz, Kokerei Alma Pluto, Kohlenturm, späte 1920er Jahre

Photograph unbekannt, Kokerei Nordstern, Betriebgebäude, späte 1920er Jahre

Anton Meinholz, Kokerei
Nordstern, Salzlager,
späte 1920er Jahre

Anton Meinholz, Kokerei Nordstern, Salzlager, späte 1920er Jahre

Anton Meinholz,
Kokerei Nordstern,
Gaswascher,
1930er Jahre

Anton Meinholz, Kokerei Nordstern, Eckturm von Westen, späte 1920er Jahre
Anton Meinholz, Kokerei Nordstern, Eckturm von Osten, späte 1920er Jahre

Fritz Schupp und Martin Kremmer, Kokerei Nordstern, Eckturm, Photocollage unter Verwendung einer Photographie von Anton Meinholz, späte 1920er Jahre

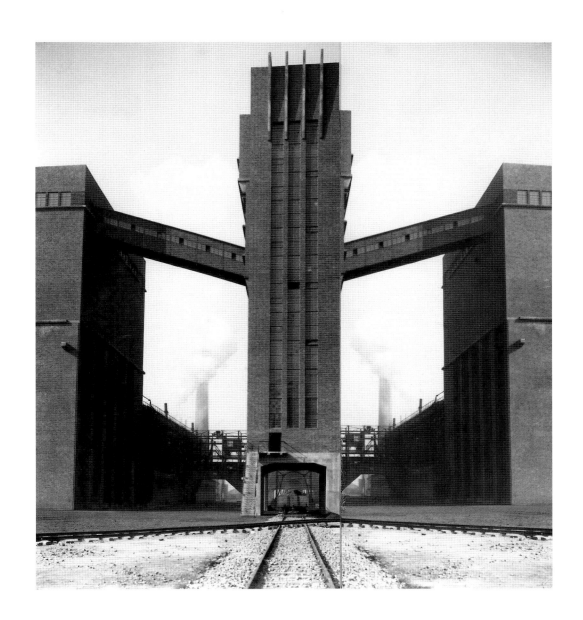

Ruth Hallensleben, Kokerei Nordstern, 1950er Jahre

Anton Meinholz, Zeche Zollverein Schacht 12,
Fördergerüst, 1930er Jahre

Anton Meinholz (?), Zeche Zollverein Schacht 12, Fördergerüst, Wagenumlauf und Verladung, 1930er Jahre

Anton Meinholz, Zeche Zollverein Schacht 12, Fördergerüst und Schachthalle von Süden, 1930er Jahre

Anton Meinholz, Zeche Zollverein Schacht 12, Fördergerüst und Schalthaus von Süden, 1930er Jahre

Anton Meinholz, Zeche Zollverein Schacht 12, Fuß des Fördergerüsts, 1930er Jahre

Anton Meinholz, Zeche Zollverein Schacht 12, Gerüststrebe und Wagenumlauf, 1930er Jahre

Anton Meinholz,
Zeche Zollverein
Schacht 12, Blick in
die Achse des Kessel-
hauses, 1930er Jahre

Photograph unbekannt, Zeche Friedrich Thyssen 2/5, 1930er Jahre

Photograph unbekannt, Zeche Friedrich Thyssen 2/5, Pförtnerhaus, 1930er Jahre

Anton Meinholz, Hydrierwerk Gelsenkirchen, Kraftwerk Innenhof, späte 1930er Jahre

Anton Meinholz, Hydrierwerk Gelsenkirchen, Kesselhaus des Kraftwerks, späte 1930er Jahre

Albert Renger-Patzsch, Erzbergwerk Rammelsberg, 1950er Jahre

Albert Renger-Patzsch, Zeche Germania, 1950er Jahre

187

Hans Grempel, Zeche Sophia Jacoba Schacht 4, Förderturm, 1960er Jahre

Hans Grempel, Stranggußanlage, Duisburg, späte 1960er Jahre

Helmut Kloth,
Zeche Hugo Schacht 8,
Gelsenkirchen,
späte 1960er Jahre

Rolf Sachsse

Bauvolumina und Schlagschatten.
Moderne Industriearchitektur und Photographie

Auch wenn das Œuvre der Architekten Fritz Schupp und Martin Kremmer nicht auf die Anlage der Zeche Zollverein 12 in Essen einzugrenzen ist, so hat diese doch eine besondere Bedeutung in der Rezeption des Büros, der Bauaufgabe und ihrer modernen Lösung um 1930 erhalten. Dasselbe gilt für einige Photographien des Komplexes, die heute als Kunstwerke einen ebenso eigenständigen Rang beanspruchen können wie die auf ihnen abgebildete Architektur. Irritierend wirkt hier die Parallelität der Rezeptionsgeschichte von Bau und Bildern: Weder ist die Anlage selbst noch sind ihre photographischen Abbildungen als Kunstwerke, nicht einmal für wirklich dauerhafte Existenz konzipiert worden. Sie wurden gleichermaßen zu Stücken des Weltkulturerbes über einen archäologischen Prozeß, bei dem sich die Wege von Architektur und Photographie in vielfältiger Weise kreuzen. Insofern sind die nachfolgenden Bemerkungen in ihrer allgemeinen Formulierung zwar auf den Baukomplex Zollverein 12 und seine Visualisierung in der Photographie eingegrenzt, gelten jedoch für das Genre der Photographie von Industrie-Architektur insgesamt. Dies trifft vor allem auf die Beschreibung stilistischer Kategorien von Photographien zu, die über einen Zeitraum von rund 60 Jahren entstanden sind – und ab heute durch eine neuerliche Bildrezeption des umgewidmeten Baus ergänzt werden, auf die abschließend hinzuweisen ist.

Ihrem Selbstverständnis nach waren Fritz Schupp und Martin Kremmer Architekten; ihre Planungen auch großer Industrieanlagen stellten Räume für Maschinen und Menschen bereit, weitgehend unabhängig von den Produktionsabläufen, die innerhalb der Wände stattfanden. Sofern im Kontext dieser Planungen Photographien in Auftrag gegeben wurden – ganz gleich, ob von den Architekten oder von Firmen, die am Bau beteiligt waren –, sind diese ihrem Selbstverständnis nach Architekturphotographien. Typologisch sind sie von Industriephotographien strikt zu unterscheiden. Die Differenzierung beginnt mit funktionalen Bestimmungen und endet mit spezifischen Bildtraditionen, die sich in der Geschichte des Wechselverhältnisses von Architektur und Photographie heraus kristallisierten.[1] Es macht einen guten Teil der Rezeptionsgeschichte aller Aufnahmen von Zollverein 12 aus, daß sie sich als Inkunabeln einer modernen Architekturphotographie von Industriebauten präsentieren.

Architektur ist der älteste Gegenstand der Photographie; sie hielt bei den Probeaufnahmen des Nicephore Niépce acht Stunden still und sorgte für das erste Bild des neuen Verfahrens. Die Herren Daguerre und Talbot wie alle anderen Erfinder legten 1839 den Kommissionen aus Kunst und Wissenschaft jeweils einige Abbildungen älterer und bedeutender Bauten vor; damit verhalfen sie einer kurz zuvor initiierten Bürgerbewegung zur ästhetischen Legitimation: der Denkmalpflege.[2] Um 1870 etablierte sich – über Reisephotographien, Mappenwerke und Bildbeilagen in Fachzeitschriften – die Architekturphotographie in einem neuen funktionalen Kontext, der Werbung. Bilder von Bauten hatten fortan für die ästhetische Qualität von Fassaden und Ornamenten, von Applikationen und Proportionen zu werben; schleichend wurde mit der Photographie die perspektivische Ansicht in lavierter Tusche ersetzt. Je moderner die Architektur wurde, desto stärker bezogen die Fotografen das Sonnenlicht in ihre Darstellung ein. Die Folge war eine immer stärkere Konzentration des

[1] Cervin Robinson, Joel Hershman, Architecture Transformed. A History of the Photography of Buildings from 1839 to the Present, Cambridge MA London 1987.

[2] Rolf Sachsse, Bild und Bau. Zur Nutzung technischer Medien beim Entwerfen von Architektur, Bauwelt Fundamente 113, Braunschweig/Wiesbaden 1997.

Abb. 1: Albert Renger-Patzsch, Zeche Zollverein Schacht 12 (Schupp/Kremmer), Essen-Katernberg, das Fördergerüst von Süden

3 Ausst.Kat. Industrie und Photographie. Sammlungen in Hamburger Unternehmensarchiven, Hamburg : Museum der Arbeit, 1999.

Blicks – und damit der an Bildern entwickelten Architekturkritik – auf die Bauvolumina. Die endgültige Etablierung dieser Sichtweise entwickelte sich während der 1920er Jahre; sowohl die Architekten Schupp und Kremmer als auch ihre Photographen konnten sie als historisch gegeben übernehmen.

Die Industriephotographie war während des 19. Jahrhunderts und bis in die 1920er Jahre hinein zunächst eine Objekt- und Ereignis-Ablichtung, die ästhetisch wie funktional anderen Kategorien folgte als der Architekturdarstellung.³ Messepräsentationen industrieller Produktionen und Produkte bestimmten den

Bildkanon nach der Londoner Weltausstellung von 1851, später kamen Aufnahmen wichtiger Ereignisse im Betriebsablauf, Jubiläen und die Dokumentation sozialer Errungenschaften hinzu. Die stilistische Modernisierung dieser Sehweisen folgte anderen Traditionen als denen der Architekturabbildung: Während sich die Produktabbildung zum schattenfreien Bild auf weißem Grund perfektionierte,[4] kam die Darstellung von Produktionsabläufen und Sozialleistungen dem noch jungen Bildjournalismus nahe.[5] Einziges Bindeglied von Architektur- und Industriephotographie bis in die Moderne hinein war der panoramatische Überblick ganzer Gebäudekomplexe, den es für den Moskauer Kreml ebenso gab wie für die Kruppschen Maschinenfabriken und der sich in einigen Aufnahmen von Zollverein 12 – auch unter den Bedingungen der Darstellung von Bauvolumina und Schlagschatten – wiederfindet.

„Da ich nur mit meinem Freund Renger-Patzsch arbeite, überlasse ich ihm die Wahl des Standpunktes ganz", schrieb Fritz Schupp 1955 in seiner Antwort auf eine Umfrage der Fotofachzeitschrift „Großbild-Technik".[6] Gefragt worden war nach den Erwartungshaltungen der Architekten gegenüber den Fotografen sowie nach Details ihrer Zusammenarbeit. Fritz Schupp war der einzige Architekt von Industriebauten unter den Befragten, und seine Antworten waren deutlich: Farbphotographien lehnte er „vorerst" ab, und als Staffage komme „höchstens ein Mensch – als Maßstab" in Frage. Er hat sich nicht an diese Aussagen gehalten und ganz pragmatisch mit einer Reihe von Fotografen zusammen gearbeitet, obendrein Material übernommen, das nicht von ihm in Auftrag gegeben worden war. In den 1930er und 1950er Jahren war Albert Renger-Patzsch aus heutiger Sicht der wichtigste Bildlieferant, und seine Bilder sind heute jene, die die Schnittstelle von Kunst in Photographie und Architektur am deutlichsten markieren. Doch sollte die Arbeit von Anton Meinholz aus den mittleren 1930er Jahren ebensowenig unterschätzt werden wie die Aufnahmen von Ruth Hallensleben, Josef Stoffels und Hans Grempel aus den 1950er und 1960er Jahren. Somit ergibt sich ein durchaus komplexes Bild verschiedener Zeit- und Stillagen, die für die Visualisierung dieser Zechenanlage bedeutend sind. Die Arbeit anderer, oft unbekannter Fotografinnen und Fotografen ergänzt diese Darstellung. Daß sie grob monographisch gegliedert ist, hat allein den praktischen Grund einer besseren Differenzierung einzelner Sichtweisen.

Albert Renger-Patzsch

Der Bauzustand von Zollverein 12 ist durch mindestens eine Aufnahme überliefert. Die Halle der Fördermaschine ist fertig gestellt, die Fassade kann vorgeführt werden, doch im Grund davor klafft noch ein tiefes Loch. Der Blick schweift über Gerätschaften und Bauhölzer, die vom eigentlichen Gebäude noch stark ablenken. Wann die Aufnahme entstand, ist ebenso unbekannt wie ihr Photograph. Die erste lichtbildnerische Bearbeitung des ganzen Baukomplexes von Zollverein 12 ist um 1930 erfolgt; diese Bilder stammen von Albert Renger-Patzsch (Würzburg 1897 – 1966 Wamel / Soest). Der Photograph stand zu dieser Zeit auf dem ersten Höhepunkt seines Ruhms: Zwei Jahre zuvor hatte er sein Buch „Die Welt ist schön" veröffentlicht, das ihm positive und negative Kritik, vor allem aber viel Publizität verschaffte.[7] Für die Rezeption durch Architekten wie Fritz Schupp und Martin Kremmer dürfte bedeutender gewesen sein, daß Albert Renger-Patzsch mit seinen Städtebüchern über Lübeck und Dresden Bildreihen geschaffen hatte, in denen moderne Industriebauten mit historischen Kirchen und älteren Bürgerhäusern friedlich vereint waren.[8] Außerdem waren 1928 und 1930 zwei Bücher mit Photographien von Albert Renger-Patzsch erschienen, die sich mit Industrie und Technik als Paradigmen der architektonischen Moderne auseinandersetzten.[9] Für den zweiten Band hatte Albert Vögler das Geleitwort geschrieben. Der Fotograf war damit als Spezialist für die moderne Darstellung von Industriebauten hinreichend eingeführt.

Die Auftragsvergabe an Albert Renger-Patzsch läßt sich nicht rekonstruieren. Aus den Bildern der ersten Serie könnte auf eine konventionelle Beauftragung zur Erstellung „einiger Bilder unserer Anlage" geschlossen werden, wie es normaler Weise in entsprechenden Briefen hieß; es könnte aber auch ganz anders gewesen sein und hier gemachte Beo-

4 Rolf Sachsse, Made in Germany as Image in Photography and Design, in: Christoph Lorey and John L. Plews (ed.), Why German Matters in Popular Culture, Journal of Popular Culture Vol. 34, 2001, No.3 (Winter 2000), pp. 43-58.

5 Ursula Peters (Hg.), Ruth Hallensleben, Frauenarbeit in der Industrie, Berlin 1985.

6 Joachim Giebelhausen (Redaktion), Architekt und Lichtbildner, Erfahrungstips aus der Zusammenarbeit, in: Großbild-Technik, München 2. Jg. 1955, Heft 3, S.16-18.

7 Ausst.Kat. Albert Renger-Patzsch Der Fotograf der Dinge, Essen 1966. Zum Streit um den Titel von „Die Welt ist schön" vgl. Anm. 8; dort nimmt Albert Renger-Patzsch selbst Stellung dazu.

8 Albert Renger-Patzsch, Lübeck, Berlin 1928; ders., Dresden, Ein Bilderbuch für die Teilnehmer an der Deutschen Lehrerversammlung, Dresden 1929.

9 Rudolf Schwarz, Wegweisung der Technik, Potsdam 1928, Neudruck des Textes unter gleichem Titel in: Bauwelt Fundamente 51, Braunschweig Wiesbaden 1979, S:12-90. Albert Renger-Patzsch, Eisen und Stahl, Berlin 1930.

bachtungen relativieren. Renger erstellte ein klassisches Set aus – quasi panoramatischen – Überblicken von hohem Standpunkt, aus hochformatigen Blicken auf einzelne Fassaden, aus diagonalen und axialen Sichten zwischen den Baukomplexen entlang – wobei sich die langen Wege zwischen den Werkstatthallen besonders anboten – und aus einigen Detailansichten. Bei letzteren hatten es dem Photographen besonders die Füße und Stützen des Fördergerüsts angetan, schuf er von diesen doch eine ganze Reihe unterschiedlicher Abbildungen, die heute zu den bekanntesten Bildern von der Anlage Zollverein 12 gehören.

Abb. 2: Albert Renger-Patzsch, Zeche Zollverein Schacht 12 (Schupp/Kremmer), Essen-Katernberg, der Fuß des Fördergerüsts

Einige Aufnahmen von Albert Renger-Patzsch sind unter sorgsam ausgewähltem Licht, meist relativ tief stehender Sonne, die wiederum lange Schlagschatten verursachte, photographiert worden – keine unbedingte Selbstverständlichkeit bei ihm, sondern Hinweis auf eine besondere Beziehung des Photographen zu seinem Gegenstand. In den frühen Büchern bis zur „Wegweisung der Technik" hat sich Albert Renger-Patzsch eher um die Parallelität von Bild- und Gegenstandsoberfläche gekümmert; ihn interessierten präzise Schilderungen sachlicher Gegebenheiten unter diffusem Licht, die jedes noch so winzige Detail der Textur von Dingen, aber auch Gebäuden emphatisch überhöhte. Erst nach Schwarz' Veröffentlichung wird der moderne Kanon einer volumenbetonten sonnenbeleuchteten Abfolge von Baukörpern ins Renger'sche Sehen integriert – sicher eine Folge der Auseinandersetzung von Schwarz mit Ludwig Mies van der Rohe um 1928.[10]

Mindestens zwei mal war der „Meister der Kamera"[11] in der Zeche Zollerein 12 zu Aufnahmen unterwegs: um 1930 und nach der Mitte der 1950er Jahre. Die späten Aufnahmen beschäftigen sich ausschließlich mit dem Außenbau der Anlage und sind von noch größerer Perfektion als die frühen Arbeiten; hier stimmt jedes Detail von Lichtführung und Schattenzeichnung, von präziser Anmutung der Metallteile und genauer Wiedergabe der Ziegelfassade. Gerade an der stilistischen Differenz der frühen und späten Bilder ist der Unterschied von Architektur- und Industriephotographie festzumachen, mit einer recht einfachen Definition ihrer Funktion: Architekturphotographie war vor allem Werbung und Design, Industriephotographie war bereits in den 1950er Jahren Dokumentation und Kunst. Wie weitgehend sich Albert Renger-Patzsch in seiner ersten Serie noch als Industriephotograph verstand, ist nicht nur an Aufnahmen aus dem Inneren des Maschinenhauses zu erkennen, sondern auch an einer Reihe von Werksansichten, in denen die Bauten selbst wie industrielle Objekte wirken, in der Diktion von Hilla und Bernd Becher: wie „Anonyme Skulpturen."[12] Mit den Architekten Schupp und Kremmer

10 Fritz Neumeyer, Mies van der Rohe – das kunstlose Wort: Gedanken zur Baukunst, Berlin 1986, S.83-87. Zu Schwarz' späterem Verhältnis zur Photographie vgl. Mensch und Raum. Das Darmstädter Gespräch 1951, Bauwelt Fundamente 94, Braunschweig Wiesbaden 1991, S.73-87.

11 Wilhelm Schöppe (Hg.), Meister der Kamera erzählen, Halle / Saale 1937, S.44-50.

12 Bernhard und Hilla Becher, Anonyme Skulpturen, Eine Typologie technischer Bauten, Düsseldorf 1970.

Abb. 3: Anton Meinholz, Zeche Zollverein Schacht 12 (Schupp/Kremmer), Essen-Katernberg, die Kohlenwäsche von Westen

hat augenscheinlich, wenn überhaupt, nur eine sehr oberflächliche Auseinandersetzung stattgefunden; deren Intentionen sind erst durch die Serie eines anderen Photographen wirklich berücksichtigt worden.

Anton Meinholz

Von Lebensalter und stilistischer Entwicklung her hätte Anton Meinholz in dieser Darstellung vor Albert Renger-Patzsch gehört, allein: Seine Aufnahmen von Zollverein 12 sind offensichtlich nach der ersten Serie des berühmten Kollegen entstanden. Meinholz (1875 – 1949 Essen) arbeitete ab 1913 in der Stadtbildstelle von Essen, was nicht unbedingt als feste Anstellung zu interpretieren ist; oft genug beinhaltete die Zusammenarbeit einer Stadtverwaltung und eines Photographen allein die Zuverfügungstellung eines Ateliers und eines Photolabors sowie eine gegenseitige Verpflichtung zur Übernahme

Abb. 4: Anton Meinholz, Kraftwerk Gelsenkirchen Horst (Schupp/Kremmer)

von Aufträgen und fertigen Bildern. In diesem Zusammenhang fielen größere Mengen von Architekturaufnahmen an, als Grundlage städtischer Postkartenserien, für Festalben zu Dienstjubiläen oder wichtigen Besuchen sowie allgemein zur städtischen Werbung für Fremdenverkehr und Wirtschaftsförderung. Da die Photograph/inn/en von Stadtbildstellen eine ökonomische Grundsicherung genossen und wenig Vorgaben für ihre Arbeit erhielten, kann man sie insgesamt in der ersten Hälfte des 20. Jahrhunderts durchaus zu den progressiveren Vertreter/inn/en des Handwerks rechnen. Was für Köln und München galt, ist Anton Meinholz in Essen zuzuschreiben: Er hat gesehen, was die anderen machten, und hat sich den neuen Formen mit Interesse, ja Freude zugewandt.

Im Nachlaß von Fritz Schupp sind nicht nur Architekturphotographien, sondern auch Familienbildnisse aus der Kamera von Anton Meinholz erhalten, was auf eine engere Beziehung zwischen Architekt und Photograph schließen läßt.[13] Die Betrachtung der um 1934 entstandenen Aufnahmen von Zollverein 12 legt weniger den Schluß einer angestrebten Serie als die genaue Festlegung einzelner Gebäudekomplexe durch ein Vorgespräch oder eine gemeinsame Vorbesichtigung nahe. Jedes Bild ist gut gestaltet und kompositionell nach bestem Vermögen ausgeformt, wobei auf technische Qualität ebenso viel Wert gelegt wird wie auf die optimale Beleuchtung. Starke Schlagschatten, in denen einzelne Waggons aufblitzen, sind ähnlich oft zu finden wie die Silhouetten von Förderbändern oder Stahlbrücken, die als schwere schwarze Balken das Bild teilen oder rahmen. Im Gegensatz zu Albert Renger-Patzsch, der die Kamera gern auf mittlerer Gebäudehöhe plazierte und den Fluchtpunkt seiner Perspektive immer relativ nahe an der Bildmitte hielt, zeigen die Bilder von Anton Meinholz genau, wozu die Abbildungstechnik seiner Objektive fähig war: Meist liegt der Perspektivfluchtpunkt im unteren Bilddrittel, und dennoch ragen die Bauten darüber mit exakten Senkrechten – ohne alle „stürzenden Linien" – auf. Stärker noch als Albert Renger-Patzsch betonte Anton Meinholz die Symmetrien einzelner Baukörper in sich oder untereinander; wo es nur irgend ging, suchte er die senkrechte Mittelachse seiner Aufnahmen für eine Spiegelsymmetrie zu nutzen.

Weder ist diese Monumentalisierung der Architektur ein Reflex auf den damals herrschenden Nationalsozialismus noch kann aus den modernen Bildformen auf eine Gegnerschaft zu diesem Regime geschlossen werden.[14] Die Bildkonventionen, die Anton Meinholz mit großer Perfektion und Souveränität nutzte, waren durch Fotografen wie Hugo Schmölz, Otto Lossen, Werner Mantz, Ernst Scheel und viele andere bereits in der zweiten Hälfte der 1920er Jahre etabliert worden, formten in Architekturzeitschriften und monographischen Büchern einen festen Kanon, den Anton Meinholz als adäquat erkennen und handwerklich übernehmen konnte. Als Industriephotographie wird er seine Arbeit überhaupt nicht mehr angesehen haben, den Waggons und Eisenbahngleisen im Vordergrund zum Trotz: Das Genre war von der nationalsozialistischen Propaganda vollends in die Nähe einer Darstellung heroischer Männlichkeit verlegt worden.[15] Sicher sind in den 1930er Jahren derartige Bilder im Bereich der Zeche Zollverein 12 hergestellt worden – eine Spur in der Publizistik jener Jahre haben sie allerdings kaum hinterlassen. Eigenartigerweise war es gerade eine bedeutende Vertreterin dieser heroisierenden Industriephotographie, die in den 1950er Jahren für die Visualisierung von Zollverein 12 sorgte.

Ruth Hallensleben

Außer Erna Wagner-Hehmke[16] hat es im Deutschland der 1930er und 1950er Jahre keine so bedeutende Industriephotographin gegeben wie Ruth Hallensleben (Köln 1898 – 1977 Köln), und im Gegensatz zur ersteren hat letztere vor allem für Verlage und Zeitschriften gearbeitet, daneben für Dienststellen des NS-Regimes.[17] Die wichtigste Zeitschrift für die Industrie des Ruhrgebiets hieß „Das Werk" und repräsentierte bereits vor dem Zweiten Weltkrieg eine Mischung verschiedener Interessen aus Public Relation für die Stahlindustrie, aus Werbung für einzelne Produkte und Firmen sowie aus staatlicher Propaganda; dem entsprach auf bildnerischer Seite eine ausgesprochen moderne Form dessen, was heute Editorial Design genannt wird. Relativ unbeschädigt kam das Blatt durch den Zweiten Weltkrieg

13 Mitteilung von Frau Dr. Laufer, für die ich ihr sehr danke.

14 Rolf Sachsse, Die Erziehung zum Wegsehen, Photographie im NS-Staat, Dresden 2002.

15 Vgl. Friedrich Heiß, Deutschland zwischen Nacht und Tag, Berlin 1934; Paul Wolff, Arbeit!, Frankfurt am Main 1937; Heinrich Hauser, Paul Wolff und Alfred Tritschler, Im Kraftfeld von Rüsselsheim, Frankfurt am Main 1942.

16 Ausst.Kat. frauenobjektiv, Fotografinnen 1940 bis 1950, Bonn Köln 2001, S.144-145.

17 Ausst.Kat. Ruth Hallensleben, Industrie und Arbeit, Essen 1990. CD-ROM Ein köstlicher Blick, 50 Porträts berühmter Frauen aus den Sparten Literatur, Musik, Bildende Kunst, Tanz, Theater und Film, Lohmar 2001.

18 Ausst.Kat. Josef Stoffels, Bergwerke. Industriephotographie aus der Mitte des 20. Jahrhunderts, Essen 1990.

19 Wilhelm Herrmann, Josef Stoffels, Die Steinkohlenzechen, Essen 1959.

20 Sämtliche Angaben zu Hans Grempel aus einem längeren Telefon-Interview im Mai 2002, für das ich ihm sehr danke.

21 Ausst.Kat. Angenendt Eine Fotografenfamilie. Erich Angenendt, Rudi Angenendt, Christian Angenendt, Dortmund Heidelberg 1996.

22 Ausst.Kat. Gesellschaft Deutscher Lichtbildner 1919-1969, Eine Dokumentation zum fünfzigjährigen Bestehen, Hamburg Essen 1969, Tafel 73.

23 Jochen Becker, BIGNES? Kritik der unternehmerischen Stadt, in: ders. (Hg.), BIGNES? Size does matter. Image/Politik. Städtisches Handeln. Kritik der unternehmerischen Stadt, Berlin 2001, S.006-025, hier S.009.

und die Nachkriegszeit und erlebte ab den mittleren 1950er Jahren eine erneute Blüte in Aufmachung und öffentlichem Interesse. Für dieses Blatt schuf Ruth Hallensleben eine Reihe von Ansichten des Fördergerüsts, des Maschinenhauses und des Wagenumlauf-Gebäudes, allesamt von außen und in eindeutig illustrativer Absicht.

Genau datieren lassen sich die Bilder nicht, da aus ihrer Publikation nicht darauf geschlossen werden kann, wann sie tatsächlich aufgenommen wurden; anzunehmen sind zwei jahreszeitlich unterschiedliche Phototermine in den späten 1950er Jahren. In der einen Serie dominiert der Kontrast zwischen blühenden Bäumen und der strengen, teilweise im Gegenlicht vorgeführten Architektur; die andere Bildfolge erweist sich als gut gelernte Lektion in der Wiederaufnahme und Überhöhung jener sachlich-monumentalisierenden Bildformen, die um 1930 zur Architektenwerbung dienten. Mit der letzten Serie schließt Ruth Hallensleben direkt bei Anton Meinholz an, verstärkt jedoch dessen Perspektivfluchten in hohem Maße. Eine Schrägsicht auf das Fördergerüst, die an der Bildoberkante von der runden Innenhofecke des Maschinenhauses geschlossen wird, verbindet den Hinweis auf die moderne Formensprache der Architekten mit einer Referenz an den – von Ruth Hallensleben zeitlebens hoch verehrten – Fotografen Albert Renger-Patzsch, die in dieser Sicht zwar nicht Zollverein 12, aber eine Reihe anderer Industrieanlagen dargestellt hat.

Etwa zur gleichen Zeit wie Ruth Hallensleben arbeitete auch Josef Stoffels (Essen 1893 – 1981 Essen) an Bildern der Zeche Zollverein 12.[18] Sein Auftraggeber dürfte in diesem Fall der Verleger eines Bildbandes über die Steinkohlenzechen des Ruhrgebiets gewesen sein; das Buch erschien 1959.[19] Stilistisch folgt Stoffels deutlich dem von Renger-Patzsch und Hallensleben vorgegebenen Kanon des illustrativen Einsatzes moderner Bildmittel; eigenartigerweise hat er die Anlage nicht in jener panoramatischen Sicht in Farbe aufgenommen, für die er heute berühmt ist.

Hans Grempel

Der Gelsenkirchener, später Bochumer Photograph Hans Grempel (geb. 1923) hat immer in direktem Auftrag von Fritz Schupp gearbeitet, seine Arbeit umfaßt sämtliche Bildbereiche, selbst Familienportraits.[20] Er tritt damit um 1960 in die Fußstapfen von Anton Meinholz, ohne jedoch dessen Arbeiten zu kennen. Stilistisch folgt er, der sein Handwerk als Industriephotograph in einem Gelsenkirchener Stahlwerk erlernt hatte, eher der Tradition eines Erich Angenendt, der – wie Ruth Hallensleben – sich einer heroisierenden Darstellung der Härte von industrieller Arbeit und den monumentalen Großformen von Produktionsanlagen verpflichtet fühlte.[21] Deutlichstes Indiz dieser Anlehnung an das Vorbild ist eine Weihnachtskarte von Hans Grempel, die als Photomontage eine Gegenlichtansicht des Fördergerüsts von Zollverein 12 mit dräuenden Wolken und dem Feuer einer Kokshalde verbindet – und sich somit formal wie von der Symbolik direkt an eine Reihe von „Überblendungen" Erich Angenendts anschließt, die dieser nach 1950 mit großem Erfolg publizierte.[22] Wie sein großes Vorbild hat Grempel jedoch auch das Tagewerk des Industriefotografen verrichtet: exakte Dokumentationen von Neu-, An- und Umbauten, genaue Sichten auf Verbindungswege und Bauvolumina. Doch inzwischen war der Kanon des Abbildens von Zollverein 12 formuliert; viel Spielraum für eigene Interpretationen des Gebäudekomplexes hatte (und brauchte) der Photograph nicht mehr.

Manfred Vollmer

Ruth Hallensleben und Hans Grempel waren im Komplex Zollverein 12 noch an einem Ort tätig, der – mit Ausnahme der dort Arbeitenden – für die Bevölkerung unzugänglich war und als leere Fläche eines Stadtraums fungierte.[23] Die Konversion der industriellen Produktionsstätte in einen Ort spezifischer Dienstleistungen bringt nicht allein eine öffentliche Nutzung des Komplexes mit sich, sondern auch eine neue Definition des Ortes, die auf dem Mythos des Alten beruht. Die Begriffe Denkmal und Weltkulturerbe umfassen dabei mehr als die Wertstellung und -schätzung einer architektonischen Leistung, sie verweisen auf Reste der Authentizität erlebter Geschichte. Hier bekommen visuelle Medien der Kommunikation eine neue Funktion: Sie haben den Bogen zwischen alt und neu zu

Abb. 6: Hans Grempel, Zeche Hugo 8 (Schupp/Kremmer), Gelsenkirchen, Förderturm

spannen, müssen in jedem neuen Gebrauch des Orts die Erinnerung an den alten sichern. Das Bauwerk wird Hintergrund, Bühne und Museum zugleich; Bilder sind nunmehr Garanten des Dabeigewesenseins, nicht Vermittler einer unbekannten Realität oder neuen Form.

Selbst wenn die neueren Medien mit bewegten Bildern die Vermittlung des umgenutzten Komplexes Zollverein 12 übernommen haben, ist die Photographie in diesem Prozeß noch nicht bedeutungslos geworden. Für die Dutzenden von Bildjournalisten und Photographen, die sich dem Denkmal gewidmet haben, sei hier stellvertretend auf Manfred Vollmer (geb. 1944) verwiesen, der

24 Vgl. Ausst.Kat. Otto Steinert und Schüler, Photographie als Bildgestaltung, Essen 1967, Tafeln 36-37; Steinert war in den 1960er Jahren Herausgeber zahlreicher Bildbände mit Industriephotographie.

25 Lutz Engelskirchen, Zeche Zollverein Schacht 12 Museumsführer, Essen 2000.

in seiner Studienzeit bei Otto Steinert an der Folkwangschule Essen noch ein positives, geradezu heroisches Bild der Industriephotographie vermittelt bekam[24] und nun zum Protagonisten der gelungenen Konversion geworden ist.[25] Dafür nutzt er ein journalistisches Bildmittel erneut, das für zwei Jahrzehnte in ästhetischen Verruf geraten war, die Nutzung extremer Weitwinkelobjektive. In seinen Aufnahmen der Aktionen, Theateraufführungen, Besucherführungen und Tagungen „vor Ort" verweist er auf die Tiefe des Raums, auf die notwendige historische Dimension, ohne die alle neuen Aktivitäten weder möglich noch denkbar sind. Was seine Arbeit vor allen anderen auszeichnet, ist die Aufrechterhaltung dieser Dimension ohne die ihr allzu nahe liegende Musealisierung, die aus dem Unternehmen des Weltkulturerbes einen toten Raum machen könnte.

Typologisches

Die Anlage Zeche Zollverein Schacht 12 ist von der Planung her ein Bauwerk auf Zeit und existiert bereits länger als vorgesehen. Diese Geschichte eint Architektur, industrielle Produktion, Umnutzung und Darstellung in den Medien, hier als Photographie. In einem quasi archäologischen Prozeß sind zudem rein funktional angelegte Handlungen wie Bauplanung und Ablichtung zu Kunstwerken geworden. In der Photographie kann dieser Prozeß auch stilistisch beschrieben werden. Der neusachliche Objekt- und Industriefotograf Albert Renger-Patzsch schafft einige seiner – historisch betrachtet – besten Aufnahmen im Komplex Zollverein. Der handwerklich perfekte Architekturphotograph Anton Meinholz erarbeitet eine Reihe von Photographien der Anlage, die ihn mehr als fünfzig Jahre nach seinem Tod aus dem Schatten berühmter Kollegen heraus holen und als ebenbürtigen Zeitgenossen verewigen werden. Ruth Hallensleben und Hans Grempel stehen mit ihrer Arbeit an der Zeche für den ernsthaften Versuch einer Wiederaufnahme moderner Traditionen im Westdeutschland der Nachkriegszeit – mit ihnen geht die Schwerindustrie an der Ruhr unter. Die Bilder von Manfred Vollmer schließlich formen jene post-industrielle, post-moderne Doppelcodierung aus Symbol und Verzeichnung, die die Bewegung der Öffentlichkeit in diesen Relikten mit individueller Bezugnahme erfüllen hilft. Hier kehrt sich der Ursprung von Objekt und Abbild um: Heute schafft die Photographie die Bedeutung der Anlage und damit das Gebäude selbst. Das vorliegende Buch ist der Beweis.

Georg Holländer

Die technische Landschaft.
Industriearchitektur und Industriebild im Umkreis der Zeche Zollverein

Landschaft bedeutet eine dem menschlichen Sehen zugängliche Ordnung, die nur als Bild anschaulich wird. Diese Ordnung ist in der Wirklichkeit von Großstadt und Industrie oder dort, wo beide sich begegnen, oft nicht erkennbar. Das Bild dieser technischen Landschaften gibt also nicht über seinen Gegenstand selbst Auskunft, sondern über dessen Bildhaltigkeit und damit über die Anwendbarkeit des Begriffs, den das Bild zu seiner Ausführung voraussetzt. Jedes Landschaftsbild entspricht einer fiktiven oder an Ort und Stelle nachvollziehbaren Aussicht auf eine Gegend, deren bildführende Schicht sich hier ohne Umstände ausschürfen läßt.

Das Bild der technischen Landschaft ist ein Veredelungsprodukt der Gegend, auf das es sich bezieht. Auf deren Wirklichkeit läßt es Rückschlüsse zu, die aber nicht vollständiger oder zuverlässiger sind als das, was aus einer Krankheitsstatistik, einem Klumpen Kohle oder der Einrichtung des Direktorenzimmers geschlossen werden kann, in dem das Bild der technischen Landschaft sich gerne aufhält.

Denn in der Regel ist diese Art Landschaftsbild ein Mittel der Repräsentation oder der Parteinahme für den dargestellten Produktionsprozeß, manchmal auch für die Figur des Arbeiters schlechthin, dessen individuelle Wiedererkennbarkeit hier selten eine Rolle spielt. So wohnt das Bild der Industrie – manchmal auch das der Großstadt – im Vorstands-, Direktoren-, Empfangs- oder Wohnzimmer, als großes Ölgemälde oder als Teil der Urkunde, die den Arbeiter in die Verrentung begleitet. Es gehört hinter den Schreibtisch, über die Anrichte, ohne Bezug zur Arbeit, als Gegenstand einer müßigen, von der Arbeit abgelösten Betrachtung. Sein Gegenstand ist nicht ein bestimmtes Ereignis, sondern ein regelmäßig wiederkehrendes Geschehen, das Monumentalität und Augenblick verbindet.

Die technische Landschaft von Industrie und Großstadt, so heißt es, beherrscht die Menschen ebenso wie eine noch nicht gezähmte, noch nicht zum menschlichen Artefakt gewordene Natur. Das Versteck, das sie in ihr findet, entzieht sie ihrem Zugriff nicht; von der Gewalt der Städte und der Industrie wird in den gleichen Begriffen erzählt wie von der, die sich jenseits der Geschichte, in der Wildnis entfalten. Aber

(...) den Städten ist
Sicher ein Ende gesetzt
Nachdem der Wind sie auffrißt
Und zwar: jetzt.[1]

Die Hoffnung, aus der nicht mehr dem Menschen unterworfenen technischen Landschaft gebe es einen unmittelbarer Übergang in das „noch nicht" der natürlichen Wildnis, ist in solchen Großstadt- und Industriebildern immer enthalten. Es scheint so, als liege zwischen den beiden Extremzuständen einer den Menschen beherrschenden Landschaft kein Übergang, als werde ihre Verwilderung ihren scheinbaren Urzustand wieder herbeiführen.

Nach dem Ende ihres Betriebs erzeugt die technische Landschaft einen Anschein von „natürlicher" Umgebung und, mit ihren Baudenkmälern, von städtebaulicher Intention. Die Reste der Industriearchitektur werden als Teil eines städtebaulichen Gerüsts legitimiert, die zwischen ihnen aufgelassenen Brachen durch das Versprechen einer Ursprünglichkeit, die rein fiktiv ist und daher beständige Pflege benötigt.

In der Pflanzen- und Tierwelt der Industrie- und Großstadtbrache kehrt aber nicht

---

[1] Bertolt Brecht, ‚Bidis Ansicht über die großen Städte', in: Gedichte II (1913-1929). Frankfurt/Main: Suhrkamp, 1960, S. 111.

zurück, was von dort einmal vertrieben wurde. Zwar beherbergen Industriebrachen seltene Pflanzen; manche Haldenbiotope sind von besonderer Schutzwürdigkeit. Aber diese Natur wächst auf einem Boden, den es hier in keiner früheren Siedlungsphase gab. Sie ist ein Produkt der technischen Landschaft selbst, deren Strukturen sie allmählich unkenntlich macht, wenn ihre Architektur und ihre Infrastruktur sich selbst überlassen werden. Mit haushälterischer Sorgfalt zeichnen Bewuchs und Tierwelt ihre Umrisse nach,

Abb. 1 Zeche Zollverein, Schacht 2, Fritz Rudert

denn sie richten sich nach dem Nahrungsangebot, das Industrie- und Großstadtbrachen bieten. Der Schutz dieser Natur bewirkt also gleichsam eine Archivierung der technischen Landschaft.

Was die technischen Gebäude und Infrastrukturen von Industrie und Großstadt im frühen 20. Jahrhundert angeht, so waren sie meist Ergebnis eines Wirtschaftens, das ohne Rücksicht auf ihre Form über Erhalt und Brauchbarkeit bestimmte. Sie werden auch heute meist ohne Rücksicht auf einen städtebaulichen oder planerischen Kontext hingestellt und gegebenenfalls wieder zerstört; erst wenn ihre Nutzer sich von ihr zurückziehen, wird diese Architektur als solche wirklich sichtbar. Wenn sie erhalten bleiben soll, muß ihrer Form ein Nutzen zugewiesen werden, der über den ursprünglichen Zweck hinaus fortdauert. Unumstritten ist dies in den seltensten Fällen.

Wenn unter dem Plan dieser technischen Landschaft Spuren früherer Landschaftsbilder wieder sichtbar werden, dann handelt es sich um ältere Formen einer vom Menschen geordneten, insbesondere von der Nutzung des Feuers und des Wassers geprägten Kulturlandschaft. Denn schon die europäischen Kulturlandschaften der frühen Neuzeit waren durch die Nutzung erneuerbarer Energien gestaltete, technische Landschaften, auch wenn ihre Spuren unauffällig geworden und in einer wenig präzisen Naturvorstellung aufgegangen sind. Elektrizität und Licht, Dampfkraft und Maschine, Wasserkraft und mechanische Kraftübertragung kennzeichnen die übereinanderliegenden Schichten der technischen Landschaft seit der frühen Neuzeit.

Noch der Romantik war das Bild dieser vom Menschen verantworteten Kulturlandschaft, das Bild einer bewußt zum Artefakt verwandelten Natur selbstverständlich. Die Landschaften der Romantik sind nicht nur bewohnbar; durch Menschen, die sich an sie anpassen und sie dadurch beherrschen, werden sie überhaupt erst vollendet. Katastrophen geschehen in dieser von Literatur und Kunst des frühen 19. Jahrhunderts beschriebenen, von den Menschen gestalteten und nachhaltig verantworteten Landschaft nur dann, wenn sie in der menschlichen Psyche vorbereitet sind.

Dieses Weltbild ist im scheinbar unmittelbaren Aneinanderrücken der beiden Welten von Natur und Technik, die noch nicht oder nicht mehr vom Menschen verantwortet scheinen, gleichsam zerdrückt worden. Der Gedächtnisverlust, den dies bedeutet, hat das ganze 19. Jahrhundert beschäftigt, sei es in der „romantisierenden" Rückwendung zum Leben auf dem Lande oder in Gestalt einer scharfen Beobachtung des Wandels, der gerade außerhalb der Städte in der zweiten Hälfte dieses Jahrhunderts bis hin zum metaphorischen Horizont der Religion alle Koordinaten des Zusammenlebens nachhaltig veränderte.

Die Entwicklung bestimmter Konventionen der Darstellung technischer Landschaften sei es von Industrie oder Großstadt, wie sie im späten 19. Jahrhundert zu beobachten und in ihrer Erstarrung bis in die Mitte des 20. Jahrhunderts zu verfolgen sind, folgt der Vorstellung, nach der Natur und Technik komplementäre, einer ausschließende Bereiche sind, die sich zugleich den Menschen in ähnlicher Weise unterwerfen.

Daher sind die Industrie- und Großstadtbilder des 20. Jahrhunderts nie bedeutungslos, also auch niemals eine bloße Abbildung des Gegenwärtigen oder des Gewesenen; dies gilt auch für die Photographie, besonders aber für Gemälde und Zeichnungen, wobei deren Qualität in vielen Fällen nicht die der Photographien erreicht, die vom gleichen Gegenstand überliefert sind. Die Zeche Zollverein und ihre Umgebung ist ein solcher Fall; diese wie jede andere technische Landschaft bietet drei Typen möglicher Bilder, die sich für den Maler oder Zeichner eignen:

· die Architektur als Gerüst eines selbsttätig sich regelnden, den Menschen allenfalls als Maßstabsfigur beherbergenden technischen Systems, zum Beispiel in einem Glasgemälde der Kokerei Nordstern, die der Zeche Zollverein benachbart ist;

· die Architektur als monumentaler, wie die „erhabene" Natur des Gebirges maßstabsloser Komplex beunruhigender Symmetrien, zum Beispiel in einem Aquarell, das in einem Prospekt Kokerei Nordstern veröffentlicht wurde;

· die Architektur als Hintergrund einer dörflich wirkenden, beiläufigen Landschaft ohne erkennbare eigene Struktur, zum Beispiel die Ansicht der Zeche Zollverein, Schacht 1/2, von Fritz Rudert.

Gerade das zuletzt genannte Beispiel (Abb. 1), auch wenn das hier geschilderte Nebeneinander unvereinbarer Strukturen tatsächlich zu belegen ist, hat dabei den geringsten dokumentarischen Wert. Denn was der Vordergrund des Bildes zeigt, einen Feldweg, niedrige Häuser mit eingezäunten Gärten, den bis auf einen rauchenden Schornstein alles im Hintergrund überragender Baum, dieses Beiwerk ist notwendig, um das Landschaftsbild als solches kenntlich zu machen und so den Maler von der Verpflichtung zu entbinden, sich der Betriebslogik der Industrie zu nähern, die im Hintergrund von Förderturm und Nachbargebäuden symbolisch vertreten wird.

Hier und in anderen gemalten oder gezeichneten Ansichten der Zeche Zollverein,

Abb. 2 Kokerei Nordstern, Öl auf Leinwand

aber auch anderer als Architektur formal hochentwickelter Industrieanlagen zeigt sich geradezu eine Abwendung von dieser architektonischen Form, als sei dies Ausdruck einer Ablehnung des nicht bloß Zeichenhaften dieser Bauten und ihrer Autonomie gegenüber dem ungeplanten Durcheinander ihrer Umgebung.

Der Standort des Malers ist hier wie im Fall der Ansicht der Kokerei Nordstern (Abb. 2) nicht aus dem Arbeits- und Produktionsprozeß ableitbar. Der Blick auf die symmetrische Anlage der Kokerei mit ihrem zentralen Turm entspricht nicht dem der in der Anlage Beschäftigten, die sich an den auf Schienen verschiebbaren Arbeitsplattformen, auf den Laufgängen über dem Sockelgeschoß der Kokereigebäude oder dem Zug aufhalten, der den Koks abtransportiert. Der Eindruck entsteht, daß das Aquarell nach einem Photo entstanden ist, vor allem wegen der unbeabsichtigten Verschmelzung der Schienen, denen der Dampfzug folgt, und der Schienen der Arbeitsplattform, die rechts fast aus dem Bild herausgerückt ist.

Der zentrale Turm der Kokerei taucht auch in dem großen Glasgemälde wieder auf, das aus dem Verwaltungsgebäude der Herstellerfirma Carl Still in Recklinghausen stammt (Abb. 3). Hier sind aber auch die Anlagen des Hüttenwerks dargestellt, für das die Kokerei produziert, bis hin zum Transport von kochendem Stahl und aufgeschüttetem Koks auf dem Wasser und auf der Schiene, ganz vorn zieht auf dem Kanal ein Schlepper zwei Kähne vorbei, ein Güterzug, ein Verladekran und die zur Verladung notwendigen Einrichtungen drängen sich hier zusammen, nach oben sind die Gebäude von Kokerei und Hüttenwerk übereinander verschachtelt, darüber öffnet sich ein blau verrauchter Himmelsausschnitt. Alles ganz sachlich, einem Betriebsdiagramm ähnlich, keineswegs mit einer sichtbaren Wirklichkeit zu verwechseln, aber einen lehrhaften Schlüssel zum Prozeß bietend, der die einzelnen Elemente des Bildes erzeugt und verknüpft.

Das Glasgemälde zeigt eine Landschaft, die als gebirgige Einheit für sich bleibt, in sich logische Verknüpfungen besitzt, dem Menschen aber, siehe oben, nur Verstecke, aber keine Wohnung bietet. Die Art der Darstellung erlaubt ohne weiteres ein Gegenbild, das eine ebenso unwohnliche Natur darstellen könnte, ein solches Bild ist hier mitzudenken. Denkbar wäre auch ein Mittelbild, in dem der Übergang zwischen beiden Landschaften zu zeigen wäre; also jene domestizierte Natur oder naturnahe Kulturlandschaft, zu deren Darstellung dieses Bild und sein Gegenstück dann die Seitenflügel wären. Wahrscheinlich ist freilich, daß der Betrachter hier die geschlossenen Außenflügel eines nicht mehr zu öffnenden Triptychons vor sich hat, das all dies zeigen würde. Aber das ist eine bloße Spekulation, ein möglicher Ausweg aus dem geschlossenen System, das dieses Bild auch ist, aus der Gefangenschaft, die es seinen Betrachtern auferlegt. Vor diesem Fenster ist kein Ort zum Verweilen.

Abb. 3 Glasfenster aus dem Treppenhaus des Verwaltungsgebäudes der Firma Carl Still in Recklinghausen

Axel Föhl

Das Industriedenkmal als Dokument

Das Paradox

„Credo, quia absurdum"
Tertullian (um 145 - 220 n.Chr.)

Tertullians Satz bezieht sich auf das Leben (und Sterben) Christi: „Und begraben, ist er erstanden, es ist gewiß, weil es unmöglich ist." Man könnte versucht sein, dieses Paradoxon-Motiv auf das Überleben der Zentralschachtanlage 12 der Zeche Zollverein in Essen-Katernberg anzuwenden. Nicht nur, daß die Stadt Essen nach der Stilllegung 1986 unter den Befürwortern der Erhaltung dieser als einzigartig geltenden Anlage eher in den hinteren Reihen stand. Ihre Entwerfer selbst, Fritz Schupp und Martin Kremmer, hatten nie einen Zweifel daran gelassen, daß ein Industriegebäude, dem die Stunde technischer Veraltung geschlagen hatte, unverzüglich zu ersetzen sei, durch ein neues, den neuen Zwecken besser angemessenes. Um Wilhelm Busch, der sich bereits 1980 kritisch mit dem Oeuvre Schupp und Kremmer auseinander gesetzt hat, zu zitieren: „Die geschichtliche Entwicklung hat gezeigt, daß nach ca. 30 Jahren die Anlagen eines Bergwerks veraltet waren und ersetzt wurden, wenn noch eine wirtschaftliche Förderung zu erwarten war, oder aber ganz aufgegeben wurden."[1] Das heißt, daß im Jahre 2002 die 1932 fertig gestellte Schachtanlage den so charakterisierten Lebenszyklus um mehr als das Doppelte überschritten hat, nicht davon zu reden, daß das Überlebensparadox seit dem ersten denkmalpflegerischen Erhaltungsverlangen 1970 nun schon mehr als 30 Jahre währt.[2] Es ist das ganz normale Paradox des Denkmalschutzes seit seinem Anbeginn: Die Prätention, daß etwas aus dem Fluß der Zeit und damit des Vergehens herausnehmbar sei, die Fiktion, daß das Verdikt „Denkmal" dem Zahn der Zeit, dem physischen Verfall Einhalt gebieten könne. Da dem nicht so ist, beschäftigt sich in diesen Tagen die Denkmalpflegerzunft nach 100 Jahren zum ersten Mal wieder grundlegender mit der Überlegung, wie es denn mit der Bindung des Denkmalbegriffes an die „Originalsubstanz" zu halten sei,[3] oder ob nicht der „Idee", bzw. dem „Entwurf" der eigentliche Denkmalwert zukäme.

Der Fortschritt in der Denkmalpflege ist dabei vielleicht daran zu ermessen, daß die Debatte heute im Gegensatz zur Zeit um 1900 um den Kölner Dom genauso geht wie um die Anlage der Wolfsburger Volkswagenwerke. Das ist verhältnismäßig neu und soll im folgenden in seiner Entwicklung beschrieben werden. Es gibt übrigens angesichts des Dilemmas zwischen den Positionen, „das soll nicht erhalten" bzw. „das kann nicht erhalten werden" und „das muß aber erhalten werden" einen historischen Trost. Vor fast einem Jahrhundert bereits endeten dezidierte Forderungen nach Nicht-Erhaltung im sorgfältigen musealen Konservieren: Wer erhebt heute noch grundlegenden Einspruch gegen die Tatsache, daß die Produkte explizit ikonoklastischer und museumsunwilliger Künstler wie der italienischen Futuristen oder der Nach-Weltkrieg-I-Dadaisten im übrigen Europa seit langem akribisch gepflegt an ersten Museumsadressen zu finden sind? So gesehen könnte Marcel Duchamps „ready-made"-Urinoir der Belehrung erhaltensunwilliger Stadtväter und der Beruhigung der über philosophische Paradoxien nachgrübelnden Denkmalpfleger dienen.

---

[1] Busch, Wilhelm: F. Schupp, M. Kremmer, Bergbauarchitektur 1919-1974 (= Arbeitsheft 13, Landeskonservator Rheinland) Köln 1980, S. 179

[2] Günter, Roland: Zu einer Geschichte der technischen Architektur im Rheinland. Textil-Eisen-Kohle, in: Beiträge zur Rheinischen Kunstgeschichte und Denkmalpflege, Beiheft 16, Düsseldorf 1970, Seite 364

[3] Virulent wurde diese Debatte mit der 1993 abgehaltenen 7. Jahrestagung der Bayerischen Denkmalpflege in Passau. Vgl. dazu Lipp, Wilfried, Michael Petzet (Hrsg.) Vom modernen zum postmodernen Denkmalkultus? (= Arbeitsheft 69 des Bayerischen Landesamtes für Denkmalpflege) München 1994

Die Vorgeschichte

Dreimal im letzten Jahrhundert lassen sich Ansätze konstatieren, das noch nicht 200 Jahre alte Geschäft der „Kunstdenkmalpflege" auf eine breitere Basis zu stellen: Um 1910, Ende der 1920er Jahre und schließlich ab etwa 1970. Es ist die anfängliche Spärlichkeit dieser Bemühungen umso erstaunlicher, als sich die erste Riege tieferer Denker in Sachen Denkmalpflege von Anbeginn auf die Seite des Denkmals als Geschichtsdokument oder -zeugnis gestellt hat, womit die Einengung auf das „Kunstdenkmal", die dennoch viele Jahrzehnte lang unangefochten galt, im Rückblick nur umso erstaunlicher wirkt.[4] 1910 erscheint im vierten Jahrgang der „Mitteilungen des Rheinischen Vereins für Denkmalpflege und Heimatschutz" ein über 50 Seiten umfassendes Heft mit dem Thema „Industriebauten". Es ist dies, soweit bekannt, das erste Mal, daß sich die Begriffsfelder Industriebau und Denkmalschutz zusammenfinden. Umso bemerkenswerter ist die Aufteilung der Publikation in geschichtliche Industriebauten und neuzeitliche Industriebauten – so viel Nähe war nie in einer Denkmalpflege-Veröffentlichung. Die damals geäußerte Empfehlung könnte an den Gewerbegebiet-Industriearchitekten fast 100 Jahre später gerichtet sein: „Der heutige Architekt", so steht da zu lesen, „neuen Bedürfnissen dienend, wird sie (die alten Werkbauten, d.Verf.) nicht nachahmen können. Aber er wird von dem Geiste, in dem sie ausgeführt, ...einiges Nützliche entnehmen können." [5] In diesem Heft des Rheinischen Vereins von 1910 wird erstmals die Spannweite der Bauten der Industrie und Technik, die heute selbstverständliche Objekte von Erhaltungsbemühungen sind, deutlich: Der Tafel I „Hochofenanlage der Kruppschen Friedrich-Alfred-Hütte in Rheinhausen" (Abb. 1) steht vier Seiten weiter die Tafel II „Windmühle zu Lank, Niederrhein" gegenüber. Damit ist ein aller erstes, frühes Mal der Gesamtbereich technischer Denkmalpflege erschöpfend umschrieben. Bald nach Erscheinen dieses Heftes brach der Erste Weltkrieg aus, der nicht nur für das Metier einer eben erst umrißhaft erscheinenden potentiellen Industriedenkmalpflege das Ende der alten Welt bedeutete. Die notleidende und politisch instabile Republik fand erst Ende der 1920er Jahre wieder die Energie, sich solchen Fragen zuzuwenden. Erstes Interesse keimte Mitte der 1920er auf. Hier äußern Denkmalpfleger selbst die Frage, ob einer fernen Zukunft nicht gerade monumentale Technikbauten als die charakteristischen Bauwerke erscheinen könnten.[6] Die publizistische und praktische Tätigkeit verlief eingeschränkter. Im Spiegel sich mehrender Aufsätze und Beiträge erscheinen Technikbauten der versinkenden gewerblichen, vor- und frühindustriellen Arbeitswelt. Im Bewußtsein einer erneuten Intensivierung der industriellen Entwicklung in Richtung auf Trusts und Konzerne wollen die Denkmalpfleger Notställe, Weintorkeln, Holzkohlen-Hochöfen und Windmühlen retten. Generationspsychologisch scheint fast die Frage erlaubt, ob hier nicht ein nostalgisierender Zeitgeist die heile Vor-Weltkrieg-I-Welt heraufzubeschwören trachtet. Um 1930 schließlich hätte es auch schon eine immerhin 30 bis 50 Jahre zurück liegende, modernere Technikwelt zu entdecken gegeben, in der sich die Epoche der Hochindus-

[4] Vgl. hierzu das ausgezeichnete Buch: Huse, Norbert (Hrsg.) Denkmalpflege. Deutsche Texte aus drei Jahrhunderten, München 19962, vor allem das Kapitel: Denkmalwerte: Alois Riegl und Georg Dehio, S. 124-181

[5] Schmid, Max: Geschichtliche Industriebauten: Aachen und die benachbarten Eifelstädte, in: Mitteilungen des Rheinischen Vereins für Denkmalpflege und Heimatschutz, Vierter Jahrgang, 1910, S. 17

[6] Vgl. dazu: Föhl, Axel: Bauten der Industrie und Technik (= Schriftenreihe des Deutschen Nationalkomitees für Denkmalschutz, Bd. 47) Bonn, o.J. (1994), S. 31 ff.; so wie ders.: Bauten der Industrie und Technik in Nordrhein-Westfalen, Berlin 2000, S. 15 ff.

Abb. 1 Bereits 1910: Denkmalschutz und Industriebau

trialisierung in Exempeln hätte darstellen lassen. Selbst die zukunftsfrohe Zunft der im VDI zusammen geschlossenen Techniker und Ingenieure, die sich seit 1909 den Luxus eines Jahrbuches für Technikgeschichte leistete, sammelte in der 1927 eingeführten Rubrik „Technische Kulturdenkmäler" lediglich altehrwürdige Objekte wie Pferdegöpel, mittelalterliche Kräne und Schleifkotten. Das 19. Jahrhundert kam nur in Spurenelementen vor. [7] In der Denkmalpflegerzunft, die sich, wie Norbert Huse das bereits für die Zeit um 1900 feststellt, [8] mehr und mehr aus Kunsthistorikern zusammensetzte, herrschte, den Doktrinen der Mutterwissenschaft folgend, von Jahrhundertanfang bis in die 1970er Jahre weitgehend das Tabu, jenseits des letzten verbindlich anerkannten Stils ab etwa 1840 irgendwelche Denkmale auszumachen. Krönender Beweis dieser Sichtweise ist das 1966 publizierte Kurzinventar der Stadt Duisburg („Stadt Montan"), wo auf 200 Seiten gerade mal ein einziges „Industriedenkmal" unter all den Silberkelchen und Epitaphien von St. Salvator erscheint. Allerdings hatte der „wind of change" um diese Zeit bereits begonnen, den Rhein aufwärts, wie auch in viele andere europäische Regionen zu blasen. Dieser Anhauch, vulgo auch „68er Epoche" genannt, veränderte neben fast allen Bereichen der westlichen Gesellschaft teilweise auch die Mutterzunft der Denkmalpflege, die Kunstgeschichte, nun zur „Kunstwissenschaft" werdend, dahingehend, daß mehr nach den gesellschaftlichen Rahmenbedingungen künstlerischen Tuns gefragt wurde und architektonische Manifeste vergangener Epochen in größerer Breite ins Blickfeld rückten. Nachbarfächer wie Geschichte oder Soziologie färbten das Denken einer jungen Generation und damit auch das Handeln neu berufener Denkmalpfleger. Beim Landeskonservator Rheinland in Bonn koinzidierte dieser Prozeß mit einem Leitungswechsel. Ab 1970 propagierte und praktizierte Günther Borchers eine Ausweitung des Denkmalbegriffes dezidiert auch auf Bauten der Industrie und Technik einschließlich deren sozialen Umfeldes wie Werkssiedlungen, die vor allem im Ruhrgebiet der Montankrisen zunehmend zu verschwinden drohten. Wenn im Oktober 2002 anläßlich der Leipziger Messe „denkmal 2002" eine Bilanz erscheint „30 Jahre Industriedenkmalpflege in der Bundesrepublik Deutschland", so nimmt dieser Titel Bezug auf diesen – von außerhalb der Denkmalpflege angestoßenen – Prozeß des Beginns einer modernen Industriedenkmalpflege. Der kann hier nicht zur Gänze geschildert werden, [9] klar ist aber, daß in der damaligen West-Republik Nordrhein-Westfalen den Schwerpunkt der neuen Aktivitäten bildete. Im Ansatz begannen auch in der DDR um diese Zeit ähnliche Bemühungen, nur entsprachen dort dem theoretischen Erkenntnisstand schwächer ausgebildete direkte Wirkmöglichkeiten. Prinzipiell klar war aber ab 1970 – und die um diese Jahre in Kraft tretenden Denkmalschutzgesetze der Bundesländer formulierten dies auch so –, daß Denkmale künstlerisch und/oder geschichtlich wichtige Dokumente sind. Manche Länder gingen weiter und schlossen die Bedeutungskategorie „technikgeschichtlich" ein, am präzisesten sprach das NRW-Gesetz von der Bedeutung der Denkmale für „die Entwicklung der Arbeits- und Produktionsverhältnisse". Seit über 30 Jahren füllen sich nun die Verzeichnisse der Denkmalämter mit Fabriken, Brücken, Wassertürmen und Zechen und sorgen für historische Gerechtigkeit gegenüber den Barockpalais oder gotischen Kapellen, Jugendstil-Villen und Bauernhäusern. Der Denkmalbegriff, mit dem Denkmalpfleger operieren, ist zeitgemäß und ausgewogen über die gesamte Breite der dinglichen Hinterlassenschaften aller Epochen einer Vergangenheit, die heute theoretisch sogar bis gestern reichen darf.

Was ist ein Industriedenkmal?

Von Anfang an war klar, daß der seit 1900 theoretisch gesteckte Rahmen mit Bezug auf Bauten der Industrie und Technik präziser gefüllt werden mußte, als es sich aus den Bedeutungskategorien der Kunstgeschichte ableiten ließ. Bereits 1976 entwickelten sich hier folgende Kategorien[10]: Denkmalwert können sein:

· Historisch typische Objekte
Dies trägt der dem Industriezeitalter innewohnenden Tendenz zur Normierung und Standardisierung Rechnung. Beispiel: Wassertürme nach dem Intze-Prinzip.

7 Matschoß, Conrad: Technische Kulturdenkmäler, in: Beiträge zur Geschichte der Technik und Industrie, 17. Bd. 1927, S. 123-152

8 Huse (Anm. 4), S. 124

9 Vgl. dazu: Föhl, Axel: Zehn Jahre Erfassung technischer Denkmale im Rheinland. Dokumentieren und Erhalten 1970-1980, in: Jahrbuch der Rheinischen Denkmalpflege, Bd. 29, Bonn 1983, S. 347-368, sowie ders.: Industrielles Erbe in der postindustriellen Gesellschaft. 25 Jahre Industriedenkmalpflege im Rheinland, in: Rheinische Heimatpflege, 32. Jahrgang, 1995, S. 2-13

10 Föhl, Axel: Technische Denkmale im Rheinland (= Arbeitsheft 20, Landeskonservator Rheinland) Köln 1976, S. 8

- Historisch einmalige Objekte
  Dies hebt auf die der Epoche ab etwa 1790 eigene Dynamik des „schneller-weiter-größer" ab. Beispiel: größtes, einzig erhaltenes oder als Sonderform realisiertes Objekt.

- Anfangs- oder Endglied einer technischen Entwicklung
  Beispiel: Erste mit gußeisernem Innenausbau errichtete Fabrik

- Sozialgeschichtliche Strukturen aufzeigende Objekte
  Beispiel: Werkswohnhaus mit „Dunkelzimmer" für Arbeiter mit technisch bedingt unregelmäßigen Arbeitsschichten.

- Für geistes- und kulturgeschichtliche Sachverhalte repräsentative Objekte
  Beispiel: Das bewußte Zitat eines mittelalterlichen Stadttores beim Bau einer Schachtanlage

Zuzuordnen sind alle diese Kategorien Bauten und Anlagen der
· Produktion · Versorgung · des Verkehrs.

Die genaue Zuordnung erfolgt im Rheinischen Amt für Denkmalpflege seit 1987 nach einer über 400 Positionen umfassenden „cross-reference"-Liste, die den einzelnen Technikbau in einer genauen Systematik verortet.

Wassermühle bis Weltkulturerbe

Welche Objekte eine „Industriedenkmalpflege" bis 1970 bearbeitete, hat das Kapitel 2. beleuchtet. Ab 1970 galt die Beschränkung auf die Vor- und Frühindustrialisierung nicht mehr. Die Größenordnung jedoch der erfaßten Objekte stieg nur langsam. Mustert man die Übersichtspublikation von 1976, [11] so erscheinen dort mehrgeschossige Textilfabriken, Wassertürme oder Ringofenziegeleien, aber noch nicht Flächendenkmale wie die Meidericher Hütte in Duisburg oder die Schachtanlage Zollverein 12. Die Annäherung an diese Größenordnung geschah stufenweise, gleichsam die ursprüngliche Entwicklung der Industrie wiederholend. Nach 1980 war klar, daß eine konsequente Industriedenkmalpflege keine Scheu vor hektargroßen Arealen haben durfte. Daß Zollverein 12 ein Industriedenkmal sei, wurde unmißverständlich lange vor der Stillegung 1986 artikuliert. 1974 wurde in Oberhausen die Zeche Jacobi abgerissen (Abb. 2). 1969 war sie im Denkmalinventar der Stadt vom

11 Ebd.

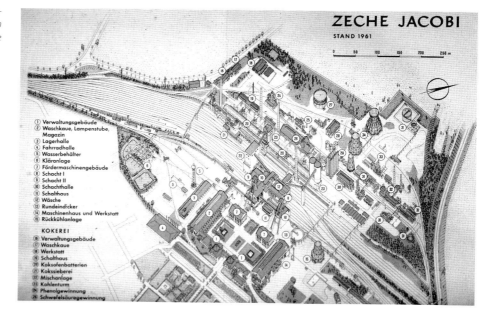

Abb. 2 Frühe Verluste an Montangeschichte: 1974 verschwanden die Oberhausener Jacobischächte von 1912/14

Landeskonservator Rheinland aufgeführt worden. Die Erkenntnis, daß die Hochindustrialisierung riesige Anlagen hervorgebracht hatte, ging also den politisch durchsetzbaren Erhaltungsmöglichkeiten deutlich voraus. Lange vor dem Beginn der „Internationalen Bauausstellung Emscherpark" 1989 waren Dialoge zwischen der Denkmalpflege in Nordrhein-Westfalen und der Ruhrkohle im Gange. Letztere forderte, durchaus zur Recht, eine Prioritätenliste angesichts der Unzahl außer Betrieb gehender Montanobjekte. Die Denkmalpflege entsprach diesem Wunsch, was sie aber nicht zum gleichberechtigten Partner der Betreiber oder Abwickler machte. Dies vermochte erst das dezidierte IBA-Programm, auf dem Wege in die wie immer geartete Zukunft des Ruhrgebietes, wichtige Marksteine der spezifischen Geschichte des Reviers mitzunehmen. So wurde die Erhaltungsmöglichkeit für Anlagen wie das Hochofenwerk Meiderich, dem das Rheinische Denkmalamt auf Ministeranfrage bereits 1988 Denkmalwert bescheinigt hatte, plötzlich Realität. Andere vergleichbar große und komplexe industrielle Denkmale wurden als IBA-Projekte ebenfalls eines warmen Geldsegens von Seiten des Landes NRW teilhaftig. Es galt also jetzt, gezielter und wirkungsvoller vorzugehen, als dies beispielsweise bei der seit den 1970er Jahren als hochkarätiges Industriedenkmal gehandelten „Völklinger Hütte" im Saarland geschehen war, der auch die 1994 erfolgte Aufnahme in die Liste des Weltkulturerbes zunächst nicht viel nützte. Die frühen IBA-Jahre waren allseitige Lern- und Experimentierprozesse, ein Vorgang, der heute nicht als abgeschlossen gelten kann. Deutschland ist dabei in eine verantwortungsvolle Vorreiterrolle gekommen – es zeigt sich, daß wohl in keinem anderen europäischen Land in den 1980er/90er Jahren die Erhaltung großmaßstäblicher Industriedenkmale so umfassend und zielstrebig in Angriff genommen worden ist, besonders was den Montanbereich betrifft. Mit Rammelsberg, Völklingen und Zollverein 12 ist dieser Sektor im Weltmaßstab führend repräsentiert – eine Herausforderung, die anspruchsvoll vor uns liegt. Der – aus der Logik unvermeidbare – Sprung in solche Größenordnungen hat diverse Probleme mit sich gebracht. Heute, da die „fetten Jahre" ökonomisch vorüber sind, wächst verständlicherweise die Besorgnis, wie hohe Kosten für die Erhaltung mit einer möglichst allgemeinen Nutzbarkeit zu vereinbaren sind. Daraus erwächst ziemlich zwangsläufig ein gewisser Zielkonflikt zwischen Veränderungs- und Erhaltungsdruck industrieller Großdenkmale. Kommunal-, regional- und landespolitische Bestrebungen sind angesichts des Kostendrucks darauf gerichtet, eine wie immer zu definierende „Rentabilität" dieser Komplexe zu erreichen. Dies erscheint zur Legitimierung der zur tätigenden Ausgaben offensichtlich opportun. Das Problem dabei ist, daß schon die bloße Planung eventuell zu realisierender Aktivitäten einen hohen Veränderungsdruck erzeugt. Dieser wiederum gerät in einen Zielkonflikt mit dem Modell vom Denkmal als Informationsträger historischer Sachverhalte, als Träger einer möglichst „echten" Aussage über die noch gar nicht so lange vergangene Arbeitswelt vieler Tausender Beschäftigter. Die der Industriedenkmalpflege zugrunde liegende Zielsetzung, einer möglichst großen Zahl von Bürgern die Vergangenheit zu erhalten, mit der die Mehrzahl eigene Kenntnisse, nämlich die des ehemaligen Arbeitsplatzes, verbinden kann, gerät in Gefahr. Sie gerät dann in Gefahr, wenn unter dem Begriff „Industriekultur", der ursprünglich die kulturelle Gesamtleistung aller am Projekt Industriezeitalter Beteiligter meinte,[12] nur noch eine Transplantation von Elementen einer „Hochkultur" urban-elitären Charakters in eine dreidimensionale Kulissenlandschaft altindustriellen Zuschnitts zu verstehen wäre. Selbst dies wäre noch unter der Prämisse hinnehmbar, daß eine sozusagen berührungslose, temporäre Nutzung angestrebt wird, bei der nach dem „Event" das Dokument, das ein Denkmal sein und bleiben sollte, unbeschadet wieder zum Vorschein käme. Besorgnis dagegen erweckt der gegenwärtige Trend, industriehistorische Räume auf permanenten Festspielhaus-Standard aufzurüsten, der so ausgestattet dann den ja reichlich vorhandenen, wirklichen „Spielstätten" hart Konkurrenz machen wird und auf der anderen Seite irreversible Veränderungen an dem bewirkt, was wir ja eigentlich in authentischem Zustand den kommenden Generationen zugänglich machen wollten.

12 Vgl. hierzu: Glaser, Hermann, u.a.: Industriekultur in Nürnberg. Eine deutsche Stadt im Industriezeitalter, München 1980, S. 7

Abb. 3 „Die essentiellen Elemente des Eisenhüttenprozesses": Denkmalhütte Duisburg-Meiderich, Hochofen 2

13 Rheinisches Amt für Denkmalpflege, Axel Föhl: Erste gutachterliche Stellungnahme zum Denkmalwert, 12.12.1988

14 GA Document Extra. Bernard Tschumi, Tokyo 1997, S. 76

Abb. 4 Die 1930er Jahre unter dem Dach der 1990er: Bernard Tschumis Le Fresnoy in Tourcoing

Wie viel Faszination man durch Zugänglichmachen der authentischen Räume erzeugen kann, hat die – thematisch relativ beliebige – Ausstellung „Sonne, Mond und Sterne" bewiesen, die dem Besucher die behutsam hergerichteten, weitgehend unveränderten Industrieräume der Kokerei Zollverein zugänglich machte. Aus dieser Perspektive unverständlich ist dann die zerstörungsreiche Einfügung eines Gags wie des Riesenrades in der Koksofenbatterie. Riesenräder gab es im Milleniumjahr 2000 in Europa im Dutzend billiger, nur konnten sie in London, Paris oder anderswo spurenlos wieder abgebaut werden. Über das Essener Rad hat das von ICOMOS für die UNESCO im Jahr 2000 erstellte Gutachten zum Weltkulturerbe-Rang Zollvereins klare Worte gefunden. Bei der Herstellbarkeit einer Vereinigung von Nutzungs- und Erhaltungsperspektiven geht es dabei keineswegs um eine „Käseglocken-Perspektive', unter der sich nichts mehr bewegen dürfte. Es geht vielmehr um eine klare und verbindlich bleibende Definition dessen, was „Bestand" ist und bleiben muß und um die Zuordnung kompatibler Veränderungen und Hinzufügungen. 1988 hat die Rheinische Denkmalpflege mit Bezug auf das Meidericher Hochofenwerk (Abb. 3) den Denkmalwert der Anlage darin definiert, daß hier „auf konzentrierter Grundfläche die essentiellen Elemente des Eisenhüttenprozesses vollständig und funktional verschränkt erhalten sind." [13] Akzeptiert man den so definierten Denkmalwert – und dies ist mit der über zehn Jahre später erfolgten Eintragung der Hütte in die Denkmalliste geschehen – ist auch die Erhaltung der „essentiellen Elemente" logische Folge dieses Faktes. Das damit möglich bleibende und zur Erschließung der Anlage wünschenswerte Programm eröffnet ein weites Feld der Möglichkeiten. Wie weit eine gelungene Symbiose von historischer Authentizität und brillanter Hinzufügung gehen kann, hat 1997 Bernard Tschumi im nordfranzösischen Industrierevier um Lille gezeigt: Sein „Le Fresnoy" (Abb. 4) kombiniert die hochgradige Erhaltung eines Fest- und Freizeit-Gebäudekomplexes für die Textilarbeiterschaft der Stadt Tourcoing aus den späten 1920er Jahren mit einem atemberaubenden, alles übergreifenden hightech-Dach als Wirkungsstätte einer neuen Kunsthochschule. Tschumi ist als weltweit wirkender Architekt nicht gerade berühmt geworden für behutsame Integrationsprojekte. „I'm not a renovation architect" sagt er über sich selbst. Dennoch war er der einzige Wettbewerbsteilnehmer im Fresnoy-Projekt, der für Erhaltung plädierte: „Why should we demolish all of this?" [14] Es ist dies exakt die Frage, die sich eine zeitgemäße Industriedenkmalpflege und – wenn es nach ihr ginge – alle an Umnutzungsprozessen Beteiligten stets und ständig stellen sollten: „Why should we demolish all of this?" Eine bessere Leitlinie kann es auch für das Umgehen mit dem zu Recht als Weltkulturerbe deklarierten Areal Zollverein nicht geben.

Gabriele Schickel

Die Architekturschulen 1900 bis 1933

Die Situation der Baukunst um 1900 in Deutschland war gekennzeichnet durch eine Vielfalt an theoretischen und stilistischen Positionen. Umbrüche in der Bautechnik, neue Bauaufgaben, neue Auftraggeberschichten und die zunehmende Abwendung von historischer Stilnachahmung, kurz die Entstehung einer bürgerlichen Baukunst, führten zu grundlegend neuartigen formalen Lösungen und unterschiedlichen architektonischen Haltungen. Dies zeigte sich zum einen in dem breiten architektonischen Ausdrucksspektrum der realisierten Bauten von Paul Wallots 1894 fertiggestelltem Reichstagsgebäude in Berlin, Gabriel Seidls 1900 eröffnetem Bayerischen Nationalmuseum in München, Bruno Schmitz 1898-1913 ausgeführtem Völkerschlachtdenkmal in Leipzig bis hin zu Henry van de Veldes Kunstgewerbeschule in Weimar von 1906, Hans Poelzigs Wasserturm in Posen von 1911 und den 1910-14 von Walter Gropius errichteten Faguswerken in Alfeld. Zum anderen zeigte sich der Umbruch in der Architekturauffassung in leidenschaftlichen Äußerungen zum Entstehen einer neuen Baukunst, die die Architektenschaft seit dem Aufkommen des Jugendstils pauschal gesprochen in zwei Lager teilten. Das eine plädierte für eine Weiterentwicklung der architektonischen Formen aus der Tradition und dem Bezug zur heimischen Landschaft, den örtlichen Bauweisen und Materialien heraus, das andere vertrat die radikale Abwendung von der Tradition und einen internationalen Stil. Diese von der Geschichtsschreibung nach dem Zweiten Weltkrieg noch weiter vorangetriebene und heute zunehmend revidierte Polarisierung zwischen Tradition und Moderne, wurde von den damaligen Architekten selbst als Kampfmittel im Streit um die architektonischen Positionen eingesetzt. Zeitzeugen wie Fritz Schumacher, Martin Elsaesser oder Julius Posener betonten jedoch gleichermaßen, daß die einzelnen Strömungen der Entwicklung nicht in gesonderten Bahnen verliefen, sondern daß Jugendstil, Heimatschutz und Werkbund wichtige gemeinsame Stationen für die Reifung einer zeitgemäßen Baukunst gewesen seien.[1]

Die traditionellen Architekturschulen spielten für den Entwicklungsprozeß der modernen Architektur im Sinne des Neuen Bauens keine Rolle. Gemeint sind damit vor allem die nach Studentenzahlen beurteilt wichtigsten Ausbildungsstätten wie die Technische Hochschule in Berlin an erster Stelle, die in Stuttgart an zweiter und die Technische Hochschule in München an dritter Stelle. Eine Architektenausbildung, die konsequent die moderne Stilrichtung vertrat, gab es in Deutschland, vielleicht mit Ausnahme des Entwerfens nach System an der Düsseldorfer Kunstgewerbeschule unter der Leitung von Johannes Lauweriks, erstmals seit 1927, als Walter Gropius den Architekturunterricht am Bauhaus einführte.

Fritz Schupp und Martin Kremmer absolvierten eine Architekturausbildung an verschiedenen Technischen Hochschulen. Als erster Studienort der beiden späteren Industriearchitekten muß Karlruhe genannt werden, wo Fritz Schupp sein Studium 1914, ein Jahr vor Martin Kremmer aufnahm. In Karlsruhe lehrte Friedrich Ostendorf, der auf der Grundlage eines strengen Klassizismus versuchte gültige Typen für die verschiedenen Bauaufgaben zu entwickeln. Im März 1915 jedoch fiel Ostendorf als Führer der 1. Kompagnie des ersten badischen Leib-Grenadier-Regiments. Nach dem Tod seines Architekturlehrers ging Fritz

1 Vgl. Schumacher, Fritz: Strömungen in deutscher Baukunst seit 1800, Leipzig 1935, S. 104; Elsaesser, Martin: Stil, Tradition und Baukunst der Gegenwart, Typoskript 1926, Architekturmuseum der Technischen Universität München, Nachlaß Elsaesser; Posener, Julius: Berlin auf dem Weg zu einer neuen Architektur, München 1979, Kap. Wilhelminismus, S. 81 ff.

Schupp 1916/17 nach München zu Theodor Fischer, der aufgrund seines auf der Anpassung des Bauens an die Region beruhenden Architekturkonzepts als Gegenpol zu Ostendorf gesehen werden kann. Schupp konnte sich nach eigenen Aussagen in München nicht einleben, setzte aber doch 1918, nachdem er eine Art Ersatzdienst in der Bauabteilung von Krupp abgeleistet hatte, sein Studium bei dem Fischer-Schüler Paul Bonatz in Stuttgart fort, wo er 1919 mit der Diplomprüfung abschloß. Martin Kremmer, der für drei Jahre zum Militärdienst berufen worden war, folgte ihm 1919 nach Stuttgart, wechselte aber schon ein Jahr später an die Technische Hochschule in Berlin-Charlottenburg. Nach seinem Diplom im Jahre 1921 konnte er zunächst als Mitarbeiter bei Fritz Schupp arbeiten, der inzwischen ein Architekturbüro aufgebaut hatte. Bereits 1922 begann auch die geschäftliche Zusammenarbeit von Schupp und Kremmer. Im Folgenden soll die Unterrichtssituation an den wichtigsten deutschen Technischen Hochschulen mit dem Schwerpunkt der Stuttgarter Schule dargestellt werden. Neben dieser traditionellen Ausbildung darf aber die Arbeit der angehenden Architekten in großen Architekturbüros nicht unterschätzt werden.

*Abb. 1: Theodor Fischer bei der Korrektur, Architekturmuseum der Techn. Universität München
Abb. wie in: W. Nerdinger, Theodor Fischer. Architekt und Städtebauer 1862-1938, Berlin 1988, S. 88*

Denn für eine neue, bürgerliche Architektur ging der Impuls seit der Ablösung des Bauwesens vom Hofe maßgeblich von Privatarchitekten aus, deren Büros wie z.B. schon im letzten Viertel des 19. Jahrhunderts das von Gabriel Seidl, später das von Theodor Fischer oder Peter Behrens eine Ausbildungsalternative zum Hochschulwesen boten, aber natürlich nicht die erforderlichen Kapazitäten erreichten. In diesen Büros wurden jedoch die aktuellen Positionen in der Architektur entwickelt, und hier konnte der Architekturstudent eine praxisnahe Ausbildung an konkreten und zu bauenden Projekten erfahren, hier wurde er im Unterschied zu den rein theoretisch aufgefaßten Entwurfsübungen an den Hochschulen mit den Anforderungen der Auftraggeber und des Bauplatzes, mit der Konstruktion eines Gebäudes und mit den einzuhaltenden Kosten konfrontiert. So läßt sich vermuten, daß für den schnellen Erfolg der Sozietät Schupp und Kremmer auch deren Mitarbeit in bekannten Büros noch während des Studiums und kurz danach verantwortlich war. Schupp hatte bereits das Baubüro von Krupp kennengelernt und soll später auch für Schmitthenner tätig gewesen sein. Von Martin Kremmer heißt es, daß er in seiner Berliner Zeit bei Paul Mebes, Hermann Muthesius und im sogenannten Schloßbauamt gearbeitet hat.

Im Gegensatz zu diesen Büros hielt sich an den Technischen Hochschulen dagegen lange der traditionelle akademische Unterricht, in dem sich Neuerungen relativ langsam und immer im Hinblick auf die vielfältigen Ausbildungsziele, die von einer Hochschule gefordert wurden, durchsetzten. Demgemäß bestanden bei der Architektenausbildung an den Hochschulen vor allem die Probleme einer durchgängigen Verwissenschaftlichung des Unterrichts im Hinblick auf das ingenieurtechnische Wissen und auf das Entwerfen im Sinne historischer Formen. So dauerte z.B. in München noch 1918 der mathematisch-naturwissenschaftliche Vorunterricht bis zum 5. Semester, was bedeutete, daß die Architekturstudenten erst in der zweiten Hälfte des Studiums an Entwurfsaufgaben herangeführt wurden. Und Julius Posener beschreibt sogar noch 1931 den Formlehrunterricht an der Berliner TH bei Friedrich Seesselberg als rein historisch und fern von jeder Baupraxis. Hier wurden noch immer an Beispielen aus der Monumentalbaukunst historische Formen besonders der rheinischen Hochgotik gelehrt oder einzelne Entwurfsabschnitte aus größeren, vorgegebenen Zusammenhängen zur Detailgestaltung aufgegeben. Klagen, daß die Hochschulausbildung nur auf den Berufsweg von späteren Staatsbeamten ausgerichtet sei, also nach wie vor im wesentlichen Monumentalbaukunst unterrichte und für bauende Privatarchitekten, deren Hauptarbeitsgebiet zukünftig im Wohnungs- und Industriebau lag, keine Ausbildungsanreize böte, häuften sich. Im traditionellen Monumentalbau lag das Hauptgewicht des Entwurfs auf der möglichst repräsentativen Fassade eines Gebäudes, während im Industriebau der Schwerpunkt auf einen dem Herstellungsprozeß folgenden Grundriß gesetzt und die architektonische Repräsentation meist nur als einzusparender Kostenfaktor betrachtet wurde. Im Wohnungsbau, d.h. im Arbeiter- und Kleinwohnungsbau, galt es ebenfalls kostensparende, was zugleich bedeutete minimierte Grundrisse zu entwickeln, die dennoch alle Lebensbedürfnisse der Bewohner aufnehmen konnten.

Mit einer neuen Generation von engagierten Hochschullehrern bahnte sich teilweise zwar noch vor dem Ersten Weltkrieg eine durchgreifende Unterrichtsreform im Hinblick auf einen zielgerichteten Bezug auf die Baupraxis von künftigen Privatarchitekten an, eine Einheitlichkeit der künstlerischen Anschauungen und formalen Ausprägung wie am Bauhaus, wurde jedoch von keiner anderen Architekturschule angestrebt oder erreicht. Die berühmten Architekturlehrer der Zeit, wie Theodor Fischer, Hans Poelzig, Paul Bonatz, Fritz Schumacher, Heinrich Tessenow und Paul Schmitthenner waren überwiegend bei den Berufungen für alle großen Hochschulen im Gespräch, was heißt, daß die Hochschulen keine bestimmte Stilrichtung innerhalb dieses Spektrums favorisierten. So hatten Theodor Fischer und Paul Bonatz einen Ruf an die TH Berlin erhalten, Schumacher einen nach Stuttgart und für die Neubesetzung eines Entwurfs-Lehrstuhls an der TH Berlin waren sowohl Tessenow und Mies van der Rohe als auch German Bestelmeyer in der engeren Auswahl.

Der um 1900 berühmteste Architekturlehrer, Theodor Fischer, unterrichtete von 1901-1908 an der Stuttgarter Technischen Hochschule als Professor für Bauentwürfe einschließlich Städteanlage und gilt als geistiger Vater der überwiegend traditionell orientierten Stuttgarter Schule. 1909 kehrte er nach München zurück, wo er bis 1938 als Professor für Baukunst an der Technischen Hochschule lehrte. Zum Zeitpunkt seiner Berufung nach Stuttgart war Fischer bereits ein berühmter Architekt, der mit dem Bau mehrerer Schulen, der evangelischen Erlöserkirche und der Prinzregentenbrücke in München als behutsamer Reformer hervorgetreten war. Seit 1893 hatte er als Vorstand des Münchener Stadterweiterungsbüros eine umfangreiche städtebauliche Planungstätigkeit ausgeübt. Seine Zielrichtung galt dem Bauen aus einem Verständnis für die örtliche Geschichte, also aus der regionalen Bautradition und den städtebaulichen Zusammenhängen heraus.[2] Auch wenn Fischers Werk und seine Ansichten über das Bauen weitgehend der konservativen Richtung zuzurechnen sind, war er aus seiner Erfahrung als bauender Architekt heraus, einer der ersten fortschrittlichen Reformer der Unterrichtsstruktur in der Architektenausbildung.

Das wurde auch von dem Fischer-Schüler Bruno Taut 1919 in einem Artikel mit dem Titel „Zuviel Gerede vom Architektur-Unterricht" anerkannt, in dem er die Ansicht vertrat, daß „die Flut der Schriften über Reform der Hoch- und Kunstgewerbeschulen ins Ungemessene" anschwelle.[3] Dabei habe gerade Theodor Fischer schon 1918 unter dem Titel „Für die deutsche Baukunst" Vorschläge für eine einschneidende Unterrichtsreform veröffentlicht.[4] Fischer wies in seinem Artikel vor allem darauf hin, daß die Unterrichtsanstalten des Kunstgewerbes sich bereits mitten in der auch für die Architektenausbildung anzustrebenden Entwicklung zu einer größeren Praxisbezogenheit befänden, indem sie durch die Einrichtung von Schulwerkstätten „vom Phantom zur Arbeit", also zu konkreten Projekten, gelangt seien. Neue Maßstäbe hatte in dieser Hinsicht vor allem die Arbeit von Hermann Muthesius gesetzt, der ab 1903 im Landesgewerbeamt Berlin als Referent für die preußischen Kunstgewerbeschulen arbeitete. In dieser Funktion reformierte er nach englischem Vorbild mehr als

2 Vgl. Nerdinger, Winfried: Theodor Fischer. Architekt und Städtebauer 1862-1938, Berlin 1988.

3 Taut, Bruno: Zuviel Gerede vom Architektur-Unterricht, in: Die Bauwelt 10, 1919, H. 32, S.9.

4 Fischer, Theodor: Für die deutsche Baukunst, in: Der Baumeister, 16, 1918, Beilage Jan./Feb., S. B 3 ff, 13 f, 21, 27.

5 Vgl. Moeller, Gisela: Peter Behrens in Düsseldorf. Die Jahre von 1903 bis 1907, Weinheim 1991 und Lukaszewicz, Piotr: Die Breslauer Akademie für Kunst und Kunstgewerbe unter dem Direktorat Hans Poelzigs, in: Hrsg.: Ilkosz, Jerzy und Störtkuhl, Beate: Hans Poelzig in Breslau. Architektur und Kunst 1900-1916, Delmenhorst 2000; S. 33 ff.

Abb. 2: Hans Poelzig

6 Fischer, Theodor: Für die deutsche Baukunst, in: cto., S. B 5

7 Fischer, Theodor: Für die deutsche Baukunst, in: dto., S. B 5

drei Dutzend staatliche Kunstgewerbe- und Handwerkerschulen, mit dem Ziel den Unterricht vermehrt auf eine Zusammenarbeit mit der Industrie auszurichten, um die Konkurrenzsituation der deutschen Produkte auf dem Weltmarkt zu verbessern. Zum Reformprogramm gehörte die Einrichtung von Versuchs- und Lehrwerkstätten ab 1904, die Ausrichtung der Entwurfsarbeit auf ganze Inneneinrichtungen anstelle einzelner Objekte und die Verbindung von künstlerischer und

technischer Ausbildung sowie die Förderung einer Entwurfsarbeit, die anstelle von oberflächlicher Ornamentierung die Objekte aus dem Material und der Funktion heraus entwickelte. Beispielhaft für den Erfolg der angestrebten Reformen wurden die Kunstgewerbeschulen in Düsseldorf unter dem Direktorat von Peter Behrens 1903 bis 1907 und in Breslau unter der Leitung Hans Poelzigs von 1903-1916.[5] An beiden Schulen gab es auch Architekturklasse, die in Breslau von Poelzig selbst, in Düsseldorf von Johannes Lauweriks unterrichtet wurde.

Eine ähnliche Verlebendigung des Unterrichts durch größere Praxisnähe wie an den Kunstgewerbeschulen strebte Theodor Fischer für die Architektenausbildung an der Hochschule an. Deshalb wandte er sich gegen den langen, rein theoretischen Vorunterricht, gegen das Nachzeichnen historischer Formen, gegen einen Gebäudeentwurf ohne Rücksicht auf die Umgebung und gegen die Verpflichtung auf einen bestimmten Baustil. Er war der Überzeugung, daß das „schulmässige Entwerfen eine falsche Einrichtung ist".[6] Statt dem Nachzeichnen historischer Formen verlangte Fischer eine Bauaufnahme vorbildlicher Denkmäler, da es sich „um das räumliche Erleben der Formen handle" und die Entwicklung der Konstruktionslehre am Beispiel des bürgerlichen Wohnhauses: „Heute ist man wesentlich bescheidener in der Wahl der Programme geworden, Lagepläne werden zugrunde gelegt mit gehöriger Rücksichtnahme auf Himmelsrichtung, Höhenlage und Nachbargebäude. So weit die Zeit reicht, werden Werkpläne mit konstruktiven Einzelheiten gezeichnet. Vereinzelt ist zuletzt der Versuch gemacht worden, die Entwerfenden zu einer Gruppe von 5 oder 6 büromässig zusammenzufassen, die dann einen bescheidenen Entwurf bis zu baureifen Plänen in allen Einzelheiten förderte."[7] Fischers Forderungen gipfeln in einer Rückkehr von der Wissenschaft zum Handwerk, eine Forderung, die sich in mehr schlagwortartiger, aufrüttelnder Form auch im Bauhausprogramm von 1919 wiederfindet: „Architekten, Bildhauer, Maler, wir alle müssen zum Handwerk zurück!" Parallel zur Einrichtung von produzierenden Werkstätten im Bereich der Kunstgewerbeschulen, war Fischer der Ansicht, daß es für die Architekturlehrer an den Hochschulen Aufträge geben müsse, nicht Professorengehälter, daß Studenten in für das Hauptstudium eingerichteten Werkstätten als Gehilfen arbeiten können sollten und daß Prüfungen zu Gunsten einer Bewährung in den Lehrwerkstätten, bei einer Bauführung oder eines gewonnenen Wettbewerbs abzuschaffen seien. In diesem Sinne ist bei Fischer auch die Forderung nach einer Rückkehr zum Handwerk zu verstehen. An die Stelle der theoretischen Aneignung historischer Formen sollte die lebendige Tradition der Baukunst aus der Kenntnis des Handwerks, der Baustoffe und ihrer konstruktiven Möglichkeiten bestehen: „Das Ziel aber ist eine Rückkehr, eine Heimkehr – Kunstunterricht heisst doch wohl einmal die Überlieferung des Könnens von einer Generation auf die andere, also die Tradition und zum zweiten die Aufschliessung des jungen Talentes zu eigener schöpferischer Tätigkeit. Eine Tradition, die wie die unseres historisch gerichteten eklektischen Zeitalters sich aus der ganzen Entwicklung der Menschheit zusammensetzen will, ist tot und tödlich; sie ist wissenschaftlich, während die gute und lebendige Tradition der Baukunst notwendig handwerklich sein muss, wie das im Mittelalter und in der Barock- und Zopfzeit der Fall war. Da anzuknüpfen, heisst also zurückkeh-

ren, heimkehren aus akademischer Abstraktion zu werktätiger wirklicher Arbeit, aus der Schule in die Werkstätte."[8]

Nachdem Theodor Fischer 1907 seine Professur in Stuttgart aufgegeben hatte, wurde Paul Bonatz sein Nachfolger. Bonatz, ein Mitarbeiter aus dem Münchener Stadterweiterungsbüro, war Fischer im Januar 1902 als Assistent nach Stuttgart gefolgt. Von 1907 bis 1943 war er, der als der eigentliche Begründer der Stuttgarter Schule angesehen wird, an der Hochschule als Professor und Leiter der Architekturabteilung tätig. Es ist bekannt, daß sich Bonatz nach einer Periode „bedingungsloser Hingabe im Bannkreis des Meisters" ab spätestens 1941 radikal gegen Fischer und seine Lehrmethode wandte und ihm im Jargon des Nationalsozialismus mangelnde Führungsqualitäten auf dem Gebiet der „Baukultur" vorwarf.[9] Für den Zeitraum bis 1933 aber gilt, daß Bonatz gerade von dem von Fischer eingeschlagenen Weg profitierte und die Architekturabteilung der Stuttgarter TH in den 1920er Jahren nur so zur bedeutendsten und strukturell modernsten Ausbildungsstätte Deutschlands machen konnte.

Als Bonatz an der Stuttgarter Technischen Hochschule die Übungen in Entwerfen und Städtebau von Theodor Fischer übernahm, blieb er der von seinem Lehrer eingeführten Lehrmethode treu. Statt dem Anfertigen von sterilen Idealplanungen wurde das Entwerfen an konkreten, oft auch aktuellen Beispielen geübt. Angaben zur Lage eines Gebäudes, Ermittlung der Benutzerfunktionen, baupolizeiliche Vorschriften und Sicherheitsvorkehrungen wurden in die Aufgabenstellung miteinbezogen. Vor allem aber sah Bonatz seine Aufgabe im Unterricht in der gemeinsamen Erarbeitung von Entwurfsmöglichkeiten, nicht in der Vermittlung einer fertigen, vom Lehrer idealtypisch ausgefeilten Lösung. Seine Aussagen zur Lehre erinnern streckenweise deutlich an ähnliche Formulierungen von Theodor Fischer: „In den Übungen in Entwerfen und Städtebau gab es nicht die Gefahr, müde und uninteressiert zu werden, wie wenige Jahre vorher bei den Vorlesungen. Es gibt ein einfaches Mittel, wach zu bleiben, das heißt: keine Wiederholungen, immer wieder neue Probleme, deren Lösungen der Lehrer selbst noch nicht weiß. Er stellt sich beim Suchen mit dem Studierenden in eine Reihe und das spornt an. Man muß zurückhaltend sein bei der Korrektur, unauffällig lenken, um dem Jungen seine Schöpferfreude nicht zu nehmen, also helfen und wenn irgend möglich auf den Weg eingehen, den der Studierende gehen möchte, also nicht vergewaltigen. Bei den Mittelmäßigen geht das nicht immer; da ist eine handgreiflichere Führung nötig. Beim Unterricht in Entwerfen handelt es sich nicht um die Übermittlung eines Wissens, sondern um das Wecken eines Könnens, das nur durch eigene Versuche, Versuche unter Anleitung erworben werden kann."[10]

Paul Bonatz wurde vor allem durch seine Großbauten, den Stuttgarter Bahnhof ab 1911, das Stummhaus in Düsseldorf 1922-24 und die Neckarstaustufen ab 1926 berühmt.

8 Fischer, Theodor: Für die deutsche Baukunst, in: dto., S. B 13

9 Vgl. Schickel, Gabriele: Theodor Fischer als Lehrer der Avantgarde, in: Hrsg.: Lampugnani, Vittorio Magnago und Schneider, Romana: Moderne Architektur in Deutschland 1900 bis 1950. Reform und Tradition, Stuttgart 1992, S. 55 ff.

Abb. 3: Paul Schmitthenner

10 Bonatz, Paul: Leben und Bauen, Stuttgart 1950, S. 57.

Diese Projekte zeigen untereinander und im Vergleich zu seinen Wohnbauten deutliche Unterschiede in der architektonischen Haltung und in der Formgebung. Besonders der Stuttgarter Bahnhof, ein Massivbau aus Muschelkalkbossen mit einer akzentuierenden Abwägung repräsentativer Baumassen und die Neckarstaustufen, die je nach ihrer Lage in der Landschaft aus Beton, Ziegelmauerwerk oder Muschelkalksteingemäuer hergestellt waren, boten Bonatz die Gelegenheit auch stilistisch eine Hierarchie der Bauaufgaben zu entwickeln. Bei den Neckarstaustufen war für Bonatz das Verlockende, „dem Notwendigen seinen klaren Ausdruck zu geben. ... Kompromisse im Sinne der Anlehnung an herkömmlich Ländliches wären bei einer so durchaus modern technischen Anlage peinlich gewesen." [11] Seit seiner Ägyptenreise 1913 war er nach eigenen Aussagen davon überzeugt, daß man jedes Problem auf seine einfachsten Elemente zurückführen müsse: „Nur damit konnte man der Krankheit der Zeit Herr werden, daß man an alle Aufgaben mit vorgefaßten Formvorstellungen heranging, daß die gewollten Formen, also der „Formalismus" vor den Erkundungen über die Notwendigkeiten lag. Erst wenn es gelingt durch viele Nebelschalen zum Kern vorzudringen, der immer sehr einfach und klar ist – und wenn man sich dann beherrscht –, dann erst kann man das Bleibende sagen, das nicht mehr vom Formalen abhängig ist – man möchte beinahe sagen: es ablehnt." [12] Diese Freiheit gegenüber einer bestimmten Formensprache zugunsten des Erfassens und Herausarbeitens der jeweiligen spezifischen Aufgabe galt auch für den Unterricht. In den Schülerarbeiten, die unter Bonatz' Leitung entstanden, finden sich „konservative" Planungen mit Steildach ebenso, wie moderne, kubische Entwürfe mit Flachdach und Fensterbändern. [13]

In den folgenden Jahren konnte Bonatz durch die Berufung verschiedener Fachkollegen die Architekturabteilung in Stuttgart weiter ausbauen, u.a. mit Heinz Wetzel als Lehrer für Städtebau und Hugo Keuerleber, der für den Unterricht in Baustoffkunde, Ausbau der Gebäude und technische Neuerungen zuständig war. Bezeichnend für den Architekturunterricht in Stuttgart war die freie Lehrerwahl der Studenten, wobei keiner der Lehrer ein Spezialgebiet vertrat. Es wurde vor allem darauf geachtet, daß jeder Studierende Bauaufgaben aus den verschiedenen Gebieten, Wohnhaus mit Garten, öffentliche Gebäude, Industriebauten, Kirchen usw. bearbeitete. Als besonders prägend galt in Stuttgart jedoch die Ausbildung der unteren Semester in den Grundelementen der Baukunst durch Paul Schmitthenner, der ab 1918 an der Hochschule tätig war.

Paul Schmitthenner, ehemaliger Mitarbeiter von Richard Riemerschmid, war der zweite Stuttgarter Lehrer mit Vorbildcharakter für die Studenten. Beim Streit um die Weißenhofsiedlung 1927 trat er als entschiedener, stark nationalistisch orientierter Gegner des Neuen Bauens auf. Die Entscheidung, die Weißenhofsiedlung als Selbstdarstellung des Neuen Bauens zu errichten, hatte ihn von seinem Selbstverständnis und von seinen Ansichten über Architektur her als unannehmbare Brüskierung getroffen. War sein Thema als Lehrer und als Architekt doch, wie er 1932 in dem Buch „Das Deutsche Wohnhaus" ausführte, das Wohnhaus in seiner auf den jeweiligen Ort bezogenen „bodenständigen" Form, also in Fachwerkbau oder Massivbau, mit Steildach und den in die Wand eingeschnittenen Fenstern. [14] Zu seinen innerhalb eines einfachen Rechtecks entwickelten Grundrissen bildete er regional unterschiedliche Fassadentypen in Wechselwirkung zu Baustoff und Konstruktion heraus. Dieses Entwerfen aufgrund einfacher Typen, deren Gestaltung in Konkordanz zur Konstruktion gesehen wurde, vermittelte Schmitthenner auch seinen Stuttgarter Schülern. Es darf vermutet werden, daß in der ideologischen genauso wie in der architektonischen Eindeutigkeit Schmitthenners, in der scheinbar festen Orientierung, die er in einer Zeit der Umbrüche bot, der Grund dafür lag, daß er von den Studenten geradezu als Idol verehrt wurde. Bis heute verbindet sich der Begriff Stuttgarter Schule deshalb fast noch mehr mit der Lehre Schmitthenners als mit den übrigen Lehrern. So ist auch von Martin Kremmer überliefert, daß ihn Schmitthenner nach Stuttgart gewiesen habe. (....)

Einem Vorschlag Theodor Fischers folgend wurden in Stuttgart und München noch vor dem Ersten Weltkrieg Praktika eingeführt, fünf Monate vor dem Studium auf dem Bauplatz und zwölf Monate zwischen dem 2. und 3. Studienjahr in einem Architekturbüro, um

11 Bonatz, Paul: Leben und Bauen, dto., S. 129 f.

12 Bonatz, Paul: Leben und Bauen, dto., S. 64.

13 Vgl. Hrsg. Graubner, Gerhard: Paul Bonatz und seine Schüler, Stuttgart-Gerlingen 1931 und: Die Architektur-Schule Stuttgart, in: Wasmuths Monatshefte für Baukunst und Städtebau 12, 1928, S. 473-520.

14 Schmitthenner, Paul: Baugestaltung. Erste Folge. Das Deutsche Wohnhaus, Stuttgart 1932.

eine „baumeisterlich sachliche Einstellung"[15] bei den Studenten zu fördern. Eine weitere Neuerung mit der Stuttgart in der Architektenausbildung wegweisend wurde, war die Einbeziehung der Industriebauweise in den Unterricht und schon 1913 in die Prüfungsordnung, wahlweise zum ländlichen Bauwesen. Die Konkurrenzsituation zwischen Ingenieuren und Architekten hatte eine Standortbestimmung für die Architekten dringend nötig gemacht. Von allen Bauwerken, die jährlich errichtet wurden, waren fast die Hälfte Nutzbauten für Handel, Gewerbe und Industrie, die jedoch zum größten Teil ohne die Mitwirkung von ausgebildeten Architekten, meist nach den Entwürfen von Ingenieuren entstanden. Einerseits hatten sich die Architekten das Industriebauwesen von den Ingenieuren als Aufgabengebiet aus der Hand nehmen lassen, andererseits entdeckten führende Architekten wie Behrens, Poelzig oder Walter Gropius den Industriebau, eine formal voraussetzungslose Aufgabe, als Chance für einen neuen Entwurfsprozeß und neue Architekturformen, die aus dem Bauorganismus heraus entstehen sollten. An den Hochschulen aber begnügte man sich nach wie vor mit dem Unterricht im traditionellen ländlichen Bauwesen. Auch in Stuttgart, wo Bonatz schon von Anfang an mit der Verwendung und Besprechung moderner Zweckbauten und der Beratung durch einen Ingenieur neue Wege ging, wurden die industriellen Bauweisen als eigenes Diplomfach erst 1926 etabliert. Der Ingenieur Maier-Leibnitz lehrte ab diesem Jahr Baustoffeigenschaften, rationellste Bearbeitungsmöglichkeiten, Montierungs- und Schalungsverfahren, Statik, Konstruktion und Gestaltung.[16]

Die Stuttgarter Lehrerkonstellation mit Bonatz und Schmitthenner erinnert unmittelbar an die beiden herausragenden Architekturprofessoren der Technischen Hochschule in Berlin, Hans Poelzig und Heinrich Tessenow, den Bonatz als Architekten im übrigen noch höher einschätzte als Schmitthenner. Hans Poelzig lehrte seit 1923 in Berlin, die Berufung von Tessenow erfolgte 1926 auf Betreiben der Studenten. Die Einrichtung der beiden Meisterklassen wurde von den Studierenden als Erlösung vom Formlehrunterricht angesehen, weil nun endlich auch an der Berliner Hochschule das zu bauende Haus im Mittelpunkt der Ausbildung stand: „Ihre Wirkung war ungeheuer, war ein einziges, hoffnungsvolles

15 Wie wird an der Technischen Hochschule Stuttgart gearbeitet? Paul Bonatz und seine Schüler, in: Die Bauzeitung, 41, 1931, H. 24, S.234.

16 Prof. Dr.-Ing. Maier-Leibnitz: Die Ausbildung der Architekturstudierenden in den industriellen Bauweisen. Eine bedeutsame Neuerung der Technischen Hochschule Stuttgart, in: Die Bauzeitung 39, 1929, H. 50, S. 511 f.

Abb. 4: Aufgabenstellung aus dem Unterricht von Friedrich Seesselberg

17 Posener, Julius: Zur Reform des Hochschulstudiums, Offener Brief an Herrn Geheimrat Seesselberg, in: Die Baugilde 1, 1931, S. 26, Anmerkung 5.

‚Endlich'."17 Anders als in Stuttgart gab es jedoch in Berlin kein kollegiales Verhältnis zwischen den Vertretern der unterschiedlichen Richtungen: „Wer immer unter den Studenten Neues lernen wollte, ging zu einem der beiden Professoren, wobei sich bald eine Gruppe Poelzig und eine Gruppe Tessenow hervortat, die voneinander nichts wissen wollten."18 Hans Poelzig, früher Leiter der Kunstgewerbeschule in Breslau und anschließend Stadtbaurat in Dresden, hatte durch viele Bauten, wie den Wasserturm in Posen (vgl. S.96, Abb. 10), das Geschäftshaus an der Junkernstraße in Breslau, die Chemische Fabrik in Luban (vgl. S.96, Abb. 9), alle von 1911 und das Große Schauspielhaus in Berlin von 1918/19 sowie durch zahlreiche Wettbewerbsentwürfe und kühne expressive Zeichnungen einen großen Bekanntheitsgrad erreicht. Er galt als der unabhängigste und schöpferischste zeitgenössische Architekt. Sein Bemühen ging nach seinen Worten darum, als gestaltender Künstler nicht vom „geraden Weg des Ausdrucks" abzuweichen, den er aus der Kenntnis der Tradition, aus dem Handwerk und – das ist typisch für Poelzig – aus der künstlerisch-charakterlichen Eignung eines Architekten entstehen sah. Seine elitäre Auffassung vom Bauen beruhte auf dem Primat der Architektur über die anderen Künste und auf der Ausdrucksqualität der symbolischen Form, die seiner Ansicht nach nur von „Berufenen" und „nicht von jedem ganz Ungeeigneten mit einiger Arbeit" geschaffen werden kann.19 Als Lehrer sah Poelzig deshalb seine Aufgabe darin, das Kopieren nicht nur der historischen, sondern auch der modernen Stilformen zugunsten eigenschöpferischer Formerfindungen zu unterbinden. Nicht einmal seine eigenen

Abb. 5: Wohnhaus von Schmitthenner

18 Posener, Julius: Bemerkungen zur Berliner Schule, in: Aufsätze und Vorträge, Braunschweig 1981, S. 381 f.

19 Poelzig, Hans: Werkbundrede, Stuttgart 1919, in: Hrsg. Posener, Julius: Hans Poelzig. Gesammelte Schriften und Werke, Berlin 1970, S.119.

Bauten ließ er als Unterrichtsbeispiele gelten. Nach der Aussage von Julius Posener schaltete er sich, solange er Lehrer war, als Architekt völlig aus.[20] Sein sogenannter Arbeitsunterricht bestand vorrangig im Anfertigen von kurzen Skizzieraufgaben aus möglichst verschiedenen Gebieten. Bei großen Entwürfen überließ er den Studierenden die Wahl der Aufgabe, die jeder allein und selbständig bearbeitete.

Im Gegensatz zu Poelzig lehnte Tessenow, der 1920-26 Leiter der Architekturschule der Kunstakademie in Dresden gewesen war, jedes Künstlertum ab und versuchte ähnlich wie Schmitthenner in Stuttgart, einfache Grundlagen für eine zweckmäßige Planung zu vermitteln. Seine Arbeitsweise, die er selbst als reine Sachlichkeit bezeichnete, gründete auf einer Vereinheitlichung der Grundrisse und des Baukörpers, die er aber nicht als neuen Stil ansah, sondern als Ergebnis seines Bemühens um das „Einfach-Niedrig-Praktische" als Grundlage allen Bauens. Diese bescheidene und pragmatische Haltung scheint Tessenow auch persönlich vermittelt zu haben, wie aus einem Bericht Rudolf Wolters über das Erlebnis eines Vortrags von Tessenow hervorgeht: „Mich hatte dieser Vortrag mit nie gekannter Gewalt gepackt. Zum ersten Male war ich mir bewußt, daß mir ein Großer entgegengetreten war, von dem ich mich unmittelbar angesprochen fühlte. Hier war ein bescheidener, stiller Prediger am Werk, der uns mehr gab, als die berühmten Redner, die vor ihm zu Worte gekommen waren. Dies war kein Erfinder wie Peter Behrens, kein Revolutionär wie Gropius, kein Ästhet wie Mies van der Rohe, kein überschäumender Phantast wie Poelzig – dies war der Philosoph unter den Architekten."[21] Tessenow war ursprünglich Mitglied der Architektenvereinigung „Der Ring", die das Neue Bauen propagierte. Nach dem Streit um Weißenhofsiedlung distanzierte er sich 1928 allerdings, ohne jedoch die Gegenvereinigung des „Block" um Bonatz, Schmitthenner, Bestelmeyer und Schultze-Naumburg zu unterstützen. Sein Hauptwerk, das Festspielhaus in Hellerau von 1910-12 aber auch der Umbau von Schinkels Neuer Wache in Berlin zu einem Ehrenmal für die Gefallenen des 1. Weltkriegs zeichnet sich durch einen völlig schmucklosen, fast spröden Neoklassizismus aus. Sein Hauptarbeitsgebiet, zu dem schon 1909 das Buch „Der Wohnhausbau" vorlag, war, wie das von Schmitthenner, der Wohnbau. Im Unterricht stellte Tessenow für alle Seminarteilnehmer eine einzige Aufgabe, die dann in gemeinsamer Arbeit erledigt wurde. Auf diese Weise bildete sich ähnlich wie bei Schmitthenner in Stuttgart eine Anhängerschaft heraus, die als Tessenow-Schule von sich reden machte: „Sprechen wir einstweilen von der ‚klassischen' Meisterklasse, der von Tessenow, die so bewußt Schule ist, wie keine andere: Ob es wirklich ein so großer Schaden war, daß hier eine Anzahl von Studenten während zweier Jahre einem Lehrer blindlings gefolgt ist,

[20] Posener, Julius: Zur Reform des Hochschulstudiums, dto., S. 27, Anmerkung 8

[21] Wolters, R.: Lebensabschnitte I, unveröff. Manuskript, Coesfeld o.J., S. 68, Archiv W. Durth (AD), zitiert nach: Durth, Werner: Deutsche Architekten. Biographische Verflechtungen 1900-1970, München 1992, S. 75.

Abb. 6: Ein Wohnhaus von Heinrich Tessenow

wird sich erst übersehen lassen, wenn diese Generation am Bauen ist. Einstweilen stellen wir fest: Alle Tessenow-Schüler beherrschen mühelos das Kleinhaus, die Villa, den Fest- und den Verwaltungsbau, ferner eine sehr anmutige Darstellungsmanier. Allen ist ein durchaus säuberliches, ästhetisches Können mitgegeben worden. Damit läßt sich schon etwas machen."²² Ähnlich wie in Stuttgart, wurde auch in Berlin von den Studenten eine feste Orientierung an persönlich und beruflich beeindruckenden Lehrern ge-

22) Posener, Julius: Zur Reform des Hochschulstudiums, dto., S. 27.

Abb. 7: Heinrich Tessenow, Festspielhaus in Hellerau, 1910-12

23) Vgl. Durth, Werner: Deutsche Architekten, dto., Kap. Schulen und Lehrer, S. 57 ff.

24) Posener, Julius: Zur Reform des Hochschulstudiums, dto., S. 27.

25) Durth, Werner: Deutsche Architekten, dto.

sucht.²³ Beispielhaft formulierte der junge Julius Posener diesen Wunsch nach einem Halt in einem offenen Brief an den Berliner Architekturprofessor Seesselberg: „Sie werden die Jugend nicht auf ihrer Seite sehen, Herr Geheimrat, wenn sie sie zur Selbständigkeit gegen die ‚großen Männer' aufrufen. Ein junger Mann ist immer noch lieber an einem ‚Großen' zugrunde gegangen, als daß er sich dazu verstanden hätte, unter freundlicher Leitung ‚sich selbst zu suchen'."²⁴

Dennoch war es gerade ein Kennzeichen des Unterrichts sowohl von Theodor Fischer, wie von Bonatz und Poelzig, daß sie anders als Schmitthenner und Tessenow keine Schule bildeten, in dem Sinne, daß Studentenentwürfe wie Kopien von Werken ihrer Lehrer aussahen. Stuttgarter Schule bedeutete also einerseits, was den Lehrer Paul Bonatz anging, eher eine bestimmte Art der architektonischen Problemlösung und die Vermittlung eines breiten formalen Spektrums meist aus dem Verständnis einer Hierarchie der Bauaufgaben, andererseits das schulmäßig biedere, fleißig erlernbare Entwerfen bei Schmitthenner. Der Erfolg der Stuttgarter Schule im Dritten Reich wurde von der Politik entschieden, die „biographischen Verflechtungen" und den persönlichen Anteil der nunmehr aufsteigenden Architekten von Schmitthenner bis zum Tessenow-Schüler Speer sowie der Opfer wie Poelzig und Tessenow hat Werner Durth eindrücklich beschrieben.²⁵

Andrea Mesecke

Industrialisierung und Industriearchitektur im 19. Jahrhundert: Herausforderung und Prüfstein des modernen Architekten

Die Abspaltung des Ingenieurwesens von der Architektur infolge von Aufklärung und Industrialisation ließ den traditionellen Architektenberuf im 19. Jahrhundert in seine schwerste Krise geraten, während der Ingenieur seine größten Triumphe feierte. Am Ende eines langwierigen Selbstfindungsprozesses war der Architekt schließlich ein völlig anderer. Um sein Aufgabenfeld nicht dem Techniker überlassen zu müssen und in dem Bestreben, dem geistig-kulturellen Auftrag der Architektur unter veränderten Bedingungen auch in Zukunft gerecht werden zu können, näherte er sich der wissenschaftlich-industriellen Ausbildung des Ingenieurs an. Ein erster Sieg zu Beginn des 20. Jahrhunderts – ironischerweise im Bereich der Fabrikarchitektur, einer Domaine des Ingenieurs – stattete die Architekten mit neuem Selbstbewußtsein und mit der Gewissheit aus, das Ingenieurwesen wieder unter ihren Führungsanspruch subsumieren zu können.

Unter dem Eindruck der inzwischen nahezu vollständig technisierten Welt wird aus heutiger Sicht das Versäumnis der Architekten während des 19. Jahrhunderts weniger streng beurteilt als während der Krise selbst und in den Jahrzehnten danach. Denn auch die Bauingenieure entzogen sich ihrer gesellschaftlichen Verantwortung, als „das Bauen mit Eisen und Glas in den Hochbau drängte und gewohnte ästhetische Vorstellungen beiseite schob". Anstatt sich die Frage nach der ästhetischen Qualität zu stellen, richteten sie ihr Interesse ausschließlich „auf ihre eigenen Fähigkeiten und Möglichkeiten im Umgang mit den neuen Werkstoffen."[1]

Die Notwendigkeit, ihre Verantwortung als künstlerische Gestalter unserer Umwelt überdenken zu müssen, beruhte auf der Auffassung einzelner Architekten, Architektur habe im kommunikativen Sinne kulturelle Identität und Dynamik einer Gesellschaft zur Anschauung zu bringen und dürfe nicht in normativer Ästhetik erstarren. Dieser Forderung entgegengesetzt gilt das delirante Stilwirrwarr in der zweiten Hälfte des 19. Jahrhunderts als Symptom einer Flucht in den Konservatismus und Ausdruck einer tiefen Spaltung von Wissenschaft, Technik und Gesellschaft. Auch das Maschinenzeitalter wurde keineswegs nur von Fortschrittsoptimismus begleitet, sondern stieß zunehmend auf Sorge, Widerstand und Ratlosigkeit. Die Suche nach einer neuen, zweckmäßigen Formensprache mit neuer Syntax, die durch Vermittlung zwischen vergangenen und gegenwärtigen, geistigen und materiellen Werten den neuen, bis dahin nie dagewesenen Bauaufgaben gerecht würde, kam nur langsam voran, bevor sie endlich in der Erfindung der modernen Formensprache in den 1920er Jahren gipfelte. Erst jetzt vermochten Architekten sich auf neue Technologien und Materialien einzulassen, diese als formbildend zu akzeptieren und mit ihnen zu experimentieren.

Die Industriearchitektur, ursprünglich nicht zum Aufgabenfeld des Architekten gehörend, beansprucht eine Schlüsselfunktion in dem Konflikt zwischen Ingenieur und Architekt während des 19. Jahrhunderts. Sie zwang die Architekten zur Abkehr von der überhöhten idealistischen Symbolhaftigkeit traditioneller Baukunst und zur Auseinandersetzung mit Material und Konstruktion. Paradoxerweise blieb in dieser Situation das gesellschaftliche Ansehen der Bauingenieure lange Zeit dem der Architekten unterlegen – obwohl die bedeutenden Veränderungen in der Architektur durch überragende Leistungen im Ingenieurbau vorbereitet

1 Jesberg, Paulgerd: Die Geschichte der Ingenieurbaukunst aus dem Geist des Humanismus, Stuttgart 1996, S. 146.

2 Lindner, Werner (Hrsg.): Die Ingenieurbauten in ihrer guten Gestaltung, Berlin 1923, S. 7.

3 Pfammatter, Ulrich: Die Erfindung des modernen Architeken. Ursprung und Entwicklung seiner wissenschaftlich-industriellen Ausbildung, Basel/Boston/Berlin 1997, S. 17.

wurden. Eisengerüste symbolisierten zwar den technischen Fortschritt, wurden aber im baukünstlerischen Sinne als häßlich empfunden und weitgehend abgelehnt. Die erforderliche Zusammenarbeit von Ingenieur und Architekt im repräsentativen Hochbau brachte nur dem Architekten Ruhm, der eifrig darum bemüht war, das Werk des Ingenieurs zu verstecken. Die Berechtigung traditionalistischer Baukunst geriet dadurch jedoch ins Kreuzfeuer der Kritik. Ein Jahrzehnt vor der Jahrhundertwende war endlich allen Beteiligten klar, daß der Architektenberuf ohne wissenschaftlich-industrielle Grundlagen ausgedient hatte. Erst jetzt begann sich das Ausbildungssystem umfassend zu wandeln. Erklärtes Ziel war, „daß die Erkenntnisse von der Möglichkeit und Notwendigkeit unumstößlicher und unentbehrlicher Grundlagen für gutes Gestalten, ohne die auch der Schöpfer der Ingenieurbauten nicht auskommt, allmählich Allgemeingut"[2] würde.

Ihren Ursprung hat die moderne Industriearchitektur zweifelsohne im Mutterland der Industriellen Revolution. Hier, in Großbritannien, konnte der Werkstoff Eisen infolge bahnbrechender naturwissenschaftlicher Erfindungen als Gußeisen, Schmiedeeisen und Stahl frühzeitig zum neuartigen Baumaterial für Bauaufgaben, die bis dahin ohne Vorbild waren, avancieren. Nicht alle diese Bauaufgaben betrafen die industrielle Produktion selbst, ihnen gemeinsam war aber der unmittelbare Zusammenhang mit der Industrialisierung und dem Entstehen der bürgerlichen Gesellschaft, da sogenannte Nutzbauten für Herstellung, Transport und Verteilung von Massengütern zunehmend neue Anforderungen an die Architekten stellten. Eisen wurde – wie 100 Jahre später der Beton – zunächst konventionell verbaut, bevor es zu neuen Konstruktionsmethoden und neuem architektonischen Ausdruck anregte. Das erste vollständig aus Eisen bestehende Bauwerk, die Brücke über den Severn bei Coalbrookdale (Shropshire) nach einem Entwurf des Architekten Thomas F. Pritchard, datiert aus den Jahren 1775-79 und versetzte die Welt mit der beispiellosen Spannweite von 30 m in Erstaunen (Abb. 1).

Die Wiege des modernen Architekten findet sich kurioserweise nicht in Großbritannien, sondern in Frankreich, wo, wenngleich mit zeitlicher Verzögerung, ebenfalls eine Forscherelite von Weltrang die Industrialisierung durch naturwissenschaftliche Erfindungen vorantrieb. Das Berufsbild von Ingenieur und Architekt war bis dahin nicht eindeutig definiert, geschweige denn klar voneinander unterschieden. Eine Spaltung deutete sich jedoch schon Jahrzehnte vor dem Einsetzen der Industriellen Revolution an, als 1747 in Paris die École des Ponts et Chaussées zur Ausbildung im Brücken- und Straßenbau ins Leben gerufen wurde. Fernerhin ermutigte das aufklärerische Klima des 18. Jahrhunderts französische Architekten zunehmend, sich gegen die französische Bautradition aufzulehnen.

Von entscheidender Bedeutung für die zukünftige Orientierung von Ingenieuren und Architekten war indes die Gründung der ersten Polytechnischen Schule in der französischen Hauptstadt im Winter 1794/95. Man bezeichnet diese Schule, die eine einheitliche wissenschaftliche Vorbereitung für verschiedene weiterführende Technische Hochschulen anbot, gerne als „Kind der Revolution",

Abb. 1 Ironbridge, Coalbrookdale

denn der Plan ihrer Gründer war, mit Hilfe gut ausgebildeter Ingenieure, Architekten und Offiziere, den „organisatorischen und infrastrukturellen Aufbau des neuen Staates [zu] gewährleisten."[3] Mit einer Fülle neuer Aufgaben war damit zugleich der Grundstein für ein neues Selbstverständnis des Berufsstandes der Architekten gelegt, der sich von da an vor allem freischaffend in einem merkantilen Wirtschaftssystem bewegte.

Mit der École Polytechnique sollte die Wissenschaft in den Dienst der Gesellschaft gestellt werden. Sie war Vorbild zahlreicher Gründungen in ganz Europa, unter anderem der Berliner Bauakademie (1798) und der Polytechnischen Schulen in Wien (1815) und Karlsruhe (1825). Insbesondere die Unterrichtslehre des Architekten Jean-Nicolas-Louis Durand in den Jahren 1795 bis 1830 am Pariser Polytechnikum leistete einen entscheidenden Beitrag zur europäischen Architekturentwicklung. Durand beschritt mit wirtschaftlichem Denken und durch Systematisierung des Entwurfs den Weg zum modernen Funktionalismus und lieferte eine wesentliche Grundlage für die technisch-wissenschaftliche Ausbildung von Architekten und Hochbauingenieuren. Architektur galt nun nicht mehr wie Malerei und Bildhauerei als eine Kunst, die gefallen solle, sondern als eine Wissenschaft mit dem wesentlichen Ziel, solide und geräumig zu bauen (Jean-Baptiste Rondelet, 1802).

In der Praxis wurden die Absolventen der École Polytechnique, sofern nicht mit konventionell zu lösenden Bauvorhaben betraut, lange Zeit auf das Aufgabenfeld der „niederen" Zweckarchitektur beschränkt (Abb. 2). Jene Entwicklung, die den Weg in Richtung Rationalisierung des Herstellungsprozesses im Entwurfs- und Ausführungsverfahren wies und letztlich über die Zweck- und Industriearchitektur hinaus zum Wohnhaus und zum industrialisierten Bauen im 20. Jahrhundert führte, spielte sich somit im Schatten der „hohen" Baukunst ab. Diese brachte infolge mangelnder Auseinandersetzung mit modernen Methoden und Technologien jenen berüchtigten Eklektizismus hervor, der die dekorative Hülle des Architekten mehr oder weniger hilflos mit dem technischen Gerüst des Ingenieurs verband bzw. dieses zu verbergen suchte.[4]

Denn der größte Widerstand gegen die Suche nach einer neuen Formensprache, die Materialbeschaffenheit und konstruktive Überlegungen mit einbezog, kam von der reformierten École des Beaux-Arts in Paris, die seit Gründung der Architekturklasse im Jahre 1819 in Nachfolge der Académie Royale d'Architecture für die traditionelle Architektenausbildung zuständig war. Macht und internationaler Einfluß der École des Beaux-Arts erwiesen sich für die Dauer des gesamten 19. Jahrhunderts als unerschütterlich. Ihr starres Festhalten an idealistischen Prinzipien französischer Bautradition machte sie zum Auslöser heftiger Kontroversen auf der einen und zur treibenden Kraft bei der Spaltung von Architekten und Ingenieuren auf der anderen Seite.[5]

4 Vgl. Brix, Michael und Steinhauser, Monika (Hrsg.): „Geschichte allein ist zeitgemäß". Historismus in Deutschland, Gießen 1978, sowie Fritz, Hans-Joachim: Zur Entleerung der klassischen Formensprache. Eine ideengeschichtliche Skizze, in: Daidalos, 30, 1988, S. 79-87.

5 Vgl. Hautecoeur, Louis: Histoire de l'Architecture Classique en France, Bd. VI: La Restauration et le Gouvernement de Juillet 1815-1848, Paris 1955, S. 332ff. Drexler, Arthur (Hrsg.): The Architecture of the Ecole des Beaux-Arts, London/New York 1977. Middleton, Robin (Hrsg.): The Beaux-Arts an Nineteenth-Century French Architecture, London 1982.

Abb. 2 Londoner King´s Cross Station von Lewis Cubitt

6 Vgl. Foucart, Bruno: Henri Labrouste et ses contemporains, in: Monuments historiques de la France, XXI/6, 1975, S. 6-9. Raith, Frank-Bertolt: „Der Mechanismus der Erfindung". Die Struktur der modernen Architektur seit 1800, in: Architectura. Zeitschrift für Geschichte der Baukunst, 29, 1/1999, S. 101-119.

7 Szambien, Werner: Néo-Classicisme et Rationalisme, in: Monuments historiques, 108, 1980, S. 63-67, S. 67. Vgl. auch ders.: Die Standardisierung der architektonischen Kompositionsverfahren bei J.N.L. Durand, in: Daidalos, 35, 1990, S. 42-45, und Oechslin, Werner: Monotonie von Blondel bis Durand. Reduktion einer architektonischen Aesthetik?, in: Werk-Archithese, 1, 1977, S. 29-33.

8 Vgl. Colquhoum, Alan: Zwischen Architektur und Philosophie. Rationalismus 1750-1970, in: Kleihues, Josef Paul (Hrsg.): Das Abenteuer der Ideen. Architektur und Philosophie seit der Industriellen Revolution (Internationale Bauausstellung Berlin 1987), Berlin 1984, S.247-272.

9 Vgl. Schild, Erich: Zwischen Glaspalast und Palais des Illusions. Form und Konstruktion im 19. Jahrhundert, 2. Aufl. Braunschweig/Wiesbaden 1983 (Bauwelt Fundamente 20). Brockman, H.A.N.: The British Architect in Industry 1840-1940, London 1974.

Neue Impulse kamen nicht von der École des Beaux-Arts, sondern aus den Reihen einzelner streitbarer Persönlichkeiten. Die Auflehnung einer avantgardistischen Studentengruppe um Henri Labrouste löste im zweiten Viertel des 19. Jahrhunderts die bekannte akademische Krise aus, die erst 30 Jahre später nach E. E. Viollet-le-Ducs vergeblichem Versuch, den Unterricht zu erneuern, zugunsten der Konservativen entschieden wurde. Immerhin hinterließ der erbitterte Kampf einige architekturhistorisch bedeutende Spuren, die von den Architekten des 20. Jahrhunderts dankbar aufgenommen wurden (Abb. 3).[6]

Gleichwohl lieferte Frankreich über den Rationalismus den wichtigsten theoretischen Beitrag zur Avantgarde-Architektur des 20. Jahrhunderts, wenn auch die Auffassungen von seiner Auslegung überaus gegensätzlich sein konnten – jeweils abhängig von der idealistisch-klassizistischen oder der materialistisch-gotizistischen Grundposition und zusätzlich determiniert durch das unterschiedliche Technik- und Funktionsverständnis. Der um 1800 von Durand für die klassizistische Architektur entwickelte rationalistische Schematismus erinnert aus heutiger Sicht an das Rationalisierungsverständnis eines Henry Ford, das im 20. Jahrhundert zur bekannten Entfremdung durch Abstraktion in fast allen Lebensbereichen führte und seinen äquivalenten Ausdruck in der amerikanischen Fabrikarchitektur Albert Kahns fand. Die Moderne konnte sich insofern auf Durand berufen, als dieser mit seiner Tendenz „zu konzeptualisieren, zu regularisieren, zu standardisieren, zu sytemmatisieren und zu rationalisieren"[7] tatsächlich den Prototyp des konstruktiven Rasters vorlegte und die Ästhetik der modularen Ordnung vorbereitete. Demgegenüber lieferte der technologisch-mechanische Rationalismus der Neugotiker einen positivistischen Beitrag, der durch Strukturanalyse zu einer materialbezogenen Ästhetik anregte (Abb. 4). Die Moderne des 20. Jahrhunderts läßt sich demnach auf zwei Wurzeln zurückführen: auf eine abstrakte und auf eine konstruktive, repräsentiert durch die Antipoden Ludwig Mies van der Rohe und Le Corbusier.[8]

Die Situation in England, bis Mitte des 19. Jahrhunderts unangefochtener Vorreiter im Industriebau,[9] war gegenüber Frankreich pragmatischer und vergleichsweise unakademisch, wenngleich man über die dort verbreiteten architekturtheoretischen Positionen bestens

Abb. 3 Bibliothèque Nationale in Paris von Henri Labrouste

informiert war. Auch herrschte trotz Gründung der Institution of Civil Engineers 1818 in London hinsichtlich der Aufgabenverteilung ein gänzlich anderes Selbstverständnis als auf dem Kontinent. Oftmals waren Autodidakten am Werk. Ingenieure bauten Wohnhäuser, Architekten bauten Brücken. Man experimentierte mit den neuen Materialien und arbeitete eng mit den Erfindern neuer Verfahrensweisen zusammen. Die rasche Ausbreitung des Eisenbahnverkehrs ab 1830 machte mit den entsprechenden Baumaßnahmen jedoch auch in England eine größere Spezialisierung der Ingenieure erforderlich und deren Abspaltung von den Architekten unabwendbar. Der Ruf nach gleicher Ausbildung für Architekten und Ingenieure am Londoner University College wurde zwar immer lauter, die historisierende Haltung der Architektur vergrößerte aber die Kluft zwischen den Berufszweigen ab 1850 unaufhaltsam und brachte zugleich den inneren Widerspruch zum Ausdruck, in den die Industriegesellschaft durch Mechanisierung und kapitalistische Ausbeutungspraxis geraten war.

Für die architektonische Erneuerung im 20. Jahrhundert war die baukünstlerische Entwicklung während der zweiten Hälfte des 19. Jahrhunderts bis um 1890 nahezu irrelevant. Entscheidend wirkte nur noch der wissenschaftliche Fortschritt mit Blick auf die Behandlung statischer und die Festigkeit betreffende Probleme, der es ermöglichte, schwierige und umfangreiche konstruktive Bauaufgaben ökonomisch zu bewältigen. Ästhetische bzw. formale Konsequenzen wurden daraus nicht gezogen. Im Gegenteil erfuhr selbst der reine Nutzbau eine dekorative Historisierung, die dem emanzipierten Industriebürgertum zur Selbstdarstellung diente und ihn unter funktionalistischen Gesichtspunkten von der Industriearchitektur des Frühkapitalismus weit abrückte. Diese allerdings war nicht auf der Basis architekturtheoretischer Positionen entstanden. Vielmehr war Eisen im ersten Drittel des 19. Jahrhunderts ein teures Material gewesen, das nur in sparsamen Mengen eingesetzt werden konnte. Das verstärkte den unternehmerischen Druck, die einzelnen Bauglieder und Tragwerke mit Hilfe statischer Berechnungen möglichst wirtschaftlich einzusetzen. Ökonomie wurde zum „hauptsächlichsten Kennzeichen des neuen Industriebaues, und Statik, Festigkeitslehre, Baustoffkunde hatten der Erreichung dieses Zieles zu dienen."[10] Da in der Industriearchitektur die Kraftübertragung durch Transmissionen eine vertikale Anordnung der Arbeitsräume erforderte, waren Geschoßbauten üblich.[11]

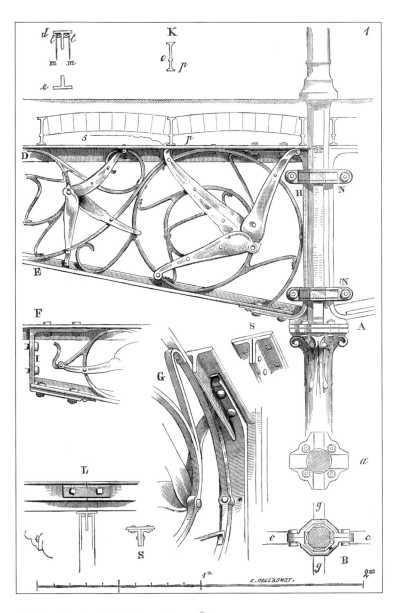

Abb. 4 Violett-le-Duc, Entretiens sur l'architecture, 1872

Herkömmliche Baumaterialien hielten den hohen Deckenlasten nicht stand und wurden unter Beibehaltung tragender Außenmauern zuerst in Großbritannien durch ein inneres Skelett aus gußeisernen Säulen und Eisenträgern ersetzt. Das neue Konstruktionssystem gab sich nach außen als einfache Kastenform zu erkennen, der die Produktionsabläufe angepaßt werden mußten.

Den entscheidenden Anstoß zu dieser Entwicklung im Industriebau gab der Unternehmer, Romanschriftsteller und Amateurerfinder Charles Bage aus Shrewsbury. 1796/97 errichtete er mit der Marshall, Benyon & Bage's Leinenspinnerei in Ditherington den ersten Geschoßbau auf tragenden Außenmauern mit einem innerem Eisenskelett (Abb. 5). Dieses bestand aus gußeisernen Kreuzstützen und Eisenbalken, deren Zwischenräume von flachen Backsteingewölben überspannt wurden.

Das neue System fand in Großbritannien sofort Verbreitung, wobei die Stützen bald als Hohlzylinder ausgebildet und zum Teil als Zentralheizung genutzt wurden. Ausländische Besucher, darunter der preußische Architekt Karl Friedrich Schinkel, der seine Reise nach England zum Studium von Museumsbauten und industriell gefertigten Gebrauchsgütern 1826 angetreten hatte, waren „zutiefst erschrocken" angesichts dieser gigantischen, schnörkellosen Industriebauten, deren zweckmäßiger Ästhektik sich jedoch niemand verschließen konnte (Abb. 6).[12] Funktionalismus hatte von nun an ein Gesicht und wurde zunehmend zum wichtigsten Ideal der modernen Architektur.

Rund 70 Jahre nach seiner Einführung erlaubte das innere Eisenskelett in Frankreich eine neue strukturelle Anwendung, die erstmalig auf tragende Mauern verzichten ließ. Das früheste bekannte, konsequente Beispiel eines Geschoßbaus in vollständiger Skelettbauweise war das Warenlager an den St. Ouen Docks in Paris von ca. 1864-65 nach Entwürfen des Ingenieurs Hippolyte Fontaine.[13] Es folgte die seinerzeit bereits häufig abgebildete Schokoladenfabrik Menier des Architekten und Absolventen der École Polytechnique Jules Saulnier in Noisiel-sur-Marne aus den Jahren 1871-72. Ein weiteres Jahrzehnt später entstanden die ersten Hochhäuser in Chicago, an denen das konfliktträchtige Aufeinandertreffen von neuartiger Bauaufgabe (Hochhaus, Bürohaus), ästhetischer Konvention (École des Beaux-Arts) und Wirtschaftlichkeit (Stahlskelett) in der Ausführung deutlich zutage tritt.

Auch Saulniers Schokoladenfabrik, die in enger Zusammenarbeit mit dem Ingenieur und Metallbauunternehmer Armand Moisant entstand, greift trotz Rationalität im

Abb. 5 Marshall, Benyon & Bage's Leinenspinnerei, Ditherington

10 Straub, Hans: Die Geschichte der Bauingenieurkunst. Ein Überblick von der Antike bis in die Neuzeit, Basel/Stuttgart 1975, S. 229.

11 Zur Typenbildung vgl. Sturm, Hermann: Fabrikarchitektur - Villa - Arbeitersiedlung, München 1977, S. 81ff.

12 Vgl. Ricken, Herbert: Der Architekt. Geschichte eines Berufs, Berlin (Ost) 1977, S. 100ff.

13 Pevsner, Nikolaus: A History of Building Types, Princeton University Press, Princeton/N.J. 1976, S. 215, Anm. 14.

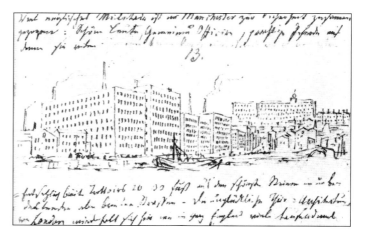

Abb. 6 Mühlen in Manchester, Karl Friedrich Schinkel, 1826

Entwurf und Effizienz in der Ausführung auf traditionelle Wahrnehmungsweisen zurück. Die mit Hohlziegeln ausgefachte eiserne Rahmenkonstruktion tritt außen als rautenförmiges Muster in Erscheinung und erinnert an mittelalterliches Holzfachwerk (Abb. 7). Auch zeigt sich die Fassade, trotz des zugrundeliegenden Rastersystems, mit hervorgehobener Mittelachse und betonten Eckfeldern geschlossen. Die Außenwände sind zwar vollkommen flächig angelegt und entbehren jeglicher Verblendung mittels konventioneller Gliederungselemente wie Gesims und Pilaster. Ihre dekorative Keramikverkleidung im maurischen Stil lassen aber auf den zeittypischen Funktionszusammenhang zwischen Bauaufgabe (Schokoladenfabrik) und historistischem Architekturstil schließen. Daß die flächig-ornamentalen Baustile islamischen Ursprungs weniger strukturbetont sind als die tradierten abendländischen Baustile, mag bei der modernen Lösungsfindung förderlich oder zumindest nicht hinderlich gewirkt haben. So scheint die von Gottfried Semper geforderte raumabschließende Textilwand, mit der auf die freie Fassadengestaltung der „Vorhangfassade" nach 1900 verwiesen wird, „ihre formal unanfechtbare Ausbildung" in Noisiel-sur-Marne gefunden zu haben.[14]

Von gänzlich anderer Bedeutung für die Entwicklung der modernen Architektur und des modernen Architekten war die Errichtung des sogenannten Kristallpalastes anläßlich der ersten Weltausstellung 1851 im Londoner Hyde Park (Abb. 8). Der als temporärer Ausstellungspalast etwas ambivalent der repräsentativen Zweckarchitektur zuzuordnende Bau markiert den Beginn des industrialisierten Bauens.[15] Seine Bauteile wurden in Serie gefertigt und in der Rekordzeit von sechs Monaten an Ort und Stelle montiert. Als System aus gußeisernen Säulen mit waagerechtem Eisengitterwerk und vollständiger Verglasung vermochte der Kristallpalast (in dem auch Holzsäulen verbaut wurden) darüber hinaus

aufgrund nie dagewesener Dimensionen eine vollkommen neue Beziehung zwischen technischen Mitteln und Zweckbestimmung zur Anschauung zu bringen. Sir Joseph Paxton, der geniale Erfinder, hatte als Gartenbaufachmann zuvor bereits mehrere große Gewächshäuser erbaut.

Voraussetzungen für den spektakulären Entwurf waren genaueste Studien von Produktionsmethoden und Material, die Paxton zu der raffinierten Entwicklung von Details und einem einzigartigen Montageverfahren befähigten. Er sah „das Problem nicht

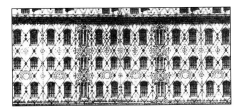

darin, dieses oder jenes Gebäude zu planen, sondern ihn interessierte nur das Prinzip der Methode, der Konstruktion und ihre universelle Anwendungsmöglichkeit."[16]

Die Akzeptanz des Kristallpalastes in der breiten Bevölkerung war überwältigend, obwohl den Besuchern beim „Anblick dieses ersten nicht in festem Mauerwerk errichteten Gebäudes ... alsbald klar wurde, daß die Regeln, nach denen man bisher die Architektur beurteilt hatte, ihre Gültigkeit verloren hatten". Die Beschreibung des zeitgenössischen Beobachters verdeutlicht, daß es vor allem die unüberschaubaren Dimensionen im Verhältnis zur Kleinteiligkeit unendlich sich wiederholender Details waren, die zur Bezuglosigkeit führten und den Eindruck eines irrealen Raumes entstehen ließen. „Wir sehen ein feines Netzwerk symmetrischer Linien, aber ohne irgendeinen Anhalt, um

14 Onsell, Max: Ausdruck und Wirklichkeit. Versuch über den Historismus in der Baukunst, Braunschweig/Wiesbaden 1981 (Bauwelt Fundamente 57), S. 73. Vgl. auch Giedion, Sigfried: Raum, Zeit, Architektur. Die Entstehung einer neuen Tradition, Basel/Boston/Berlin 1996 (5. unveränd. Nachdr.), S. 151–152, und Pfammatter [Anm. 3], S. 179–182.

15 Vgl. u.a. Werner, Ernst: Der Kristallpalast zu London 1851, Düsseldorf 1970. Friemert, Chup: Die Gläserne Arche. Kristallpalast London 1851 und 1854, München 1984.

16 Wachsmann, Konrad: Wendepunkt im Bauen, Wiesbaden 1959, S. 14.

Abb. 7 Schokoladenfabrik Menier, Noisiel-sur-Marne, von Jules Saulnier und Armand Moisant

Abb. 8 Kristallpalast, Joseph Paxton, 1851

17 Lothar Bucher, 1851, zit. von: Beutler, Christian (Hrsg.): Weltausstellungen im 19. Jahrhundert, Katalog zur Ausstellung in der Neuen Sammlung, Staatliches Museum für angewandte Kunst München, München 1973, S. 2-3.

18 Alle zit. von: Giedion (Anm. 14), S. 158-159. Vgl. auch Collins, Peter: Changing Ideals in Modern Architecture 1750-1950, McGill-Queen's University Press, Kingston/Montreal 1967, Kap. 17, und Pevsner, Nikolaus: Some Architectural Writers of the Nineteenth Century, Oxford 1972.

Abb. 9 Weltausstellung Paris, 1878, Haupteingang von Leopold Hardy

Abb. 10 Weltausstellung Paris, 1889, Galerie des Machines von Charles Dutert und Victor Contamin

ein Urteil über die Entfernung desselben von dem Auge und über die wirkliche Größe seiner Maschen zu gewinnen. Die Seitenwände stehen zu weit ab, um sie mit demselben Blick erfassen zu können, und anstatt über eine gegenüberstehende Wand streift das Auge an einer unendlichen Perspektive hinauf, deren Ende in einem blauen Duft verschwimmt." [17] Transparenz oder „Entmaterialisierung" im modernen Sinne der Durchdringung von Innen und Außen konnte angesichts einer solchen Raumbeschaffenheit allerdings kaum wahrgenommen werden.

Man sollte meinen, der Kristallpalast markiere nicht nur den Anfangspunkt des industrialisierten Bauens – er wurde nach Ausstellungsende demontiert und an anderer Stelle wieder aufgebaut –, sondern auch einen Wendepunkt in der Baukunst der Architekten. Indes gab es auf den folgenden Weltausstellungen zwar etliche Nachahmungen (Abb. 9/10), technische Errungenschaften wurden aber zugunsten eklektizistischer Ornamentierung zunehmend vernachlässigt. Konsequenzen für repräsentative Bauaufgaben wurden nicht gezogen. Es blieb bei den resignierten Äußerungen einzelner Architekten und Kritiker, der Eklektizismus ersticke die moderne Architektur (César Daly, 1867) und der Ingenieur beginne, den Architekten zu ersetzen, „ohne daß damit die Kunst zugleich ausgerottet wäre" (Anatole de Baudot, 1889). Erst nach einem ganzen Jahrhundert

der Konfrontation mit der Ingenieurbaukunst führte die Erkenntnis, „daß der Ingenieur eine Regeneration der Architektur und nicht ihre Zerstörung herbeiführen würde", endlich zu dem versöhnlichen Zugeständnis, die „Künstler, die Schöpfer der neuen Architektur, sind die Ingenieure" (Henry van de Velde, 1899), und damit zur Akzeptanz der Ingenieurstechnik als integralen Bestandteil der Architektur.[18] In den Wohnhäusern Victor Hortas in Brüssel kommen in den 1890er Jahren zum ersten Mal Elemente der Industriearchitektur zum Einsatz (Abb. 11). Das Eisenskelett revolutioniert die Grundrisse und ermöglicht in der Formensprache des Art Nouveau die Loslösung von der historischen

Abb. 13 Wohnhaus in der Rue Franklin, Paris, Auguste Perret, 1903-04

19 Loos, Adolf: Ornament und Verbrechen, in: Conrads, Ulrich (Hrsg.): Programme und Manifeste zur Architektur des 20. Jahrhunderts, Gütersloh/Berlin/München 1964, (Bauwelt Fundamente Band 1).

Stilarchitektur. Nur zehn Jahre später, 1903/04, gelingt Auguste Perret in Paris ein weiteres Meisterstück. Er errichtet das erste Wohnhaus in Beton, das die Möglichkeiten des Rahmenwerks für Grundriß und äußere Erscheinung eindrucksvoll zur Geltung bringt.

Wenn auch in Wahrheit ein Sachzwang über die ästhetische Gestaltungsfreiheit herrschte, der aus dem Streben der Industrie nach Wirtschaftlichkeit resultierte und dazu veranlaßte, „nach dem Prinzip der Logik und dem vernünftigen Sein der Dinge" und „nach den genauen notwendigen und natürlichen Gesetzen des dazu verwendeten Materials zu arbeiten" (van de Velde), so entsprach dies doch dem Credo der entstehenden Demokratie und Massengesellschaft und schloß weitgehend auch einen moralischen (sozialistischen) Aspekt mit ein, wie beispielsweise im Fall von Hendrik Petrus Berlage und Adolf Loos. „Ornament ist vergeudete Arbeitskraft", erklärte letzterer programmatisch, „und dadurch vergeudete Gesundheit. So war es immer. Heute bedeutet es aber auch vergeudetes Material, und beides bedeutet vergeudetes Kapital." [19]

Mit den Avantgarde-Architekten des experimentellen Jugendstils bildete sich um 1900 in Europa die Vätergeneration derjenigen Architekten heraus, die in der Moderne der 1920er Jahre die tiefe Kluft zwischen Architekt und Ingenieur überbrücken sollten. Der nahezu reibungslos verlaufende Generationenwechsel wird auf beeindruckende Weise von zwei Schlüsselbauten der Moderne in Deutschland dokumentiert. Fabrikbauten, an denen sich Architekten und Ingenieure ein Jahrhundert lang gerieben hatten, liefern im 20. Jahrhundert den Beweis der wiederhergestellten gestalterischen Kompetenz des Architekten: die Turbinenhalle von Peter Behrens und Karl Bernhard (Ingenieur) für die AEG in Berlin (1908/09) und die Schuhleistenfabrik, genannt Fagus-Werke, von Walter Gropius und Adolf Meyer in Alfeld/Leine (1910/11).

Karin Wilhelm

Behrens und Gropius: Industriebaudiskussion und Moderne

Morgenröte der Moderne

„Der nächtliche Himmel zeigt neben den glanzvollen Wundern der Gestirne mattschimmernde Nebelstellen, – entweder alte, erstorbene, im All zerstobene Systeme, oder erst um einen Kern sich gestaltender Weltdunst, oder ein Zustand zwischen Zerstörung und Neugestaltung."[1] Mit dieser Beschreibung vom Werden und Vergehen, in der die Dialektik der Geschichte im Bild eines dynamischen Universums zusammenfällt, eröffnete Gottfried Semper sein auf drei Bände angelegtes Werk „Der Stil in den technischen und tektonischen Künsten oder praktische Ästhetik". Sempers groß angelegter Systemwurf zur Entstehung der Baukunst ist nur teilweise realisiert worden: der erste Band erschien 1860, der zweite 1863 und der dritte, der sich explizit mit der Darstellung der Architektur beschäftigen sollte, blieb ungeschrieben und ist uns fragmentarisch überliefert. Immerhin vermitteln diese ersten Sätze seiner Prolegomena das Bewußtsein für eine grundlegende Veränderung der europäischen Kultur, die Semper als Krisis ansprach und die sich ihm als Verfallsprozeß der handwerklichen Künste darstellte.

Auch der Industriebau wurde in der Geschichte der Architektur des 20. Jahrhunderts vielfach als Teil eines solchen Naturereignisses aufgefaßt, denn einem herannahenden Kometen gleich erschien diese Bauaufgabe am dunklen Firmament der Industriellen Revolution, um von einer kommenden, unbekannten Epoche zu künden. Erst schimmernd und nur von wenigen Eingeweihten wahrgenommen, dann von vielen mit Skepsis und Furcht beobachtet, um schließlich als Symbol der Geburt einer neuen Erdenzeit betrachtet zu werden, zog der Industriebau kurzzeitig die kulturkritischen Blicke auf sich. Gleichermaßen als Synonym des modernen Kunstverfalls in der Architektur wie auch als Zeichen einer fortschrittsorientierten Welt voller Harmonie und Reichtum lesbar, eröffnete die ästhetische Debatte um diese Bauaufgabe eine Vorstellungswelt, die die Moderne gleichsam in der Verschmelzung des „eisernen" mit dem „goldenen Zeitalter" als ein der Erlösung zugewandtes Zeitalter entwarf. Der Industriebau, wie er von Architekten wie Peter Behrens, Hermann Muthesius oder Hans Poelzig im kulturellen Milieu Berlins entwickelt wurde, avancierte daher um 1910 zum künstlerischen Paradigma für das Gelingen einer modernen Kultur des Kapitalismus. Auch deshalb setzte diese Bauaufgabe im frühen 20. Jahrhundert zentrale Maßstäbe für die allgemeine Entwicklung der modernen Architektur.

Dieser Prozeß vollzog sich auch in Deutschland in unmittelbarem Zusammenhang mit den Auswirkungen der Industrialisierung, wie sie in England zuerst und mit einiger Verzögerung auf dem europäischen Kontinent stattgefunden hatte. Folgt man der 1976 erschienenen ersten englischen Ausgabe von Nikolaus Pevsners „A History of Building Types"[2], so wird deutlich, in welchen Metamorphosen der Industriebau seine formale und typologische Eigenständigkeit ausbildete. Verfolgt man diese Entwicklung in die Zeit der manufakturellen Produktion des 18. Jahrhunderts zurück, so zeigt sich, daß die ersten Manufakturgebäude im bautypologischen Kontext der mehrgeschossigen Flügelanlagen der Palast- und Schloßarchitektur entstanden. Erst im Umfeld der städtischen Bebauung, d.h. mit dem Wachstum der Industriestadt des 19. Jahrhunderts und der voranschreitenden Komplexität der maschi-

[1] Gottfried Semper, Der Stil in den technischen und tektonischen Künsten oder Praktische Ästhetik, 2 Bde, Bd. 1 Die textile Kunst, München 1878, S. VII (Prolegomena).

[2] Nikolaus Pevsner, A History of Building Types, (Erstveröffentlichung 1976), dt.: Funktion und Form. Die Geschichte der Bauwerke des Westens, Hamburg 1998.

Abb. 1 AEG-Apparatefabrik, Berlin-Wedding um 1898

3 „In dem Zeitraum von 1890 bis 1914 verdreifachte sich das Bruttosozialprodukt Deutschlands ... Hinter diesen nüchternen Zahlen verbirgt sich ein gewaltiger Witschaftsaufschwung, der dem Phänomen des sogenannten „Wirtschaftswunders" nach 1945 nicht viel nachsteht ..." Wolfgang Mommsen, Friedrich Naumann Werke. Schriften zur Wirtschafts-und Gesellschaftspolitik, 3 Bde, Einleitung S. XXIII.

4 Henning Rogge, Fabrikwelt um die Jahrhundertwende am Beispiel der AEG Maschinenfabrik in Berlin Wedding, Köln 1983, S. 13. Die erste grundlegende Studie zur stadträumlichen Aneignung durch die AEG lieferte Tilmann Buddensieg, Peter Behrens und die AEG. Neue Dokumente zur Baugeschichte der Fabriken am Humboldthain, in: Festschrift für Margarete Kühn, Martin Sperlich, Helmut Börsch-Supan (Hrsg.), München/Berlin 1975, S. 271 ff. Tilmann Buddensieg hat zu Beginn der 70er Jahre das umfangreiche Photoarchiv der AEG aufgefunden; wir verdanken ihm seitdem die umfangreichen und grundlegenden biographischen Forschungen zu Peter Behrens und seinem Werk.

nellen Produktion, erhielt der Fabrikbau eine typologische Spezifik, die sich seit dem Ende des 19. Jahrhunderts zunehmend in großflächigen, technisch und hygienisch ausgereiften Produktionsstätten zu zeigen begann. Vor allem in der Verbindung mit administrativen Funktionseinheiten erhielt der Fabrikbau eine Dignität, die durch die entwerfende Hand des Architekten in Szene gesetzt wurde. Für den modernen Industriebau des 20. Jahrhunderts wurde daher eine Raumökonomie prägend, die im Verbund mit einer schmucklosen Formensprache der modernen Industriearchitektur jene strukturelle Klarheit und rationale Funktionalität verlieh, die ihr Signum geworden ist – jenseits des freien Spiels der Symbole zwischen historischer Applikation und Industrieallegorik.

Die Allgemeine Elekticitäts-Gesellschaft in Berlin

Die erste Phase in der Ausprägung des modernen Industriebaus des 20. Jahrhunderts basierte auf zwei wesentlichen Voraussetzungen: diese bestanden zum einen in den Konzernbildungen, wie sie später vorzugsweise in der Elektroindustrie zu beobachten waren, und zum anderen auf einer sprunghaft ansteigenden Prosperität der industriellen Produktion nach der Gründung des Deutschen Reiches, die in Berlin zu mehreren Wanderungsbewegungen der Industrie vor die ehemaligen Stadttore führte.[3] Im Zuge dieser allgemeinen Expansion hatte die Berliner Maschinenbauindustrie schon in den 1970er und 1980er Jahren des 19. Jahrhunderts das ehemalige industrielle Entwicklungsgebiet im Wedding verlassen, um auf billigem, erweiterungsfähigem und beliebig bebaubarem Terrain weit außerhalb der ehemaligen Stadtgrenzen neue und größere Fabrikationsanlagen zu errichten. Als die „Gelegenheits-Gesellschaft (Societe d´Etude)" zum Vertrieb der Edinsonschen Glühlampe 1882 durch Emil Rathenau in Berlin gegründet wurde, profitierte der kleine Betrieb von dieser industriellen Randwanderungsbewegung und residierte zunächst bescheiden im ehemaligen Maschinenbauer Viertel Berlins vor dem Oranienburger Tor in einem Hinterhof in der Schlegelstraße. Als der Unternehmer Emil Rathenau in diesen ehemaligen „eisernen Norden" Berlins vordrang, fand er daher eine „ungewöhnlich gute Verkehrserschließung dieses Stadtgebietes vor und genügend ungelernte Arbeitskräfte"[4], vor allem Frauen, die sich inzwischen in mehrgeschossigen Miethäusern rund um die Fabrikanlagen angesiedelt hatten. Glaubt man Rathenau, so hatte sich diese Miethausbebauung inzwischen angeschickt, aus dem ehemals rauchgeschwängerten Industrievorort eine schmauchende Wohnidylle zu machen. Denn was er 1888 bei der Übernahme von W. Weddings Maschinenbauanstalt in der Ackerstraße 76 vorgefunden hatte, beschrieb der Firmengründer rückblickend 1908: „Auf den weitläufigen Geländen entstanden neue Straßenzüge, an der Stelle lärmender Werkstätten erhoben sich Wohnhäuser und Mietskasernen, und wo aus hohen Schornsteinen dichter Qualm zu den Wolken emporgestiegen war, wirbelten dünne Rauchsäulen von den häuslichen Herden."[5] Wenn sich auch dieses Bild eines nahezu rauchlosen Wohngebietes durch die saubere Produktion der Elektroindustrie nicht wirklich verändern sollte, die Wohnidylle jedenfalls fand in nur wenigen Jahren ihr Ende. Bereits fünf Jahre nach ihrer Gründung war die Gelegenheits-Gesellschaft zur unabhängigen Allgemeinen Elektricitäts-Gesellschaft (AEG) herangereift, die sich nicht nur die Einführung der Edinsonbeleuchtung in Deutschland zur Aufgabe gemacht hatte, sondern nun daran ging, alle Lebensbereiche der Menschen mit elektrischen Geräten zu versorgen, die in eigenen Produktionsstätten entwickelt und hergestellt wurden. Dieses groß angelegte Elektrifizierungsprojekt erreichte schließlich den Stadtraum ebenso wie das Einzelhaus und umfaßte um 1910 bereits eine Produktpalette, die das Großkraftwerk wie das individuell nutzbare Haushaltsgerät bereit hielt.

Im Verlaufe dieser sprunghaften, erfolgreichen Betriebsentwicklung fraß sich die AEG nach und nach durch Abriß und Neubau in die bestehende Bebauung hinein, zunächst in das Areal um die Ackerstraße, kurze Zeit später in ein gleichfalls bebautes Gebiet am Humboldthain. Kurz vor der Jahrtausendwende begann die AEG für die Projektierung einzelner Gebäude renommierte Architekten zu verpflichten, die in Kooperation mit der hauseigenen Bauabteilung beauftragt wurden, die schmucklosen Ziegelgliederbauten mit ansprechenden Fassaden zu versehen, sobald sie aus den Höfen heraus in den öffentlichen, publikumsorientierten Stadtraum traten. Unter ihnen war der in Berlin hoch angesehene Geheime Baurat Franz

Abb. 2 AEG-Turbinenhalle, Berlin-Moabit, 1909

5 Emil Rathenau, Rede anläßlich seines 70. Geburtstages 12.12.1908, in: AEG-Zeitung. Festnummer 1908, S. 12.

Schwechten. Neben einigen Ziegelgebäuden entstand zur Jahrhundertwende die „Apparatefabrik" in der Ackerstraße, eine fünfgeschossige Anlage in Straßenrandbebauung mit Quergebäuden und Höfen, die erstmals eine repräsentative, mit einem dramatischen Bildprogramm geschmückte Schauseite hatte. Auf einem in kräftigem Blau gehaltenen Hintergrund tummelten sich auf 22 Relieffeldern feuerspeiende, geflügelte Fabelwesen neben aufgehenden Sonnen und mythischen Medusenhäuptern, denen statt der naturgewaltigen Schlangen nun Elektroblitze entsprangen, gaben im Wechsel mit den Darstellungen naturalistischer Sonnenblumen dieser roten Backsteinfassade einen Hauch von Luxuriosität. „Wo früher das einfache Werktor und niedrige Schuppen neben hohen Geschoßbauten und Schornsteinen unverhüllt den Bereich der Arbeit gezeigt hatten, war jetzt alles, die Fabrikationsräume ebenso wie der Verwaltungstrakt, hinter einer einheitlichen Schaufassade zusammengefaßt, die mit ihren historischen Formen die eigentliche Fabrikwelt nicht mehr erkennen ließ."[6] Nicht nur der anspruchslose, ungeschmückte Ziegelbau der Fabrik auch das einfache Werktor wurde 1896 durch ein von Schwechten im neogotischen Stil entworfenes, repräsentatives Werktor ersetzt. Dessen Tympana waren durch Goldgrundmosaiken aus dem Berliner Hause „Puhl und Wagner" geschmückt und zeigten das von Glühlampengirlanden umrahmte Firmensignet. Unzweideutig war in diesen Bauten das neu gewonnene Selbstbewußtsein der AEG zu erkennen, die zum öffentlichen Raum ein Zeichenrepertoire zwischen Industriemythologie und Productplacement arrangieren ließ, das die Identifikation der Fabrik und des Unternehmens mit dem maschinell erzeugten Product zugleich als Werbung nutzte. Noch war dieses Repräsentationsmodell an die mythische Symbolik unsichtbarer Energien oder an die Darstellung handgreiflicher, sichtbarer Produkte ikonisch gebunden, jedenfalls präsentierte sich die AEG in dieser Fabrikfassade als Produzentin von Warenmengen im Berliner Wedding. Wenngleich der bevorzugten Stilarchitektur Wilhelm II. und der mit ihr verbundenen Bildsymbolik bereits das Sterbeglöckchen läutete, allemal wegweisend war die Funktion, die dem Architekten hier zugewiesen worden war. Nicht die zweckmäßige Grundrißbildung und die Achtsamkeit auf die größtmögliche Ökonomie des Bauens war seine Aufgabe, vielmehr galt es eine Fassade zu entwerfen, oder anders, es galt ein Image zu kreieren, ein gebautes visuelles Modell der Wirtschaftsführung, das sich an eine Aufmerksamkeitskultur richtete, die auf dem freien Markt über die Prosperität eines Unternehmens mit zu entscheiden begonnen hatte.

In diesem Feld der öffentlichen Repräsentation hat der sogenannte künstlerische Industriebau der Moderne seine eigenwillige Ausprägung entwickeln können. Sie entstand in der Auseinandersetzung mit dem Stilrepertoire des wilhelminischen Historismus, dessen nationalromantische Rückschau durch eine architektonische Formensprache ersetzt wurde, die den neuen Universalismus industrieller Produktivität beschwor.

Peter Behrens und Karl Bernhard – ein Disput

Schon um 1900 hatte sich die AEG angeschickt, eines jener Großunternehmen des Hochkapitalismus zu werden, um einen Begriff Werner Sombarts zum Typus des Bourgeois aufzugreifen, das international agierte, in dem geforscht und entwickelt wurde und das in der Unternehmensstruktur jenes

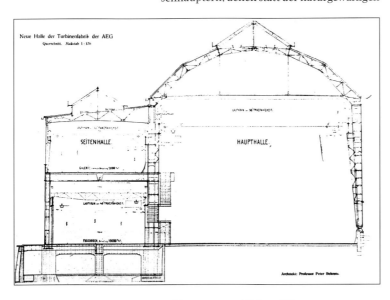

Abb. 3 AEG-Turbinenhalle „Konstruktionszeichnung im Querschnitt, Berlin-Moabit, 1909

6 Op.cit. Anm.: 4 (Rogge), S. 21.

7 Werner Sombart, Der Bourgeois. Zur Geistesgeschichte des modernen Wirtschaftsmenschen, Reinbek bei Hamburg 1988, S. 183.

Phänomen der „Versachlichung"⁷ ausprägte, mit dem nun ein neuer Unternehmenstypus entstand. Ein solcher Unternehmer war Emil Rathenau, den Harry Graf Kessler in der 1928 erschienen Biographie über dessen Sohn Walther eindringlich beschrieben hat: „Emil Rathenau hat die Massenproduktion in einem der wichtigsten modernen Industriezweige, der Elektrizitätswirtschaft, möglich gemacht, indem er Herstellung und Vertrieb von Grund auf rationell organisierte, er hat der Zusammenarbeit zwischen Banken und Industrie neue Wege gewiesen, indem er als erster die gemeinsame Beteiligung vieler Großbanken an dem Unternehmen der A.E.G. ... durchsetzte und dadurch das Musterbeispiel gab, wie große Kapitalmassen auch für andere rasch wachsende Industriezweige mobil gemacht werden könnten; und er hat schließlich durch die planmäßige Verschmelzung mit anderen Elektrizitätsunternehmungen durch die Hereinnahme fremder, aber verwandter Industriezweige, durch die Vereinigung vieler Unternehmungen zu einem Wirtschaftsganzen in seiner Hand und durch Interessensgemeinschaften mit großen ausländischen Gesellschaften ... dem Horizontaltrust die Bahn gebrochen."⁸

Diesem neu entstandenen Horizontaltrust hat ab 1907, in dem Jahr als in München der Deutsche Werkbund gegründet wurde, der Maler und ehemalige Direktor der Düsseldorfer Werkkunstschule Peter Behrens als Künstlerischer Beirat zu einem neuartigen Erscheinungsbild verholfen, das vom Luftbefeuchter bis zur Produktionshalle nahezu alle Produktsparten des Unternehmens umfaßte. Behrens, der zunächst als Designer und ab 1908 auch als Architekt die neu zu errichtenden Fabriken im Bereich des Humboldthains entwarf, war im Bereich des Industrial Design vor allem jedoch auf dem Gebiet des Bauens Autodidakt. Eine Erklärung für diesen einzigartigen Vorgang, durch die Anstellung eines Künstlers die Kunst in die Fabrikwelt zu integrieren, haben Tilmann Buddensieg und Henning Rogge in einer Äußerung Walther Rathenaus gefunden: „Bei der Schaffung der

8 Harry Graf Kessler, Walther Rathenau. Sein Leben und sein Werk, Berlin 1928 (Frankfurt a.M. 1988), S. 22.

Abb. 4 AEG-Kleinmotorenfabrik, 3. Bauabschnitt, Berlin-Wedding, 1910-13

9 Walther Rathenau, zit. nach: op. cit. Anm. 8.

Abb. 5 Kornsilo in Buenos-Aires, Ziegelrohbau

10 Friedrich Naumann hat in einem Artikel für diese neue „Funktionsgemeinschaft" zwischen dem Kaufmann, dem Abteilungsleiter, Arbeiter und Künstler einen neuen Begriff geprägt; er sprach vom „Verwaltungskörper". Friedrich Naumann, Kunst und Industrie, in: Kunstwart, Heft 3, November 1906, S. 126.

angewandten Elektrotechnik handelt es sich um die Entstehung eines großen Teils aller modernen Lebensverhältnisse, die nicht vom Konsumenten ausging, sondern vom Produzenten organisiert und gewissermaßen aufgezwungen werden mußte."⁹ Dies geschah in enger Zusammenarbeit mit anderen Spezialisten, dem Betriebsingenieur, der die ökonomisch-funktionale Grundrißdisposition zu entwickeln hatte, und dem Ingenieur, der die bautechnischen Voraussetzungen zu bearbeiten hatte.¹⁰ Behrens wurde also im Bereich des Industriebaus als ein Architekt tätig, dessen künstlerische Kompetenz im Rahmen eines Ausführungsteams gefragt war. Im Rahmen dieser umfangreichen Tätigkeit entstanden drei herausragende Fabrikbauten, die in einem Zeitraum von nur fünf Jahren entstanden.¹¹ Es handelt sich um die 1909 errichtete Montagehalle der AEG-Turbinenfabrik, die im Berliner Stadtteil Moabit gebaut wurde, sodann um die im Wedding errichtete Kleinmotorenfabrik zwischen 1910 und 1913 und schließlich um die Montagehalle für Großmaschinen aus dem Jahre 1912 in ihrer Nähe. Der Typus dieser Fabrikationsgebäude entsprang der jeweiligen Produktionslogik und aus den Anforderungen nach funktionaler Übersichtlichkeit. Die Einzelproduktion der Kleinmotoren oder Spulenwicklung, die in Reih und Glied Anordnung, eine Vorform der Fließbandproduktion, erfolgte, erforderte ein ausgedehntes Raumkontinuum, das in Stockwerken übereinander gelagert gut belichtet werden mußte, was über großflächige Fenster und glasgedeckte Dachkon-

struktionen, wie den Sheds, geschah. Die Herstellung großer Werkstücke, wie es die geradezu erhaben strahlenden Gehäuse für Drehstrommaschinen waren, erfolgte hingegen in hoch aufragenden, langgestreckten Hallenbauten.

Mit der Planung und Ausführung der Turbinenhalle trat erstmals im Fabrikbau ein Gestaltungsanspruch in Erscheinung, in dem das Verhältnis von konstruktiver Präzision und architektonischer Wirkung, also die Konkurrenz zwischen Ingenieur und Architekt neuerlich ausgehandelt wurde. Hatten die Ingenieure mit ihren beeindruckenden Eisenkonstruktionen der weit gespannten Brücken, der großen Produktions- und Ausstellungshallen die Architekten zunehmend aus dem Bereich der sogenannten

Gebrauchsarchitektur verdrängt, so ließ die Beauftragung eines Künstlers auf ein verändertes „Anspruchsniveau" (Martin Warnke) im Bereich des Industriebaus schließen. Schon die Beschäftigung Franz Schwechtens hatte deutlich werden lassen, daß die Kunstfertigkeit des „interesselosen Wohlgefallens" (Immanuel Kant), dem die Architekten in ihrer stilgerechten „Grammatik der Ornamente" (Owen Jones) Ausdruck zu verschaffen wußten, keineswegs nur als „faux frais" (Karl Marx), also als überflüssige Kosten zu Buche schlugen. Die Beauftragung Schwechtens hatte vielmehr gezeigt, daß die gestaltende Hand des Künstlerarchitekten durchaus erwünscht war, wenn es um die Belange der Repräsentation im öffentlichen Stadtraum ging, so daß die alte architekturtheoretische Frage nach der Angemessenheit der Darstellungsmodi wiederbelebt wurde. Eben diese Frage nach der „bienseance" kam in der Planung der Turbinenhalle neuerlich zum Tragen. An diesem Bau nämlich entspann sich ein richtungsweisender Disput zwischen dem Ingenieur Karl Bernhard, der an der Technischen Hochschule in Charlottenburg lehrte, und dem Künstlerischen Beirat der AEG Peter Behrens.

Die Halle zur Herstellung von Turbinen war ein Tragwerk aus 22 eisernen vollwandigen Bindern, die in der Außenfront sichtbar blieben und deren Gelenkpunkte Behrens in der unteren Zone dramatisch in Szene gesetzt hatte. Zwischen diese Binder waren großflächige, geneigte, modulare Fenstereinheiten gespannt, so daß der traditionelle Mauerwerkswand durch eine tragende Skelettstruktur und nicht tragende gläserne Füllelemente ersetzt worden war. Die den Straßenraum dominierende Stirnseite folgte in dem oberen Giebelfeld der gebrochenen Kontur des Dreigelenkbinders, das von zwei geböschten Betonpylonen als dessen mächtige Stützen getragen erschien. Von diesem Giebel war die großflächige Rahmenkonstruktion des Fensters lotrecht abgehängt worden. Unzweifelhaft hatten Ingenieur und Architekt, Bernhard und Behrens, dieses Produktionsgebäude aus dem konstruktiven Geist der Ingenieurbauten Frankreichs entwickelt, denn nicht der Ziegel und das Ziegelfachwerk, die gängigen Materialien der Berliner Fabrikbauten, sondern Eisen, Glas und Beton waren zur Anwendung gekommen. Jetzt fehlten auch die bekannten allegorischen Verweise und das Productplace-

11 Neben den hier betrachteten Fabrikbauten hat Behrens weitere Fabrikbauten und -umbauten für die AEG auf diesen Arealen betreut: u.a. die Kraftzentrale der Turbinenfabrik (1908/9); Erhöhung und Anbau der Turbinenfabrik (1913/14); Alte Fabrik für Bahnmaterial (1908); Hochspannungsfabrik (1909/10); Einfahrtstor zum Werksgelände (1912). Siehe dazu: Tilmann Buddensieg, Henning Rogge (Hrsg.), Industriekultur. Peter Behrens und die AEG 1907-1914, Berlin 1979, S. D 8 ff.

Abb. 6 Talsperre in Klingenberg, Sachsen, 1906/08

Abb. 7 Wettbewerbsentwurf für ein Messhaus in Hamburg, 1925

ment, sieht man einmal von dem Wabensignet und dem Schriftzug auf dem Giebelfeld der Halle ab. Die zu übermittelnde Botschaft, die Repräsentation der AEG war vielmehr direkt an die Gestaltung des Gebäudes und seine innovative Bauweise gekoppelt worden, die sich in der beeindruckenden Dimension der Konstruktion ebenso wie in der Demonstration der neuen technisch-leistungsstarken Materialien kundtat. Aber Behrens hatte dieses bautechnische Hochleistungsprodukt in ein architektonisches Gewand gehüllt, das weitergehende Analogien nicht nur zuließ, sondern geradezu aufdrängte. Mit den dominanten Eckpylonen war die Architektur der frühen Hochkulturen an die Spree gelangt, so daß in dieser motivischen Überlagerung dem Industriebau eine Dignität zugeschrieben wurde, die mit dem Ewigkeitswert der Archaik gleichgesetzt werden konnte. Gerade das Tempelgiebelmotiv verwies auf höhere Mächte und kulturell abgesicherte Werte, die mit dem Pathos des Heiligen und Unangreifbaren verbunden werden mußten. Dieser Ausdruck einer transzendenten Bedeutsamkeit verfiel der heftigen Kritik des Ingenieurs Bernhard, der dieses Anspruchsniveau als Illusionismus und Rückkehr zu einer unzeitgemäßen Baupraxis kritisierte. Denn tatsächlich trugen die Eckpylonen nichts und auch die Binder hätten in einer einfachen Stabkonstruktion genügend Tragfähigkeit besessen. Bernhard hat sich nach der Fertigstellung der Turbinenhalle wiederholt gegen architektonische Lösungen dieser Art ausgesprochen. Wenn er auch seinen Architektenkollegen nicht explizit nannte, so war doch klar, was er meinte, als er in einem Vortrag auf der Hauptversammlung des Vereins Deutscher Ingenieure 1912 die Dominanz des Ingenieurs in Gestaltungsfragen einforderte: „Deshalb muß die Kontrolle der Ingenieur selbst bewirken, wobei ihm nötigenfalls der Architekt beratend zur Seite stehen mag. In erster Linie gilt das von den Eisenbauten. Ihre Gestaltung und Linienführung, die Raumschließung, Dachgruppierung und die Wahl richtiger Verhältnisse bei der Baustoffverteilung im Querschnitt verlangen zugleich die Kenntnis der Statik sowie der technischen Gestaltungsmittel und die Betätigung des guten Geschmacks. Ist das geschehen, so bedarf es auch keiner architektonischen Umhüllung der Konstruktionsteile, soweit sie den Gesetzen der Natur widerspricht, also keiner Augenverblendung. Im modernen Industriebau ist kein Platz für Architekturen und Verkleidungen, die nach abstrakten Gesichtspunkten entworfen sind und erst durch versteckte Konstruktionen des Ingenieurs standfähig gemacht werden müssen."[12]

Daß sich Behrens trotz dieser Kritik kurze Zeit später abermals zu einer symbolisch aufgeladenen Verhüllungsarchitektur entschloß, indem er die Eisenstützenkonstruktion der Kleinmotorenfabrik hinter einer Ummantelung aus blau schimmernden Eisenklinkern verbarg und derart eine Kolossalordnung aus Dreiviertelsäulen dominant setzte, hatte, wenn dies auch nicht auf den ersten Blick zu entschlüsseln ist, durchaus mit der herrschenden Baupraxis der Ingenieure zu tun.

Die allerdings stammte aus Amerika und nicht aus Frankreich. Sie war geprägt durch einen mystifizierenden Blick auf die amerikanische Kultur, den wir in seiner Bedeutung durch Walter Gropius, den Mitarbeiter und Bauleiter im Büro von Peter Behrens zwischen 1907 und 1910, übermittelt bekommen haben. Im Auftrag des Deutsches Museum für Kunst in Handel und Gewerbe in Hagen stellte Gropius um 1910 eine Musterschau vorbildlicher Fabrikbauten zusammen. Darunter befanden sich auch Abbildungen amerikanischer und kanadischer Getreidesilos, in denen eine elementare Geometrie mit einer monumentalen Körperform über einem gerasterten Grundriß zur Deckung kamen. In seinem 1911 im Hagener Museum Folkwang gehaltenen Vortrag zum Thema „Monumentale Kunst und Industriebau"[13] verglich Gropius diese Architektur ohne Architekten mit den Bauten der alten Hochkulturen, vor allem der Ägyptens. In beiden sah er die gleiche Gestaltungsart einer ornamentlosen monumentalen Körperlichkeit wirken. Die alte verehrte Kultur – Julius Meier-Graefe hat berichtet, daß sich Peter Behrens nach einem Ausstellungsbesuch von Kunstwerken aus der Zeit Ramses II. wie dessen Geistesverwandter empfunden habe[14] – überlagerte sich in diesen schlichten Eisenbetonbauten mit der avanciertesten. Amerika konnte als modernes Ägypten, gleichsam als dessen Wiedergeburt interpretiert werden,

12 Karl, Bernhard, Der moderne Industriebau in technischer und ästhetischer Beziehung, (Vortrag 53. Hauptversammlung des Vereins Deutscher Ingenieure, Stuttgart 1912), in: Zeitschrift des Vereins Deutscher Ingenieure, Bd. 56, 1912, S. 1233, (Hervorhebung, K.W.). Das Argument des Architekten Peter Behrens hatte demgegenüber bereits 1910 eine andere, rezeptionsästhetische Begründung für seine Lösung ins Feld geführt. Für ihn hatte ein Gebäude Körperlichkeit auszustrahlen und seine Standfestigkeit optisch zu beweisen.

13 Walter Gropius, Monumentale Kunst und Industriebau, (Vortrag gehalten im Folkwang-Museum Hagen 1911), abgedrückt in: Hartmut Probst, Christian Schädlich, Walter Gropius, (3 Bde) Bd.3, Ausgewählte Schriften , Berlin 1988, S. 28 ff.

14 „Sein Steckenpferd war damals Ägypten. Als wir uns in Turin wiedersahen, wo er die solide Eingangshalle mit den nicht weniger soliden Figuren am Brunnen gemacht hatte, sprach er von Ramses II., wie von dem Werk eines verehrten älteren Kollegen." Julius Meier-Graefe, Peter Behrens-Düsseldorf, in: Dekorative Kunst, 8.Jg., 10.7.1905, S. 381 f.

Abb. 8 Werkbundfabrik mit Panzerplattenschmiedepresse vor dem Deutz-Pavillon Köln, 1914

15 Siehe dazu: Karin Wilhelm, Der Ärger mit den Massen. Amerikanismus und Kulturkritik, in: Gerda Breuer, Grenzenlose Phantasie. Etüden zu einer europäischen Kultur seit 1900, Gießen 1994, S. 88 ff.

16 Tilmann Buddensieg hat diesen Begriff in seiner Vielschichtigkeit untersucht. Wir finden diese Darlegungen in seinem zusammen mit Henning Rogge herausgegebenen Buch zur Tätigkeit von Behrens für die AEG unter dem gleichnamigen Titel: op. cit. Anm.: 11, S. 9 ff, besonders: S. 63 ff.

17 Peter Behrens, Zur Ästhetik des Fabrikbaus (1929), in: op. cit. Anm.: 11, S. D 289 (Hervorhebung K.W.).

18 Walther Rathenau, Die neue Gesellschaft, in: Walther Rathenau, Schriften und Reden. Auswahl und Nachwort von Hans Werner Richter, Frankfurt a.M. 1964, S. 295 und 297

19 Zum Konfliktpotential und den jeweiligen Einflußsphären siehe: Tilmann Buddensieg, Der Vater, der Sohn und der künstlerische Beirat. Emil Rathenau, Walther Rathenau und Peter Behrens, in: Tilmann Buddensieg, Berliner Labyrinth, neu besichtigt. Von Schinkels Unter der Linden bis Fosters Reichstagskuppel, Berlin 1999, S. 48 ff.

und Gropius hat dies ebenso wie Behrens getan.[15] Wenn Behrens daher in der Fassade der Kleinmotorenfabrik diese Deutungsüberlagerung herstellte, so sah er in dem Horizontaltrust AEG nicht nur die legitime Erbin dieser Traditionslinie, sondern attestierte ihr zugleich eine kulturprägende Dominanz in der modernen Industriegesellschaft. Damit gelang ihm, worauf das Bauverständnis des Ingenieurs Bernhard verzichtete: die motivische, optische Einbindung in den Prozeß der Zivilisation, die im architektonischen Repertoire der vergangenen Hochkultur von einer kommenden Hochkultur kündete. Auf diese Gedankenkonstruktion gestützt, übermittelten die schmucklosen Kolossalsäulen der Kleinmotorenfabrik einen wahrhaft heroischen Charakter des „Horizontaltrusts" AEG und damit der Industrie und ihrer Technik. Zum Subjekt der Geschichte gekürt, wurde der Berliner Elektrokonzern zum Hoffnungsträger einer neuen „Industriekultur".[16]

Dieses Gestaltungskonzept basierte auf einer unter europäischen Architekten weit verbreiteten ideellen Prägung, die zwischen Nietzsche-Kult und Richard Wagners Gesamtkunstwerksidee changierte. Mit Nietzsche teilte man die „Optik der Verachtung" (Giorgio Colli) für den wilhelminischen Bourgeois und dessen Eklektizismus, um mit der Optik der Huldigung seinem Widersacher, dem der technischen Modernisierung zugewandten Weltbürger zu dienen. Aus diesem Blickwinkel konnte 1911 die Fassade der AEG-Kleinmotorenfabrik umstandslos zur Schauseite der von Behrens konzipierten Deutschen Botschaft in Petersburg mutieren, ein Faktum, das den äußersten Unmut Wilhelms II. zur Folge hatte, denn daß in dieser Schauseite nicht der politischen Macht des Monarchen, sondern der des wirtschaftlich weltweit agierenden Berliner Elektrokonzerns Reverenz erwiesen wurde, war unzweifelhaft.

Der Schönheitskult, mit dem der auch durch Behrens getragene Jugendstil die condition miserable der prosperierenden Industriegesellschaft zu mildern getrachtet hatte, um die moderne Lebensführung aus dem Zwang zur unzivilisierten Verrichtung zu erlösen und sie zu einem lebendigen Ornament der weihevollen Dingerfahrung umzuschmelzen, wirkte noch auf die Gestaltung dieser AEG-Fabriken ein - wenngleich das Schöne im Bereich der großen Industrie nun dem Erhabenen sich zuneigte. So dürfen wir mit Behrens die ideologische Seite dieser Industriebaukunst durchaus auch als kulturelles Heilsgeschehen werten, schrieb doch der Meister 1929 in seinem Aufsatz „Zur Ästhetik des Fabrikbaus": „Es ist ermüdend, überall von Hebeln, Tasten, Schaltern und Röhren umgeben zu sein, da wir dadurch immer nur an den Komfort und die Nöte des Lebens erinnert werden. Diesen aufdringlichen Technizismus gilt es zu überwinden und für ihn die erlösende Form zu finden."[17] Die Rathenaus jedoch, der Vater Emil und vor allem sein Sohn Walther, waren von diesen erlösenden Eigenschaften der Industriearchitektur nur kurzfristig zu überzeugen. Walther Rathenau charakterisierte in seinem 1919 veröffentlichten Essay „Die neue Gesellschaft" diese Ideale der „durchschnittlichen Architekten, Kunstgewerblers und Kulturpolitikers" denn auch mit leiser Verachtung als „billigen Schulutopismus".[18] Schon 1911, als die Projektierung der großen Montagehalle für Großmaschinen anstand, mußte Behrens auf Geheiß Emil Rathenaus zum Gebot der ökonomischen Sachlichkeit zurückkehren und den Rückzug zur technisch-rationalen Planung antreten.[19] Die Eisenbinderkonstruktion dieser Halle wurde wieder mit dem im Fabrikbau üblichen, billigeren Ziegelfachwerk gefüllt. Dies schien umso zwingender, als die AEG inzwischen den repräsentativen Gestus in ihrem neuen Hauptverwaltungsgebäude von Alfred Messel (1905) am Friedrich-Karl-Ufer demonstrieren konnte.

In diesem Spannungsfeld zwischen einer heroisierenden Industrie- und Techniksymbolik und einer sachlich dominierten Konstruktionssymbolik hat der deutsche Industriebau des frühen 20. Jahrhunderts seine Ausprägung gesucht. Vielfach in Überlagerung unterschiedlicher architektonischer Ausdruckswerte, wie man ihr in der Fassade der Kleinmotorenfabrik begegnet, entwickelte sich mit der Ausdifferenzierung der Bauaufgaben, vor allem mit der räumlichen Trennung von Fabrikation und Verwaltung, von Fabrik und Büro also, auch die trennende Zuweisung der unterschiedlichen architektonischen Anspruchniveaus und dies durchaus im Sinne des modernen Funktionalismus.

Zwischen Monumentalität und Sachlichkeit

In der Arbeit Hans Poelzigs, des großen Berliner Kollegen von Behrens, ist dieser Prozeß beispielhaft nachzuvollziehen. Die Fabrik- und Technikbauten, die Poelzig zwischen 1906 und 1914 projektierte und zum Teil realisierte, erscheinen in ihrer formalen Gestaltung sowohl eindeutig wie ambivalent. Die aus dem selben Jahr, hat Poelzig den Grundstein zu seiner Architektur des heroischen Ausdrucks gelegt, die in Deutschland ab 1910 durch die Zeitschrift „Der Industriebau" durchaus wohlwollend propagiert wurde. Hatte Behrens mit der Turbinenhalle die Bedeutung des Industriebaus als Tempel der Arbeit sinnfällig gemacht und nach dem Kriege 1920 mit der Eingangshalle des Verwaltungsgebäu-

Abb. 9 Faguswerk mit stützenloser Ecke, 1. Bauphase, Alfeld a.d. Leine, 1910/11

nicht ausgeführte „Werdermühle" bei Breslau (1906/08), die „Chemische Fabrik" in Luban bei Posen von 1911 oder die „Zeche Römergrube" in Oberschlesien, die 1913 errichtet wurde, orientierten sich am gängigen Ziegel- und Ziegelfachwerkbau. Dennoch deutete sich im Projekt der Werdermühle ebenso wie in der Lubaner Fabrik bereits Poelzigs Faszination für die monumentale Massenbewältigung und die Prägnanz der großen Silhouette an. Vor allem in den Technikbauten, der Talsperre Klingenberg in Sachsen von 1908 oder den Projekten für einen Wasserturm in Hamburg des des Hoechst Konzerns in Frankfurt a. M. die vor 1914 viel beschworene Kathedralanalogie in einem diffus erleuchteten, in die Höhe strebenden Innenraum Wirklichkeit werden lassen, so kreierte Poelzig die eigensinnige Semantik des Technikmonumentes als Erinnerungszeichen an die Beherrschung der Naturkräfte. Die Talsperre Klingenberg war der Prototyp dieser monumentalen Architektur, deren Symbolik die Naturgewalten zitierte, das gigantisch fallende Wasser ebenso wie die stützende Felsenformation, um in der Mitte zu einer aus Erdgebundenheit sich kraftvoll emporschwingenden Masse aufzugipfeln. Die Schwere der geschwungenen Wand aus Naturstein im Verbund mit den mächtigen Substruktionen schienen einem Naturereignis entsprungen zu sein, jenem vergleichbar, das die Auffaltung der Gebirge entstehen ließ. Poelzig arbeitete hier mit einer Metaphorik aus erster Hand, der sich sein Biograph Theodor Heuss 1939 so annäherte: „Die Technik folgt den Gesetzen der Natur, sie ist eine Weiterentwicklung der Natur. Es ist ja fast so, als ob dämonische Kräfte wieder Gestalt annehmen wollen und so, wie beim Luftschiff, Flugzeug eine phantastische Ähnlichkeit mit prähistorischen Naturformen sich herauskristallisiert. Es entsteht so eine zweite Natur in dämonischer Großartigkeit, aber niemals Kunst... Der Ingenieur geht unbeirrt seinen Weg, aber seine Schöpfungen bleiben Natur, sie werden nicht symbolhaft, sie werden nicht Stil."[20] Poelzig hat in seiner Talsperre die Symbolik dieser zweiten Natur auf die erste zurückgeführt und deren im technischen Produkt bezwungene Gewalt abermals mit der Architekturarchaik semantisch verknüpft. Die Faszination und Aussagekraft dieses Projekts resultierte aus den Motivlagen der durch technische Mittel gebändigten Naturkräfte. Dieser Beherrschungssymbolik begegnet man auch in einigen Verwaltungsbauten, die Poelzig für die große Industriestadt der 1920er Jahre entworfen hat. Sein Wettbewerbsentwurf für ein Messehaus in Hamburg von 1925 arbeitete mit einem ganz ähnlichen Vokabular der Massenstaffelung in geradezu gigantischen Dimensionen, einem Gebirge gleich demonstrierte dieses Gebäude Naturähnlichkeit und Naturbeherrschung, zeigte die Überlagerung der ersten durch die zweite Natur als Mimikry. Die kräftige Kohlezeichnung mit ihren kontrapunktischen Licht- und Schatteneffekten, die Aureole um einen naturwüchsig-technoiden Zwitter schuf jene Stimmung, die unsere Sinne überwältigt und unseren Verstand in den Bann technischer Vollkommenheit zu schlagen weiß. Der Mensch als Bewohner einer in dieser Art erdachten Metropolenarchitektur wäre unaufhörlich mit dem mystischen Ereignis seiner eigenen Schöpferkraft konfrontiert worden, mit solchem Nachdruck, daß homo faber auf den Spuren Zarathustras wandelnd seinem Übermenschentum anschaulich begegnet wäre. Der Sieg über die Naturgewalten mit Hilfe der Technik und der sich darauf stützende selbstgewisse Übermenschenblick lagen in Poelzigs Projekten nahe beieinander, aber diese Bedeutungsüberlagerungen entsprachen dem Zeitgeist. Nicht zufällig zeigt Henry van de Veldes Entwurf für einen Nietzsche Tempel aus dem Jahre 1911/12 in seiner maschinengleichen Monumentalität eine erstaunliche Ähnlichkeit mit jener Panzerplattenschmiedepresse, die Walter Gropius voller Stolz 1914 auf der Werkbundausstellung in Köln seinem Komplex der Musterfabrik integrierte und gerne vor dem Ausstellungspavillon für die Firma Deutz präsentierte.

Im Streit über die Architektur der Turbinenhalle hatte sich ein bevorzugtes Thema des Architekturdiskurses der Moderne angekündigt. Es war die Frage nach dem Wahrheitsgehalt der architektonischen Form, die als ein Grundsatzproblem der Tektonik aufschien. Walter Gropius, der den Konflikt zwischen Behrens und Bernhard als Bauleiter des Architekten sicherlich aufmerksam verfolgt hat, trug zur Klärung dieses Problems bei und dies gleichfalls an einem Industriebau. Zusammen mit seinem Büropartner Adolf Meyer bewarb sich Gropius 1910 um einen Auftrag in Alfeld an der Leine. Carl Benscheidt, der mit US-amerikanischem Kapital und eigenem Know-how Schuhleisten produzierte, suchte sich nämlich einen Architekten, der seiner in Planung befindlichen neuen Fabrik ein ansprechendes Aussehen verleihen sollte, ein Fassadenbild, das die Innovationsfreudigkeit des noch kleinen Betriebes, eben seine Modernität sichtbar werden lassen sollte. Der Ort des Geschehens war die Kleinstadt Alfeld a.L., wo das Fagus-Werk auf freiem Felde gegenüber dem Konkurrenzbetrieb, in dem Benscheidt zuvor beschäftigt gewesen war, entstand. Gegen dessen Ziegelhistorismus sollte sich das junge Unternehmen optisch absetzen.[21] Wie Behrens, so hatten auch Gropius und Meyer nur geringen Einfluß auf die betriebsorganisatorische Raumplanung und mußten den Lageplan und die Grundrißkonzeption eines bereits bestehenden Entwurfes akzeptieren. Ihren Entwurfsansatz hatten sie daher auf Vorgaben zu beziehen, die die räumliche Verbindung von Produktions- und Verwaltungseinheiten vorsahen, so

20 Theodor Heuss, Hans Poelzig. Das Lebensbild eines deutschen Baumeisters (1939), Stuttgart 1985, S. 73.

21 Karin Wilhelm, Walter Gropius. Industriearchitekt, Braunschweig/Wiesbaden 1983, S. 42. Siehe dazu: Annemarie Jaeggi, Adolf Meyer. Der zweite Mann, Berlin 1994.

daß sie eine Kombination von Hallen- und Geschoßbauten zu gestalten hatten. Auch im Material waren sie an bereits getroffene Entscheidungen gebunden, das heißt, daß auch im Fagus-Werk der Ziegel zur Anwendung kommen mußte. Die Lösung, die sie für die Fassade vorschlugen, bestand aus Mauerwerksstützen, die zur Dachzone hin im Umfang reduziert waren. Von der flachen Bedachung des Bürotrakts hängten sie, ganz so wie es Behrens an der Stirnseite der Turbinenhalle getan hatte, lotrechte Fensterbahnen ab, die vor den drei dahinter liegenden Geschossen wie ein durchsichtiger Vorhang wirkten – eine curtain-wall. Die Auflösung der Wand in eine tragende Struktur mit füllenden, durchsichtigen, nicht tragenden Fensterbahnen demonstrierte optisch die Vorgaben einer Konstruktion, die mit dem Glas-Eisenbau der Ingenieure zwischen Struktur und Hülle zu unterscheiden gelernt und damit die Wand als tragenden Mauerwerksverband suspendiert hatte. Zum Höhepunkt dieser neuen Konstruktionsvorgaben formten die Architekten nun die Eckausbildung, die stützenlos die Fensterbahnen aneinanderstoßen ließ und damit zeigte, was schon in der Turbinenhalle möglich gewesen wäre: ein Verzicht auf die Materialmasse und deren traditionelle Sinnfälligkeit, die das Auge des Betrachters durch eine besonders massive Eckausbildung von der Standfestigkeit eines Gebäudes überzeugen sollte. Indem Gropius und Meyer die Möglichkeit der Kräfteübertragung mithilfe eines Unterzugs auf die seitlichen Stützen nutzten, d.h. die Ecke entlaste-

Abb. 10 Faguswerk, Innenkonstruktion der stützenlosen Ecke „Gropius Knoten", Alfeld a.d. Leine, 1910/11

22 Siehe dazu: Federico Bucci, Albert Kahn. Architect of Ford, New York 1993.

ten und aus dieser Möglichkeit die formalen Konsequenzen zogen, eben zeigten, daß diese Ecke nichts trägt, erfüllten sie exemplarisch, was der Turbinenhalleningenieur vom Turbinenhallenarchitekten gefordert hatte: nicht zu verhüllen, sondern zu enthüllen, die Konstruktion also nicht interpretierend symbolisch anzureichern, sondern sie in ihrem rechnerischen Sachverhalt offenzulegen, um wieder das zu schaffen, was man mit Karl Bötticher, dem Schinkelschüler, an der dorischen Baukunst Griechenlands schätzte: die Identität von Kunst- und Kernform. Daß derart die im Industriebau geforderte größtmögliche Belichtung der Arbeitsstätten – im Fagus-Werk erforderte die hochspezialisierte Modellentwicklung und -herstellung die größtmögliche natürliche Belichtung – wie ein Nebenprodukt erschien, darf nicht darüber hinwegtäuschen, daß die Klarheit, die Übersichtlichkeit im Betrieb ein entscheidendes Argument für die Akzeptanz dieser unambitionierten Architektursprache war.

Mit dem Fagus-Werk vollzog sich ein ideologischer und technologischer Entwicklungsprozeß von weitreichender Bedeutung, deshalb wird dieser Bau zu Recht als ein Ursprungsbau der modernen Architektur gewertet. Hier klingen bereits all jene Parameter an, die das internationale Baugeschehen im 20. Jahrhundert geprägt haben: Die Typisierung und Standardisierung der Bauelemente, die allerdings schon in der frame-Architektur Chicagos durchgesetzt worden waren, und deren Prinzipien Albert Kahn seit 1906 für die Produktionsanlagen der amerikanischen Autoindustrie Henry Fords vor allem in Highland Park, Michigan (1909-1918) in Anwendung gebracht hatte;[22] sodann die „skin und skelleton" – Ästhetik des gläsernen Baukörpers, wie sie Ludwig Mies van der Rohe seit 1921 im Hochhausbau entwickelt hat. Mit dem Fagus-Werk wurde der Reichtum einer symbolischen Repräsentation aus der Architektur der Arbeit zunächst verbannt, an deren Stelle sich kurzzeitig die Präsentation des Arbeitsprozesses selbst setzte. Hinter der gläsernen Fassade zeigten sich die Arbeiter als Produzenten: selbstverständlich, unheroisch, austauschbar und als Garanten einer erfolgreichen Ökonomie. Die zur Umwelt aufschließende Helligkeit der Glasfassade respektierte den Arbeiter in dieser alltäglichen Würde seiner Tätigkeit. Die curtain-wall des Fagus-Werks war daher keine „erlösende Form", wie sie Behrens durch Ästhetisierungsmotive oder Würdeformeln kreieren wollte, um der Industriearbeit einen welthistorischen Sinn zu geben. Diese curtain-wall erfüllte vielmehr eine Funktion, die sich der Gegenwartsbezogenheit des Arbeitsprozesses sachlich zur Verfügung stellte und die ihren Sinn mit Respekt vor dem werteschaffenden Nutzer auf die Gebrauchsfunktion gründete.

Anhang

Fritz Schupp (1896 – 1974)   Martin Kremmer (1895 – 1945)

Biographische Angaben

zu Fritz Schupp und Martin Kremmer

Fritz Schupp

22. Dezember 1896	geboren in Uerdingen als drittes Kind des Prokuristen Peter Schupp.
1907 - 1914	Besuch des Humanistischen Burggymnasiums in Essen, Kriegsabitur 1914
1914 - 1919	Architekturstudium in Karlsruhe, München und Stuttgart
1919	Freiberuflicher Architekt in Essen, Kontakt mit Friedrich Wilhelm Schulze Buxloh, Direktor der Gelsenkirchener Bergwerks AG; Schupp erhält seine ersten Aufträge im Zechenbau, gleichzeitige Betätigung im Siedlungsbau.
1920	Schupp wird Mitglied des BDA Essen.
1926	Hochzeit mit Ingrid Brandi, Übersiedlung nach Berlin Mitgliedschaft im dortigen BDA.
1927-31	Während der Entwurfs- und Bauzeit von Zeche Zollverein Schacht XII unterhält Schupp ein Architekturbüro in Essen-Rellinghausen.
1931	Rückkehr nach Berlin, gemeinsames Büro Schupp und Kremmer am Hindenburgdamm 133.
1935	Wiedereröffnung eines Essener Büros, Schupp arbeitet jetzt sowohl in Essen als auch in Berlin.
1937	Schupp löst seinen Wohnsitz in Berlin auf und zieht nach Essen-Bredeney.
1945	Nach dem Tod Kremmers, führt Fritz Schupp die Arbeit des Architekturbüros allein fort. Die Büros in Gleiwitz und Berlin existieren nicht mehr.
1949	Dozentur an der TH Hannover
1955	Großer Kunstpreis des Landes NRW.
1960	Verleihung der Karmarsch-Plakette durch die TH Hannover.
1965	Großes Bundesverdienstkreuz der BRD.
1967	Ehrendoktorwürde der TH Braunschweig
1968	Kulturpreis der Stadt Goslar.
1. August 1974	Fritz Schupp stirbt in Essen.

Martin Kremmer

7. August 1895	geboren in Posen als erstes Kind des Oberstudiendirektors Dr. Kremmer.
1908	Umzug nach Berlin-Dahlem und Besuch des Arndt-Gymnasiums.
1915 -1916	Architekturstudium in Karlsruhe, Beginn der Freundschaft mit Fritz Schupp
1916 - 1918	Teilnahme am 1. Weltkrieg als Pionier.
1918 - 1921	Kremmer setzt sein Studium in Karlsruhe, Stuttgart und Berlin-Charlottenburg fort
Juli 1921	Diplomexamen in Berlin, Beginn der Tätigkeit im Architekturbüro Fritz Schupp in Essen
ab 1922	Selbständige Leitung des Berliner Büros Schupp und Kremmer
1924 - 1930	Teilnahme an Wettbewerben für das Rathaus Zehlendorf sowie Kirchenbauten in Berlin, Erfurt und Frohnau; Entwurfstätigkeit für Villen und kleinere Bauaufträge, Mitarbeit an den Entwürfen für Industriebauten im Ruhrgebiet.
1926	Kremmer wird Mitglied des BDA Berlin.
1930	Hochzeit mit Hildegard Droste.
1933	Beginn der NS-Herrschaft, der BDA wird zwangsweise in die Reichskammer der bildenden Künste eingegliedert.
1934	„Sonderaufgabe Deutsche Rohstoffe", Basis des Rüstungsprogramms des Dritten Reichs: Schupp und Kremmer erhalten neue Aufträge nicht nur im Ruhrgebiet, sondern u.a. auch in Oberbayern und Goslar.
um 1940	Die Architekturbüros Schupp und Kremmer, Berlin - Essen - Gleiwitz werden zu wehrwichtigen Betrieben.
Mai 1945	Martin Kremmer stirbt in den letzten Kriegstagen in Berlin.

Werkverzeichnis

zusammengestellt von Timo Saalmann

Das hier zusammengestellte Werkverzeichnis basiert auf den Forschungen von Wilhelm Busch (Busch, Köln 1980), ergänzt wurde es um den im Rahmen der Ausstellung zugänglich gemachten Nachlaß von Fritz Schupp, welcher sich künftig im Archiv des Deutschen Bergbaumuseums Bochum befindet.

Alle Bauten vor 1945 stammen von Fritz Schupp und Martin Kremmer, alle Bauten nach 1945 von Fritz Schupp.

1919 – 1920
Planung von Bergarbeiterwohnungen und Ledigenheimen für Zeche Nordstern, Gelsenkirchen und Zeche Graf Moltke, Gladbeck sowie Wohnungen für die Zeche Westende, Duisburg (zusammen mit H. Emschermann), nur zum Teil ausgeführt

1920 – 1955 Zeche Graf Moltke, Gladbeck
Eingangsbauten 1920
Waschkaue 1922
Anbau am alten Kesselhaus, Schalthaus, Pumpenhaus, Wasserreinigung, Aufgabebunker 1948
Erweiterung Maschinenhaus 1950
Kesselhaus 1953
Kohlenwäsche 1953–1955

1920 – 1925 Zeche Holland, Bochum-Wattenscheid
Waschkaue und Labor der Kokerei 1920-1923
Schachtanlagen Holland 1/2 und 3/4/6
1/2 Fördermaschinenhaus 1924
Ventilatorengebäude 1925
3/4/6 Pforte, Verwaltungsgebäude, Waschkaue, Werkzeuglager 1921
Stellwerkgebäude 1925
Schachthalle, Fördergerüst, Fördermaschinenhaus 1925
Reparaturwerkstatt 1925
Kesselhaus 1925
Kohlenmahlanlage 1925

1922 Projekt Zeche Schleswig, Dortmund-Asseln (nicht ausgeführt)

1922 Siedlung Am Knie, Dortmund-Neuasseln

1923 – 1953 Zeche Nordstern 1/2, Gelsenkirchen-Horst
Lokomotivreparaturwerkstatt 1926
Werkstatt 1926
Kohlenwäsche (zu Beginn der 1930er Jahre)
Schmiede, Schlosserei, Schreinerei, Lager, Fördermaschinenhaus, Wagenumlauf 1937
Waschkaue 1939
Lagergebäude, Lokomotivschuppen, Stellwerkshäuschen 1940
Erweiterung Kesselhaus 1944
Verwaltungsgebäude, Waschkaue, Magazin, Schreinerei, Schlosserei 1945
Pförtnerhaus 1948
Förderturm Schacht 2 1951
Fördermaschinenhaus 1953

1925 Wettbewerbsentwurf Gustav-Adolf-Kirche, Berlin-Charlottenburg

1925 Landhaus am Zeuthener See

1926 Wettbewerbsentwurf Martin-Luther-Kirche, Erfurt

1926 Heidenhaus des Arndt-Gymnasium

1927 Zentralkokerei Alma, Gelsenkirchen
Gesamtplanung der Kokerei mit Nebengewinnungsanlagen und Betriebsgebäuden

1927 Zentralkokerei Nordstern
Gesamtplanung der Kokerei mit Nebengewinnungsanlagen und Betreibsgebäude

1927 – 1932 Zeche Zollverein 4/11, Essen-Katernberg
Schacht 11 Fördergerüst, Fördermaschinenhaus, Schachthalle 1927
Schacht 4 Fördergerüst, Fördermaschinenhaus, Schachthalle 1932

1927 – 1932 Zeche Zollverein 12, Essen-Katernberg
Gesamtplanung der Anlage

1928 Wettbewerbsentwurf Evangelische Kirche, Berlin-Dahlem

1928 – 1930 Evangelische Friedenskirche, Berlin-Niederschöneweide

1928 Siedlung Distelbeckhof, Essen-Katernberg

1929 Siedlung Glückaufstr., Gladbeck-Butendorf

1929 Siedlung Zum Bauverein, Gelsenkirchen-Horst

1929 – 1939 Zeche Friedrich Thyssen 2/5, Duisburg-Marxloh
　　Gesamtplanung eines vorhandenen Bergwerks

1929 – 1954 Zeche Bonifacius, Essen-Kray
　　Schachtanlagen Bonifacius 1/2, 3 und 5
　　Schacht 2 Fördergerüst, Fördermaschinenhaus, Schachthalle 1929
　　Separation 1929
　　Wetterschacht 5 1952–1954
　　Kohlenwäsche, Landabsatz 1952–1954

1930 – 1936 Martin-Luther-Kirche, Berlin-Lichterfelde

1931 Odertalkokerei, Deschowitz/Oberschlesien
　　Gesamtplanung

1931 Evangelisches Gemeindehaus, Berlin-Lichterfelde

1932 – 1935 Zeche Fritz 1/2, Essen-Altenessen
　　Kohlenwäsche, Fördergerüste

1932 – 1941 Zeche Hansa, Dortmund-Huckarde
　　Fördergerüst, Fördermaschinenhaus, Schachthalle 1932
　　Erweiterungsbau Verwaltung, Umbau Magazin (Turnhalle) 1937
　　Anlernwerkstatt 1938
　　Landabsatz, Sägewerk, Pforte 1939
　　Schalthaus 1940-1942
　　Maschinenhalle 1941
　　Ehrenmal der Verunglückten der Zeche Hansa 1941

1933 Projekt Zeche Hugo Ost, Gelsenkirchen-Buer (nicht ausgeführt)

1934 – 1935 Bergwerk Hausham, Hausham/Oberbayern
　　Gesamtplanung innerhalb einer vorhandenen Anlage
　　(Mitarbeiter Rolf Doerfel)

1934 – 1938 Zeche Gustav 1/2, Dortmund-Mengede
　　Schachtanlage der Zeche Adolf von Hansemann

1934 – 1950 Zeche Grimberg 3/4, Bergkamen
　　Gesamtplanung 1934-1936, erbaut 1950

1935 – 1940 Zementfabrik, Rüdersdorf bei Berlin

1936 – 1939 Bergwerk Rammelsberg, Goslar/Harz
　　Gesamtplanung innerhalb der vorhandenen Anlage

1936 – 1940 Zeche Rheinbaben, Bottrop-Eigen
　　Maschinenhaus 1938
　　Kesselhaus, Maschinenhalle 1938
　　Kraftwerk 1938-1940

1936 – 1942 Kokerei Hansa, Dortmund-Huckarde
　　Gesamtplanung der Anlage

1937 Chemisches Werk Grimberg, Kamen

1937 – 1948 Ruhrgas AG, Essen
　　Lager Gütersloh, Stadthagen, Griesheim, Huckingen 1937
　　Kompressorgebäude Mudersbach 1937
　　Betriebsgebäude Niederursel 1937
　　Bezirksreglerhaus, Frankfurt 1937
　　Kompressorgebäude Schudersbach Sieg
　　Umbau Kompressorhalle, Anlage Witten-Sieg 1938
　　Anlage Wissen 1938
　　Bereitschaftslager, Gastankstelle, Pförtnerhaus, Lager
　　Essen-Altenessen 1941
　　Garagen 1948

1937 – 1953 Bergwerk Minister Stein und Hardenberg, Dortmund-Eving
　　Eingangsbauten, Verwaltung, Waschkaue, Magazin, Schacht 5 1937
　　Schacht 6 (Ernst Brandi) 1937-1939
　　Waschkaue 1946
　　Werkstätten 1947
　　Oberbeamten- und Meisterkaue 1949
　　Lohnhalle 1950-1951
　　Pforte, Betriebswerkstätten, Casino, Labor, Schalthaus 1951
　　Kraftzentrale 1953

1937 – 1940 Zeche Westhausen, Dortmund-Bodelschwingh
　　Kokerei 1940
　　Waschkaue 1941

1937 – 1942 Kraftwerk Horst, Gelsenkirchen-Horst
　　Gesamtplanung in Zusammenhang mit dem Hydrierwerk
　　Gelsenberg Benzin AG

1938 Bergbaumuseum, Bochum

1938 Volkswagenwerk, Wolfsburg. (zusammen mit K. Kohlbecker und R.E. Mewes) Fritz Schupp und Martin Kremmer planten die Sozialanlagen, die nur z. T. errichtet wurden

1938 – 1939 Hydrierwerk der Gelsenberg Benzin AG, Gelsenkirchen-Horst

1938 – 1940 Zeche Schlägel und Eisen, Herten
　　Kesselhaus, Eingangsbauten, Kohlenwäsche 1938-1939
　　Waschkaue 1940

1938 - 1942 Kokerei Hassel
　　Gesamtplanung der Anlage

1939 Zinkhütte, Harlingerode/Harz
  Gesamtplanung
1939 Stickstoffwerk Hibernia, Wanne-Eickel

1939 Firma Karl Still, Recklinghausen

1939 – 1940 Hydrierwerk in Blechhammer, Kreis Gosel/
  Oberschlesien

1940 – 1951 Kraftwerk Gustav Knepper, Dortmund-Mengede
  Gesamtplanung in Zusammenhang mit der Schachtanlage Gustav der Zeche Adolf von Hansemann

1941 Entwurf Hauptverwaltung der Gräflich
  Schaffgotsch´sche Werke GmbH, Gleiwitz/Oberschlesien
  (ob die Ausführung erfolgte ist unbekannt)

1942 Kraftwerk Bad Oeyhausen

1942 – 1943 Zeche Franz Haniel, Oberhausen-Sterkrade
  Gesamtplanung; ausgeführt wurde vor Kriegsende jedoch nur das Fördergerüst, der weitere Aufbau nach Kriegsende erfolgte ohne Beteiligung von Schupp

1942 – 1944 Bergwerk Godulla/Oberschlesien
  Gesamtplanung

1942 – 1955 Zeche Rheinelbe, Gelsenkirchen-Ückendorf
  Kraftwerk 1942-1944
  Schalthaus, Fördermaschinenhaus 1952-1953
  Verwaltung 1954-1955

1944 Projekt Zeche Osterfeld, Oberhausen-Osterfeld (nicht nach Entwurf der Architekten ausgeführt)

1944 Zeche Germania, Dortmund-Marten
  Gesamtplanung; Fördergerüst 1944 errichtet, Aufbau der übrigen Anlage 1953-1956

1945 Zeche Pluto, Herne-Wanne-Eickel
  Schacht 5 Ventilatorgebäude

1945 – 1951 Fahrzeugwerke Lueg, Bochum
  Fertigungshallen

1947 – 1951 Ledigenheim Zollverein, Essen-Katernberg
  Erweiterung 1951

1948 – 1952 Zeche Grimberg 1/2 bzw. Neu Monopol, Bergkamen
  Gesamtplanung

1949 Zeche Zollverein 4/11, Essen-Katernberg
  Schraubenlüfter, Ziegelei, Maschinenhaus

1949 Wohnhaus Dr. Bremer

1949 – 1957 Zeche Zollverein 3/7/10, Essen-Schonnebeck
  Schacht 3/10 Kauenerweiterung, Markenkontrolle, Umbau Betriebsgebäude 1949
  Maschinen- und Schalthaus 1952
  Waschkaue 1956/1957

1950 Zeche Friedlicher Nachbar, Bochum-Linden
  Förderturm

1950 Siedlungshaus, Essen-Katernberg

1950 Zeche Pörtingsiepen, Essen-Werden
  Kohlenwäsche, Förderturm

1950 Chemische Fabrik Goldschmidt, Essen
  gestalterische Beratung bei allen Betriebserweiterungen

1950 –1951 Kraftwerk Möhne, Möhne-Stausee/Sauerland
  Gesamtplanung

1950 – 1954 Armerzaufbereitung auf dem Bollrich bei Goslar/Harz
  Gesamtplanung

1951 Wasserwerk Dörenthe, Ibbenbüren

1951 Wohnhaus Wunsch, Langenberg

1951 – 1952 Schachtanlage Siegmundshall, Bad Salzdethfurth
  Schachthalle, Fördermaschinenhaus 1951 (Zusammen mit Kieseweesen)
  Lohnhalle, Waschkaue 1952

1951 – 1956 Werksfürsorge Zollverein, Essen-Schonnebeck
  Umbau eines Wohnhauses

1952 – 1957 Schachtanlage Lüdersfeld
  Schachtanlage mit Kohlenwäsche 1957
  Kraftzentrale, Schalthaus, Gebläsehaus 1957

1952 – 1959 Zeche Katharina, Essen-Kray
  Neuplanung innerhalb einer vorhandenen Anlage
  Pforte, Pförtnerhaus, Eingangsgebäude 1953
  Waschkaue 1953-1954
  Lohnhalle, Förderturm 1954
  Schachthalle, Werkstätten 1955

Schalthaus, Landabsatz, Holzwerkstatt 1956
Brikettfabrik 1957

1952 – 1961 Zeche Hugo, Gelsenkirchen-Buer
Waschkaue, Lohnhalle 1952-1955
Förderturm und Schachthalle 1961

1953 Zeche Lohberg, Dinslaken
Fördergerüst

1953 Zeche Heinrich Robert, Pelkum bei Hamm
Förderturm, Waschkaue

1953 Zeche Ewald, Herten
Landabsatz, Kesselhaus, Maschinenhaus, Schachthalle und Fördergerüst

1953 – 1954 Bergberufsschule Zollverein, Essen-Katernberg

1953 – 1965 Zeche Pluto Wilhelm, Wanne-Eickel
Fördergerüst und Schachthalle 1953
Erweiterung der Sieberei 1955
Waschkaue, Kesselhaus 1957
Bürogebäude 1963
Montagehalle 1965

1954 Haus Aden, Lünen
Gesamtplanung; spätere Anbauten und Erweiterungen nicht nach Schupp-Entwurf

1954 Zeche Ver. Engelsburg, Bochum-Wattenscheid/Eppendorf
Werksleiterwohnhaus

1954 Projekt Grube Emil Mayrisch, Siersdorf bei Alsdorf
(nicht nach Schupp-Entwurf ausgeführt)

1954 – 1955 Steinkohlengas AG, Dorsten
Gesamtplanung

1954 – 1955 Warmbreitbandstraße, Duisburg-Hamborn
gestalterische Beratung

1953 – 1955 Zeche Zollverein 1/2, Essen-Katernberg
Bergberufsschule 1953-1954
Gasmaschinenhalle, Lagerschuppen 1954-1955

1954 – 1956 Schamottefabrik Koppers, Düsseldorf-Heerdt
Gesamtplanung

1955 Zeche Ver. Carolinenglück, Bochum-Hamme
Wiegehäuschen

1955 Kindergarten Zeche Nordstern, Gelsenkirchen

1955 – 1957 Zeche Auguste-Victoria, Marl
Förderturm Schacht 6 und 7

1955 – 1960 Zeche Carl Funke, Essen-Heisingen
Brikettfabrik 1955
Förderturm 1960

1955 – 1962 Kaliwerk Hattorf
Laboranbau 1955
Pförtnergebäude, Bürogebäude 1961
Zentralwerkstatt 1962

1956 – 1971 Grube Sophia Jacoba, Hückelhoven/Ratheim, Kreis Erkelenz
Förderturm Schacht 4 1956
Förderturm Schacht 6 1964
Landabsatzanlage 1971

1957 – Phönix Rheinrohr, Werk Mülheim
Zentralmagazin

1957 – 1958 Zeche Zollverein 1/ 2, Essen-Katernberg
Fördergerüst Schacht 1
Förderturm von Friedlicher Nachbar zum Schacht 2 umgesetzt 1964

1957 – 1959 Stahlwerk, Duisburg-Ruhrort
Gesamtplanung

1957 – 1962 Zentralkokerei Zollverein, Essen-Katernberg
Gesamtplanung

1958 Prinz Regent, Bochum
Anpassung an das Kraftwerk Springorum

1958 Kindergarten Rosenhügel, Gladbeck Brauck

1958 – 1960 Zeche Victoria Lünen 3/4, Lünen
Verwaltung, Lohnhalle, Waschkaue, Schachthalle, Fördergerüst, Schalthaus

1958 – 1961 Kraftwerk Springorum, Bochum
Gesamtplanung

1959 – 1960 Erzumschlaganlagen, Duisburg-Ruhrort Hafen
Gesamtplanung

1959 – 1963 Westfalenhütten, Dortmund
Breitbandwalzwerk

1960 Zeche Dahlhauser Tiefbau, Bochum-Dahlhausen
Förderturm innerhalb einer bestehenden Anlage

1960 Zeche Robert Müser, Bochum-Werne
   Waschkaue, Bürogebäude

1961 – 1962 Zeche Gneisenau, Dortmund-Derne
   Förderturm Schacht 3 (zusammen mit Dieter Schupp)

1961 – 1963 Werksfürsorge Nordstern, Gelsenkirchen-Horst

1962 Zeche Erin, Castrop-Rauxel

1962 Wohnhaus Taunusbogen, Essen-Bredeney

1962 – 1964 Erdölraffinerie, Neustadt
   Feuerwache 1963 (zusammen mit Dieter Schupp)

1962 – 1968 Wohnhaus Dieter Schupp, Heisingen

1963 – 1965 Kontinuierliche Rohrwalzenstraße, Mülheim/Ruhr
   Gesamtplanung

1967 – 1968 Stranggußanlage, Duisburg-Ruhrort
   Gesamtplanung (zusammen mit Fritz Winkhaus)

1968 – 1969 Oxygenstahlwerk, Duisburg-Hamborn
   Gesamtplanung (zusammen mit Fritz Winkhaus und Gerd Patschul)

1970 110 kV-Schaltanlage, Duisburg-Hamborn
   Gesamtplanung (zusammen mit Fritz Winkhaus und Gerd Patschul)

1970 – 1974 Hochofenwerk, Duisburg-Schwelgern
   gestalterischen Beratung (zusammen mit Fritz Winkhaus und Gerd Patschul)

Literaturverzeichnis

Primärliteratur:
Schriften von Martin Kremmer und Fritz Schupp

Kremmer, Martin: Wettbewerb um das Rathaus für Zehlendorf, in: Bauwelt, Berlin 16. Jg. 1925 Heft 20, S. 1-8

Schupp, Fritz; Kremmer, Martin: Zechenbauten im Ruhrgebiet, in: Bauwelt, Berlin 16. Jg. 1925 Heft 27, S. 1-5

Kremmer, Martin: Neue Fassaden vor alten Bauten, in: Der Neubau, Berlin 9.Jg. 1927 Heft 24, S. 281 - 286

Kremmer, Martin: Das Heidehaus des Dahlemer Arndt-Gymnasiums, in: Die Leibesübungen, Berlin 46. Jg. 1927 Heft 24, S. 577-578

Schupp, Fritz: Architekt gegen oder und Ingenieur, in: Der Industriebau, Leipzig 20. Jg. 1929 Heft 5, S. 174 - 180

Schupp, Fritz; Kremmer, Martin: Architekt gegen oder und Ingenieur, Berlin 1929

Schupp, Fritz; Kremmer, Martin: Industriebauten der Architekten Schupp und Kremmer, Berlin - Essen, in: Baukunst, München 6.Jg. 1930 Heft 4, S. 99 - 115

Schupp, Fritz; Kremmer, Martin: Industriebauten im Ruhrbergbau, in: Der Industriebau, Leipzig 21. Jg. 1930, S. 93 - 102

Schupp, Fritz; Kremmer, Martin: Bau und Einrichtung von Kindertagesheimen, in: Die christliche Kinderpflege, Meißen 38. Jg. 1930, S. 245 - 308

Schupp, Fritz; Kremmer, Martin: Reihe neue Werkkunst, Berlin 1930

Schupp, Fritz; Kremmer, Martin: Industriebauten, Zechen und Kokereien der Vereinigte Stahlwerke AG im Gelsenkirchener und Hamborner Bezirk, in: Bauwelt, Berlin 22. Jg. 1931 Heft 6, S. 1 - 16

Schupp, Fritz: Über das Entwerfen von Industriebauten in: Baugilde, Berlin 13. Jg. 1931 Heft 19, S. 1502 - 1509

Schupp, Fritz: Gestaltungsfragen beim Industriebau, in: Zentralblatt der Bauverwaltung, Berlin 52. Jg. 1932 Heft 54, S. 638 - 643

Schupp, Fritz; Kremmer, Martin: Schachtanlage im Rheinisch-Westfälischen Industriegebiet, in: Monatshefte für Baukunst und Städtebau, Berlin 17. Jg. 1933 Heft 2, S. 49 - 56

Kremmer, Martin: Das Wandbild, Ein Beitrag zum Wettbewerb „Haus der Arbeit", in: Baugilde, Berlin 16. Jg. 1934, S. 163 - 164

Schupp, Fritz: Zum Wettbewerb: „Häuser der Arbeit", in: Bauwelt, Berlin 25. Jg. 1934 Heft 4, S. 77 - 78

Schupp, Fritz; Kremmer, Martin: Industriebauten im Ruhrgebiet, in: Monatshefte für Baukunst und Städtebau, Berlin 19. Jg. 1935 Heft 3, S. 81 -86

Schupp, Fritz; Kremmer, Martin: Die Planarbeit des Architekten im Industriebau, in: Monatshefte für Baukunst und Städtebau, Berlin 19. Jg. 1935 Heft 3, S. 87 - 92

Schupp, Fritz: Architekt und Ingenieur im Industriebau, in: Bericht über die 36. Hauptversammlung des Deutschen Beton-Vereins, Oberkassel 1936, S. 241 - 249

Schupp, Fritz; Kremmer, Martin: Umbau der Grube Hausham, in: Schönheit der Arbeit, Berlin 2. Jg. 1937 Heft 1, S. 23 – 30

Schupp, Fritz; Kremmer, Martin: Der Architekt im Ingenieurbau, in: Schönheit der Arbeit, Berlin 3. Jg. 1938 Heft 4, S. 166 - 169

Schupp, Fritz; Kremmer, Martin: Bauten der Gemeinschaft, in: Bauwelt, Berlin 33. Jg. 1942 Heft 31/32, S. 1 - 8

Schupp, Fritz: Arbeiten der Architekten Dipl.-Ing. Fritz Schupp und Dipl.-Ing. Martin Kremmer, in: Der Baumeister, München 41. Jg. 1943 Heft 2, S. 25 - 46

Schupp, Fritz: Beiträge Essener Architekten BDA zum heutigen Bauen, in: Bau Rundschau, Hamburg 38. Jg. 1949 Heft 19/20, S. 451 - 459

Schupp, Fritz: Industriebauten im Ruhrgebiet, in: Der Architekt BDA, Essen 4. Jg. 1951 Heft 12, S. 1 - 7

Schupp, Fritz: Moderner Fabrikbau, in: Jahrbuch der Technischen Hochschule Hannover, Düsseldorf 1952, S. 197 - 202

Schupp, Fritz: Industriebau - Wegweiser für moderne Architektur, in: Industriekurier, Düsseldorf 1953 Heft 13, S. 5

Schupp, Fritz: Industriebau - Wegweiser für moderne Architektur, in: Der Rotarier, Hamburg 1953 Heft 3, S. 186 - 196

Schupp, Fritz: Stahlbeton und Stahlfachwerk am gleichen Bau, in: Der Bau und die Bauindustrie, Düsseldorf 7. Jg. 1954, S. 233 - 234

Schupp, Fritz: Bauten des Bergbaues im Ruhrgebiet , in: Bauen + Wohnen, München 9. Jg 1954 Heft 11, S. 600 - 604

Schupp, Fritz: Industriebau und freischaffender Architekt, in: Der Architekt, Essen 3. Jg. 1954, S. 370 - 376

Schupp, Fritz: Aufbereitungsanlage der Schachtanlage Germania in Marten/Dortmund, in: Bauen + Wohnen, München 10. Jg. 1955 Heft 6, S. 278 - 280

Schupp, Fritz: Der Architekt und die Planung von Werken der Industrie, in: Baukunst und Werkform / Die neue Stadt, Stuttgart 1955 Heft 11, S. 656 - 679

Schupp, Fritz: Waschkaue, Lohnhalle und Markenkontrolle - Zeche Hugo der Essener Steinkohlenbergwerks AG in Buer, in: Zentralblatt für Industriebau, Hannover 1. Jg. 1955 Heft 9, S. 289/294

Schupp, Fritz: Industriebau an der Ruhr, in: Zentralblatt für Industriebau, Hannover 1. Jg. 1955 Heft 5, S. 139 - 148

Schupp, Fritz: Armerzaufbereitung der Unterharzer Berg- und Hüttenwerke GmbH auf dem Bollrich in Goslar, in: Baumeister, München 52. Jg. 1955 Heft 9, S. 576 - 579

Schupp, Fritz: Unser Arbeitsanteil bei der Planung von Kraftwerken, in: Der Architekt, Essen 5. Jg. 1956 Heft 1, S. 4 - 16

Schupp, Fritz: Waschkauen,(I) und (II), in: Zentralblatt für Industriebau, Hannover 2. Jg. 1956 Heft 11/12, S. 387 - 413, 429 - 438

Schupp, Fritz: Zu einem Buch von Walter Henn: Bauten der Industrie, in: Der Architekt, Essen 5. Jg. 1956, S. 441 - 443

Schupp, Fritz: Schachtanlagen im Ruhrgebiet, in: Bauen + Wohnen, München 12. Jg. 1957 Heft 5, S. 154 - 156

Schupp, Fritz: Das Schamotte- und Magnesitwerk der Firma Heinrich Koppers - Essen in Heerdt bei Düsseldorf, in: Zentralblatt für Industriebau, Hannover 4. Jg. 1958 Heft 11, S. 391 - 399

Schupp, Fritz: Neubau Brikettfabrik der Schachtanlage Katharina in Kray der Essener Steinkohlenbergwerke AG in Essen, in: Zentralblatt für Industriebau, Hannover 4. Jg. 1958 Heft 5, S. 157 - 164

Schupp, Fritz: Ein Stahlbeton-Förderturm der Gewerkschaft Sophia-Jacoba in Ratheim, in: Baukunst und Werkform/Die neue Stadt, Stuttgart 1959 Heft 11, S. 621 - 627

Schupp, Fritz: Ingenieurbau und Industriearchitektur, in: Bauen + Wohnen, München 4. Jg. 1959, S. V4/V6

Schupp, Fritz: Gestaltungsfragen beim Bau von Turmförderungen, in: Zentralblatt für Industriebau, Hannover 5. Jg. 1959 Heft 8, S. 341 - 348

Schupp, Fritz: Drei Kraftwerke, Aus dem Schaffen des Architekten Werner Issel, in: Zentralblatt für Industriebau, Hannover 5. Jg. 1959 Heft 5, S. 210 - 217

Schupp, Fritz: Die Erzumschlaganlagen der Phoenix-Rheinrohr AG am Nordhafen in Duisburg-Rohrort, in: Zentralblatt für Industriebau, Hannover 6. Jg. 1960 Heft 9, S. 446 - 455

Schupp, Fritz: zu: Monumente unserer Zeit, Eine Umfrage unter deutschen Architekten, in: Christ und Welt, Stuttgart 13. Jg. 1960 Heft 53, S. 16 - 17

Schupp, Fritz: Industriebau und Städtebau, in: Zentralblatt für Industriebau, Hannover 7. Jg. 1961 Heft 2, S. 71 - 76

Schupp, Fritz: Übertagebauten der Schachtanlage 4 in Ratheim der Gewerkschaft Sophia Jacoba, in: Zentralblatt für Industriebau, Hannover 7. Jg. 1961 Heft 1, S. 10 - 17

Schupp, Fritz: Industriebau im Rahmen des Städtebaus, in: Der Architekt, Essen 10. Jg. 1961 Heft 5, S. 147 - 156

Schupp, Fritz: Ingenieur und Architekt, in: Zentralblatt für Industriebau, Hannover 8. Jg. 1962 Heft 8, S. 366 - 374

Schupp, Fritz: Transportbandbrücken, in: Zentralblatt für Industriebau, Hannover 9. Jg. 1963 Heft 11, S. 510 - 521

Schupp, Fritz; Schupp, Dieter: Förderturm der Schachtanlage „Gneisenau 3" der Harpener Bergbau AG in Dortmund, in: Zentralblatt für Industriebau, Hannover 10. Jg. 1964 Heft 12, S. 570 - 579

Schupp, Fritz: Die Werkhallen der kontinuierlichen Rohrwalzenstraße in Mülheim und das Bauen mit profilierten Stahlblechelementen, in: Zentralblatt für Industriebau, Hannover 11 Jg. 1965 Heft 9, S. 420 - 431

Schupp, Fritz; Schupp, Dieter: Förderturm in Dortmund, in: Baumeister, München 63. Jg. 1966 Heft 9, S. 1061 - 1063

Schupp, Fritz: Heutiger Industriebau, Vortrag zur Eröffnung einer Ausstellung im Karl-Ernst-Osthaus-Museum Hagen, in: Zentralblatt für Industriebau, Hannover 12. Jg. 1966 Heft 12, S. 538 - 553

Schupp, Fritz: Fördergebäude der Schachtanlage Hugo 8 in Gelsenkirchen-Buer, in: DBZ Deutsche Bauzeitschrift, Gütersloh 15. Jg. 1967 Heft 1, S. 59 - 60

Schupp, Fritz: Industriebauten am Harzrand (Rammelsberg feiert Jubiläum: Tausend Jahre Goslarer Erzbergbau), in: Goslarsche Zeitung vom 07.06.1968

Schupp, Fritz: Industriebau und Landschaft, in: Zentralblatt für Industriebau, Hannover 14. Jg. 1968 Heft 6, S. 263 - 268

Schupp, Fritz: Baugestaltung mit Profilblechtafeln, in: Zentralblatt für Industriebau, Hannover 14. Jg. 1968 Heft 12, S. 508 - 520

Schupp, Fritz; Winkhaus, Fritz: Stranggieß-Anlage der August-Thyssen-Hütte AG im Werk Duisburg-Ruhrort, in: Zentralblatt für Industriebau, Hannover 16. Jg. 1970 Heft 1, S. 2 - 13

Schupp, Fritz: Stahlwerk der August-Thyssen-Hütte AG in Duisburg-Hamborn, in: DBZ Deutsche Bauzeitschrift, Gütersloh 18. Jg. 1970 Heft 10, S. 1919 - 1922

Schupp, Fritz: Gedanken über den Industriebau, in: DBZ Deutsche Bauzeitschrift, Gütersloh 19. Jg. 1971 Heft 9, S. 1739 - 1748

Schupp, Fritz: Landabsatzanlage nahe der holländischen Grenze, in: Zentralblatt für Industriebau, Hannover 18. Jg. 1972 Heft 7, S. 250 - 255

Schupp, Fritz: 110-kV-Schaltanlage am Hochofenwerk Schwelgern der August-Thyssen-Hütte AG in Duisburg-Hamborn, in: Zentralblatt für Industriebau, Hannover 19. Jg. 1973 Heft 7, S. 302 - 306

Schupp, Fritz: Das Hochofenwerk Schwelgern der August-Thyssen-Hütte AG in Duisburg-Hamborn , in: Zentralblatt für Industriebau, Hannover 20. Jg. 1974 Heft 8, S. 290 - 287

Literaturverzeichnis

Sekundärliteratur:

Ackermann, Ernst: Die Weiterentwicklung der Fördergerüste, insbesondere der Turm-Fördergerüste, in: Der Stahlbau, Berlin Jg. 23 1954, S. 49-53

Ackermann, Ernst: Das Eisen als Baustoff für Fördertürme und Fördergerüste, in: Glückauf, Essen Jg. 63 1927, S. 767-769

Amt Schönheit der Arbeit Hrsg.: Schönheit der Arbeit im Bergbau, in: Fachschriftenreihe des Amtes „Schönheit der Arbeit", Berlin 1941 Bd. 16

Architektur-Kolloquium Bochum Hrsg.: Josef Franke 163 Entwürfe für das 20. Jahrhundert, Essen 1999

Bacmeister, Walter: Gustav Knepper Das Lebensbild eines großen Bergmanns, Essen 1950

Bauer, Fritz: Zeche „Zollverein" in Essen-Katernberg, in: Zentralblatt der Bauverwaltung, Berlin Jg. 54 1934 H. 9, S. 101-105

Bauer, Fritz: Neubauten des Schlacht- und Viehhofes in Essen, in: Zentralblatt der Bauverwaltung, Berlin Jg. 52 1932, S. 205-214

Becher, Bernhard und Hilla: Die Architektur der Förder- und Wassertürme, in: Studien zur Kunst des 19. Jahrhunderts Band 13, München 1971

Becher, Bernhard und Hilla; Conrad, Hans Günther; Neumann, Eberhard G.: Zeche Zollern 2, München 1977

Becher, Bernhard und Hilla: Pennsylvania Coal Mine Tipples, München 1991

Becher, Bernd und Hilla: Fördertürme, München 1997

Bechthold, Gerhard; Lohse, Bernd; Einleitung Domke, Helmut: Das Revier, Frankfurt 2. Aufl. 1985

Behne, Adolf: 1923 Der moderne Zweckbau, Berlin 1964

Beier, Rosmarie Hrsg.: aufbau west aufbau ost, Die Planstädte Wolfsburg und Eisenhüttenstadt in der Nachkriegszeit, Berlin 1997

Benedict, W.: Formenschönheit von Ingenieurbauwerken, in: Hellweg, Essen 1922 April

Bensinger, Hj.: Neues Bauen im Revier, in: Deutsche Bauzeitschrift, Gütersloh Jg. 4 1956, S. 342-345

Bertsch, Christoph: ...und immer wieder das Bild von den Maschinenrädern. Beiträge zu einer Kunstgeschichte der industriellen Revolution, Berlin 1986

Biecker, Johannes; Buschmann, Walter: Bergbauarchitektur, Bochum 1986

Biecker, Johannes; Nendza, Helmut: Baudenkmäler im Ruhrgebiet, Essen 1991

Bieker, Josef; Föhl, Axel; Ganser, Karl; Günter, Roland; Romeis, Ulrike; Zerressen, Marion: Industriedenkmale im Ruhrgebiet, Hamburg 3. Aufl. 2001

Bieker, Josef: Schlösser im Revier, Romantik zwischen Fördertürmen, Dortmund 1989

Birkenfeld, Wolfgang: Der synthetische Treibstoff 1933-1945, Göttingen 1964

Bock, H.: Eisenbauten der Gegenwart, in: Der Eisenbau, Leipzig Jg. 6 1915 H. 2, S. 41-48

Bode, Ernst: Neue Bauten der Stadt Essen, Düsseldorf 1927

Bode, Ernst: Der Essener Großmarkt, in: Zentralblatt der Bauverwaltung, Berlin Jg. 49 1929, S. 773-776

Bode, Ernst: Neue Bauten der Stadt Essen, in: Neue Werkkunst, Berlin 1929

Bode, Ernst Hrsg.: Neue Bauten der Stadt Essen 2. Folge, in: Neue Stadtbaukunst, Berlin 1929

Böll, Heinrich (Text); Chargesheimer, Karl-Heinz (Photos): Im Ruhrgebiet, Köln 1958

Bollerey, Franziska; Hartmann, Kristiana: Wohnen im Revier, 99 Beispiele aus Dortmund, München 1975

Borsdorf, Ulrich; Eskildsen, Ute Hrsg.: Untertage Übertage Bergarbeiterleben heute, München 1985

Borsdorf, Ulrich; Kania, Rolf Hrsg.: Ruth Hallensleben Industrie und Arbeit. Industriefotografie aus der Mitte des 20. Jahrhunderts, Essen 1990

Borsdorf, Ulrich; Kania, Rolf Hrsg.: Josef Stoffels Bergwerke. Industriefotografie aus der Mitte des 20 Jahrhundert, Essen 1990

Brockhaus, Christoph; Hrsg. Bundesgartenschau Gelsenkirchen 1997: Zeche Nordstern kunstklangraum Schupp und Kremmer Humpert Karavan, Ostfildern-Ruit 1997

Brüggemeier, Franz-Josef: Leben vor Ort, Ruhrbergleute und Ruhrbergbau 1889-1919, München 1983

Buddensieg, Tilmann; Rogge, Henning; Heidecker, Gabriele; Wilhelm, Karin; Bohle, Sabine; Neumeyer, Fritz: Industriekultur Peter Behrens und die AEG 1907-1914, Berlin 1979

Busch, Wilhelm: F. Schupp, M. Kremmer Bergbauarchitektur 1919-1974, Landeskonservator Rheinland Arbeitsheft 13, Köln 1980

Busch, Wilhelm: Stahlfachwerkarchitektur. Der Beitrag des Bergbaus zur modernen Architektur, in: Biecker, Johannes; Buschmann, Walter: Bergbauarchitektur, Bochum 1986, S. 115-134

Busch, Wilhelm: Bauten der 20er Jahre an Rhein und Ruhr. Architektur als Ausdrucksmittel, Beiträge zu den Bau- und Kunstdenkmälern im Rheinland, Band 32, Köln 1993

Buschmann, H.: Turmförderanlage Königsborn Schacht IV, in: Zeitschrift des VDI, Berlin Jg. 74 1930 Nr. 32, S.1105-1109

Buschmann, Walter: Zeche Zollverein in Essen, in: Rheinische Kunststätten, Köln 1. Aufl. 1987 Heft 319

Buschmann, Walter: Koks, Gas, Kohlechemie - Geschichte und gegenständliche Überlieferung der Kohleveredelung, Essen 1993

Buschmann, Walter: Die Architektur der Fördergerüste im Steinkohlenbergbau, in: Ursprünge und Entwicklung der Stadt Oberhausen / Hrsg. Historische Gesellschaft Oberhausen e.V., Oberhausen 1996 5, S. 53-69

Buschmann, Walter: Zechen und Kokereien im rheinischen Steinkohlenbergbau. Aachener Revier und westliches Ruhrgebiet, Die Bau- und Kunstdenkmäler von Nordrhein-Westfalen, I. Rheinland, Berlin 1998

Buschmann, Walter Hrsg.: Kohlekraftwerke, Kraftakte für die Denkmalpflege ?, Essen 1. Aufl. 1999

Butzer, Heinrich: Kohlenwäsche der Zeche Minister Stein in Dortmund-Eving, in: Beton und Eisen, Berlin 26. Jg. 1927 H. 1, S. 6-9

Cordes, Gerhard: Zechenstillegungen im Ruhrgebiet (1900-1968), Essen 1972

Dege, Wilhelm: Das Ruhrgebiet, Braunschweig 1973

Drebusch, Günter: Industriearchitektur, München 1976

Drepper, Uwe Hrsg.: Das Werktor. Architektur der Grenze, München 1991

Dröge, Franz; Müller, Michael: Die Macht der Schönheit, Avantgarde und Faschismus oder die Geburt der Massenkultur, Europäische Bibliothek Band 21, Hamburg 1995

Ebert, Wolfgang; Bednorz, Achim (Photographien): Kathedralen der Arbeit. Historische Industriearchitektur in Deutschland, Tübingen 1996

(Entwicklung) Die Entwicklung des Niederrheinisch-Westfälischen Steinkohlen-Bergbaues in der zweiten Hälfte des 19. Jahrhunderts, Bd. I-XII, Berlin 1902 - 1905

(Entwicklung) Die Entwicklung des Niederrheinisch-Westfälischen Steinkohlen-Bergbaues in der zweiten Hälfte des 19. Jahrhunderts, Bd. V Förderung, Berlin 1902

(Entwicklung) Die Entwicklung des Niederrheinisch-Westfälischen Steinkohlen-Bergbaues in der zweiten Hälfte des 19. Jahrhunderts. Bd. VIII. Disposition der Tagesanlagen, Dampferzeugung, Centralkondensation, Luftkompressoren, Elektrische Centralen, Berlin 1905

Erberich, Johannes: Steinkohlen-Zeche der Gewerkschaft „Barmen" früher „ver. Adolar", in: Der Industriebau, Leipzig Jg. 2 1911, S. 86-92

Erberich, Johannes: Gewerkschaft Vulkan-Berlin, Schachtanlage „Anna" (Lignitbergwerk) bei Caden im Westerwalde,
in: Der Industriebau, Leipzig Jg. 2 1911, S. 169-181

Erberich, Johannes: Benzolfabriken in Verbindung mit Schachtanlagen, in: Der Industriebau, Leipzig Jg. 3 1912, S. 14-18

Erberich, Johannes: Gas-Nebenprodukten-Gewinnungs-Anlagen im Betriebe der Rheinisch-Westfälischen Steinkohlen-Zechen, in: Der Industriebau, Leipzig Jg. 3 1912, S. 111-115

Erberich, Johannes: Sieberei und Brikettfabrik in Darmanesti (Rumänien), in: Der Industriebau, Leipzig Jg. 4 1913, S. 8-10

Erberich, Johannes: Die Bergwerksanlagen der Gewerkschaften der konsolidierten Wenceslausgrube und Ferdinandgrube in Mölke (Schlesien), in: Der Industriebau, Leipzig Jg. 4 1913, S. 205-222

Erberich, Johannes: Nebenproduktgewinnungsanlagen auf Steinkohlenzechen, in: Der Industriebau, Leipzig Jg. 5 1914, S. 101-105

Erberich, Johannes: Vortrag über Zechenhochbauten, in: Der Industriebau, Leipzig Jg. 5 1915, S. 298-300

Erberich, Johannes; Scheeben: Ziegelsteinmauerwerk und -verblendung im Industriebau, in: Der Industriebau, Leipzig Jg. 20 1929, S. 354-359

Erberich u. Scheeben: Moderne Zechenbauten von Regierungsbaumeister Eberich und Scheeben, Köln, in: Moderne Bauformen, Stuttgart Jg. 28 1929, S. 295-299

Essen, Bund Deutscher Architekten BDA Kreisgruppe Essen: Essen Architekturführer, in: Architektur im Ruhrgebiet, Essen 1983

Essen, Stadt Essen Hrsg.: Essener Zechen. Zeugnisse der Bergbaugeschichte, Essen 1986

Essen, Kulturamt der Stadt: Zukunft ohne Zechen, Essen 1994

Fischer, Alfred: Über den Fabrikbau, in: Westdeutsche Bau-Zeitung, Düsseldorf Jg. 14 1910 Nr. 3, S. 5-6

Fischer, Alfred: Verwaltungsgebäude Ruhrsiedlungsverband Essen, Neue Werkkunst, Berlin 1930

Fischer-Essen, Alfred: Alfred Fischer-Essen, Verwaltungsgebäude Ruhrsiedlungsverband Essen, mit einem Vorwort von Ph.A.Rappaport, Beiträgen von Rob. Schmidt und Alfred Fischer-Essen, Nachwort zur Neuausgabe von Wilhelm Busch, Neue Werkkunst, Neu herausgegeben von Roland Jaeger, Berlin 1998

Föhl, Axel: Technische Denkmale im Rheinland, Landeskonservator Rheinland Arbeitsheft 20, Köln 1976

Föhl, Axel; Hamm, Manfred (Fotos): Sterbende Zechen, Berlin 1983

Föhl, Axel: Zehn Jahre Erfassung technischer Denkmale im Rheinland, in: Jahrbuch der rhein. Denkmalpflege, Köln Jg. 29 1983, S. 347-368

Föhl, Axel: Bauten der Industrie und Technik, Schriftenreihe des Deutschen Nationalkomitees für Denkmalschutz, Bonn

Föhl, Axel: Bauten der Industrie und Technik in Nordrhein-Westfalen, Berlin 2000

Friebe, Wolfgang: Architektur der Weltausstellungen 1851-1970, Leipzig 1983

Friemert, Chup: Das Amt „Schönheit der Arbeit"-Ein Beispiel zur Verwendung des Ästhetischen in der Produktionssphäre, in: Das Argument, Karlsruhe 1972, S. 258-275

Friemert, Chup: Die Gläserne Arche Kristallpalast London 1851 und 1854, München 1984

Fünf Jahre Bauschaffen im Ruhrbezirk, in: Wasmuths Monatshefte für Baukunst, Berlin Jg. 15 1930, S. 412-415

Ganzelewski, Michael; Slotta, Rainer: Die Denkmal-Landschaft „Zeche Zollverein". Eine Steinkohlenzeche als Weltkulturerbe ?!, Veröffentlichung des Deutschen Bergbau-Museum Bochum, Bochum 1999

Gebhardt, Gerhard: Wegweiser durch die westdeutschen Industriereviere Ruhr-Köln-Aachen-Saar, Essen 1961

Gebhardt, Gerhard: Ruhrbergbau, Geschichte, Aufbau und Verflechtung seiner Gesellschaften und Organisationen, Essen 1957

Gelsenberg Benzin AG Hrsg.: Gelsenberg Benzin AG, Gelsenkirchen 1962

Gelsenkirchener Bergwerks-Aktien-Gesellschaft: Zur Feier des Fünfundzwanzigjährigen Bestehens der Gelsenkirchener Bergwerks-Aktien-Gesellschaft zu Rheinelbe bei Gelsenkirchen 1873-1898

Gelsenkirchener Bergwerks-Aktien-Gesellschaft: Gelsenkirchener Bergwerks-Aktien-Gesellschaft 1873-1901, Bochum 1901

Gelsenkirchener Bergwerks-Aktien-Gesellschaft: Gelsenkirchener Bergwerks-Aktien-Gesellschaft 1873-1913

Gelsenkirchener Bergwerks-Aktien-Gesellschaft: 10 Jahre Steinkohlenbergbau der Vereinigten Stahlwerke AG 1926-1936, Essen 1936

Gelsenkirchener Bergwerks-Aktien-Gesellschaft: 25 Jahre Bergbau der Vereinigten Stahlwerke AG bzw. der Gelsenkirchener Bergwerks-AG, Essen 1952

Gelsenkirchener Bergwerks-Aktien-Gesellschaft: Fünfzehn Jahre Bergbau im Raum Dortmund 1952-1967, Gelsenkirchen 1967

Gentner, Carin; Kessemeier, Siegfried: Industrie im Bild Gemälde 1850 - 1950 Eine Deutsche Privatsammlung, Ausstellungskatalog Westfälisches Landesmuseum für Kunst- und Kulturgeschichte, Münster 1990

Gephart, Rolf: Die Zechen des Ruhrgebietes in ihrer landschaftlichen Erscheinung und Auswirkung, in: Diss. Münster 1936, Bochum 1937

Geschichtswerkstatt Zollverein Hrsg.: Zeche Zollverein Einblicke in die Geschichte eines großen Bergwerks, Essen 2. Aufl. 1999

Gneisenau/Museum für Kunst und Kulturgeschichte Dortmund Hrsg.: Leben mit Gneisenau, hundert Jahre .../Eine Zeche zwischen Dortmund und Lünen, Essen 1986

Grewe, Heinz: Aus der Geschichte der Technik im Ruhrgebiet von ihren Anfängen bis 1860, Essen 1941

Grumbrecht, A.: Einführung in den Bergbau, Essen 1949

Günter, Roland: Im Tal der Könige. Ein Reisebuch zu Emscher, Rhein und Ruhr, Essen 1. Aufl. 1994

Günter, Roland: Besichtigung unseres Zeitalters: Industriekultur in Nordrhein-Westfalen: Ein Handbuch für Reisen, Essen 1. Aufl. 2001

Hagspiel, Wolfram: Theodor E. Merrill - Ein Kölner Architekt, in: Der Architekt 1978, S. 266

Handke, Horst: Zur Rolle der Volkswagenpläne bei der faschistischen Kriegsvorbereitung, in: Der deutsche Imperialismus und der zweite Weltkrieg, Berlin 1961, S. 133-151

Hartung, Giselher: Eisenkonstruktionen des 19. Jahrhunderts, Darmstadt 1983

Hassler, Uta; Petzet, Michael Hrsg.: Das Denkmal als Altlast? Auf dem Weg in die Reparaturgesellschaft, in: ICOMOS Hefte des Deutschen Nationalkomitees XXI, München 1996

Heideck, Erich; Leppin, Otto: Der Industriebau, Zweiter Band, Planung und Ausführung von Fabrikanlagen unter eingehender Berücksichtigung der allgemeinen Betriebseinrichtungen, Berlin 1933

Heizer, Wilhelm: Professor Alfred Fischer, in: Baukunst, München Jg. 3 1927, S. 313-320

Helmigk, Hans Joachim: Die Anfänge des Industriebaus in Oberschlesien, in: Bauwelt, Berlin Jg. 35 1934, S. 1-8

Henn, Walter: Bauten der Industrie, Band 1 Planung Entwurf Konstruktion, München 1955

Henn, Walter: Bauten der Industrie, Band 2 Ein Internationaler Querschnitt, München 1955

Henn, Walter: Industriebau Band 2. Entwurfs- und Konstruktionsatlas, München 1961

Henn, Walter: Industriebau Band 3. Internationale Beispiele, München 1962

Hermann, Gertrude und Wilhelm: Die alten Zechen an der Ruhr, Königstein 3. Aufl. 1990

Hermann, Gertrude und Wilhelm: Die alten Zechen an der Ruhr, Königstein 1981

Hermann, Wilhelm; Stoffels, Jos.: Die Steinkohlenzechen Ruhr-Aachen-Niedersachsen. Das Gesicht der Übertageanlagen in der zweiten Hälfte des Jahrhunderts, Essen 1959

Hillenhinrichs, Theo: Ueber Gestaltung und Wirtschaftlichkeit neuer Bergwerksanlagen im Ruhrbezirk, Diss. Clausthal 1932, Lippstadt 1933

Hitchcock, Henry-Russell: Die Architektur des 19. und 20. Jahrhunderts, München 1994

Hitchcock, Henry-Russell; Johnson, Philip: Der Internationale Stil 1932, Bauwelt Fundamente 70, Braunschweig 1985

Höber, Andrea; Ganser, Karl Hrsg.: Industriekultur. Mythos und Moderne im Ruhrgebiet, Essen 1999

Hoffmeister, Christine: Industrie als Gegenstand der Kunst, in: Bildende Kunst, Berlin 1965, S. 129-134

Hoffmeister, Christine: Industrielandschaft als Zeitaussage, in: Bildende Kunst, Berlin 1967, S. 196-200

Hoischen, A; Sander, F.: Fördertürme in Stahlkonstruktion, in: Sonderdruck aus: Der Stahlbau, Berlin Jg. 30 1961 Heft 9, S. 268-273

Holländer, Hans Hrsg.: Erkenntnis Erfindung Konstruktion, Studien zur Bildgeschichte von Naturwissenschaften und Technik vom 16. bis zum 19. Jahrhundert, Berlin 2000

Hülsemann, P. (Hrsg.): Die Bergwerke Deutschlands, Stuttgart 1930

Huske, Norbert: Die Steinkohlenzechen im Ruhrrevier. Daten und Fakten von den Anfängen bis 1997, in: Veröffentlichungen aus dem Deutschen Bergbau-Museum Bochum, Bochum 2. Aufl. 1998

Industrie-Architektur in Westfalen, Zeugen der Technikgeschichte, Münster 1978

Industriebilder aus Westfalen, Ausstellungskatalog: Westfälisches Landesmuseum für Kunst und Kulturgeschichte, Münster 1979

Iterson, Ir.F.K.Th. van: Der Förderturm in Nieuwenhagen-Limburg, in: Zentralblatt der Bauverwaltung, 54. Jg. 1934, S. 764-765

Jaeger, Roland: Neue Werkkunst. Architekten Monographien der Zwanziger Jahre, Berlin 1998

Janzen, Thomas: Zwischen der Stadt. Photographien des Ruhrgebiets von Albert Renger-Patzsch, KunstOrt Ruhrgebiet, Ostfildern 1996 Band 7

Kegel, Sturm: Das Ruhrgebiet, Gesicht einer Industrielandschaft, Stuttgart 1. Aufl. 1952

Kellermann, H.; Weigle, H.: Die Schachtanlage Jacobi der Gutehoffnungshütte, in: Glückauf, Essen Jg. 58 1922 Nr. 1, S. 1-6

Kessemeier, Siegfried; Beer, Wilfried; Jansen, Johan: Herman Heyenbrock Industriebilder 1900 - 1940, Ausstellungskatalog Westfälisches Landesmuseum für Kunst- und Kulturgeschichte, Münster 1985

Kierdorf, Alexander; Hassler, Uta: Denkmale des Industriezeitalters. Von der Geschichte des Umgangs mit Industriekultur, Tübingen 2000

Klopfer, Paul: Architekt Regierungsbaumeister Alfred Fischer, Düsseldorf, in: Moderne Bauformen, Jg. 9 1910, S. 184-192

Kluke, Paul: Hitler und das Volkswagenprojekt, in: Vierteljahreshefte für Zeitgeschichte, Stuttgart Jg. 8 1960, S. 341-383

Koegler, F.: Neue Fördertürme und Fördergerüste in Eisenbeton, in: Glückauf, Essen Jg. 58 1922, S. 917-922

Koegler, F.: Neue Fördertürme und Fördergerüste in Eisenbeton, in: Glückauf, Essen Jg. 63 1927, S. 185-193

Koellmann, H.P.: Fritz Schupp, 1896-1974, in: Bauwelt, Berlin Jg. 34 1974, S. 1173

Konrad, A.: Die Verwendung von Eisenbeton beim Ausbau von Zechen über Tage, in: Deutsche Bergwerks-Zeitung, Jubiläums- Ausgabe Nr. 7, S. 14-18

Körner, Edmund: Ein Industriebau, in: Deutsche Bauhütte, Hannover Jg. 26 1923, S. 192-193

Körner, Edmund: Zeche vereinigte Helene und Amalie, in: Die Baugilde, Jg. 10,1928, S. 1049-1051

Koschwitz, Carl: Die Hochbauten auf den Steinkohlenzechen des Ruhrgebiets, Essen 1930

Kraemer, Friedrich Wilhelm: Ordnung und Gestalt, in: Zentralblatt für Industriebau, Hannover Jg. 13 1967, S. 398-403

Kreibich, Rolf; Schmid, Arno S.; Siebel, Walter; Sieverts, Thomas; Zlonicky, Peter (Hrsg.): Bauplatz Zukunft, Dispute über die Entwicklung von Industrieregionen, Essen 1994

Kriegsgemäßer Industriebau, in:Bauwelt, Berlin, Jg. 34 1943, S. 1-6

Kroker, Evelyn: Der Arbeitsplatz des Bergmanns, Bd. 2 Der Weg zur Vollmechanisierung, Bochum 1986

Kühne, Günther: Der Ausverkauf geht weiter, in: Bauwelt, Berlin Jg. 63 1972, S. 1844

Kühne, Günther; Stephani, Elisabeth: Evangelische Kirchen in Berlin, Berlin 1978

Küsgen, Wilhelm: Zechen-Ziegeleien. Eine Untersuchung über die Angliederung von Ziegeleien an Steinkohlenbergwerke im Ruhrgebiet, Köln 1925

Kuhlmann, K.: Fördergerüste und Fördertürme in Stahlbeton, in: Glückauf, Essen Jg. 89 1953, S. 1125-1130

Kultermann, Udo: Entwicklungslinien des deutschen Industriebaus, in: Baukunst und Werkform, Nürnberg Jg. 11 1958, S. 617-625

Kultermann, Udo: Fritz Schupp, in: Deutsche Bauzeitung 3, Stuttgart 1961, S. 196-197

Landschaftsverband Rheinland Hrsg.: „Das darf nicht weg!", Historische Industrieobjekte in Nordrhein-Westfalen, in: Schriften des Rhenischen Museumsamtes Nr. 25, Köln 1983

Landschaftsverband Westfalen-Lippe Hrsg.: Der Bergbau im Ruhrgebiet, Überlegungen zur Erhaltung seiner Denkmäler, Münster 1986

Lane, Barbara Miller: Architektur und Politik in Deutschland 1918-1945, Braunschweig 1986

Lang, Horst: ... als der Pott noch kochte, Photographien aus dem Ruhrgebiet, München 2000

Lehmann, Ralf (Vorwort): Historisches Ruhrgebiet in unbekannten Ansichten, Weingarten 1998

Leitl, Alfons: Landschaftsgebundener Industriebau?, in:

Bauwelt, Berlin Jg. 28 1937, S. 867-871

Lindner, Werner: Bauten der Technik, Ihre Form und Wirkung, Werkanlagen, Berlin 1927

Lodders, Rudolf: Industriebau und Architekt und ihre gegenseitige Beeinflussung, Hamburg 1946

Ludwig, Karl-Heinz: Technik und Ingenieure im Dritten Reich, Düsseldorf 1974

Maier-Leibnitz, Hermann: Der Industriebau, Erster Band, Die bauliche Gestaltung von Gesamtanlagen und Einzelgebäuden, Berlin Erster Band 1932

Maier-Leibnitz, Hermann: Die Hochbauten über Tage der Schachtanlage Jacobi der Gutehoffnungshütte bei Osterfeld, in: Industrieblatt, Stuttgart 24. Jg. 1924 H. 14, S. 322-324

Mannesmann-Röhren-Werke Hrsg.: Zur Erinnerung an die Einweihung des Verwaltungsgebäudes der Mannesmann-Röhren-Werke in Düsseldorf, 10. Dezember 1912, Berlin 1913

Matschoss, Conrad: Donnersmarckhütte 1872-1922, Berlin 1923

Matz, Reinhard: Industriefotografie, Aus Firmenarchiven des Ruhrgebietes, Schriftenreihe der Kulturstiftung Ruhr Band 2, Essen 1987

Mauritz, M.: Zu den Arbeiten des Reg.-Baumeisters Ernst Bode, Essen, in: Moderne Bauformen, Stuttgart Jg. 26 1927, S. 271-280

Mauritz, R.: Die jüngste Bautätigkeit der Stadt Essen - Zu den Arbeiten des Beigeordneten Regierungsbaumeister Bode, Essen, in: Moderne Bauformen, Stuttgart Jg. 23 1924 Tafel 59-63, S. 257-282

Mehrtens, Hans: Die Eigengesetzlichkeit der Gestaltung von Industriebauten, in: Der Baumeister, München Jg. 41 1943, S. 21-24

Mehrtens, Hans: Bauen mit Stahl, in: Die Bauverwaltung, Düsseldorf Jg. 5 1956, S. 459-475

Mehrtens, Herbert; Richter, Steffen: Naturwissenschaft, Technik und NS-Ideologie. Beiträge zur Wissenschaftsgeschichte des Dritten Reiches, Frankfurt 1980

Merrill, Theodor: Zeche Königsgrube, Bochum, in: Wasmuths Monatshefte für Baukunst und Städtebau, Berlin Jg. 15 1931, S. 87

Meuß, Paul: Die Entwicklung des Steinkohlenbergbaus in Westfalen besonders in technischer Beziehung bis zum Jahre 1865, Berlin 1930

Meyer, H.: Die Schachtanlage III/IV des Steinkohlenbergwerks Victor bei Rauxel, in: Glückauf, Essen Jg. 49 1913, S. 1505-1515

Ministerium für Arbeit, Soziales und Stadtentwicklung, Kultur und Sport des Landes Nordrhein-Westfalen Hrsg.: Aufbruch statt Abbruch. Industriedenkmalpflege in Nordrhein-Westfalen, Düsseldorf 1999

Mittig, Hans-Ernst: Industriearchitektur des NS-Regimes: Das Volkswagenwerk, in: Dolff-Bonekämper, Gabi; Kier, Hiltrud Hrsg., Städtebau und Staatsbau im 20. Jahrhundert, München 1996, S. 77-112

Möhrle, Th.: Das Fördergerüst, seine Entwicklung, Berechnung und Konstruktion, Berlin 1928

Mommsen, Hans; Borsdorf, Ulrich Hrsg.: Glück auf, Kameraden ! Die Bergarbeiter und ihre Organisationen in Deutschland, Köln 1979

Mommsen, Hans; Grieger, Manfred: Das Volkswagenwerk und seine Arbeiter im Dritten Reich, Düsseldorf 3. Aufl. 1997

Möhring, Bruno: Stein und Eisen, Berlin 1903-1911

Mueller, Irmtraud: Fördertürme und Kohleveredlungsanlagen der Zechen als landschaftsbestimmende Merkmale, in: Dissertation, Kiel 1952

Müller, Sebastian; Herrmann, Rita A. Hrsg.: Inszenierter Fortschritt, die Emscherregion und ihre Bauausstellung, in: AKP - Alternative Kommunalpolitik, Bielefeld 1999

Müller-Wulckow, Walter: Arbeiten des Architekten Alfred Fischer in Essen, in: Die Rheinlande. Monatszeitschrift für dt. Kunst u. Dichtung, Düsseldorf 1919 Bd. 29, S. 225-232

Müller-Wulckow, Walter: Deutsche Baukunst der Gegenwart Gesamtausgabe Bauten der Arbeit und des Verkehrs, Wohnbauten und Siedlungen, Bauten der Gemeinschaft, Königstein im Taunus 1929

Nerdinger, Winfried: Bauhaus-Moderne im Nationalsozialismus, München 1993

Nerdinger, Winfried: Theodor Fischer, Architekt und Städtebauer 1862 - 1938, Ausstellungskatalog der Architektursammlung der Technischen Universität München und des Münchner Stadtmuseums Nr. 7, Berlin 1988

Neubauten der August Thyssen-Hütte. Aktiengesellschaft in Duisburg-Hamborn: Neubauten der August Thyssen-Hütte. Aktiengesellschaft in Duisburg-Hamborn, in: Zentralblatt für Industriebau, Hannover Jg. 2 1956, S. 307-326

Neumann, Eberhard G.: Die ehemalige Zeche Zollern II/IV in Dortmund, in: Der Anschnitt, Bochum Jg. 26, S. 64-70

Neumann, Eberhard G.: Die ehemalige Zeche Zollern 2/4 in Dortmund Bovinghausen, Reihe: Große Baudenkmäler, München/Berlin 1975 Heft 299

Neumann, Eberhard G.: Industrie-Architektur in Westfalen, in: Zeugen der Technikgeschichte (Ausstellungskatalog), Münster 1975

Norden, van: Der Förderturm zu Klein-Schierstedt, in: Der Industriebau, Leipzig 15. Jg. 1924 H. 3, S. 49-52

Norden, van: Bauten des Architekten B.D.A. van Norden - Peine, in: Der Industriebau, Leipzig 15. Jg. 1924 H. 4, S. 61-72

Onsell, Max: Ausdruck und Wirklichkeit – Versuch über den Historismus in der Baukunst, Bauwelt Fundamente, Baunschweig 1981

Osborn, Max: Neue Bauten von Architekt Theodor Merrill, Köln, in: Neue Baukunst, Zeitschrift für Architektur, Baukunst und verw. Gebiete, Berlin Jg. 3 1927 Heft 13,

Parent, Thomas: Das Ruhrgebiet, Köln 1984

Parent, Thomas (Texte); Stachelhaus, Thomas (Fotos): Stadtlandschaft Ruhrrevier, Essen 1991

Paulinyi, Akos: Industriearchäologie. Neue Aspekte der Wirtschafts- und Technikgechichte, Dortmund 1975

Paulinyi, Akos; Troitzsch, Ulrich: Mechanisierung und Maschinisierung 1600 bis 1840, Propyläen Technikgeschichte Band 3, Hrsg. König, Wolfgang, Berlin 1991

Paulsen, Friedrich: Häuser der Arbeit, Das Ergebnis des Wettbewerbs der Deutschen Arbeitsfront, in: Monatshefte für Baukunst und Städtebau, Berlin Jg. 18 1934, S. 425-436

Pehnt, Wolfgang: Die Architektur des Expressionismus, Ostfildern-Ruit 1998

Pevsner, Nikolaus: Funktion und Form. Die Geschichte der Bauwerke des Westens, Hamburg 1998

Platz, Gustav Adolf: Die Baukunst der neuesten Zeit, Berlin 1927

Plunien, Eo: Die Krone aufs Exempel, in: Die Welt, Nr. 138, S. 15

Prüß, Hugo: Neuzeitliche Fördergerüste, in: Der Stahlbau, Berlin Jg. 25 1956, S. 90-97

Renger-Patzsch, Albert: Eisen und Stahl, Berlin 1931

Renger-Patzsch, Albert: Fotografien 1925-1960 (Red. Klaus Honnef), in: Kunst und Altertum am Rhein, Führer des Rheinischen Landesmuseums in Bonn, Bonn 1977 Nr. 72,

Ress, Franz Michael: Geschichte der Kokereitechnik, Essen 1957

Ricken, Paul: Glückauf! Zechenansichten aus dem Rhein.-Westf. Industriegebiet, Essen

Rings, Joseph: Josef Rings, in: Moderne Bauformen, Jg. 11 1912, S. 341-348

Rödel, Volker: Reclams Führer zu den Denkmalen der Industrie und Technik in Deutschland Band 1 Alte Länder, Stuttgart 1992

Rödel, Volker Hrsg.: Reclams Führer zu den Denkmalen der Industrie und Technik in Deutschland. Band 2 Neue Neue Länder. Berlin, Stuttgart 1998

Roseneck, Reinhard: Der Rammelsberg - Ein Dokument der Bergbaugeschichte, Arbeitshefte zur Denkmalpflege in Niedersachsen 9, Hameln 1992

Ruppert, Wolfgang: Die Fabrik, Geschichte von Arbeit und Industrialisierung in Deutschland, München 1983

Sachsse, Rolf: Bild und Bau. Zur Nutzung technischer Medien beim Entwerfen von Architektur, in: Bauwelt Fundamente 113, Braunschweig 1997

Sack, Manfred: Siebzig Kilometer Hoffnung. Die IBA Emscher-Park, Stuttgart 1999

Schäfer, Hermann: Die Planung von Schachtförderanlagen als Grundlage für den Bau der Übertageanlagen von Steinkohlenzechen im Ruhrgebiet. Ausschnitt aus Entwicklungsarbeiten der Gutehoffnungshütte Sterkrade Aktiengesellschaft, Werk Sterkrade, in: Reihe Bergbau, 1953 Heft 17

Schild, Erich: Zwischen Glaspalast und Palais des Illusions. Form und Konstruktion im 19. Jahrhundert, in: Bauwelt Fundamente 20, Berlin 1967

Schmacke, Ernst Hrsg.: Industriebilder, Gemälde einer Epoche, Münster 1994

Schmidt, Otto: Bergbauliche Arbeits- und Wohnstätten im rheinisch-westfälischen Industriegebiet, in: Der Industriebau, Leipzig Jg. 16 1925 H. 5, S. 101-126

Schneider, Sigrid Hrsg.: Als der Himmel blau wurde - Bilder aus den 60er Jahren, Ausstellung des Ruhrlandmuseums Essen, Bottrop 1998

Schröder, Anneliese: Aus Schacht und Hütte, Ein Jahrhundert Industriearbeit im Bild 1830-1930, Ausstellungskatalog Städtische Kunsthalle Recklinghausen, Recklinghausen 1980

Schröter, Hermann: Ernst Bode, in: Die Heimatstadt Essen Jahrbuch 1960/61, Essen 1961, S. 31-32

Schulte, F.: Die Tagesanlagen des Steinkohlenbergwerkes Victoria in Lünen, in: Glückauf, Essen Jg. 20 1914, S. 791-801

Schulz, Eberhard: Gehäuse der Großmaschinen, in: FAZ, Frankfurt Nr. 184, S. 13

Schulz, Eberhard: Die Zähmung der Gewalt, in: FAZ, Frankfurt Nr. 13,

Schulz, Eberhard: Die Prediger mit dem Reißbrett, Stuttgart 1964

(Schulze Buxloh): In memoriam Fiedrich Wilhelm Schulze Buxloh 4.8.1877-25.1.1959, Düsseldorf 1960

(Schupp): Professor Schupp wurde 75, in: Der Architekt, Essen Jg. 11 1972 H. 5, S. 121-122

(Schupp): Personalia Prof. Fritz Schupp, in: Zentralblatt für Industriebau, Hannover Jg. 7 1961 H. 1, S. 39

(Schupp): Nachruf Fritz Schupp, in: Zentralblatt für Industriebau, Hannover Jg. 20 1974 H. 8, S. 321

(Schupp): Fritz Schupp Martin Kremmer, Mit einer Einleitung von Kurt Wilhelm-Kästner und einem Nachwort zur Neuausgabe von Wilhelm Busch, Neue Werkkunst, Neu herausgegeben von Roland Jaeger, Berlin 1997

Schupp, Dieter: Zur Konstruktion von Fördertürmen, in: Baumeister, München 1966 H. 9, S. 1064-1072

Schupp, Dieter: Fördertürme in Stahl- und Stahlbetonbauweise, in: Zentralblatt für Industriebau, Hannover Jg. 8 1962, S. 335-343

Slotta, Delf: Fördergerüste und Fördertürme - Zeugen des technischen Fortschritts, in: Bergmannskalender 2002 / Hrsg. Deutsche Steinkohle AG, Herne 2002, S. 16-33

Spethmann, Hans: Das Ruhrgebiet im Wechselspiel von Land und Leuten, Wirtschaft, Technik und Politik, Band 1 Von der Vorrömerzeit bis zur Gestaltung eines Reviers in der Mitte des 19.Jahrhunderts, Berlin 1933

Spethmann, Hans: Das Ruhrgebiet im Wechselspiel von Land und Leuten, Wirtschaft, Technik und Politik, Band 2, Die Entwicklung zum Großrevier seit Mitte des 19. Jahrhunderts, Berlin 1933

Spethmann, Hans: Das Ruhrgebiet im Wechselspiel von Land und Leuten, Wirtschaft, Technik und Politik, Band 3, Das Ruhrrevier der Gegenwart, Berlin 1938

Spethmann, Hans: Die Stadt Essen Das Werden und Wirken einer Großstadt an der Ruhr, Berlin 1938

Spethmann, Hans: Wie unser Ruhrgebiet wurde, Berlin 1936

Spethmann, Hans: Die früheste Aufbereitung der Ruhrkohle, in: Glückauf, Essen Jg. 86 1950, S. 283-288

Spiegel, Hans: Helmuth v. Stegemann und Stein (gest. 26.2.1928), in: Der Industriebau, Leipzig Jg. 20 1929, S. 125

Stadt Essen Hrsg.: Essen Aus Trümmern und Schutt wächst eine neue Stadt, Essen 1956

Stegemann und Stein, Helmuth von: Ingenieurbauten im Bergbau über und unter Tage, in: Zeitschrift des VDI, Berlin Jg. 72, S. 1821-1827

Stegemann und Stein, Helmuth von: Ingenieurbauten im Bergbau über Tage, in: Der Industriebau, Leipzig Jg. 20 1929 H. 4, S. 126-135

Stegemann, Helmuth von: Industriebauten der Vereinigten Stahlwerke, in: Wasmuths Monatshefte für Baukunst, Berlin Jg. 13 1929, S. 49-57

(Steinkohlenbergwerke): Die Steinkohlenbergwerke der Vereinigten Stahlwerke A.-G.: Die Schachtanlage Zollverein in Essen Katernberg, 2 Bd., Essen 1934

(Steinkohlenbergwerke): Die Steinkohlenbergwerke der Vereinigten Stahlwerke A.-G.: Die Schachtanlage Bonifacius in Essen Kray, Essen 1929

(Steinkohlenbergwerke): Die Steinkohlenbergwerke der Vereinigten Stahlwerke A.-G.: Die Schachtanlage Nordstern in Gelsenkirchen-Horst, Essen 1933

Streich, Günter; Voigt, Corneel: Zechen Dominanten im Revier. Geschichte, Gegenwart, Zukunft, Essen 2. Aufl. 1999

Sturm, Hermann: Fabrikarchitektur Villa Arbeitersiedlung, München 1977

Tenfelde, Klaus: Sozialgeschichte der Bergarbeiterschaft an der Ruhr im 19. Jahrhundert, in: Schriftenreihe des Forschungsinstituts der Friedrich-Ebert-Stiftung Band 125, Bonn-Bad Godesberg 2. Aufl. 1981

Teut, Anna: Architektur im Dritten Reich 1933-1945, Bauwelt Fundamente 19, Berlin 1967

Trier, Eduard; Weyres, Willy Hrsg.: Kunst des 19. Jahrhunderts im Rheinland: Band 2 Architektur II, Düsseldorf 1. Aufl. 1980

Troost, Gerdy: Das Bauen im Neuen Reich, Bayreuth 1. Aufl. 1938 Bd. 1

Troost, Gerdy: Das Bauen im Neuen Reich, Bayreuth 1943 Bd. 2

Väth, Hans: Zechenbauten über Tage, in: Der Industriebau, Berlin Jg. 21 1930, S. 143-153

Väth, Hans: Zechenbauten über Tage, Dissertation, Braunschweig 1928, Dortmund 1929

Vereinigte Stahlwerke AG Düsseldorf Hrsg.: Vereinigte Stahlwerke AG Düsseldorf, Düsseldorf 1930

Vereinigte Stahlwerke AG Bergbau Gruppe Gelsenkirchen Hrsg.: Zeche Zollverein 12, Essen 1935

Vogelsang, Shephard: Architect versus Engineer, in: The Architectural Forum, New York 1929, S. 373-386

VW-Werk: Grundsteinlegung des VW-Werkes am 26.5.38, in: Motor-Schau, Berlin Jg. 2, S. 500-508

Weczerka, Hugo Hrsg.: Schlesien, Handbuch der historischen Stätten, Stuttgart 1977 1. Aufl.

(Weigle); Industriebauten von Oberbaurat Weigle & Söhne. Architekten in Stuttgart (1913)

Weisbrod, Bernd: Schwerindustrie in der Weimarer Republik, Wuppertal 1978

Weiss, R.: Neue Fördergerüstbauart, in: Glückauf, Essen Jg. 69 1933, S. 453-455

Wiehage, Walther: Planung und Ausführung der Tagesanlagen einer niederrheinischen Schachtanlage, in: Glückauf,

Essen Jg. 94 1958 H. 3/4, S. 85-94

Wilde, Ann und Jürgen; Weski, Thomas Hrsg.: Albert Renger-Patzsch, München 1997

Wilderotter, Hans Hrsg.: Walther Rathenau 1867-1922 - Die Extreme berühren sich, Berlin

Wilhelm, Karin: Walter Gropius, Industriearchitekt, in: Schriften zur Architekturgeschichte und Architekturtheorie, Braunschweig 1983

Wilhelm-Kästner, Kurt: Alfred Fischer - Essen, in: Moderne Bauformen, Stuttgart Jg. 29 1930, S. 149-162

Winkelmann, A.: Fördergerüst der Zeche Germania in Bochum aufgestellt, in: Der Anschnitt, Bochum Jg. 25 1973 Nr. 5, S. 32

Winkelmann, Heinrich: Der Bergbau in der Kunst, Essen 1958

Witt, H. P.: Neue Fördergerüste im In- und Ausland, in: Bergfreiheit, Herne Jg. 19 1954, S. 232-240

Wolff, John: Neuzeitliche Fördertechnik, in: Die Bautechnik, Berlin Jg. 6 1928 H. 28, S. 409-412

Zimmermann, Karl: Neues Turmfördergerüst, in: Der Stahlbau, Beilage zur Zeitschrift die Bautechnik, Berlin Jg. 2 1929 H. 2, S. 122-123

Zoepke: Geschweißte Konstruktionen bei den Übertagebauten einer Großschachtanlage, in: Der Bauingenieur, Berlin 1932 Bd. 13, H. 21/22, S. 297-302

Die Autoren

Wilhelm Busch, geboren 1949, Architekturstudium an der RWTH Aachen, dort Promotion 1981 über die Bergbauarchitektur von Schupp und Kremmer. Seit 1987 selbständiger Architekt in Mönchengladbach. Nach der Habilitation 1988 mit dem Forschungsbericht zu Bauten der 1920er Jahre an Rhein und Ruhr, Privatdozent für Geschichte des Industriebaus an der RWTH Aachen. Zahlreiche Veröffentlichungen zur Geschichte des Industriebaus, zur regionalen und zeitgenössischen Architektur.

Cengiz Dicleli, geboren 1943 in Istanbul, Studium des Bauingenieurwesens an der TU Berlin, von 1970 bis 1974 Mitarbeiter im Büro Polonyi, Berlin, von 1974 bis 1986 wiss. Mitarbeit an der Universität Dortmund, seit 1986 Professor für Tragkonstruktionen an der FH Konstanz im Fachbereich Architektur und Gestaltung, zahlreiche Veröffentlichungen und Vorträge über die Gestaltung von Ingenieurbauten und über die Geschichte des Ingenieurbaus.

Axel Föhl, geboren in Coburg, aufgewachsen in Düsseldorf. Nach Studium der Geschichte, Technikgeschichte und Anglistik seit 1974 im Rheinischen Amt für Denkmalpflege zuständig für Denkmale der Technik und Industrie. Seit 1992 Lehrbeauftragter der TU Braunschweig für Geschichte der Industriearchitektur und Industriedenkmalpflege. Zahlreiche Veröffentlichungen zur Industriearchitektur und Industriearchäologie. Seit 1991 Sprecher der bundesweiten Arbeitsgruppe Industriedenkmalpflege.

George Holländer, Dr. phil., geboren 1961, lebt in Duisburg, schreibt für den Galeristen Michael Werner in Köln, plant eine Monographie über Giogio Vasari, spricht Niederländisch, Englisch, Französisch und Italienisch

Hans Kania, geboren 1950, Historiker, von 1990 bis 1999 auf Zollverein tätig, u.a. mit Konzept und Realisierung des „Museum Zollverein" sowie der Einrichtung eines Archivs der Zeche Zollverein, zahlreiche Aufsätze über Zollverein.

Ingrid Krau, geboren 1942, Studium der Architektur an der TH Braunschweig und der TU Berlin, Promotion 1973 in Stadtsoziologie, Arbeit in Stadtplanung, Forschung und als selbständige Architektin in Berlin und im Ruhrgebiet bis 1997, seit 1994 Inhaberin des Lehrstuhls für Stadtraum und Stadtentwicklung an der TU München.

Ulrike Laufer, geboren 1959, Studium in Köln, München und Mannheim, Promotion über die Entstehung polytechnischer und gewerblicher Schulen in Süddeutschland. Drei Jahre Mitarbeiterin des Hauses der Bayerischen Geschichte in München, u.a. für die Ausstellung "Aufbruch ins Industriezeitalter", Mitarbeiterin am Münchner Stadtmuseum, insbesondere für die Ausstellung " Biedermeiers Glück und Ende", freiberufliche Tätigkeit am Landesmuseum für Technik und Arbeit in Mannheim.

Andrea Mesecke, geboren 1956, Studium in Marburg und Bonn, mehrjähriger Forschungsaufenthalt in Barcelona, Promotion 1992 in Kunstgeschichte. 1993 bis 1998 Assistentin im FB Architektur und Städtebau der Universität Dortmund sowie Lehrbeauftragte der FH Oldenburg. Zahlreiche Veröffentlichungen zu Architektur und Stadt, darunter: "Josef Paul Kleihues", Basel 1996 (hrsg. mit Thorsten Scheer), "Zur Spezifik der Repräsentationsarchitektur im Nationalsozialismus" in: "Stadt der Architektur Architektur der Stadt", Berlin 2000

Petra Reski, lebt als Journalistin und Schriftstellerin in Venedig, ihr neuestes Buch heißt "Ein Land so weit".

Reinhard Roseneck, Studium der Stadt- und Regionalplanung an der Technischen Universität Berlin, 1981 bis 2002 Bezirkskonservator der Niedersächsischen Landesdenkmalpflege, seit 1992 Professor an der Universität Göttingen, 1996 bis 2002 Geschäftsführer und wissenschaftlicher Direktor des Besucherbergwerks und Museums „Der Rammelsberg", seit 2002 Direktor der Stiftung Weltkulturerbe Rammelsberg/ Goslar und Kulturlandschaft Harz, zahlreiche Veröffentlichungen zur Industriekultur.

Rolf Sachsse, 1949 geboren in Bonn, Lehre und Arbeit als Architektur- und Industriephotograph, Studium der Kunstgeschichte, Kommunikationsforschung und Literaturwissenschaften, Promotion zu einem photohistorischen Thema, Professor für Photographie und elektronische Bildmedien im Fachbereich Design der Hochschule Niederrhein, derzeit Gastprofessor für Theorien der Gestaltung an der Staatlichen Hochschule für Gestaltung Karlsruhe.

Thorsten Scheer, 1961 geboren, Studium der Kunstgeschichte, Philosophie, Literaturwissenschaften und Geschichte an der Ruhruniversität Bochum, Promotion 1991 mit einer kunsttheoretischen Arbeit zur Postmoderne, seit 1992 Lehrtätigkeit zunächst in Dortmund, derzeit in Düsseldorf und Bochum, zahlreiche Bücher und Buchbeiträge zur Kunst und Architektur seit dem 18. Jahrhundert, 1999 Wissenschaftlicher Leiter der Ausstellung "Stadt der Architektur. Architektur der Stadt. 100 Jahre Architektur und Städtebau in Berlin".

Gabriele Schickel, promovierte Kunsthistorikerin. Früher Architekturmuseum der Technischen Universität München, Eidgenössische Technische Hochschule Zürich, Lehrstuhl für Städtebau und Bayerisches Nationalmuseum, heute selbständig als wissenschaftliche Autorin. Zahlreiche Aufsätze zur Architektur des 19. und 20. Jahrhunderts

Rainer Schlautmann, geboren 1971 in Oberhausen, Studium der Germanistik, Anglistik und Geschichte an den Universitäten Essen und Edinburgh, lebt und arbeitet als freier Journalist und Photograph im Ruhrgebiet. 2001 Veröffentlichung des Reisebuchs "Oberhausen entdecken" (herausgegeben mit Michael Weier).

Rainer Slotta, geboren 1946 in Braunschweig. Studium der Bau- und Kunstgeschichte, Klassische Archäologie, Vor- und Frühgeschichte und Mittelalterliche Geschichte in Saarbrücken und Braunschweig, 1974 Promotion, 1997 Ernennung zum Professor. Seit 1974 am Deutschen Bergbau-Museum Bochum, seit 1987 dort Direktor. Zahlreiche Veröffentlichungen zur Industriearchäologie, zu technischen Denkmalen und zur bergbaulichen Kunst- und Kulturgeschichte.

Christian Welzbacher. Studium der Kunstgeschichte, Germanistik und Geschichte. Magister Artium 1999 mit einer Arbeit zum expressionistischen Kirchenbau in Berlin. 2000 Lehrauftrag an der Humboldt Universität Berlin. Mitorganisation des Symposiums "Historismen in der Moderne.", FU Berlin, 2000. Derzeit Dissertation über die Staatsarchitektur der Weimarer Republik. Seit 1998 freier Journalist. Mitarbeiter der Zeitschrift ARCHIS, der Frankfurter Allgemeinen Zeitung und der Zeit. 2001 Kritiker-Förderpreis der Bundesarchitektenkammer.

Karin Wilhelm, 1991 bis 2001 Professorin für Kunstgeschichte an der Architekturfakultät der TU Graz, seit 2001 Professorin für Geschichte und Theorie der Architektur und der Stadt am Fachbereich Architektur der TU Braunschweig, Gastprofessuren in Berlin, Kassel, Oldenburg und Bonn, Forschungsschwerpunkte: Architekturgeschichte und –theorie der Moderne, Formationen im Kulturtransfer, Urbane Kulturen, Stadt und Krieg, zahlreiche Publikationen.

Verzeichnis der Leihgeber

Aachen
    Fachhochschule Aachen
Berlin
    Bezirksamt Treptow-Köpenick von Berlin
    Evangelische Kirchengemeinde Berlin-Niederschöneweide
    Martin-Luther-Kirchengemeinde Berlin-Lichterfelde
    Gemeinde Treptow, Bauarchiv, Berlin
    Privatarchiv Joachim Grimm, Berlin
    Privatarchiv Monika Welke, Berlin
Bochum
    Bergbau-Archiv Bochum
    Stadtarchiv Bochum
    Stiftung Bibliothek des Ruhrgebiets, Bochum
    Thyssen-Krupp-EnCoke GmbH, Bochum
    Ruhruniversität Bochum, Fachbibliothek Kunstgeschichte
Bönen
    Gemeindearchiv Bönen
Coesfeld
    Kreisarchiv Coesfeld
Düsseldorf
    Nordrhein-Westfälisches Hauptstaatsarchiv, Düsseldorf
    Stadt Düsseldorf, Bauaufsichtsamt
    Vodafone AG Düsseldorf
Duisburg
    ISPAT Stahlwerk Ruhrort GmbH, Duisburg
    Stadtarchiv Duisburg
    Archiv der ThyssenKrupp AG, Duisburg
Essen
    Geschichtswerkstatt Zeche Zollverein e.V., Essen
    Archiv Herbert Gunia, Essen
    Privatarchiv Harry Müller, Essen
    Privatarchiv Dietmar Schäfer, Essen
    Stadtarchiv Essen
    Stadt Essen, Bauordnungsamt
Gelsenkirchen
    Galerie Architektur und Arbeit
Gelsenkirchen
    Stadt Gelsenkirchen, Referat für Bauordnung und Bauverwaltung
Gladbeck
    Stadt Gladbeck, Bauordnungsamt
    Stadtarchiv Gladbeck
Goslar
    Bergbau Goslar GmbH
Icking
    Privatarchiv Heinke Schupp, Icking
Mönchengladbach
    Privatarchiv Wilhelm Busch, Mönchengladbach
Mülheim a.d. Ruhr
    Mannesmann-Archiv, Mülheim a.d. Ruhr
München
    Deutsches Museum, München
    Fachhochschule München
Oberhausen
    Landschaftsverband Rheinland, Rheinisches Industriemuseum Oberhausen, Archiv St. Antony-Hütte
    Privatarchiv Rainer Schlautmann, Oberhausen
    Stadtarchiv Oberhausen
Unna
    Kreisarchiv Unna
Zeuthen
    Gemeinde Zeuthen, Bauamt
Zülpich
    Archiv Ann und Jürgen Wilde, Zülpich

Personen- und Sachregister

Die **fett** gedruckten Seitenzahlen verweisen auf Abbildungen

Allgemeine Elektrizitäts-Gesellschaft (AEG) . 236-238, 244

Alma (Kokerei), Gelsenkirchen . . . . s. Schupp

Angenendt, Erich. 202

Bachem, Josef 72
    Kapelle in Herzberg 72

Baltard, Victor 92
    Markthallen, Paris 92

Bartning, Otto 64f., 69
    Dänische Kirche, Berlin 69
    Sternkirche 64

Baudot, Anatole de 65, 232
    Kirche St. Jean-de-
    Montmartre, Paris. 65

Baum, Fritz 26, 28

Becher, Bernd und Hilla 199

Behrens, Peter . . 39, 91, 216, 218, 221, 234, 235f., 238-245
    AEG-Turbinenhalle, Berlin-Moabit (mit Karl Bernhard)
        95, 234, **237**, **238**, 240-242, 245-248
    Deutsche Botschaft, Petersburg 244
    Kleinmotorenfabrik, Berlin **239**, 240, 244
    Porzellanfabrik, Henningsdorf 96
    Verwaltungs- und
    Lagerhaus der GHH, Oberhausen 39

Benscheidt, Carl 246

Berlage, Hendrik Petrus 38, 234

Bestelmeyer, German 217, 236

Bernhard, Karl 234, 238, 241, 246

Blecken, Heinrich 39

Bock, Albert 54

Bode, Ernst 39

Bogardus, James 93
    Verlagshaus Harper & Brothers 93

Bonatz, Paul . . . . 123, 216ff.
    Bahnhof, Stuttgart . . . . 219f.
    Neckarstaustufe. 220

Borchers, Günther 211

Bötticher, Karl 248

Boulton, Matthew und James Watt 92
    Baumwollspinnerei in Salford **92**

Brandi, Antonie 18

Brandi, Ernst 18

Brandi, Ingrid 17

Brandi, Paul 17

Brandi, Vera 19

Buddensieg, Tilman 239

Burchhartz, Max 19

Busch, Wilhelm 209

Chedann, George 94
    Rue Reamur 124, Paris **94**

Colli, Giorgio 244

Cubitt, Lewis. 227
    King´s Cross Station, London **227**

Daguerre 195

Daly, César. 232

Darby, Abraham 92
    Coalbrookdale Bridge s. Pritchard, Thomas F.

Deutscher Werkbund 215, 239

Dietrich, Oskar. 59

Doesburg, Theo van 49

Drake, William 94

Duchamp, Marcel. 209

Durand, Jean-Nicolas-Louis . . . . 227f.

Durth, Werner 11, 224

Dutert, Charles und Victor Contamin 232
    Galerie des Machines, Paris **232**

Eggeling, Viking 19

Eiffel, Gustav 93
    Grand Magasins du Bon Marché 93

El Lissitzky 49

Elblagerhaus, Magdeburg 95

Elsaesser, Martin 215

Emschermann, Heinrich . . . . 16, 55f.

Erberich, Johann 38

Fahlbusch, Werner 68, 72
    Kirche St. Michael, Berlin-Wannsee 68

Fahrenkamp, Emil 39

Fischer, Alfred 38f., 40, 43, 73, 90
    Zeche Emil 39
    Zeche Jacobi, Oberhausen (Entwurf) 43, **44**
    Zeche Königsborn, Unna 40, **40**

Fischer, Theodor . . . . S. 216-224, 237

Föhl, Axel 74

Folkwangschule 28

Fontaine, Hippolyte. 230

Ford, Henry 228, 248

Franke, Josef 39

Frick, Kurt 123

Friedrich-Alfred-Hütte, Rheinhausen 210

Giedion, Sigfried 79

Gilly, David 69

Göring, Hermann 23

Gräff, Werner 19

Grempel, Hans 202

Gropius, Walter 49, 68, 72, 79, 82, 84, 215, 221, 234, 243-247
    Fagus-Werke, Alfeld (mit Adolf Meyer)
        215, 234, **243**, **245**, 246-248, **247**

Gunia, Herbert 30

Gute-Hoffnungs-Hütte, Oberhausen 37

Hallensleben, Ruth 197, 201-202

Hardy, Leopold 232
    Weltausstellungsbau, Paris **232**

Häring, Hugo 69
    Gutshof Gerkau 69

Heimatschutz 215

Hentrich, Helmut 77
    Hauptverwaltung Phoenix-Rheinrohr, Düsseldorf 77

Herkommer, Hans 63

Hertlein, Hans 91, 94
    Schaltwerkhochhaus, Berlin **96**
    Siemensstadt 91
    Stoßstromprüfanlage, Berlin 97, **97**
    Wernerwerk-Hochbau, Berlin **94**, 96
    Wernerwerk II, Berlin (mit Karl Janisch) 96

Heuss, Theodor. 246

Hilberseimer, Ludwig	91
Hitler, Adolf	22f.
Hochofenwerk Meiderich, Duisburg	213f.
Hoechst	245
Holabird, William und Martin Roche	94
Tacoma Building, Chicago	94
Hollatz, J.W.	15, 29
Horta, Victor	232
Huse, Norbert	211
Jones, Owen	240
Jooss, Kurt	28
Jugendstil	215
Kahn, Albert	228, 248
Highland Park, Michigan	248
Kamarsch, Karl	29
Kandinsky, Wassili	49
Kant, Immanuel	240
Kessler, Harry Graf	239
Keuerleben, Hugo	220
Kirdorf, Emil	26, 38
Knepper, Gustav	19, 23, 108
Knobbe, Paul	37f.
Kohlbecker, Karl	127
Kokerei Alma, Gelsenkirchen	s. Schupp
Kokerei Nordstern, Gelsenkirchen	s. Schupp
Kokerei Zollverein, Essen-Katernberg	s. Schupp
Kölner Dom	209

Koolhaas, Rem	12, 90
Körner, Edmund	39
Köster, Arthur	71
Kraemer, Friedrich Wilhelm	30
Kreis, Wilhelm	39
Kremel, Moskau	197
Kremmer, Martin s. Schupp	
Kremmer, Hildegard	21
Kremmer, Monika	27
Kremmer, Wolfgang	27
Krohn, Reinhold (s.a. Bruno Möhring)	38, 74, 97
Krupp, Margarete	18
Kuhlmann, Karl	97
Labrouste, Henri	228
Bibliothèque National, Paris	**228**
Lauweriks, Johannes	215, 218
Le Baron Jenny, William	94
First Leiter Building, Chicago	94
Le Corbusier	228
Loercher, Karl Chr.	123
Loos, Adolf	234
Lübke, Heinrich	30
Mahnert, Paul	28
Malakow	34
Marshall, Benyon & Bage	230
Leinenspinnerei, Ditherington	**230**
Marx, Karl	240

Maybach, Bernard 70
    Hearst-Hall, Berkeley **70**, **71**

Mebes, Paul 16, 21, 216

Meinholz, Anton 19, 197, 200-201

Merryll, Theodor 39

Messel, Alfred 244

Metzendorf, Georg 18

Mewes, Rudolf 127

Meyer, Adolf (s.a. Gropius, Walter) 246

Meyer, Peter 85

Meyer-Graefe, Julius 243

Mies van der Rohe, Ludwig
         49, 69, 94, 123, 199, 217, 228, 248
    Glashochhaus an der Friedrichstraße, Berlin . . . 248
    IIT-Campus, Chicago 94, **95**, 123

Möhring, Bruno 38, 74, 97
    Maschinenhalle der Zeche Zollern 2/4,
    Dortmund-Bövinghausen (mit Reinhold Krohn)
                    37f., **37**, 74, **76**, 97

Moholy-Nagy, Laszlo 49

Moissant, Armand 230

Morgenstern, Christian 18

Museum Folkwang, Essen 19, 243

Muthesius, Hermann 17, 84, 216f., 235

Nièpce, Nicephore 195

Nietzsche, Friedrich 244, 246

Nordstern (Kokerei und Zeche), Gelsenkirchen   s. Schupp

Ostendorf, Friedrich 215

Patschul, Günter 30

Paxton, Joseph 231
    Kristallpalast, London 231, **231**

Pélissier 33
Perret, Auguste 234
    Wohnhaus in der Rue Franklin, Paris **233**

Petschnigg, Hubert 77

Pevsner, Nikolaus 235

Pinno und Grund 69

Platz, Gustav Adolf 85

Poellnitz, v. 43

Poelzig, Hans 96, 218-222, 236, 246
    Chemische Fabrik, Luban 96, **96**, 222, 245
    Messehaus Hamburg (Entwurf) **242**, 246
    Schauspielhaus, Berlin 222
    Talsperre Klingenberg **241**, 245
    Wasserturm, Hamburg 245
    Wasserturm, Posen **96**, 215
    Werdermühle, Breslau 245
    Zeche Römergrube, Oberschlesien 245

Posener, Julius 215

Pott, Alfred 26

Pritchard, Thomas F. 226
    Coalbrookdale Bridge 92, **226**

Puhl & Wagner 238

Rathenau, Emil 236, 239, 244

Rathenau, Walther 239, 244

Reckendress 81

Renger-Patzsch, Albert 28, 197-200

Reichswerke Hermann Göring 23

Richter, Hans 19
    „Der Vormittagsspuk" Film 19
    „Berlin. Symphonie einer Großstadt" Film 19

Rietfeld, Gerrit 49

Rings, Josef	39
Ritter, August	97
Rogge, Henning	95, 239
Rondelet, Jean-Baptiste	227
Rudert, Fritz	207
Zeche Zollverein 1/2 (Zeichnung)	**206**
Russell, Dieter	28
Russell, Peter	29
Saulnier, Jules und Moissant	93, 230
Schokoladenfabrik, Noisiel-sur-Marne	93, 230f., **230**
Schardt, Hermann	28, 30
Schinkel, Karl Friedrich	230, 236, 248
Neue Wache, Berlin	237
Mühlen in Manchester (Zeichnung)	**230**
Schlemmer, Oskar	82
Schmidt, Robert	59
Schmidt-Ott, Gustav	17, 27
Schmitthenner, Paul	17, 216-220, 224, 236
„Das deutsche Wohnhaus" (Buch)	220
Schmitz, Bruno	215
Völkerschlachtdenkmal, Leipzig	215
Schmohl, Robert	39
Schulze-Buxloh, Friedrich Wilhelm	15f., 19f., 23, 43ff., 50, 54f., 81, 83, 108, 122, 132
Schulze-Naumburg	236
Schumacher, Fritz	215
Schupp, Dieter	20, 99
Schupp, Elise	15

Schupp, Fritz und Martin Kremmer	
„Architekt gegen oder und Ingenieur", Berlin 1929 (Buch)	20, 74, 78
Armerzaufbereitung, Goslar	29, 138f., **139**, 140
Erzbergwerk Rammelsberg	11, 125, 131-140, **134**, **135**, **136**, **137**, **140**, 185, 212
Evangelische Kirche, Berlin-Dahlem	64, 70, 73
Friedenskirche, Berlin-Niederschöneweide	20, 63, 65, 67ff.
Gemeindehaus der Pauluskirche, Berlin-Lichterfelde	69
Großhydrieranlage, Gelsenkirchen-Horst	9, 23, **181**, **183**, **200**
Gustav-Adolf-Kirche, Berlin-Charlottenburg	64, 65ff., **65**
Gut Schwickering	16
Haus eines Segelfliegers (Entwurf)	123
Haus Gelsenkirchen, Borkenbergen	121f., **121**
Haus Tiemann, Zeuthen	19
Heidehaus des Arndt-Gymnasiums, Berlin	19
Kokerei Alma, Gelsenkirchen	50, 51, 73f., 89, 129, 132, **145**, **147**
Kokerei Nordstern, Gelsenkirchen	50, **51**, **52**, 73f., **74**, **75**, 89, 129, 132, **149**, **151**, **153**, **155**, **157**, **159**, **161**, 207, 208, **208**
Kokerei Zollverein, Essen-Katernberg	9, 29, 88, **89**, **90**, 207, 214
Kokerei, Zwickau	23
Krack-Anlage (Entwurf)	**13**
Kraftwerk Gustav, Dortmund (Entwurf)	125
Kraftwerksentwurf	**14**
Kupferbergwerk, Bor/Serbien	123
Martin-Luther-Kirche, Erfurt (Entwurf)	19, **64**, 67
Martin-Luther-Kirche, Berlin-Lichterfelde	**68**, 70ff.
Odertalkokerei, Deschowitz/Oberschlesien	21, 89
Oxygenstahlwerk, Duisburg-Hamborn	**79**, 129
Rathaus Zehlendorf (Entwurf)	17
Siedlung Am Knie, Dortmund	55, 56ff., **56**, **57**
Siedlung Distelbeckhof, Essen	60, **60**
Siedlung Glückaufstraße, Gladbeck	58, 59ff., **59**
Siedlung Zum Bauverein	61, **61**, **62**
Stranggußanlage, Duisburg	**191**
Volkswagenwerk, Wolfsburg	127, 209
Wohn- und Verwaltungsgebäude Carl Still, Recklinghausen	21
Wohnhaus Dr. Wissinger	18
Zeche Bonifacius, Essen-Kray	50, 114
Zeche Friedlicher Nachbar, Bochum	29, 129
Zeche Fritz 1/2, Essen-Altenessen	21, **187**
Zeche Germania, Dortmund-Marten	29, 128f.
Zeche Godulla/Oberschlesien	89, 125
Zeche Graf Moltke, Gelsenkirchen	16, 45, 50, 55, 59, 73

Schupp, Fritz und Martin Kremmer
    Zeche Grimberg 1/2, Bergkamen 29, 128, **128**
    Zeche Grimberg 3/4, Bergkamen (Entwurf)
        10, 123, 124, **124**
    Zeche Hansa, Dortmund-Huckarde 21, 23
    Zeche Haus Aden 128
    Zeche Hausham, Hausham 26, **125**, 131
    Zeche Holland, Wattenscheid
        15f., 17, 45ff., **47**, **48**, 49f., 53f., 55, 73, 114
    Zeche Hugo 8, Gelsenkirchen-Buer
        80, 85, 128, **130**, **193**, 203
    Zeche Katharina 128
    Zeche Lohberg, Dinslaken 29
    Zeche Minister Stein, Dortmund . . . 12, 42, 128, **142**
    Zeche Nordstern, Gelsenkirchen
        19, 29, 43, 44f., **44**, 50, 55, 62, 105, 114, 127f., **127**
    Zeche Pluto Wilhelm 128
    Zeche Sophia Jacoba, Hückelhoven   29f., 129, **129**, 189
    Zeche Friedrich Thyssen 2/5, Duisburg 177, 179
    Zeche Zollverein Schacht 1/2/8, Essen-Katernberg
        30, 34, 129, **206**
    Zeche Zollverein Schacht 4/11, Essen-Katernberg . 49
    Zeche Zollverein Schacht 12, Essen-Katernberg
        9, 19ff., **19**, **20**, 38, 50, 53, **53**, 55, 73-78, **77**, **78**,
        81-90, **82**, **84**, **85**, **86**, 91, 99f., **99**, 103ff., 131f.,
        120f., 123, 125, 127, 138, **163**, **165**, **167**, **169**,
        171, **173**, **175**, 195, **196**, 197f., **198**, **199**, 212f.
    Zinkhütte Harlingerrode . . . **126**, 127f.,137f., **138**
    Zinkhütte Oker . . . . 132f.

Schupp, Ingrid 19, 28, 30

Schupp, Mathias 15

Schwechten, Franz . . . . 237f.
    AEG-Apparatefabrik, Berlin **236**

Seesselberg, Friedrich 64, 216, 224

Seidl, Gabriel . . . . 215f.
    Bayerisches Nationalmuseum 215

Semper, Gottfried 231, 235

Sombart, Werner 238

Speer, Albert 123, 224

Stegemann und Stein, Helmut von 39f., 59

Steinert, Otto 203

Still, Carl 21, 208
Stoffels, Josef 197, 202

Straumer, Heinrich 70

Stroscher, Gottfried 24

Tange, Kenzo 77

Taut, Bruno 66, 217

Tessenow, Heinrich 123, 216, 221f., 236
    Festspielhaus, Hellerau 236

Thalheimer, Louis 93
    Immeuble Commercial, Paris **93**

Thyssen, Fritz 81

Tiemann, Johannes 19

Troost, Gerdy 11

Tschumi, Bernard 214
    Le Fresnoy, Tourcoing **214**

Tuscherer, Karl 70

Väth, Hans 39

Velde, Henry van de 215, 232f., 246

Violett-le-Duc, Eugène Emmanuel 93, 228
    Pan de Fer-Appartementhaus **93**

Vögler, Albert 23, 26, 81, 197

Völklinger Hütte 9, 213

Vollmer, Manfred 202

Wagner, Richard 244

Wagner-Hehmke, Erna 201

Wallot, Paul 215
    Reichstagsgebäude, Berlin 215

Weigle & Söhne, Oberbaurat 38f., 73
    Zeche Jacobi, Oberhausen . . 38, **38**, 43, 73, 212, **212**

Wetzel, Heinz 220

Wink	55
Winkhaus, Fritz	26, 30
Wissinger, Helene	18
Wissinger, Julius	18
Wolters, Rudolf	237
Wörlitz, Parklandschaft	9
Wright, Peter B.	94
Wunsch, Walter	28
Würker, W.	51
Zeche Adolph von Hansemann, Dortmund-Mengede	23
Zeche Bonifacius, Essen-Kray	s. Schupp
Zeche Ernst Tengelmann, Essen-Kray	29
Zeche Friedlicher Nachbar, Bochum	s. Schupp
Zeche Fritz 1/2, Essen-Altenessen	s. Schupp
Zeche Germania, Dortmund-Marten	s. Schupp
Zeche Godulla/Oberschlesien	s. Schupp
Zeche Graf Beust	35
Zeche Graf Moltke, Gelsenkirchen	s. Schupp
Zeche Grimberg 1/2, Bergkamen	s. Schupp
Zeche Grimberg 3/4, Bergkamen (Entwurf)	s. Schupp
Zeche Hansa, Dortmund-Huckarde	s. Schupp
Zeche Haus Aden	s. Schupp
Zeche Hausham, Hausham	s. Schupp
Zeche Holland, Wattenscheid	s. Schupp
Zeche Hugo 8, Gelsenkirchen-Buer	s. Schupp
Zeche Katharina	s. Schupp
Zeche Lohberg, Dinslaken	s. Schupp
Zeche Minister Stein, Dortmund	s. Schupp
Zeche Nordstern, Gelsenkirchen	s. Schupp
Zeche Oberhausen	1/2 34, **34**
Zeche Pluto	50
Zeche Pluto Wilhelm	s. Schupp
Zeche Preußen 1, Lünen	37, **37**
Zeche Prosper Schacht 2	36
Zeche Scharnhorst, Dortmund	37
Zeche Sophia Jacoba, Hückelhoven	s. Schupp
Zeche Vereinigte Rheinelbe	50
Zeche Zollverein Schacht 1/2/8, Essen-Katernberg	s. Schupp
Zeche Zollverein Schacht 4/11, Essen-Katernberg	s. Schupp
Zeche Zollverein Schacht 12, Essen-Katernberg	s. Schupp
Zollinger, Friedrich	69
Zollverein (Kokerei und Zeche), Essen-Katernberg	s. Schupp

Abbildungsnachweis

Umschlagabbildung: Archiv Herbert Gunia, Essen

S. 6: ebd.
S. 9-14: Nachlaß Fritz Schupp, Reproduktionen: Vincent Podborsky, Essen
S. 15: Privatbesitz Monika Welke, Berlin
S. 16: ebd.
S. 17: ebd.
S. 18: ebd.
S. 19: Privatarchiv Heinke Schupp, München
S. 20: Archiv Ann und Jürgen Wilde, Zülpich
S. 21: ebd.
S. 22: Privatarchiv Heinke Schupp, München
S. 24: Kohle an der Ruhr, Essen 1932
S. 25: ebd.
S. 26: ebd.
S. 29: Privatarchiv Heinke Schupp, München
S. 31: Winkelmann, Heinrich: Der Bergbau in der Kunst, Essen 1958, S. 194, Abb. 136
S. 32 aus: Spethmann, Hans: Die Stadt Essen. Das Werden und Wirken einer Großstadt an der Ruhr, Berlin 1938, S. 73
S. 33: ebd.
S. 34: Schönfelder, Die baulichen Anlagen auf den Berg-, Hütten- und Salinenwerken in Preußen, Berlin 1861, Bd. 2
S. 37 oben: Becher, Bernd und Hilla; Conrad, Hans Günther; Neumann, Eberhard G.: Zeche Zollern 2. Aufbruch zur modernen Industriearchitektur und Technik, München 1977, S. 303
S. 37 unten: ebd., S. 192
S. 38: Oberbaurat Weigle & Söhne: Industriebauten von Oberbaurat Weigle & Söhne. Architekten in Stuttgart, Stuttgart 1913, S. 17
S. 39: Landschaftsverband Rheinland, Rheinisches Industriemuseum Oberhausen, Archiv St. Antony-Hütte, Nr. 3312
S. 40 oben: Stegemann und Stein, Helmuth von: Ingenieurbauten im Bergbau über Tage, in: Der Industriebau, Leipzig, 20. Jahrgang 4/1929, S. 128
S. 40 unten: Streich, Günter; Voigt, Corneel: Zechen. Dominaten im Revier, Essen 1999, S. 225
S. 41: Nachlaß Josef Stoffels, Ruhrlandmuseum, Essen
S. 43: Bergbau-Archiv Bochum
S. 44 oben: Bericht über den XII. Allgemeinen Deutschen Bergmannstag zu Breslau, Breslau 1914, S. 170
S. 44 unten: Die Steinkohlenbergwerke der Vereinigten Stahlwerke A.-G.: Die Schachtanlage Nordstern in Gelsenkirchen-Horst, Essen 1933, S. 305
S. 45 oben: ebd., S. 53
S. 45 unten: Vereinigte Stahlwerke AG: Zeche Holland, Essen., o. J., S. 132
S. 46 oben: Vereinigte Stahlwerke AG: Zeche Holland, Essen, o. J., S. 112
S. 46 unten: Bergbau-Archiv Bochum
S. 47: Mannesmann-Archiv, Mülheim an der Ruhr
S. 48: Schupp, Fritz und Kremmer, Martin: Architekt gegen oder und Ingenieur, Berlin 1929, S. 7
S. 49: ebd., S. 9
S. 50: ebd., S.66
S. 51 oben: ebd. S. 67
S. 51 unten: ebd. S. 14
S. 52: Archiv Herbert Gunia, Essen
S. 53: Rheinisches Industriemuseum Oberhausen, Photoarchiv
S. 55: Bauakten der Stadt Dortmund, Am Knie 3-15 und 10-28
S. 56: ebd.
S. 57: ebd.
S. 58: oben links: Bauakten der Stadt Gladbeck, Horster Straße 106-112, Heft 2
S. 58: oben rechts: Stadtarchiv Gladbeck, Photosammlung
S. 59: Mitte: ebd.
S. 59: unten: Bauakten der Stadt Gladbeck, Horster Straße 106-112, Heft 1
S. 60: Bauakten der Stadt Essen, Heinrich-Lersch-Straße 21-27
S. 61: Bauakten der Stadt Gelsenkirchen, Zum Bauverein 51-63
S. 62: ebd.
S. 63: Schupp, Fritz und Kremmer, Martin: Neue Werkkunst, Berlin, Leipzig, Wien 1930, S. 3
S. 64 oben: ebd. S. 8
S. 64 unten: ebd. S. 12
S. 65: Bauwelt Heft 12/1925, S. 284
S. 66: Schupp, Fritz und Kremmer, Martin: Neue Werkkunst, Berlin, Leipzig, Wien 1930, S. 2
S. 68: Privatarchiv Joachim Grimm, Berlin
S. 69: Deutsche Bauzeitung DBZ, 65. Jg. 15. Juli 1931, S. 37
S. 70: Esther McCoy: Five California Architects, Los Angeles 1960, S. 7
S: 71: ebd., S. 8
S. 73 Stadtarchiv Gladbeck, Photosammlung
S. 74 Institut für Stadtgeschichte, Gelsenkirchen, Bauakten der Kokerei Nordstern
S. 75 Archiv Herbert Gunia, Essen
S. 76 Bergbau-Archiv Bochum
S. 77 Vincent Podborsky, Essen
S. 78: Archiv Herbert Gunia, Essen.
S. 79: ebd.
S. 80: ebd.

S. 82: Archiv der Geschichtswerkstatt Zeche Zollverein e. V.
S. 84: Schupp, Fritz und Kremmer: Martin: Architekt gegen oder und Ingenieur, Berlin 1929, S. 61
S. 85: ebd., S.62
S. 86: ebd., S.63
S. 87: ebd., S.65
S. 89: Nachlaß Fritz Schupp
S. 92 Werner, Frank und Seidel, Joachim: Der Eisenbau, Berlin 1992
S. 93 oben Archiv Cengiz Dicleli, Konstanz
S. 93 unten: Zukowsky, John (Hg.): Chicago Architecture 1872-1922, München 1987.
S. 94 oben: Ribbe, Wolfgang und Schäche, Wolfgang: Die Siemensstadt, Berlin, 1985.
S. 94 unten: Archiv Cengiz Dicleli, Konstanz
S. 95 oben: ebd.
S. 95 unten: ebd.
S. 96 oben: Maier-Leibnitz: Der Industriebau, Berlin 1932
S. 96 Mitte: Walter Müller-Wulckow: Architektur der Zwanziger Jahre in Deutschland, Königstein im Taunus 1929, S. 21
S. 96 unten: ebd., S. 11
S. 97: Maier-Leibnitz: Der Industriebau, Berlin 1932
S. 98 oben: ebd.
S. 98 Mitte: ebd.
S. 98 unten: ebd.
S. 99 oben: ebd.
S. 99 unten: Nachlaß Fritz Schupp
S. 100 oben: Archiv Cengiz Dicleli, Konstanz
S. 100 unten: ebd.
S. 101 oben: ebd.
S. 101 Mitte ebd.
S. 101 unten: Zeichnung Cengiz Dicleli, Konstanz nach Dipl.-Ing. Zoepke: Geschweißte Konstruktionen bei den Übertagebauten einer Großschachtanlage, in: Der Bauingenieur; 1932; Heft 21/22, S. 297 ff.
S. 102 oben: Henn, Walter: Bauten der Industrie, Bd. 2, München 1955
S. 102 Mitte: ebd.
S. 102 unten: Archiv Cengiz Dicleli, Konstanz
S. 104 oben: Die Steinkohlenbergwerke der Vereinigten Stahlwerke A.-G.: Die Schachtanlage Zollverein in Essen Katernberg, Essen 1934, Bd. 1, Abb. 30, S. 73
S. 104 unten: ebd. Abb. 39, S. 81
S. 105 oben: ebd., Bd.2, Anlage 13
S. 105 unten: ebd., Bd. 2, Anlage 3
S. 106 Mitte: ebd., Bd. 1, Abb. 54, S. 158
S. 106 unten: ebd., Bd. 1, Abb. 55, S. 162
S. 107: ebd., Bd. 1, Abb. 56, S. 163
S. 109 oben: ebd., Bd. 1, Abb. 282, S. 545
S. 109 Mitte: ebd., Bd. 1, Abb. 281, S. 541
S. 109 unten: ebd., Bd. 1, Abb. 92, S. 295

S. 110: ebd., Bd. 1, Abb. 171, S. 375
S. 112 oben: ebd., Bd. 2, Anlage 5a
S. 112 unten: ebd., Bd. 2, Anlage 5b
S. 115: ebd., Bd. 2, Anlage 6
S. 116: Privatarchiv Dietmar Schäfer, Essen
S. 120: Schupp, Fritz und Kremmer: Martin: Architekt gegen oder und Ingenieur, Berlin 1929, S. 60
S. 121: Westfälisches Amt für Denkmalpflege, Münster, Film 2296/750
S. 122: Kreisarchiv Coesfeld, Bestand 17, Nr. 479
S. 124: Nachlaß Fritz Schupp, Reproduktion: Vincent Podborsky, Essen
S. 125: Archiv Herbert Gunia, Essen
S. 126: Archiv Herbert Gunia, Essen, S. 127: Nachlaß Fritz Schupp, Reproduktionen: Vincent Podborsky, Essen
S. 128: Archiv Herbert Gunia, Essen, © Albert Renger-Patzsch Archiv / ann und Jürgen Wilde / VG Bild Kunst, Bonn 2002
S. 129: Archiv Herbert Gunia, Essen
S. 130: ebd.
S. 134: Bergbau Goslar GmbH
S. 135: Archiv Herbert Gunia, Essen
S. 136: ebd.
S. 137 oben: Weltkulturerbe Rammelsberg, Goslar
S. 137 unten: ebd.
S. 138 oben: ebd.
S. 138 unten: ebd.
S. 139 oben: Bergbau Goslar GmbH
S. 139 unten: ebd.
S. 140: Archiv Herbert Gunia, Essen
S. 145-193: Archiv Herbert Gunia, Essen
S. 196-203: Archiv Herbert Gunia, Essen
S. 206: Archiv der Geschichtswerkstatt der Zeche Zollverein e. V. , Essen
S. 207: Wilhelm Busch, Mönchengladbach
S. 208: ebd.
S. 210-214: Archiv Axel Föhl, Düsseldorf
S. 216: Nerdinger, Winfried.: Theodor Fischer Architekt und Städtebauer 1862-1938, Berlin 1938, S. 88
S. 218: Durth, Werner: Deutsche Architekten, S. 59
S. 219: ebd.
S. 221: Neudeutsche Bauzeitung 1912, S. 709
S. 222: Schmitthenner, Paul: Das Deutsche Wohnhaus, Stuttgart 1984
S. 223: Heinrich Tessenow, Hausbau und dergleichen (Reprint der dritten Auflage von 1938), München 1989
S. 224: Stadt Krefeld (Hg.): Moderne Baukunst 1900-1914, Oberhausen S. 36
S. 226: Hartung, Giselher: Eisenkonstruktionen des 19. Jahrhunderts, München 1983, S. 41
S. 227: Mignot, Claude: Architektur des 19. Jahrhunderts, Köln 1994, S. 259

S. 228: ebd., S. 196
S. 229: Onsell, Max: Bauwelt Fundamente 57, S. 14
S. 230 oben: Pevsner, Nikolaus: Funktion und Form. Die Geschichte der Bauwerke des Westens, Hamburg 1998, S. 277
S. 230 unten: Karl Friedrich Schinkel, Berlin 1980, S. 309
S. 231 oben: Pevsner, Nikolaus: Funktion und Form. Die Geschichte der Bauwerke des Westens, Hamburg 1998, S. 286
S. 231 unten: Friemert, Chup: Die Gläserne Arche Kristallpalast London 1851 und 1854, München 1984, S. 14
S. 232 oben: Pevsner, Nikolaus: Funktion und Form. Die Geschichte der Bauwerke des Westens, Hamburg 1998, S. 202
S. 232 unten: ebd. 200
S. 233: Wilhelm Busch, Mönchengladbach
S. 236-247: Archiv Karin Wilhelm, Berlin

Alle im Buch verwendeten Abbildungen von Albert Renger-Patzsch: © Albert Renger-Patzsch Archiv / Ann und Jürgen Wilde / VG Bild Kunst, Bonn 2002

Wir danken den folgenden
Institutionen für ihre freundliche
und großzügige Unterstützung:

Die RAG Aktiengesellschaft ist ein international tätiger Bergbau- und Technologiekonzern. Die RAG bietet ihnen in verschiedenen Geschäftsfeldern umweltverträgliche Energien, Chemie und Kunststoffe, leistungsfähige Technik und zukunftsorientierte Dienstleistungen an. Dabei ist uns die Präsenz auf internationalen Märkten so wichtig wie die Beteiligung am heimischen Strukturwandel. Deshalb unterstützt der RAG-Konzern zahlreiche Projekte, um Wahrzeichen der Industriekultur zu bewahren und neuen Verwendungszwecken zuzuführen.

sowie

der Alfred und Cläre Pott-Stiftung

der Gesellschaft der Freunde und Förderer der Stiftung Zollverein e. V.

der Entwicklungs-Gesellschaft Zollverein mbH

dem Rheinischen Industriemuseum/Landschaftsverband Rheinland

der WAZ Mediengruppe